Analysis on concrete beam bridges defects due to design & construction deviations

# 混凝土梁桥病害与设计施工偏差分析

周志祥　吴海军　沈小俊　赵文秀　编著

## 内 容 提 要

本书主要从设计偏差、施工偏差、设计与施工的偏差、使用偏差等四类偏差来分析混凝土梁桥的病害及其发生原因。阐述了这四类偏差的基本概念，通过试验研究、理论计算，并结合大量的工程实例，对预应力空心板梁、空心板桥、连续箱梁桥及连续刚构桥等多种病害形成的原因、发展趋势以及危害程度等进行了分析，提出了避免出现这些问题的建议和相应措施。

本书可供从事桥梁工程设计、施工、养护的研究人员、技术人员、管理人员参考借鉴，也可作为相关专业教师和学生的参考书。

**图书在版编目(CIP)数据**

混凝土梁桥病害与设计施工偏差分析 / 周志祥等编著. — 北京 : 人民交通出版社股份有限公司, 2015.9

ISBN 978-7-114-12496-9

Ⅰ. ①混… Ⅱ. ①周… Ⅲ. ①钢筋混凝土桥—病害—诊断②钢筋混凝土桥—桥梁设计③钢筋混凝土桥—桥梁施工 Ⅳ. ①U448.34

中国版本图书馆 CIP 数据核字(2015)第 219341 号

书　　名：混凝土梁桥病害与设计施工偏差分析
著 作 者：周志祥　吴海军　沈小俊　赵文秀
责任编辑：刘永芬
出版发行：人民交通出版社股份有限公司
地　　址：(100011)北京市朝阳区安定门外外馆斜街 3 号
网　　址：http://www.ccpress.com.cn
销售电话：(010)59757973
总 经 销：人民交通出版社股份有限公司发行部
经　　销：各地新华书店
印　　刷：北京鑫正大印刷有限公司
开　　本：787 × 1092　1/16
印　　张：14.25
字　　数：333 千
版　　次：2015 年 11 月　第 1 版
印　　次：2015 年 11 月　第 1 次印刷
书　　号：ISBN 978-7-114-12496-9
定　　价：35.00 元
(有印刷、装订质量问题的图书由本公司负责调换)

# 前　　言
Foreword

20 世纪 90 年代以来，随着高等级公路的大量修建，混凝土梁桥因构造简单、施工方便、受力明确而得到迅猛发展和广泛应用，迄今混凝土梁桥已达公路桥梁总数的 80% 左右。混凝土梁桥正常使用寿命本应在 50 年以上，然而为数不少的桥梁实际投入使用十余年甚至一两年后就相继出现了不同程度的病害甚至垮塌事故，问题究竟出在哪里？这是值得所有参与桥梁设计、建设、管养及研究人员反思的。笔者自 20 世纪 80 年代以来直接或间接参与桥梁设计、建设、管养及研究达 30 余年，对混凝土梁桥部分病害及产生的原因有深刻的认识，在与其余三位作者共同研讨后形成了本书，期望对今后混凝土梁桥的设计、建设、管养及研究有一些借鉴意义和参考价值。

笔者将混凝土梁桥产生病害的主要原因划分为四类，即设计偏差、施工偏差、设计与施工的偏差、使用偏差。一般而言，单纯因设计错误导致混凝土梁桥后期病害所占比例相对较小，即混凝土梁桥的大多数病害是与施工相关联的，这一点在我国尤为突出。在发达国家，桥梁施工由受过专业教育并经过业务培训的技术工人完成，使实际施工完成的桥梁与设计理想的桥梁结构相对吻合，故桥梁的使用寿命相对较长。在我国过去 30 年里，常规混凝土梁桥的直接施工者主要是未受专业教育和系统业务训练的民工，由于缺乏对桥梁结构内涵的理解，加之施工监管不到位，使实际施工完成的桥梁与设计理想的桥梁结构存在差异，这种差异的程度越大，出现病害的可能性越大，病害出现的时间越早，危害越大。在此现实情况下，原本精细化施工才能完成的结构或一些刚通过试验室验证的新技术，当通过主要由农民工组成的直接施工者应用到实际桥梁工程中时，就会出现诸多意料之外的问题，这是设计者需要考虑的因素。遗憾的是，不少设计者所完成的部分施工图忽视了施工人员在通常条件下达到设计要求的可行性，使实际施工完成的结构难以达到设计者对桥梁结构的内在要求；可见，问题的原因也并非是施工单方面的。

本书共分为六章，首先阐述了几种偏差的基本概念，然后通过试验研究、理论计算,结合大量的工程实例,对预应力混凝土空心板梁、空心板桥、连续箱形梁桥及连续刚构桥的多种病害,从四类偏差的角度对其成因、影响、发展等进行了分析,对如何避免这些问题的出现提出了一些建议。从已有的桥梁工程实践及收集的病害资料来看,单纯的重大设计错误或单纯的重大施工错误均相对容易避免。为数不少的桥梁病害源于"正常的设计"由现实施工人员按"通常方式"建造,导致实际桥梁结构与"设计理想结构"存在明显偏差,这种偏差常常是内在的、不易察觉和不易避免的,且其影响较大。本书对这类设计与施工的偏差作了较多的讨论。笔者倡导,设计方在设计时宜站在施工方的角度、考虑按通常方式施工易于到达设计要求,施工方也应充分理解设计意图,使桥梁的主体结构及关键构造能够达到设计理想结构的内在要求;鼓励并奖励施工方、监理方对设计图纸提出问题及改进方案;对采纳的设计图纸优化变更方案并取得明显实效的提出者予以奖励。

本项研究得到国家973计划项目(2012CB723300)和重庆市重点自然科学基金(cstc2012jjB0118)的支持,还先后得到交通运输部、重庆市交通委员会、重庆市交通委员会工程质量安全监督局、重庆高速公路集团有限公司、重庆市公路局、涪陵市交通委员会、彭水县交通委员会、巫溪县交通局、雅安市交通局、德阳市建委、遂宁市建委、深圳高速公路股份有限公司等单位相关专家和领导的支持和帮助,重庆交通大学的周建庭、范亮、张江涛、徐勇、高艳梅老师和王邵锐、李永久、丁小戈、周胜怡、许华东、贺鹏、李庆桐、李键等研究生参与了其中的一些研究工作,在此谨向所有参与本书工作及给予支持、指导、关心和帮助的单位领导、专家和个人致以真诚的感谢,同时感谢人民交通出版社对本书撰写和出版所作的大量工作。

诚然,本书是集长期以来桥梁建设、运营及研究资料撰写而成,但限于时间和水平,谬误之处在所难免,真诚恳请读者批评指正。

周志祥

2014年7月于重庆交通大学

# 目　录
Contents

# 第1章 绪　　论

## 1.1 混凝土梁式桥的发展概况

梁式桥(图1-1)是桥梁大家族中最古老、最基本的成员。在桥梁发展过程中,梁式桥一直占有重要的地位。梁式桥由于其构形简洁、施工方便,自古以来应用便十分广泛。梁式桥是以梁作为跨越结构的桥梁,其受力特性以受弯为主。在竖向荷载作用下,梁端支点处只产生竖向反力,不产生水平反力。梁一般平直安放,所以在古代,相对于拱桥和索桥而言,人们又将其称之为平桥。

图1-1　我国古代的梁桥

20世纪以来的梁桥多采用抗压性能好的混凝土和抗拉能力强的钢筋结合在一起,它主要包括钢筋混凝土梁桥、部分预应力混凝土梁桥和全预应力混凝土梁桥。梁桥按静力特性分为简支梁、悬臂梁、连续梁、T形刚构、连续刚构5种体系;梁桥按断面形式可分为实心板、空心板、T形梁、工字形梁、箱形梁等不同截面形式。

### 1.1.1 钢筋混凝土梁式桥的发展概况

钢筋混凝土梁桥已经具有百余年的历史。在我国,将钢筋混凝土应用在桥梁上,始于20世纪20年代。1921年建成的河南洛阳的天津桥,由21孔简支T形梁组成,每孔跨度9.2m,全长206m;20世纪30年代,日本在其侵占的我国东北地区修建铁路时,采用了为数不多的小跨度钢筋混凝土桥梁。直到20世纪50年代,随着我国交通建设事业的迅速发展,钢筋混凝土在各类桥梁工程中才得以大规模应用。目前,我国铁路和公路桥梁中的钢筋混凝土简支梁式结构最大跨度均达到20m。

经过长期的实践和理论研究,对钢筋混凝土梁桥结构的设计理论在认识上已经日渐成熟,其施工技术也日趋完善。钢筋混凝土梁桥作为钢筋混凝土结构的一种,必然具有它本身的优点,即混凝土集料可以就地取材,成本较低;耐久性好,维修养护费用少;材料可模性强,可以按照设计意图做成各种形状的结构,例如为适应道路线形可以做成曲线桥;可采用装配式结构,工业化程度高,既提高工程质量又加快工程进度;整体性好,结构的刚度较大,变形小等。

### 1.1.2 预应力混凝土梁式桥的发展概况

1886年和1888年,美国人杰克逊和德国人多林先后获得了在楼板上预加应力的专利。但都由于技术或经济上的原因,预应力技术未能立即得到推广和应用。直到1928年,法国人弗莱西奈(Freyssinet)将高强度钢丝用于预应力混凝土,使在混凝土中建立永存的预压应力成为可能,这才奠定了现代预应力混凝土的实用基础。11 年后,他又发明了能够将具有极大拉力高强度钢丝牢牢地锚固在混凝土构件两端的锥形锚具,以及专门用于张拉和锚固钢丝的双作用千斤顶。这一发明为预应力混凝土的推广和应用创造了条件。在此之前,德国人霍耶(E · Hoyer)还首先实现了依靠钢和混凝土间的直接黏结而建立预应力的工艺方案。但是,预应力混凝土的迅猛发展是在第二次世界大战后,是从迫切要求恢复战争创伤的西欧迅速发展起来的,半个多世纪以来,从理论、材料、工艺到土木工程的各种应用,都取得了极其巨大的发展与成就。在 20 世纪 50 年代,联邦德国的胡尔母斯(Worms)桥的跨径已达到 114.2m,其类型为 T 形刚构桥。

预应力混凝土将高强混凝土和高强钢材“能动”地结合在一起,这种结合靠张紧预应力钢筋并将其锚固于混凝土上,从而使混凝土受压。这种能动地结合使两种材料都能发挥其性能优势:预应力钢筋是延性材料,用预加应力的办法使其能在高拉应力下工作;混凝土是脆性材料在抗拉能力上不足,由于受到预压其性能得以改善,同时其抗压能力并未受到真正削弱。因此,预应力混凝土可谓两种现代高强度材料的理想结合。

预应力混凝土梁桥充分利用了上述优点,使构件的截面尺寸显著减小,由自重产生的内力也大大下降,这使得桥梁的跨越能力得到了显著的提高。同时,由于预应力混凝土梁桥能在使用阶段不出现裂缝或者能有效地减小裂缝宽度,所以预应力钢筋混凝土梁桥的刚度通常较普通钢筋混凝土梁桥大,这样能显著减小建筑高度,使大跨径桥梁做得轻柔美观,同时进一步提高结构的耐久性。

我国的预应力混凝土梁桥,是从 20 世纪 50 年才开始研究。1955 年,我国铁路部门顺利完成了跨度为 12m 的预应力混凝土梁的试制和试验工作。1956 年,在东陇海线跨越新沂河时,成功修建了一座 28 孔、跨径为 23.8m 的预应力混凝土铁路桥(新沂河大桥);1957 年,公路部门在北京到周口店的卢沟桥附近建成了一座采用后张法施工的 20m 跨径试验性简支 T 梁桥,这是我国公路预应力混凝土桥的开端。1959 年在兰州建成的 7 孔主跨 37.5m 的悬臂梁桥——七里河黄河桥,以及新城黄河桥等,奠定了我国建造预应力混凝土桥的基础。但是,在当时预应力混凝土只是用于中小跨的简支梁桥,其最大跨径为 32m。随着我国交通建设事业的快速发展,目前预应力不仅用于中小跨径桥梁,而且越来越多地应用于大跨度桥梁中。1997 年建成的虎门大桥辅航道桥,主跨达 270m(图 1-2),是当时我国跨度最大的混凝土梁桥,也是目前跨度最大的纯混凝土梁桥。

图 1-2 虎门大桥辅航道桥

在我国公路桥梁中,预应力混凝土梁桥不但在跨径上已跻身于大跨径桥的行列,而且在数量上已遥遥领先。在量大面广的中小跨径及一般大跨径桥梁中,各种形式的预应力混凝土梁桥一直占据主导地位,并且有着广阔的发展前景。根据有关统计数字,截至 2013 年底,全国公路桥梁达 73.53 万座、3977.80 万延米,桥梁数量居世界第一。其中混凝土桥梁占 90%,配筋混凝土桥梁占 85%,按照桥梁结构形式分,梁式桥占 74%。

经过几十年的发展,随着大量预应力混凝土梁桥的修建与使用,预应力混凝土梁桥的设计理论与实践也得到进一步发展和完善。无论在结构设计计算上,还是在施工技术上,预应力混凝土梁桥都已经相对成熟。近年来,在预应力混凝土梁桥的建设方面所取得的技术进步主要表现在以下几方面:

在结构材料方面,高强、早强、高性能混凝土,以及在特殊使用条件下的特种混凝土正在得到进一步推广和应用,商品混凝土和泵送混凝土应用日益广泛;在预应力技术上,高强低松弛钢绞线、大吨位群锚技术日益普及,目前1860MPa级的高强钢绞线几乎应用于所有新建大跨度预应力混凝土桥梁;各种预应力管道材料及成孔技术也日臻完善,真空辅助压浆及智能张拉技术逐渐推广;大吨位的新型支座,大位移量的伸缩缝也在不断推陈出新。

在结构设计方面,计算结构力学的发展和计算机的广泛应用,使得大型复杂桥梁的计算和绘图工作效率大大提高;同时,一些复杂的力学分析,诸如温度变化、混凝土徐变收缩、剪力滞效应、非线性、抗震等众多棘手的问题,可以通过电算求解出较为符合实际的结果。

在施工技术方面,以悬拼、悬浇为代表的各种无支架施工方法逐渐走向成熟,施工机具的现代化水平也不断提高,施工管理的水平也上了新的台阶。

随着结构材料、结构设计及施工技术的提高,我国的混凝土梁桥建设已取得了长足的发展和进步,获得了良好的社会效益和经济效益。

## 1.2 混凝土梁式桥常见病害与事故

近40年来,随着我国道路交通的迅速发展,一方面我国各类混凝土梁桥的跨度记录不断刷新,建桥综合技术已经达到国际先进水平。另一方面,在已建成的混凝土梁桥中,一些使用时间不长的混凝土梁桥却频繁出现不同程度的各类问题,甚至一些桥梁在修建过程中就出现严重质量问题,归纳起来,常规混凝土梁桥的主要问题表现有以下3种。

1. 开裂

众多预应力混凝土梁桥在施工或使用过程中,都曾不同程度地出现裂缝。裂缝产生的机理很复杂,按其成因可分为受力裂缝(由受力因素引起)和非受力裂缝(比如有拆模、养护、混凝土收缩、意外碰撞等因素引起)两大类。裂缝的出现将对结构的刚度和耐久性产生不利的影响。例如,预应力混凝土箱形梁桥较典型的受力裂缝有:箱梁顶板和底板的纵向裂缝,箱梁腹板的斜向裂缝,特别是靠近端支座范围的腹板斜裂缝。

要正确分析混凝土梁桥裂缝产生的成因,一般应结合裂缝产生的位置、方向、长度、宽度、深度、间距等情况,从设计、施工和材料质量等方面进行分析。引起开裂的结构设计方面可能的原因有:桥跨结构布局、截面尺寸拟定的不尽合理;截面抗弯、抗剪、抗扭能力不足,局部承压能力不够;对温度应力、收缩徐变等次生内力考虑不足;对混凝土薄壁箱形、T形或π形截面梁的畸变次内力考虑不足。引起开裂的施工工艺方面可能的原因有:混凝土的浇筑、养护与拆模工艺不当;支架的变形过大或拆除过早;预应力的张拉控制不当,导致有效预应力偏低;保护层厚度不符合要求;过分追求工期,施加预应力时混凝土的龄期偏短,造成混凝土结构的内部损伤;还有一些是由于施工管理不当造成的质量事故,比如,实际施工时的混凝土配合比失控,外加剂掺量随意,桥面铺装严重超厚等。

2. 后期变形过大

20世纪70年代后,我国修建了大量跨越江河和线路的预应力混凝土梁桥。其中,预应力混凝土连续刚构桥由于具有结构受力合理、施工方便、行车平顺、维护费用低等优点而被广泛采用。

然而随着连续刚构桥数量的增加及运营时间的增长,工程病害也随之而来,主要表现为:成桥后期主跨跨中挠度过大,有些甚至严重地影响到桥梁的正常使用,这在近年来修建的大跨度预应力混凝土连续刚构桥中已成为一个较普遍的问题。

目前,国内外大跨径连续刚构桥均存在不同程度的主跨跨中挠度过大的问题,笔者将世界范围内典型的10座连续刚构桥主跨跨中挠度观测值整理,如表1-1所示。

**国内外典型大跨径连续刚构桥主跨跨中下挠观测值** 表1-1

| 桥梁名称 | 跨径组合(m) | 竣工年份(年) | 观测年份(年) | 主跨跨中挠度值(cm) |
|---|---|---|---|---|
| 广东虎门大桥辅航道桥 | 150+270+150 | 1997 | 2003 | 22.2 |
| 湖北黄石长江公路大桥 | 162.5+245×3+162.5 | 1995 | 2001 | 30.5 |
| 美国 Koror Babeldaob 桥 | 72+241+72 | 1978 | 1990<br>(1996年倒塌) | 120 |
| 重庆江津长江公路大桥 | 140+240+140 | 1997 | 2007 | 31.7 |
| 挪威 Stïvest 桥 | 100+220+100 | 1993 | 2001 | 20 |
| 美国 Parrots Ferry 桥 | 99+195+99 | 1978 | 1990 | 63.5 |
| 广东洛溪大桥 | 65+125+180+110 | 1988 | 1991 | 6 |
| 英国 Kingston 桥 | 62.5+143.3+62.5 | 1970 | 1998 | 30 |
| 三门峡黄河公路大桥 | 105+140×4+105 | 1992 | 2002 | 22 |
| 广东南海金沙大桥 | 66+120+66 | 1994 | 2001 | 22 |

连续刚构桥主跨跨中挠度过大的主要特征为:(1)挠度持续增长,增长率随时间可能呈减速、加速或匀速变化的趋势;(2)结构的长期挠度远远大于设计计算的预计值[7]。连续刚构桥跨中挠度过大不仅影响到桥梁线形美观和行车舒适性,影响到结构的安全,还会加速桥面铺装层破坏,降低桥梁的耐久性。同时跨中挠度过大会使箱梁梁体产生较大的主拉应力,从而加剧箱梁梁体开裂,而箱梁梁体裂缝的增多又会使结构的刚度降低,进一步加剧跨中下挠,两者形成恶性循环,逐渐使结构承载能力下降。这已成为连续刚构桥运营过程中一个重大的安全隐患。

3. 桥梁坍塌事故

由于以往的桥梁设计往往注重对经济指标的追求,安全储备相对较低。桥梁建设之初的设计标准与后期实际荷载条件不匹配,随之带来了桥梁承载能力不足、桥面宽度不能适应社会经济发展后的行车要求等。更为严峻的是施工队伍的素质良莠不齐,致使桥梁普遍存在不同程度的病害问题,加之桥梁的后期维护检测又未能得到足够的重视,造成我国相当数量的已建桥梁早期劣化比发达国家桥梁更加严重,甚至发生多起在建桥梁的垮塌事故。再者,超期超载使用的各种危桥、旧桥也不在少数。近些年发生的造成较大危害的典型混凝土梁桥事故包括(图1-3):

a)台湾高屏大桥

b)辽宁盘锦市辽河大桥

c)津晋高速公路匝道桥

d)吉林长春市荣光大桥

e)浙江杭州钱江三桥辅桥

图1-3 近年来典型的混凝土梁桥坍塌事故

(1)2000年8月,台湾省高屏大桥突然断裂,导致17辆汽车坠落高屏溪,22人受伤。

(2)2004年6月,辽宁省盘锦辽河大桥中孔突然倒塌。

(3)2009年7月15日凌晨1时33分,津晋高速公路港塘收费站800m外匝道桥坍塌,5辆载货车坠落,造成6人死亡,4人受伤。

(4)2011 年 5 月,吉林省长春荣光大桥桥面突然坍塌,坍塌面积有 $70m^2$,一辆正在驶过的货车坠入河中,致使车上 2 人不同程度受伤。

(5)2011 年 7 月,浙江省杭州钱江三桥辅桥主桥面右侧车道部分桥面突然塌落,使得一辆重型半挂车从桥面坠落。

对常规混凝土梁桥而言,由于其设计、施工及使用管理规范是在数十年理论研究和工程实践经验积累基础上形成的,若设计、到施工、投入使用三个阶段都严格按照相应规范执行,则常规混凝土梁桥就不应该如此普遍地出现上述三类问题(对新型大跨混凝土梁桥可以例外,因为人们对其的理性认识及实践经验积累都需要有足够的时间)。为此,笔者提出"偏差"的概念,认为常规混凝土梁桥病害的产生都可归结为设计、施工及使用管理执行过程中与设计之初的理想桥梁结构及其使用管理产生的偏差,本书针对几种常用混凝土梁桥着重讨论了这些偏差产生的原因及其对桥梁结构性能的影响。

## 1.3 混凝土梁式桥的 4 类偏差

笔者历经了 30 余年中国公路交通的高速发展时期,亲自参与了数百起混凝土梁桥病害事故的分析与处理,对其间设计、施工及管理中的问题有较深刻的体会和认识;为从根源上尽量减少这些病害事故的发生,特将混凝土梁桥发生病害事故的原因归结为 4 种偏差,即设计偏差、施工偏差、设计与施工的偏差、使用偏差。

1. 设计偏差

设计偏差的实质是设计错误。设计人员由于缺乏工程经验、或认知水平不足、或粗心大意,对桥梁结构的计算理论、简化图式、作用效应、细部构造等类似问题把握不准或者考虑不周,导致错误的设计结果而给桥梁结构带来先天的缺陷。在长达 30 余年的中国公路交通高速发展过程中,桥梁设计人员的数量远不能满足公路交通高速发展建设的需要,有一定经验和水平的桥梁设计工程师更为稀少,加之设计任务重,设计周期短,使设计人员没有足够的时间和精力投入桥梁设计,由此导致的设计偏差并非罕见。举例说明如下:

(1)桥梁结构设计规范中的计算公式均有适用条件的限制,如正截面抗弯强度计算公式有受压区高度(最大配筋率)和最小配筋率的限制,斜截面抗剪强度计算公式有截面最小尺寸(最大配箍率)和最小配箍率的限制。有些缺乏经验的设计者注重了按计算公式进行抗弯或抗剪钢筋的配置,忽视了该类计算公式的适用条件,导致表面上实际配筋满足了所谓的计算结果,但实际结构却因强度不足或过低配筋而出现结构性病害。

(2)重庆市内某立交桥,下部结构为无盖梁的双立柱桥墩,上部结构为整体现浇的两跨连续空心板桥,建成后不到一年主梁即发现大量超标裂缝。后查明设计者将该桥梁结构按平面杆系计算简化为两跨连续梁桥,但实际上该连续空心板桥在中间墩处仅有双立柱桥墩对应的两点为刚性支承,中间墩处的其余各点均为刚度不同的弹性支承,致使按平面杆系得到的正弯矩分布区段长度和峰值的计算结果明显小于实际连续空心板桥,从而导致主梁裂缝大量超标现象的发生。

(3)20 世纪 90 年代设计建造的某地高速公路桥梁,上部结构为预应力混凝土 T 形梁桥,下部结构为双立柱 + 盖梁的桥墩,运行一年后发现立柱处盖梁上部裂缝宽度达到 0.6mm。后经查明,设计使用了数年前设计荷载等级较低的盖梁配筋设计,使盖梁钢筋用量较正常计算需要的钢筋用量减少了约1/3,致使盖梁上部裂缝显著超宽,幸亏检查发现病害相对及时,避免了灾难性后果发生。

2. 施工偏差

施工偏差是指实际施工的结构尺寸、钢筋位置、混凝土品质、建造缺陷、工艺控制等明显偏离设计期望值和施工规范相关误差的控制标准,由此导致引发桥梁结构病害问题的施工缺陷。在长达30余年的中国公路交通高速发展过程中,桥梁建造的技术工人十分匮乏,常规混凝土梁桥的直接施工者主要是未受专业教育和系统业务训练的民工,这些人员缺乏对桥梁结构内涵的理解,加之通常施工任务重,施工工期短,使施工及管理人员难有足够的时间和精力按设计图纸及施工规范要求中规中矩地完成施工,由此导致的施工偏差较为多见。举例说明如下:

(1)由于模板制作和固定不佳,浇筑混凝土发生胀模的现象时有发生,对受拉或受弯构件钢筋位置不变则构件承载力无增加,但钢筋外围混凝土因胀模而使结构自重增加;施工完成的桥面板凹凸不平,致使不得不通过增加桥面铺装层厚度来调节,也会使桥梁恒载明显增大。

(2)钢筋安装或定位不佳,使钢筋位置发生明显偏差,将会降低钢筋混凝土结构的承载力和使用性能[图1-4a)]。

a)T梁湿接缝钢筋扭曲及位置偏差

b)钢筋及波纹管下的混凝土空洞缺陷

图1-4 钢筋偏差

(3)混凝土施工是桥梁施工最易发生问题的环节,主要有原材料品质、现场拌和配比及控制、浇筑振捣、后期养护等,每一环节出现问题均会对混凝土品质造成不利影响。如即使原材料进场质量符合要求,但现场分类堆料管理不到位,会使原材料受到污染;通过质量检验的混凝土配合比,当应用于工地现场时,若直接操作人员忽视了对各组分材料量的严格控制,则会使混凝土的品质明显降低,具体表现为强度降低、收缩徐变增大等;对雨后沙、石材料的含水率发生变化,在具体拌和时,其加水量需相应减少,能根据现场情况做出相应正确调整的直接操作人员可谓少见;按规范要求进行混凝土的浇筑振捣,不漏振也不过振,对未经严格培训的民工来说并非易事;浇筑混凝土后的养护是保证混凝土质量的重要环节,但现场施工中常常被忽视或淡化;这些欠规范的施工行为尤其在约2000年前后六七年表现更甚。如1994年在四川建造的一座桥梁,某30m跨径T形梁,在浇筑混凝土一周后尚未终凝,后查明原因是减水剂多掺加了正常值的10倍,最终该T形梁被报废拆除。

(4)如钢筋数量不够、位置严重偏离、制作缺隔或安装反向、混凝土局部空洞[图1-4b)]等明显违背设计施工图的错误均属建造缺陷,这些缺陷的存在将使桥梁结构承载力降低,或影响使用功能及使用寿命。

预应力混凝土桥梁中的预应力束的张拉及控制是最容易出现问题并引起结构病害的施工环节,主要有预应力束安装质量、张拉方式、控制方法及直接操作人员的认知水平和工作态度。若预应力束管道线形安装波浪扭曲将增大张拉时管道与钢束间的摩阻力;管道接头质量不良导致混凝土浇筑时浆液渗入填充管道,严重阻碍预应力束的张拉传力;不符合规范或设计要求的张拉方式和张拉顺序,会增大由分批张拉产生弹性压缩引起的预应力损失或致混凝土结构产生意外的裂缝损伤;预应力束预张拉、张拉速度、超张拉、张拉吨位、伸长变形、持荷时间等控制不当均可能使有效预应力降低或致混凝土破损;由于每一环节都需人工操作,故直接操作人员的认知水平和工作态度对预应力施工质量起着至关重要的作用。

3.设计与施工的偏差

设计与施工的偏差是指设计者根据现有的认知水平和传统观念做出符合当时一般认知的正常设计(不存在明显的设计错误);施工人员也是按照设计图纸进行正常施工,其施工质量也基本符合当时大环境(直接施工者主要是未受专业教育和系统业务训练的民工)下的正常控制水平,但最终施工得到的实际桥梁结构与设计理想结构之间存在较明显的差异。产生设计与施工的偏差的主要原因是设计者忽视了完成该桥梁施工的人员能够达到的正常水平,将实际操作性很强的桥梁设计理想化,如欲使未受专业教育和系统业务训练的民工去从事需精工细作的桥梁结构施工,实际上是很难达到设计者的理想意图;另一方面,由于多数直接施工人员缺乏对桥梁结构内涵的理解并在施工中加以注意,使实际施工完成的桥梁结构有其外形,但内部结构品质与设计理想的桥梁结构存在明显差异。

例如,分节段悬臂浇筑施工的预应力混凝土连续刚构桥,相邻节段之间必然存在竖向接缝,通常设计者都将有多条竖向接缝的预应力混凝土连续刚构桥按整体匀质结构计算,但事实上竖向接缝局部区域内的混凝土在正常施工条件下为品质明显低于节段内混凝土的低质混凝土,其剪切弹性模量(剪切徐变)会明显降低(增大),在匀质结构的变形计算中通常可忽略的由剪力和轴力引起的变形,在存在多条竖向接缝的预应力混凝土连续刚构桥的变形计算中,则由低质混凝土竖向接缝引起的剪切变形和徐变可能成为主梁长期挠度增量的一个不可忽视的重要因素;接缝混凝土的局部薄弱也可能是裂缝发源点,这类因素在常规设计中均未考虑。

4.使用偏差

使用偏差是指桥梁建成后运营交通量及荷载等级明显超过设计预期状况,桥梁的检测及养护维修工作明显低于相应规范要求的标准,导致桥梁产生结构性或耐久性病害,使桥梁承载力或使用性能降低。近30年来,随着社会经济的高速发展,公路交通量和车辆载重不断攀升,超重货车的数量也居高不下,使得为数不少的桥梁出现了超负荷运营,导致产生正常使用条件下不会产生的一些结构病害甚至垮塌事故。如2011年11月建成通车的哈尔滨阳明滩大桥,系中间墩为独柱墩的连续梁桥,于2012年8月24日在4辆超载车同靠桥梁一侧行驶过程中发生主梁侧翻倾覆垮塌,致3死5伤4辆车坠落[图1-5a)]。若严格按照桥梁设计荷载标准运营管理:即超过55t的车辆为超载车,超载车过桥须事先向桥梁管理部门提出申请,桥梁管理部门安排专门时间让该超载车单车—居中—缓慢过桥,据此可望完全杜绝该类主梁侧翻倾覆垮塌事故发生。然而超载车管理又谈何容易,致使近年来国内类似的主梁侧翻倾覆垮塌事故已发生了多起。另外,超限车辆对上跨桥梁的撞击致使桥梁严重受损的情况也时有发生[图1-5b)]。一些经济或技术条件较差的地方公路桥梁,由于养护措施不当或者长期缺乏必要的检查维修,导致桥梁技术状况处于不确定或者严重损伤的状况,使桥梁在正常运营荷载作用下也存在明显的结构安全或耐久性问题。

a)哈尔滨阳明滩大桥侧翻倾覆

b)使用期间车辆超高导致主梁严重损伤

图1-5 超载、超高事故

对于以上4种偏差,本书着重讨论前3种偏差,即设计偏差、施工偏差、设计与施工的偏差。换言之,本书主要讨论从技术层面采取措施就可能解决的桥梁病害问题,暂不涉及后期运营管理等相关政策层面的问题。

# 第 2 章　30m 跨径预应力混凝土空心板梁试验研究

## 2.1　工程背景

预应力混凝土空心板桥,构造简单、受力明确、施工方便、经济实用,在我国得到较为广泛的应用。其早期的常用跨径为 13 ~ 20m,后来又逐渐发展到 22m、25m 直至 30m;截面挖空形式也从早期的圆孔→椭圆孔→大倒角矩形孔,发展至大挖空率的薄壁箱形空心板梁,在一定程度上满足了当时人们对经济指标的追求,与此同时,也伴随着产生了一些结构病害和隐患。

2001 年某高速公路的在建桥梁,主体结构为 7 孔 30m 跨径预应力混凝土薄壁箱形空心板桥,因其中一空心板梁在预应力张拉过程中发生钢绞线断裂,施工单位邀请专家到现场处理该钢绞线断裂事故。笔者查阅了该空心板梁设计图纸,发现该空心板即为大挖空率的薄壁箱形空心板梁:在 10cm 厚的底板中布置了 4 束预应力钢绞线平扁束,在 11cm 厚的腹板中布置了 2 束预应力钢绞线竖扁束,据此预言该类空心板日后会产生难以避免的裂缝,并将此担忧知会了相关部门,但因使用该类空心板设计图的同批次 20 余座桥梁已进入深度实施阶段,难以进行完善改进,相关设计技术人员也抱有不至于发生普遍开裂的侥幸心理。2002 年实施了高速公路建成通车前的桥梁验收检查,在同批次建造的 20 余座 30m 跨径预应力混凝土薄壁箱形空心板桥中,无一例外的发现各桥均存在程度不同的沿预应力钢束底板的纵向裂缝,有的裂缝竟然沿空心板梁长贯通,此现象受到了相关部门和领导的高度重视,特委托笔者开展对 30m 跨径预应力混凝土薄壁箱形空心板的足尺构件施工、受载至破坏全过程的进行试验研究。

事实上,国内同时期修建的一些空心板桥在竣工不久后就出现不同程度的病害,一些桥梁在修建过程中即出现了质量问题。究其原因可以归纳为 4 个方面:

一是现行桥梁的设计理论和构造要求尚不完善,有待在实践中进一步总结、补充和修改,同时设计人员在设计时考虑不全面,对受力性能分析不周全,即产生了设计偏差;

二是施工过程中钢筋定位不准确,错误的操作顺序,机具设备的老化,施工人员的人为因素等导致产生了施工偏差;

三是设计时虽然满足各项要求,但未给施工操作留有一定的活动余地,不便于施工,因而造成设计与施工的偏差;

四是运营过程交通量及荷载超过设计预期,加上检测和维护达不到规范要求,因而造成使用偏差。

笔者的课题组针对 30m 跨径空心板桥出现纵向裂缝这一情况,申请并承担了“30m 跨径预应力混凝土空心板设计与施工偏差及其对结构性能的影响”的课题,期望通过对已建预应力混凝土梁桥的设计施工偏差状况及程度进行广泛调查，结合部分现场和模型试验进行分析，系统地研究预应力混凝土梁桥中各种设计施工偏差对桥梁力学性能及耐久性的影响，对已产生偏差桥梁结构的安全性和耐久性做出评估；为在建和将建混凝土桥梁的设计和施工提供有益的参考，以利在今后的桥梁建设中避免或减少各类质量事故及偏差的发生。

## 2.2　预应力空心板的设计与制作

为了能有效地说明各类偏差对结构性能的影响，该足尺试验空心板与实际应用于重庆、四川境内高速公路桥梁中的 30m 跨径空心板桥完全相同，并按照其原设计图及同样的工艺和质量控制进行施工。

### 2.2.1　试验板的几何尺寸

预应力空心板长度 30m，跨度 29.25m，宽度 1.44m，高度 1.30m，按汽车—超 20 级和挂车—120 活载设计，混凝土设计强度等级为 C40，试验空心板横断面尺寸如图 2-1 所示。

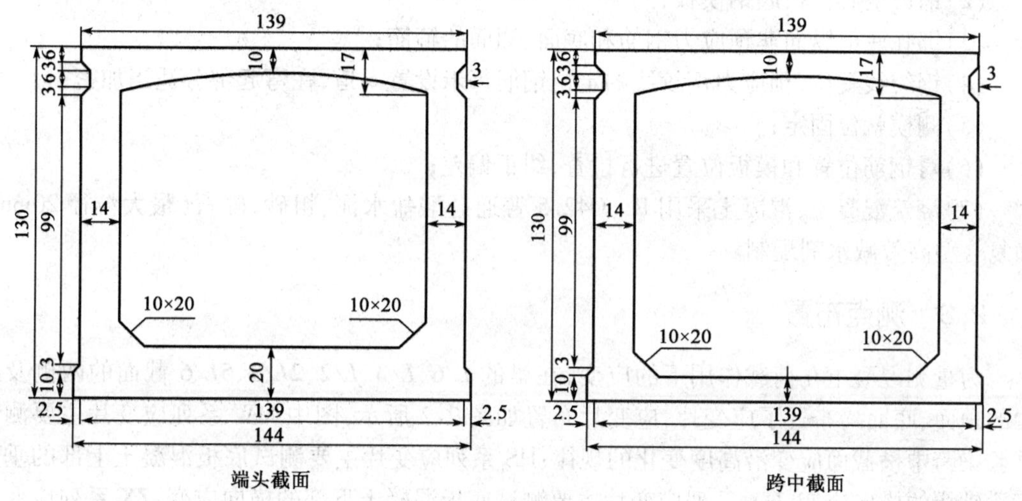


图 2-1　横截面尺寸(尺寸单位：cm)

试验梁截面换算及几何特性如表 2-1 所示。

试验梁的截面换算及几何特性　　表 2-1

| 类别 | 换算截面 | | 毛截面 | | 净截面 | | 相对受压区高度 |
|---|---|---|---|---|---|---|---|
| | $A_0$(m²) | $I_0$(m⁴) | $A$(m²) | $I$(m⁴) | $A_j$(m²) | $I_j$(m⁴) | $x$(m) |
| 数值 | 0.664 | 0.165 | 0.624 | 0.124 | 0.639 | 0.148 | 0.628 |

### 2.2.2　试验空心板梁的材料

预应力钢筋采用符合标准 ASTMA：416—90a. 270 级 15.24mm 高强低松弛钢绞线，单根公称面积 $A_P = 140mm^2$，共 22 根。在混凝土强度达到设计要求后，对钢绞线进行张拉，采用两端张拉。钢绞线采用张拉力与引伸量双控，每根张拉力为 196kN。预应力钢绞线分别与 OVM 扁锚 15-4、OVM 扁锚 15-3 配套使用。通过对该预应力空心板的计算，得到预应力筋的预应力损失、有效预应力、开裂弯矩、极限弯矩等，如表 2-2 所示。

预应力空心板计算应力及弯矩 表 2-2

| 类别 | 张拉控制应力 $\sigma_{con}$(MPa) | 第一批损失后应力 $\sigma_{y1}$(MPa) | 第二批损失后应力 $\sigma_{y2}$(MPa) | 空心板下缘应力 $\sigma_{hx}$(MPa) | 开裂弯矩 $M_{cr}$(kN·m) | 极限弯矩 $M_u$(kN·m) |
|---|---|---|---|---|---|---|
| 数值 | 1074.44 | 802.56 | 702.53 | 7.354 | 2011.52 | 5429.99 |

### 2.2.3 试验空心板梁的制作

为了完全真实地考虑设计施工的实际偏差情况,试验梁的制作完全按照实际工地上的施工过程及工艺操作进行。2002 年 8 月 15 日在重庆交通大学结构实验室开始制作,2002 年 8 月 29 日浇筑混凝土。

试验梁在试验大厅内的台座上制作,基本施工步骤如下:

(1)浇筑台座;

(2)铺设空心板板底钢模板;

(3)绑扎底部纵向非预应力钢筋和底面、侧面的箍筋;

(4)钢绞线就位,预应力钢绞线的定位钢筋每米设置一道,在弯起部分适当加密;

(5)侧模就位固定;

(6)对钢筋位置和模板位置进行检查,纠正偏差;

(7)浇筑混凝土,混凝土采用 P·O42.5 普通硅酸盐水泥、粗砂、碎石(最大粒径 20mm)和复合型高效减水剂配制。

## 2.3 测点布置

为量测混凝土在荷载作用下的应变,在梁的 $L/6$、$L/3$、$L/2$、$2L/3$、$5L/6$ 截面的两侧及跨中的顶面、底面均布置了应变片,应变片布置如图 2-2 所示,图中 MW 系列应变片主要测试试验梁跨中横截面应变沿高度变化的规律;HS 系列应变片主要测试底板混凝土上部的垂直于梁轴线的横向应变;HX 系列应变片主要测试底板混凝土下部的横向应变;ZX 系列应变片主要测试沿试验梁长度方向下边缘的应变。

另外,还在纵向普通钢筋和箍筋上预先贴了应变片,对其受力状态做了测试。应变片布置如图 2-3 所示。其中 Z 系列应变片主要测试底板纵向钢筋的应变。

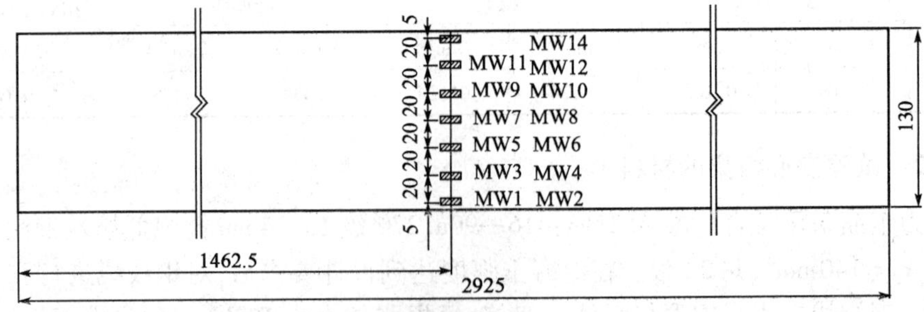


抗弯试验混凝土应变布置图(侧面)

图 2-2

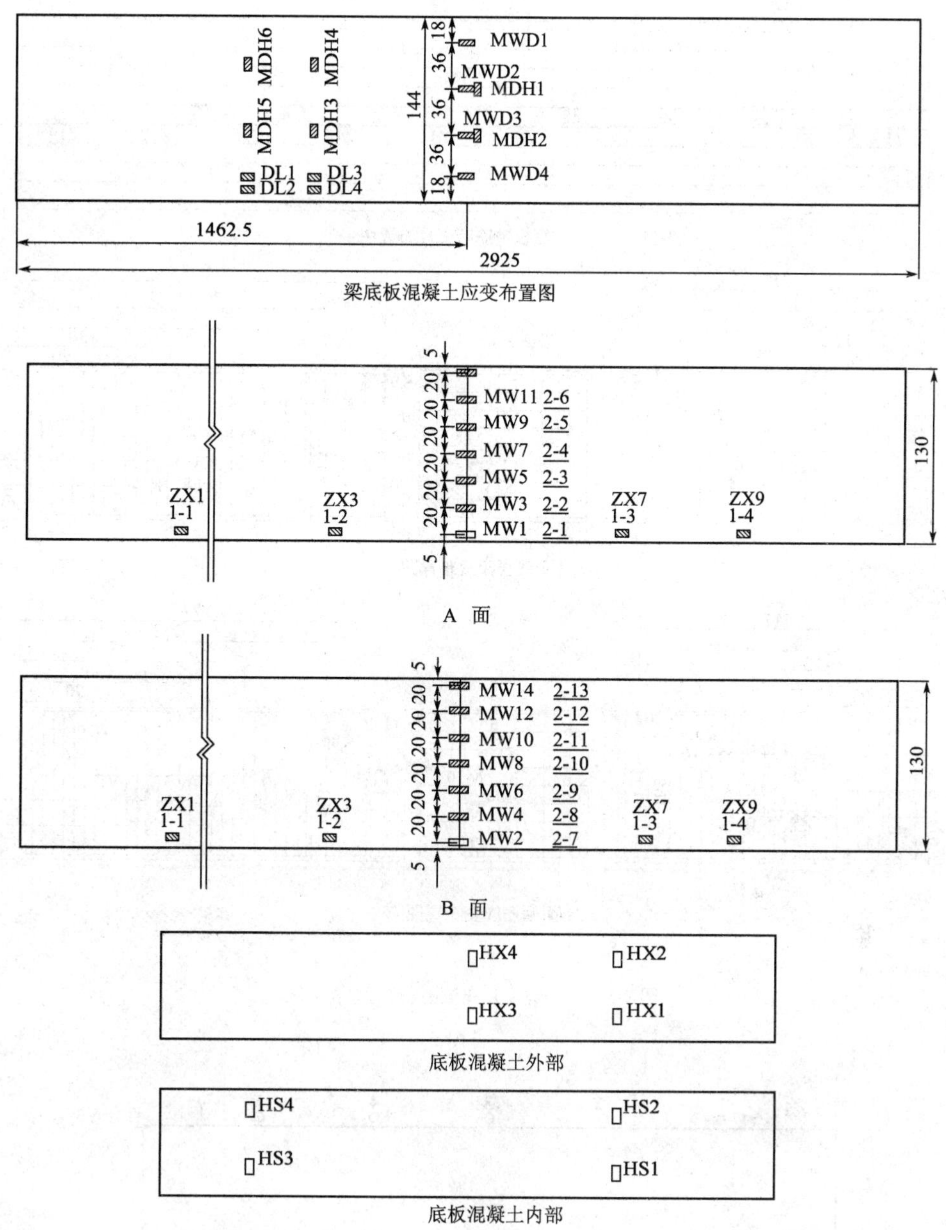


图 2-2　混凝土应变片布置图(尺寸单位:cm)

一片梁贴片总数为 85 片,用 ZSY-16B 型智能应变仪数据采集系统,通过 USB-50 型接线箱与各测点的电阻应变片连接,可自动采集各级荷载下钢绞线、钢筋及混凝土表面测点的应变。

采用百分表量测墩顶截面的挠度,而挠度计沿跨度 5 个截面($L/6$、$L/3$、$L/2$、$2L/3$、$5L/6$)两侧布置。挠度计布置如图 2-4 所示。

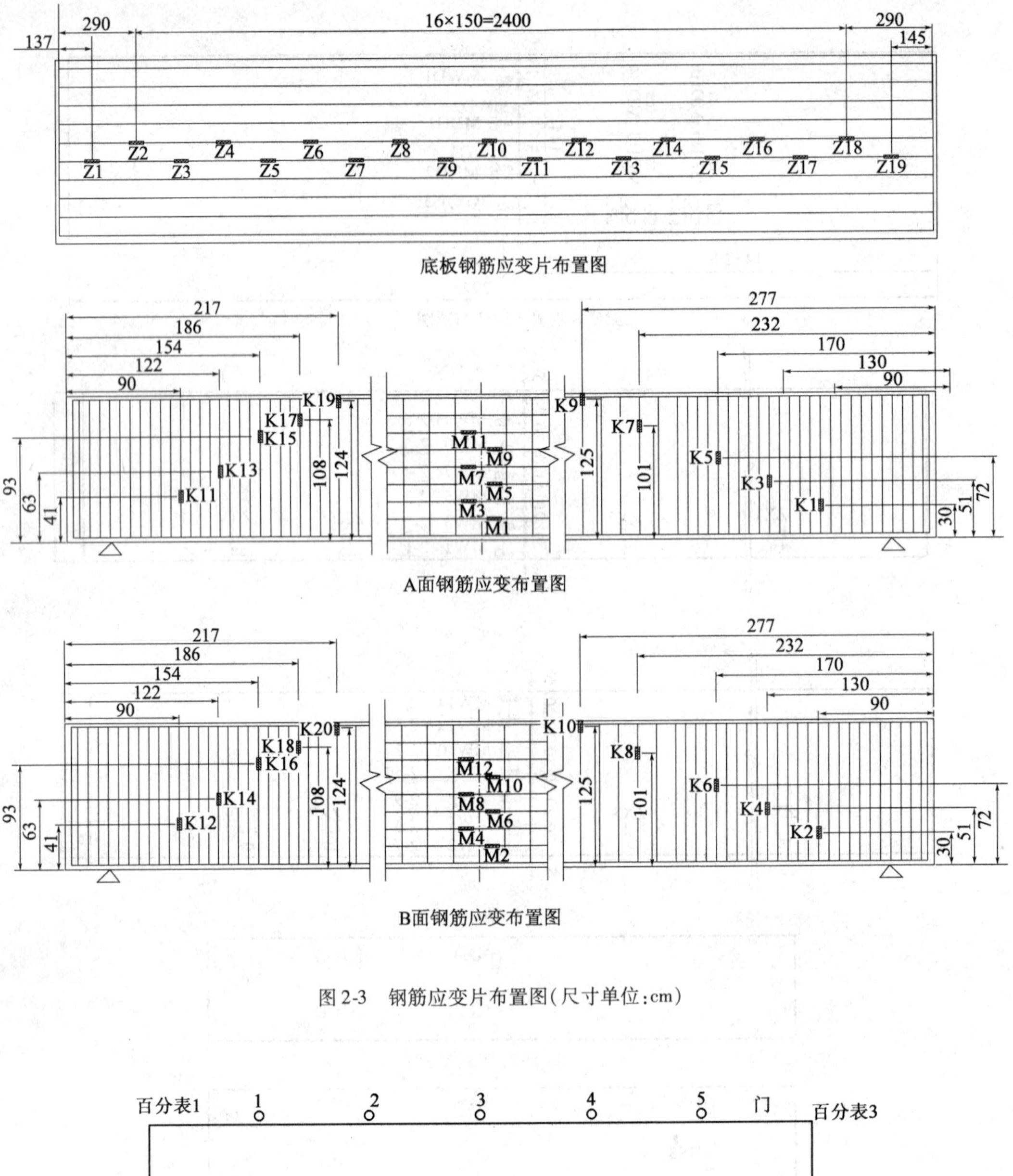

底板钢筋应变片布置图

A面钢筋应变布置图

B面钢筋应变布置图

图 2-3　钢筋应变片布置图(尺寸单位:cm)

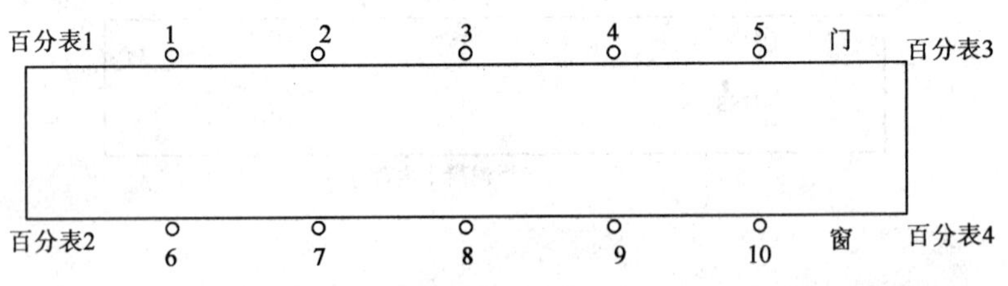


图 2-4　挠度计平面布置图

## 2.4　施工阶段的力学性能及偏差分析

### 2.4.1　张拉情况

2002 年 9 月 11 日,在重庆交通大学结构实验室,对该试验梁进行预应力钢绞线的张拉。

张拉采用双控控制，两端张拉。设计要求对预应力钢绞线整束进行张拉，而实际施工中采用对预应力钢绞线进行单根两端同时张拉，每次张拉一根。

张拉方案为0→初应力10%$\sigma_{con}$→100%$\sigma_{con}$→105%$\sigma_{con}$→0。在张拉到105%时千斤顶稳压3min。此次张拉双控主要以控制张拉千斤顶的吨位为主。

在张拉前先对千斤顶进行标定，标定结果见表2-3。

千斤顶标定值　　表2-3

| 千斤顶 \ 张拉应力 | 10% | 100% | 105% |
| --- | --- | --- | --- |
| 千斤顶1 | 3.5MPa | 38.5MPa | 41MPa |
| 千斤顶2 | 4MPa | 39.2MPa | 41MPa |

张拉顺序为$B_1$→$B_2$→$B_3$→$B_4$→$C_1$→$C_2$→$C_3$→$C_4$→$D_1$→$D_2$→$D_3$→$D_4$→$A_4$→$A_3$→$A_2$→$A_1$→$E_1$→$E_2$→$E_3$→$F_1$→$F_2$→$F_3$，具体布置如图2-5所示。

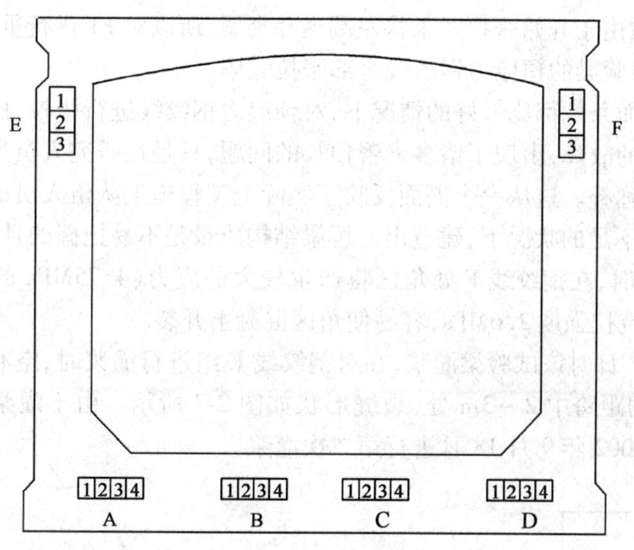


图2-5　预应力钢绞线张拉顺序

当张拉到第4根(B4)时，发现空心板有部分(B侧)反拱，混凝土脱离模板。同时，右端张拉设备发生故障，进行修理后仍不能使用，故换了一个新油泵和千斤顶，然后对千斤顶重新进行标定。标定值如表2-4所示。

千斤顶重新标定值　　表2-4

| 千斤顶 \ 张拉应力 | 10% | 100% | 105% |
| --- | --- | --- | --- |
| 千斤顶1 | 3.2MPa | 34.0MPa | 39.2MPa |
| 千斤顶2 | 4.0MPa | 39.2MPa | 41.0MPa |

施工中将设计图中规定的共6束预应力束分三批张拉的程序，变更为分22次的单顶张拉程序，明显增大了由于分批张拉引起的混凝土弹性压缩损失，致使梁的抗裂能力有所降低。

由于调换千斤顶,挠度计漂移较大,对挠度计进行重新调零。由于千斤顶的故障此次张拉未进行到底。2002 年 9 月 13 日晚 9:30 对此试验梁再次进行张拉,共计停工 46.5h。

在张拉钢绞线 D1 时,在 100%$\sigma_{con}$处未停,直接张拉到 105%$\sigma_{con}$;在张拉钢绞线 D1 和 D2 之间,因故停工 1h;在张拉钢绞线 D2 后,听得数声劈啪响声,其声响类似开裂声。发现试验梁的底板与模板脱离,据此推断刚才听到的声响是由此发出的。这时,在梁的左端支座处发现底板两侧有竖向裂缝,如图 2-6 所示,是由于支座摩阻力过大使得梁底不能自由收缩引起的拉裂造成的;2002 年 9 月 14 日凌晨 3:30 在张拉钢绞线 F1 从 10%$\sigma_{con}$张拉到 100%$\sigma_{con}$时,听到一声巨响,梁体明显感到震动,钢绞线断裂。替换钢绞线后,对其进行重新张拉,在张拉钢绞线 F1 时,发现钢绞线穿锚错误。由于施工上的失误,张拉暂时停止,解决钢绞线穿锚错误。

2002 年 9 月 16 日对预应力钢绞线进行重新穿索。具体方法如下:将原先 3 根(F1、F2、F3)抽出 2 根,剩下 1 根作牵引线。一端与 3 根钢绞线焊接,一端用千斤顶张拉,将 3 根钢绞线拉出。由于预应力钢绞线的端头焊接时受热,影响钢绞线的物理性能,最终影响到构件的有效预应力,理应切除受焊接影响的区段。

再次张拉 F1 时由于开始张拉时未将左端夹片夹紧,所以对 F1 进行重新张拉。

几经周折,该试验梁的预应力钢绞线全部张拉完毕。

在试验室各方面条件都比较好的情况下,对预应力钢绞线进行张拉,由于一些人为的失误和张拉机具设备的故障,出现了诸多未曾预料的问题,只是在研究人员严格监督下得以一一进行改正或即时弥补。这从一个侧面反映了实际上工程施工队伍人员的配置不完备和机具设备更新和保养不足的状况下,建造出的桥梁结构质量是不易把握的且令人担忧。

张拉钢绞线 A 时,在钢绞线 F 处角区将产生较大的应力(4.75MPa 的主拉应力),大于 C40 混凝土的允许抗拉强度 2.6MPa,容易使角区混凝土开裂。

2002 年 9 月 17 日对该试验梁灌浆,在对钢绞线 E 组进行灌浆时,空心板梁的腹板发生爆裂,具体位置大约距跨中 2 ~ 3m 处,裂缝形状如图 2-7 所示。由于灌浆导致腹板出现裂缝,暂停灌浆。于 2002 年 9 月 18 日进行第二次灌浆。

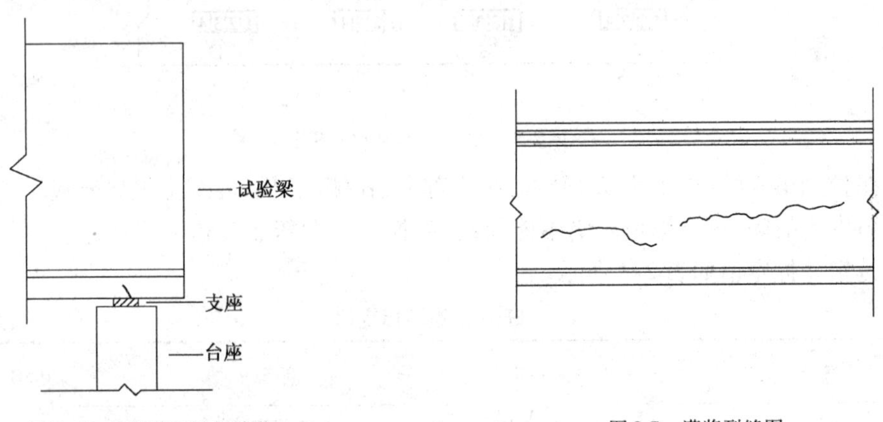


图 2-6 支座附近竖向裂缝

图 2-7 灌浆裂缝图

灌浆后导致腹板出现裂缝的主要原因是预应力筋定位有偏差,尽管这个偏差相对于空心板 30m 跨径这样的长度而言是相当小的,但相对于腹板的 14cm 厚度则较大。预应力筋在腹板的位置如图 2-8 所示,张拉钢绞线的过程中最下方的钢绞线由于张拉力的作用有向上移动的趋势，张拉结束后钢绞线的位置将变成如图2-8所示的位置。波纹管在板厚方向产生较大的变形，由于灌浆后内部压力的增大，再加上预应力筋在施工上定位的偏差，使得内部裂缝进一步发展，就导致了灌浆后波纹管距腹板边缘较近的位置出现裂缝。

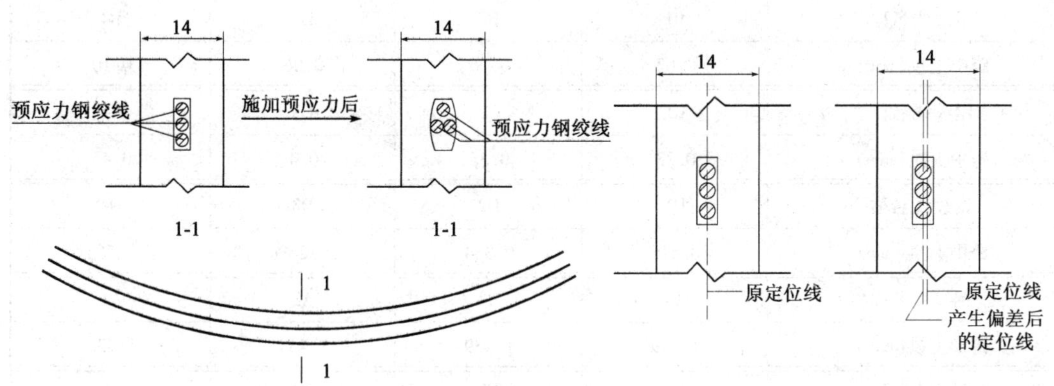


图2-8　预应力钢绞线在腹板中的位置示意图(尺寸单位:cm)

2002年9月20日将该试验梁的模板拆除。

为了充分模拟现场施工的情况，于2002年9月23日将该试验梁进行横向移梁。

在移梁完后，于2002年9月24日观察到梁底在腹板爆裂处下方有两条长约30cm、40cm，宽约1.85mm、0.07mm的纵向裂缝。

2002年9月25日再次观察到梁底的两端出现数条宽度为0.03～0.07mm、长度为1～2cm的细小裂缝，如图2-9所示。在预应力筋位置的下方并未发现有纵向裂缝。在梁顶面出现20条左右不超过0.02mm的横向裂缝，如图2-10所示。主要原因是由于超张拉形成大偏心受压，引起试验梁上拱，试验梁上缘混凝土受拉，在梁跨中截面的设计张拉力$N_y = 196 \times 16 + 196 \times 16 = 4312$kN，跨中截面上缘计算拉应力$\sigma_{h上} = 3.48$MPa，其值大于C40混凝土的标准抗拉强度2.6MPa，设计时未充分考虑张拉力在混凝土上产生的拉应力。

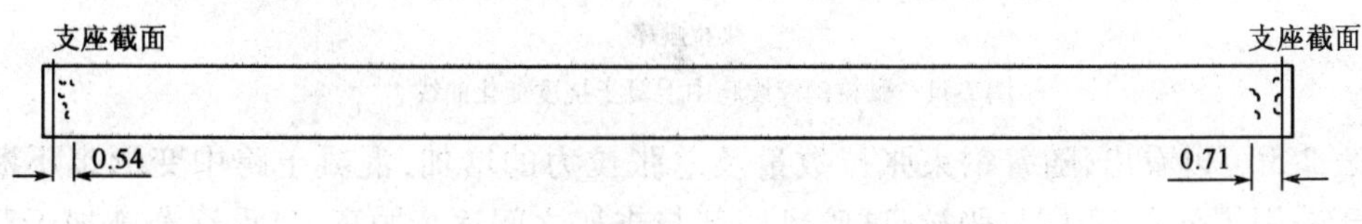


图2-9　梁底两端细小裂缝示意图(尺寸单位:m)

图2-10　梁顶板横向裂缝示意图(尺寸单位:m)

从以上对施工过程的详细介绍可以看出，由于实际施工过程中存在诸多可能的意外和异常，设计理想状况和施工过程之间存在多项偏差，使试验梁在受外部荷载前就已存在部分裂缝和损伤。

### 2.4.2 张拉力与反拱度的关系

实测的张拉钢绞线跨中空心板上拱变化如表2-5及图2-11所示。

**张拉钢绞线跨中空心板上拱变化表** 表2-5

| 钢绞线名称 | B1 | B2 | B3 | B4 |
|---|---|---|---|---|
| 跨中上拱(mm) | 0.03 | 0.06 | 0.06 | 0.10 |
| 钢绞线名称 | C1 | C2 | C3 | C4 |
| 跨中上拱(mm) | 0.23 | 0.35 | 0.4 | 0.43 |
| 钢绞线名称 | D1 | D2 | D3 | D4 |
| 跨中上拱(mm) | 0.576 | 0.984 | 1.269 | 1.563 |
| 钢绞线名称 | A4 | A3 | A2 | A1 |
| 跨中上拱(mm) | 1.539 | 1.439 | 1.439 | 1.433 |
| 钢绞线名称 | E1 | E2 | E3 | — |
| 跨中上拱(mm) | 1.939 | 2.093 | 2.129 | |
| 钢绞线名称 | F1 | F2 | F3 | |
| 跨中上拱(mm) | 2.151 | 2.819 | 3.701 | |

注:跨中上拱数据指沿板宽的两侧跨中数据的平均值。

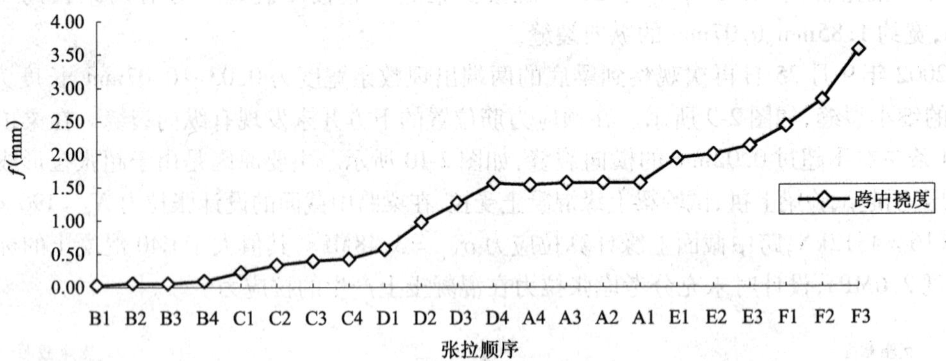


图2-11 张拉钢绞线跨中混凝土挠度变化曲线

从表2-5可以看出,随着钢束张拉数量及总张拉力的增加,混凝土跨中变形也不断增大。由于采用了分次、不同步张拉,试验梁底部与支架之间逐步脱离,自重逐渐施加于整个梁体,造成上拱值呈现阶段性增大。

表2-6和图2-12表示了张拉钢绞线过程中试验梁左右两侧的挠度差值。从中看出,随着张拉力的增加,试验梁左右两侧的挠度差值变化逐渐增大。说明实际上的不对称张拉造成空心板受扭,这种次应力是设计中未曾预料的,属于典型的设计与施工的偏差。

**张拉过程中空心板两侧的挠度差值(mm)** 表2-6

| 钢绞线名称 | B1 | B2 | B3 | B4 |
|---|---|---|---|---|
| 端头1差值 | 0.06 | 0.12 | 0.16 | 0.13 |
| 端头2差值 | 0.07 | 0.14 | 0.23 | 0.31 |

续上表

| 钢绞线名称 | C1 | C2 | C3 | C4 |
| --- | --- | --- | --- | --- |
| 端头1差值 | 0.21 | 0.23 | 0.23 | 0.3 |
| 端头2差值 | 0.22 | 0.33 | 0.34 | 0.35 |
| 钢绞线名称 | D1 | D2 | D3 | D4 |
| 端头1差值 | 0.35 | 0.345 | 0.297 | 0.273 |
| 端头2差值 | 0.348 | 0.33 | 0.331 | 0.295 |
| 钢绞线名称 | A4 | A3 | A2 | A1 |
| 端头1差值 | 0.329 | 0.418 | 0.527 | 0.613 |
| 端头2差值 | 0.346 | 0.42 | 0.506 | 0.616 |
| 钢绞线名称 | E1 | E2 | E3 | — |
| 端头1差值 | 0.662 | 0.662 | 0.678 | |
| 端头2差值 | 0.711 | 0.711 | 0.764 | |
| 钢绞线名称 | F1 | F2 | F3 | |
| 端头1差值 | 0.661 | 0.669 | 0.678 | |
| 端头2差值 | 0.564 | 0.539 | 0.559 | |

注：端头1、2差值分别指混凝土两端沿板宽的两点挠度差值。

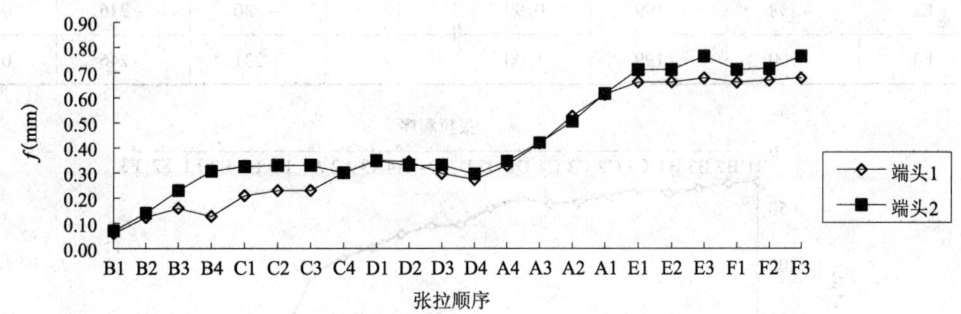


图2-12　张拉钢绞线两端挠度差值变化图

### 2.4.3　张拉力与混凝土应变的关系

1. 张拉力与底板混凝土纵向应变的关系

图2-13示出了实测及有限元计算的底板跨中混凝土应变值，并示出了两者的比值。计算值是按照设计张拉方式，共6束预应力束分3批张拉的程序进行计算的。可以看到，实际施工中过多的张拉次数使得预应力损失过大；预应力钢绞线张拉完毕后，虽然整个预应力空心板处于全截面受压状态，但其值与理论值相比明显偏小，其中先张拉的钢束尤为明显。因此，由于实际有效预应力的减小，最终的开裂弯矩将小于设计开裂弯矩值。

从表2-7也可以发现一般设计及施工单位不会留意的现象，即开始张拉钢束时，由于钢束张拉力小，其产生的弯矩小于梁体自重产生的弯矩，因此空心板底部尚未脱离支架或者台座，此时的支承关系与两端支承的简支梁有很大差别；梁体与支架或台座之间的摩阻黏结效应降低了预应力张拉引起的应变，因此在张拉早期实测的梁体压应变明显小于理论计算值；而在后期，随着梁体不断上拱，梁体脱离支架后，梁将处于设计计算假定的简支状况，梁的应变则有了明显的增加，在预应力张拉后期及完成时，最终实测压应变与理论计算值很接近。

底板跨中混凝土应变(με)　　表 2-7

| 钢绞线名称 | 实测应变值(με) | 计算应变值(με) | 实测值/计算值 | 钢绞线名称 | 实测应变值(με) | 计算应变值(με) | 实测值/计算值 |
|---|---|---|---|---|---|---|---|
| B1 | -26 | -68 | 0.38 | C1 | -11 | -95 | 0.12 |
| B2 | -12 | -68 | 0.18 | C2 | -11 | -95 | 0.11 |
| B3 | -21 | -68 | 0.31 | C3 | -8 | -95 | 0.08 |
| B4 | -14 | -68 | 0.20 | C4 | -39 | -95 | 0.41 |
| D1 | -9 | -126 | 0.07 | A4 | -59 | -154 | 0.38 |
| D2 | -4 | -126 | 0.03 | A3 | -85 | -154 | 0.55 |
| D3 | -65 | -126 | 0.51 | A2 | -94 | -154 | 0.61 |
| D4 | -66 | -126 | 0.52 | A1 | -109 | -141 | 0.77 |
| E1 | -167 | -199 | 0.84 | F1 | -166 | -246 | 0.68 |
| E2 | -198 | -199 | 0.99 | F2 | -230 | -246 | 0.94 |
| E3 | -200 | -199 | 1.00 | F3 | -231 | -246 | 0.94 |

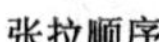


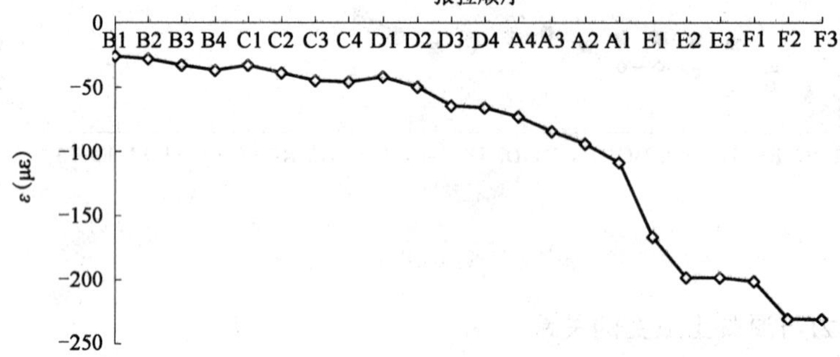


图 2-13　张拉钢绞线时底板跨中混凝土应变变化图

从图 2-13 可以看出，预应力钢筋分别张拉时，不论混凝土的应变还是空心板的上拱都呈阶段性增大，大致都可以分为 3 个阶段，第 1 阶段为张拉底板预应力钢束 B1 ~ D1，第 2 阶段为张拉底板预应力钢束 D2 ~ A1，第 3 阶段为张拉腹板的预应力钢束 E1 ~ F3。由于在张拉过程中，预应力的效果是逐渐反映出来的，达到一定的预应力后，梁体与部分支架脱离，自重逐步施加到梁体上，导致其呈现阶段性变化。

图 2-14 表示沿梁长方向底板边缘混凝土应变变化。可以看出，随着张拉力的增加，底板边缘混凝土的压应变不断增加，由于自重的作用和钢绞线与波纹管摩擦力的存在，导致在跨中位置混凝土的应变值小于附近混凝土的应变值。

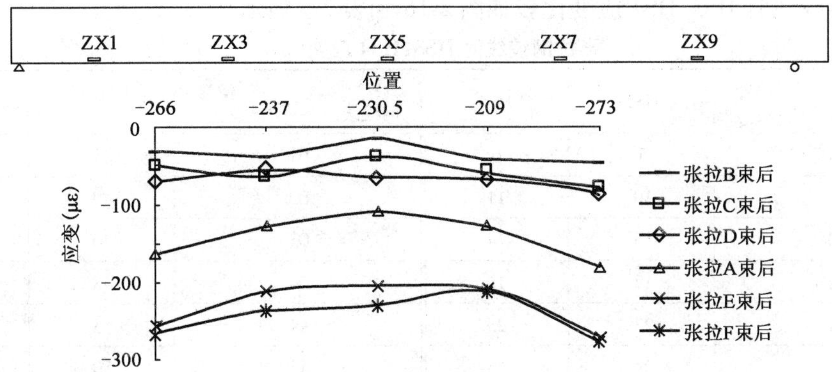


图 2-14 沿梁长方向底板边缘混凝土应变变化

2. 张拉力与底板混凝土横向应变的关系

在空心板底板的底面和顶面分别布置了垂直于构件轴线方向的混凝土横向应变片，来反映纵向预应力张拉引起的梁体横向应变及应力状况，横向拉应变实测值如图 2-15 及表 2-8所示。

**张拉钢绞线时 HX1、HX2 应变(με)**

表 2-8

| 钢绞线＼位置 | HX1 | HX2 | 钢绞线＼位置 | HX1 | HX2 |
|---|---|---|---|---|---|
| B1 | 7 | 6 | D1 | 24 | 34 |
| B2 | 11 | 9 | D2 | 50 | 64 |
| B3 | 15 | 13 | D3 | 61 | 83 |
| B4 | 14 | 13 | D4 | 64 | 89 |
| C1 | 16 | 16 | A4 | 66 | 91 |
| C2 | 20 | 21 | A3 | 71 | 93 |
| C3 | 22 | 24 | A2 | 75 | 96 |
| C4 | 32 | 35 | A1 | 81 | 101 |
| E1 | 78 | 102 | F1 | 112 | 138 |
| E2 | 84 | 123 | F2 | 124 | 146 |
| E3 | 114 | 118 | F3 | 134 | 151 |

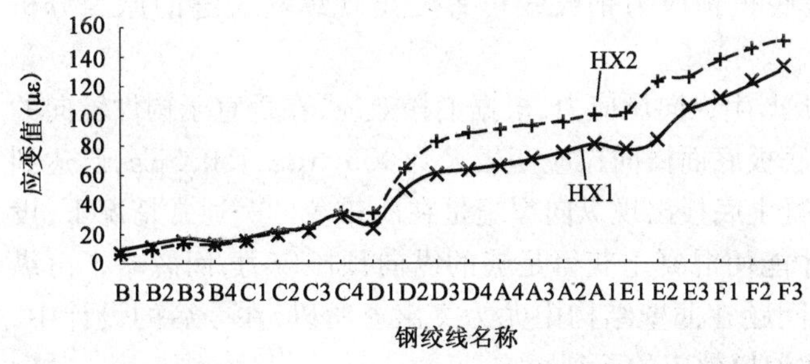


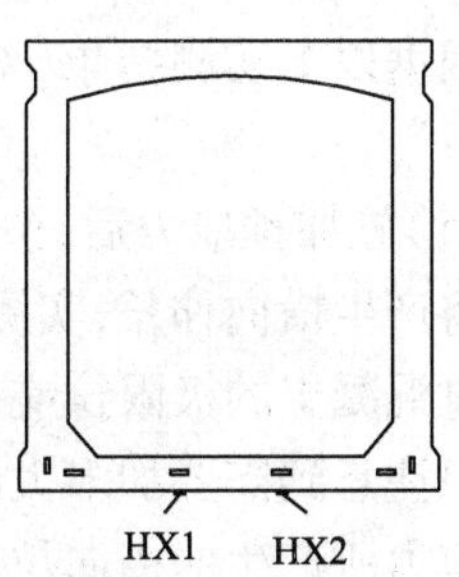


图 2-15 张拉钢绞线时 HX1、HX2 应变图

张拉钢绞线时 HS3、HS4 应变比较如图 2-16 和表 2-9 所示。

张拉钢绞线时 **HS3、HS4** 应变(με)　　表 2-9

| 钢绞线＼位置 | HS3 | HS4 | 钢绞线＼位置 | HS3 | HS4 |
|---|---|---|---|---|---|
| B1 | 5 | 6 | D1 | 25 | 29 |
| B2 | 10 | 11 | D2 | 49 | 51 |
| B3 | 15 | 14 | D3 | 46 | 48 |
| B4 | 17 | 16 | D4 | 48 | 53 |
| C1 | 23 | 23 | A4 | 51 | 56 |
| C2 | 24 | 25 | A3 | 50 | 55 |
| C3 | 31 | 32 | A2 | 60 | 63 |
| C4 | 43 | 42 | A1 | 64 | 66 |
| E1 | 68 | 68 | F1 | 74 | 75 |
| E2 | 69 | 69 | F2 | 75 | 75 |
| E3 | 70 | 72 | F3 | 76 | 76 |

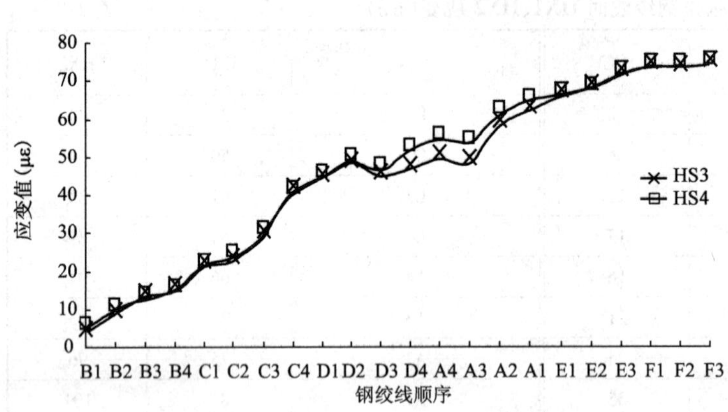

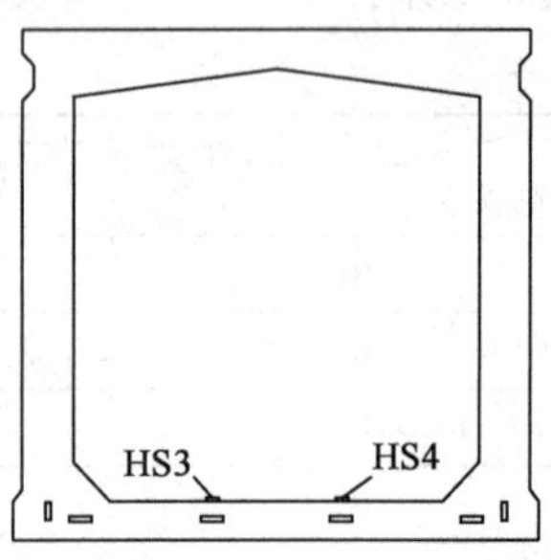


图 2-16　张拉钢绞线时 HS3、HS4 应变比较

从图 2-16、表 2-9 可以看出，随着张拉力的增加，底板垂直于构件轴线方向的混凝土底面、顶面(内部)拉应变均逐渐增加，混凝土横向应变与张拉力基本上呈正比，底面拉应变最大为 133.5με、150.5με；顶面(内部)拉应变最大为 76με 和 75.7με。

根据以上实测结果，对施工阶段底板预应力钢绞线位置处出现纵向裂缝的原因分析如下：

(1)施加预应力后，预应力空心板产生纵向压应力，根据泊松效应，在垂直于构件轴向的横向将产生横向伸长，实测得到跨中底板底面横向拉应变最大为 133.5με、150.5με，已达到或超过混凝土的极限拉应变，因此混凝土底板出现纵向裂缝是在所难免的。通常情况下，设计者只注意到需要加多大的预应力才能使混凝土获得足够的纵向预压应力，而忽略了由纵向压应力所产生的横向拉应力，这一问题在薄壁结构中尤为突出。所以，在今后的设计中，需提请设计者对薄壁构件应充分考虑泊松效应的不利影响。

(2)由于施加预应力后试验梁的梁体上拱，预应力钢绞线对梁底板有向下的作用力，如

图 2-17 所示，根据荷载平衡法，设梁底变形按圆曲线变化，则径向力为 $W = F/R$；如按二次抛物线变化时，径向力为 $W = 8Nf/l^2$。即波纹管下方混凝土在此线荷载作用下将产生横向拉应变，再加上(1)中所述原因，当底板横向配筋不足、保护层厚度不够时，底板必然会产生纵向裂缝。

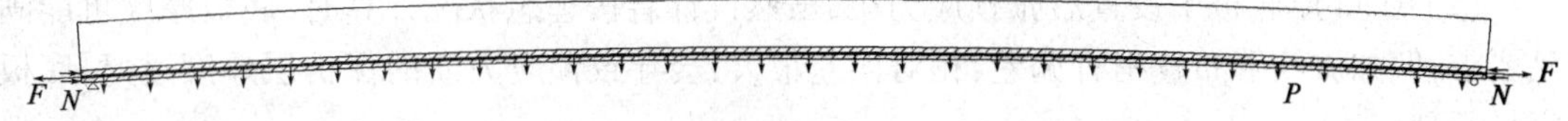


图 2-17　预应力筋对底板混凝土的作用

(3)由于波纹管截面宽度相对于底板厚较长，如图 2-18 所示，波纹管下部的混凝土浇筑质量难以保证，混凝土实际抗拉强度较理论值低，较小的横向拉应力即可能导致出现纵向裂缝。

(4)设计中的直线预应力布束区段，施工中因预应力束布置偏差而呈曲线形，相对于 10cm 厚的底板混凝土将产生较大的次生拉应力，并使局部区段预应力筋的保护层厚度明显不足。

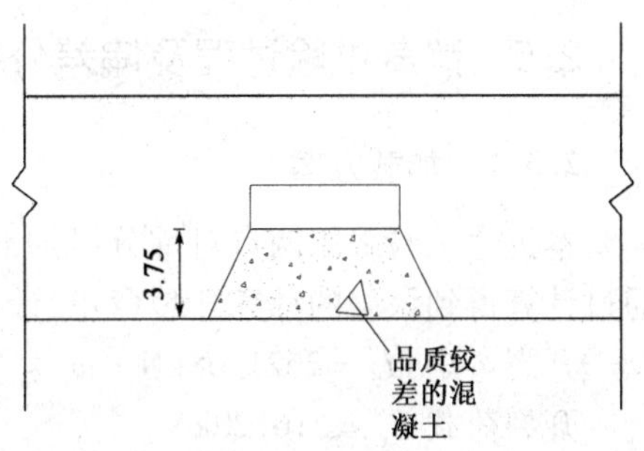


图 2-18　波纹管下部混凝土示意图(尺寸单位:m)

### 2.4.4　施工阶段偏差分析

按照实际的 30m 跨径预应力空心板桥原设计图，并请原施工队伍按照工地上的操作过程进行制作，在此期间出现了诸多一般设计者和施工者未深思过的异常现象，现在从 3 种偏差的角度归纳如下。

1. 施工偏差

(1)施工中没有按照规范的操作方式进行张拉，增加了由于分批张拉引起的预应力的混凝土弹性压缩损失，降低了有效预应力；由于不对称张拉，在角隅区容易产生畸变应力及裂缝；

(2)由于机具设备保养或使用不当，张拉过程被迫多次中断，一根 30m 跨径混凝土空心板的预应力张拉竟用了 7d 时间；

(3)在张拉条件下梁体变形受到约束而引起在端底板处开裂；

(4)张拉 $F_1$ 预应力束时发生钢绞线断丝，其原因是钢绞线交叉穿锚错误；

(5)由于人为失误，造成施工过程间断，给施工带来许多不便，增加了不必要的损失。

2. 设计偏差

(1)对薄壁混凝土构件，设计时只考虑了构件所需的纵向预压应力，未考虑由泊松效应引起的横向拉应变的不利影响；

(2)设计中未考虑在薄壁混凝土构件底板中张拉预应力束时，预应力钢束对底板混凝土有向下的作用力，具有使底板出现沿预应力束崩裂的趋势；

(3)构件薄壁腹板中采用竖放的竖弯扁形预应力束，底层钢绞线张拉时引起的侧向崩挤力的作用，易使薄壁腹板产生沿波纹管的纵向裂缝与开裂。

3.设计与施工的偏差

(1)10cm 厚底板中设置后张预应力束,其扁形波纹管下部的混凝土浇筑质量很难得到保证,其局部混凝土实际抗拉强度可能明显低于设计强度,故底板易出现裂缝。而在设计计算中是按混凝土质量有保证的情况考虑的;

(2)10cm 厚底板中设置后张预应力束,虽然设计者按理想状况计算时,底板厚度可能满足要求,但如波纹管布置稍有偏差,相对误差很大,会导致预应力筋的保护层厚度过薄,底板容易开裂;

(3)10cm 厚底板中设置后张预应力束,施工中波纹管呈曲线形的位置偏差,将使底板局部混凝土产生明显的次生应力,其不利拉应力的组合也是导致底板开裂的原因之一;

(4)从以上分析不难看出,各种设计施工偏差是不容忽视的,它将会给结构构件带来一些受荷前就存在的异常现象,将不同程度地影响结构的受力性能和耐久性。

## 2.5 静载试验过程及偏差分析

### 2.5.1 加载方案

本抗弯试验采用两点对称分级加载,两加载点纯弯段间距为 5m,支点间距为 29.25m。通过计算得到该梁的计算开裂弯矩、计算极限荷载。如

开裂弯矩 $M_{cr}=2621.08\text{kN}\cdot\text{m}$

开裂荷载 $P_{cr}=216.20\text{kN}$

极限弯矩 $M_u=5429.99\text{kN}\cdot\text{m}$

极限荷载 $P_u=447.83\text{kN}$

使用荷载 $P=189.6\text{kN}$

桥梁在运营过程中,荷载一般情况下为设计使用荷载的 20% ~40%,不利情况下为设计使用荷载的 40% ~60%,最不利情况为设计使用荷载的 60% ~80%,所以分别取设计使用荷载的 20%、40%、60%、80% 作为加载试验的荷载上限进行循环加载,观测不同上限的循环作用下的应力及纵向裂缝的发生及发展情况、竖向裂缝的闭合及再开裂的情况。

第一循环:$P=0\rightarrow 50\text{kN}\rightarrow 0$ 加卸载循环 5 次

第二循环:$P=0\rightarrow 100\text{kN}\rightarrow 0$ 加卸载循环 5 次

第三循环:$P=0\rightarrow 30\text{kN}\rightarrow 60\text{kN}\rightarrow 120\text{kN}\rightarrow 140\text{kN}\rightarrow 0$ 加卸载循环 10 次

第四循环:$P=0\rightarrow 30\text{kN}\rightarrow 60\text{kN}\rightarrow 120\text{kN}\rightarrow 140\text{kN}\rightarrow 160\text{kN}\rightarrow 0$ 加卸载循环 10 次

裂缝出现前每级荷载施加到位后持续 5min,测读挠度和应变,预计开裂前缩小荷载级差直至裂缝出现,以便准确获得开裂荷载,这 4 次循环以考察试验梁在重复荷载作用下的力学行为。

为了考察该试验梁在破坏阶段的裂缝发展情况及破坏形态,进行了破坏试验。

第五循环:$P=0\rightarrow 160\text{kN}\rightarrow 180\text{kN}\rightarrow 250\text{kN}\rightarrow 300\text{kN}\rightarrow 350\text{kN}\rightarrow 0$

第六循环:$P=0\rightarrow 160\text{kN}\rightarrow 180\text{kN}\rightarrow 250\text{kN}\rightarrow 300\text{kN}\rightarrow 350\text{kN}\rightarrow 450\text{kN}\rightarrow 500\text{kN}$

### 2.5.2 加载设备及仪器

试验梁加载方式为两点集中加载,加载图式如图 2-19a)所示。试验梁采用解放军后勤

工程学院研制的 ZSY—16B 智能应变仪进行数据采集,通过 USB—50 型接线箱与各测点的电阻应变片连接,可自动采集各级荷载下普通钢筋及混凝土表面测点的应变。在对梁进行加载时,采用 WY—300 型液压稳压器与两台 J—150t 型液压千斤顶并配合分配梁对梁进行分级施加荷载,为准确确定加载的大小,在两个千斤顶下分别设置一个 BHR—4 型 1000kN 荷载传感器,传感器与 ZSB—16B 智能应变仪及 P10R—18 型电阻预调平衡箱配合控制加载吨位,加载反力架构造如图 2-19b)所示。为保证两个千斤顶同步,两个千斤顶共用一台油泵,示意图如图 2-19c)所示。

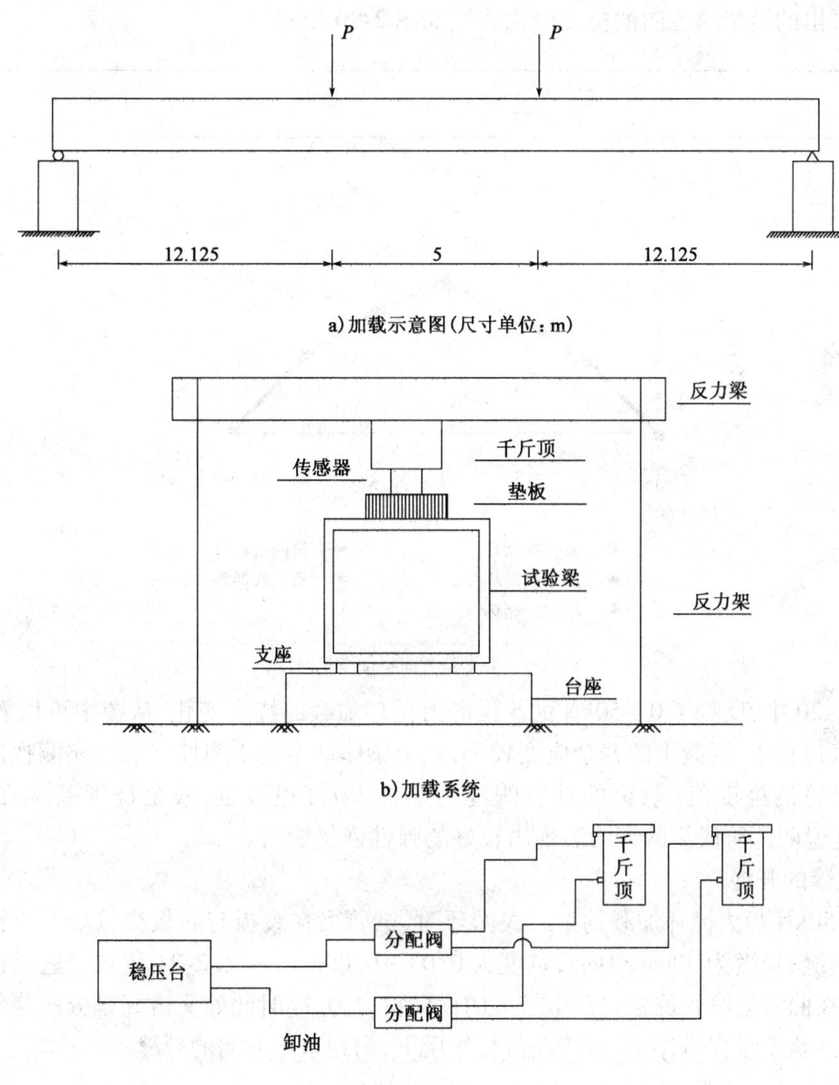


图 2-19　加载设备示意图

在正式加载前,对梁先进行预加载,以调整加载系统,保证两点荷载基本相同。然后按工作荷载对梁进行分级加载,裂缝出现前每级荷载稳压 5min,裂缝出现后每级荷载稳压 10min,以方便读数。利用读数显微镜寻找和观察裂缝,并测读裂缝宽度。

### 2.5.3 试验梁的力学行为分析

梁的加载试验是在重庆交通大学结构工程试验室完成的。正式加载前进行预加载，以调整加载系统，保证两点荷载基本等分。预加载的目的在于使试件各部分接触良好，正常进入工作状态，以便荷载和变形关系趋于稳定，同时也能检验试验装置的可靠性。

1. 第一循环加卸载

(1)挠度

试验得出的沿梁跨方向的挠度变化曲线如图2-20所示。

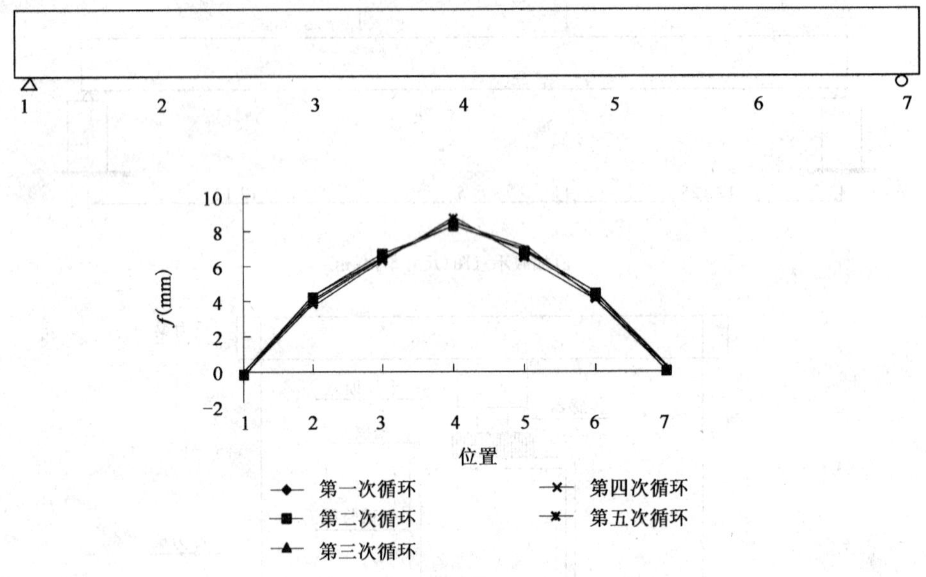


图2-20　沿梁跨方向挠度变化曲线

在图2-20中，反映了0～50kN的5次静力循环加载的挠度变化，从图中可以看出，在5次静力加载过程中，混凝土的残余应变较小，整个梁体基本处于弹性状态。实测挠度值与按弹性理论计算的挠度值(取梁的计算刚度为$0.85E_cI_0$)很接近，残余挠度基本在0.10～0.40mm，这说明此阶段梁的行为表现出较好的弹性恢复能力。

(2)裂缝的开展

在0～50kN静力循环加载的第二次循环时，试验梁在腹板与底板交接处产生沿梁长方向的水平裂缝，长度为40cm、60cm，宽度为0.03～0.05mm，如图2-21所示。这是由于施加预应力后，在曲线波纹管位置处产生较大的横向拉应力，同时此处又恰好是分次浇筑混凝土的分界线，浇筑质量很难保证，导致在荷载作用下，出现水平方向的裂缝。

2. 第二循环加卸载

(1)挠度

对试验资料进行分析后发现，梁在前两次循环荷载作用下的力学行为相似，混凝土、普通钢筋及预应力钢绞线的应变协调一致且都随荷载的加大呈线性增加，表现出良好的弹性性能。卸载后，梁的残余应变都很小。*P-f*曲线及挠度变化曲线如图2-22、图2-23所示。

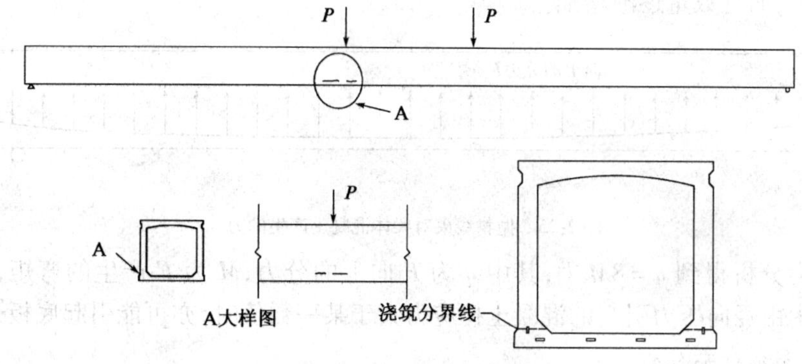


图 2-21　0 ~ 50kN 循环加载裂缝位置图

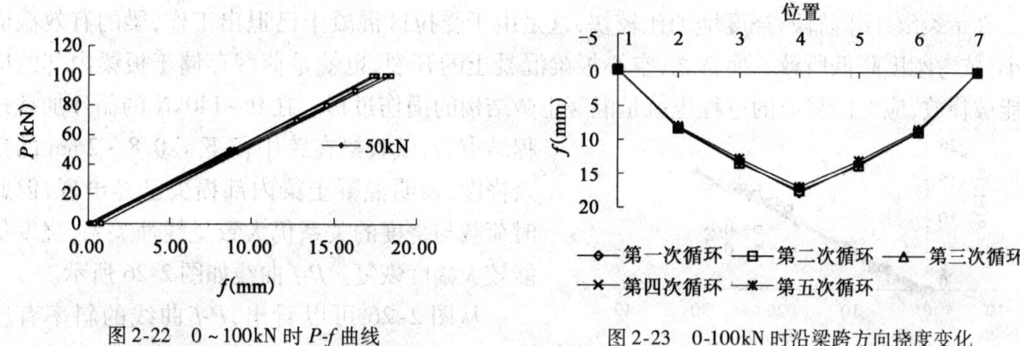


图 2-22　0 ~ 100kN 时 $P$-$f$ 曲线

图 2-23　0-100kN 时沿梁跨方向挠度变化

从图 2-22 和图 2-23 可以看出，$P$-$f$ 曲线的斜率基本相同，而且在设计使用荷载的 20% ~ 40% 作用下纵向裂缝对整个构件整体刚度及力学性能影响不显著。

（2）裂缝开展情况

当第一次加载到 100kN 时，腹腔底板只出现一小段裂缝，稳住后裂缝不断增长。当第三次 0 ~ 100kN 循环后，腹腔底板出现裂缝，大致在 $L/4$ ~ $L/2$ 截面之间。第一条距梁端 7.6m 处开始，长 1.04m，距腹板内侧 0.32m；第二条距梁端 10.69m，长 1.83m，距内侧腹板 0.35m；第一条和第二条间距 0.10m；第三条距第二条 0.20m，长 0.20m，距内侧腹板 0.38m；第四条距第三条 1.72m，长 0.34m；第五条距第 4 条 0.40m，长 0.30m，距腹板 0.40m；第六条距第五条 0.10m，长 0.16m，距内侧腹板 0.40m；在第三次循环中第五、六条连通，如图 2-24 所示。

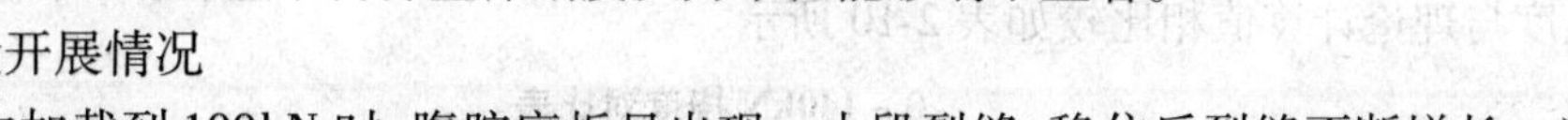

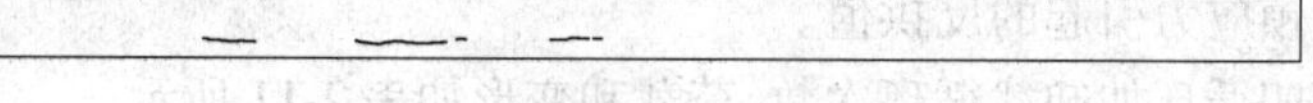

图 2-24　100kN 底板内部纵向裂缝

经分析，产生裂缝的原因主要有以下几点：

①纵向预应力产生的横向拉应力，在施工中波纹管的定位偏差导致波纹管到底板混凝土内侧边缘的距离偏小；

②在加载时，预应力空心板产生向下的变形，而预应力钢绞线则存在向上的分力，如图 2-25 所示，平衡（抵消）一部分或全部的外荷载。

由于设计时考虑不周，施工时定位不精确，导致底板内部波纹管的保护层厚度不足，在向上的径向力的作用下，底板混凝土开裂，底板内部就出现了纵向的裂缝，随着荷载的增加，裂缝逐渐增长，而且数量逐渐增加。

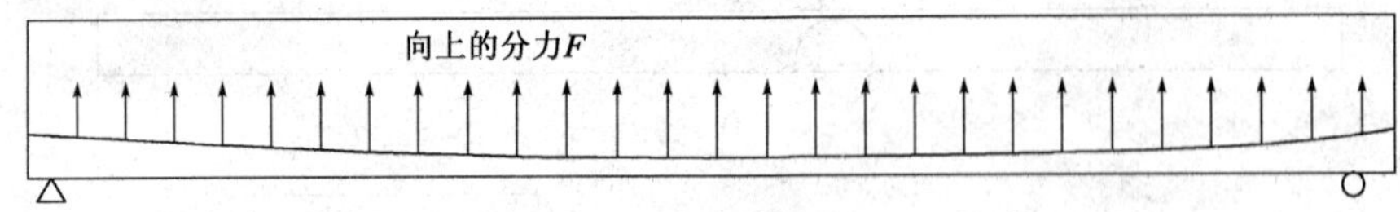


图 2-25　抛物线束对梁体混凝土产生的力

根据受力分析得到 $q=8M/l^2$，其中 $q$ 为 $F$ 向上的分力，$M$ 为 $F$ 产生的弯矩，$l$ 为板长。如果混凝土内由径向压力引起的混凝土拉应力大于某一数值时，亦可能引起底板开裂。

3. 第三、四循环加卸载

(1)挠度

在带裂缝工作阶段，挠度增加比较快，这是由于受拉区混凝土已退出工作，梁的有效截面减小，抗弯刚度降低所致。换言之，空心板梁混凝土的开裂，也就是荷载存储于板梁内部的应变能被释放，应变能释放的过程也就是混凝土微结构的损伤过程。在 0 ~ 140kN 的循环加载过程结束后，试验梁在跨中留下了 0.8 ~ 2mm 的残余挠度，表明混凝土梁内部损失已经出现，但此时荷载与挠度的关系仍大致呈线性关系，挠度仍能较大幅度恢复。$P$-$f$ 曲线如图 2-26 所示。

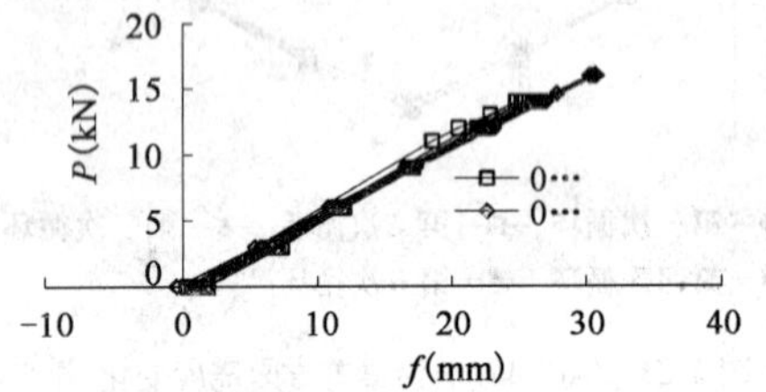


图 2-26　0 ~ 140kN、0 ~ 160kN 循环加载 $P$-$f$ 曲线

从图 2-26 可以看出，$P$-$f$ 曲线的斜率有所减小，说明试验梁的刚度降低，弹性恢复性能也有所下降。

挠度与理论计算值相比较如表 2-10 所示。

**0 ~ 140kN 挠度对比表**　　表 2-10

| 挠度 \ 荷载 | 50kN | 100kN | 140kN |
|---|---|---|---|
| 理论值 | 10.07 | 20.2 | 28.2 |
| 实测值(平均) | 9.02 | 18.47 | 26.34 |

从表 2-10 可以看出，实测得到的挠度变化均小于理论计算得到的挠度值，表中计算的挠度均未扣除预应力引起的反拱值。

第一至第四循环加卸载循环次数、荷载和变形如表 2-11 所示。

**循环次数和荷载与变形表**　　表 2-11

| 荷载(kN) | 下列循环次数下的变形(mm) | | | | | | | | | |
|---|---|---|---|---|---|---|---|---|---|---|
| | 第一次 | 第二次 | 第三次 | 第四次 | 第五次 | 第六次 | 第七次 | 第八次 | 第九次 | 第十次 |
| 0 | 0 | 0.09 | 0.24 | 0.13 | 0.46 | — | — | — | — | — |
| 50 | 8.59 | 8.27 | 8.62 | 8.36 | 8.7 | — | — | — | — | — |
| 0 | 0.5 | 0.27 | 0 | 0.2 | 0.24 | — | — | — | — | — |
| 100 | 17.79 | 17.49 | 16.8 | 16.95 | 16.89 | — | — | — | — | — |

续上表

| 荷载(kN) | 下列循环次数下的变形(mm) | | | | | | | | | |
|---|---|---|---|---|---|---|---|---|---|---|
| | 第一次 | 第二次 | 第三次 | 第四次 | 第五次 | 第六次 | 第七次 | 第八次 | 第九次 | 第十次 |
| 0 | 0.38 | 0.9 | 1.12 | 1.16 | 1.62 | 1.69 | 1.8 | 1.77 | 1.84 | 1.83 |
| 140 | 24.79 | 24.74 | 26.2 | 24.5 | 25.15 | 25.3 | 25.27 | 25.39 | 26.03 | 25.76 |
| 0 | 1.94 | 3.8 | 4.1 | 2.7 | 2.3 | 2.7 | 2.1 | 1.6 | 2.4 | 2.6 |
| 160 | 30.72 | 30.78 | 30.24 | 30.48 | 30.67 | 30.39 | 30.58 | 29.71 | 30.46 | 31.5 |

(2)裂缝开展情况

试验梁在荷载作用下,预压区混凝土逐渐消压,直到梁底边缘混凝土达到极限拉应变后,梁体出现裂缝。试验表明,试验梁的第一条裂缝(0～140kN 第二次循环中出现)都首先出现在纯弯段内的跨中下缘附近。

当在第一次加载到 110kN 时梁底部出现纵向裂缝,距跨中 150cm,长 50cm。

在 0～140kN 的第二次循环后,在灌浆爆裂面出现竖直向上的裂缝,裂缝长度 10cm,距跨中 256cm,如图 2-27 所示,卸载后裂缝并没有闭合。理论计算的开裂荷载为 210kN。

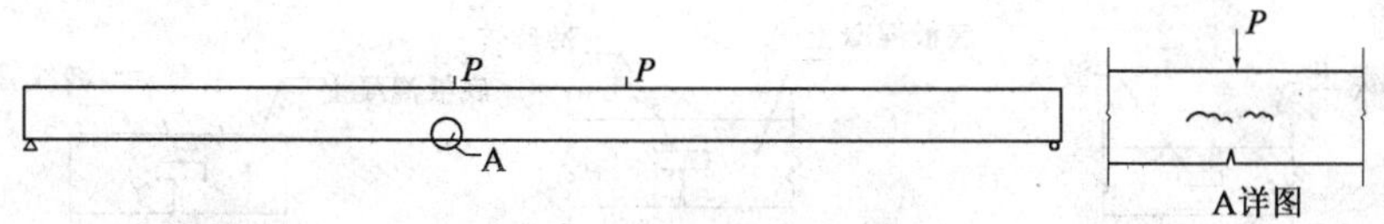


图 2-27　加载到 140kN 出现竖向裂缝的位置

实测值比计算值小的主要原因有以下几点:

①梁底板出现纵向裂缝,使得预应力钢束与混凝土之间的黏结牢度降低,混凝土对预应力束的约束作用被削弱;

②由于竖向裂缝出现面为灌浆爆裂的腹板处,该处的截面削弱,降低了其抗裂能力;

③由于施工中张拉方式的不规范,导致分批张拉引起的混凝土弹性压缩损失增大,有效预应力降低。

在 0～160kN 的第二次循环后,出现第二条竖向裂缝;加载到 120kN 时,第二条裂缝出现。加载到 180kN 时腹板未爆裂面出现 2 条裂缝,腹板爆裂面未出现裂缝。在此过程中不断有劈啪声出现;加载到 190kN 时出现 4 条新裂缝,最宽处达到 0.31mm,裂缝间距为 20～25cm,且出现在布置预应力钢筋的位置,具体裂缝宽度如表 2-12 所示。随着荷载的增加,裂缝的长度和宽度都在增加。

**0～160kN 循环加载纵向裂缝宽度变化表**　　表 2-12

| 荷载(kN) | 下列循环次数下的裂缝宽度(mm) | | | | | | | | | |
|---|---|---|---|---|---|---|---|---|---|---|
| | 第一次 | 第二次 | 第三次 | 第四次 | 第五次 | 第六次 | 第七次 | 第八次 | 第九次 | 第十次 |
| 0 | 2.1 | 2.1 | 2.1 | 2.1 | 2.1 | — | — | — | — | — |
| 50 | 2.1 | 2.1 | 2.1 | 2.1 | 2.1 | — | — | — | — | — |
| 100 | 2.3 | 2.3 | 2.4 | 2.4 | 2.5 | — | — | — | — | — |
| 140 | 2.6 | 2.7 | 2.7 | 2.7 | 2.7 | 2.7 | 2.7 | 2.7 | 2.7 | 2.7 |
| 160 | 2.7 | 2.7 | 2.7 | 2.7 | 2.7 | 2.7 | 2.7 | 2.7 | 2.7 | 2.7 |

底板纵向裂缝在同级循环中并没有太大的变化。荷载增加时，其裂缝宽度有所增加。在加载初期裂缝宽度变化比较大，后期裂缝宽度基本上无变化，如表2-13所示。

梁底板内部纵向裂缝宽度变化表　表2-13

| 荷载(kN) | 0 | 100 | 200 | 300 | 338 | 357 | 400 | 443 | 500 |
|---|---|---|---|---|---|---|---|---|---|
| 内部纵向裂缝宽度(mm) | 0 | 0.15 | 0.16 | 0.17 | 0.17 | 0.19 | 0.2 | 0.22 | 0.27 |

在重复循环荷载作用下，当无纵向裂缝时，波纹管与混凝土之间黏结性能良好，能够共同协调变形，能够充分发挥预应力的作用，如图2-28a)所示；当波纹管下的混凝土出现纵向裂缝后，纵向裂缝处波纹管与混凝土之间的黏结力退化，预应力钢筋与混凝土之间的协调变形能力受到影响，由于裂缝宽度不大，对于构件的短期力学性能的影响不显著，如图2-28b)所示；当在重复循环荷载的长期作用下，裂缝尖端混凝土被挤压，预应力钢筋与混凝土之间的作用主要依靠波纹管表面的摩阻力和其表面肋的挤压力传递，混凝土对预应力钢筋束的约束作用明显降低，出现如图2-28c)所示的情况，影响整个构件的受力性能。

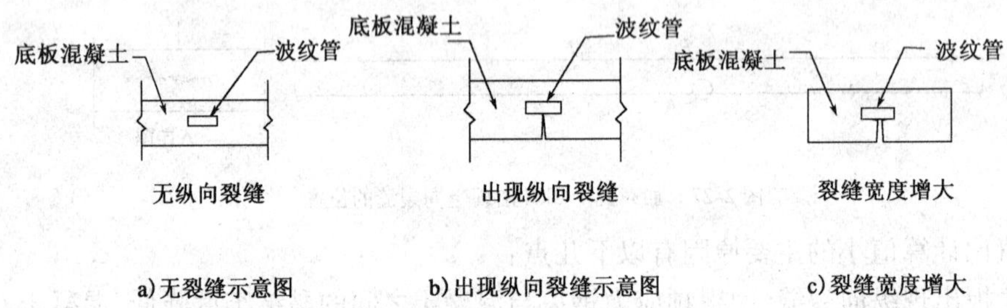


图2-28　重复循环荷载作用下裂缝发展过程示意图

(3)跨中截面混凝土应变

跨中截面各测点的应变随着荷载的增大而增大，应变沿板高度成直线分布，空心板梁全截面参加工作。加载至140kN，板上下缘的混凝土应变分别为$-219\mu\varepsilon$和$207\mu\varepsilon$；卸载至0后，各测点残余应变几乎为零，表明荷载与应变之间呈弹性关系。跨中截面应变的实测数据情况表明：梁从受载直至预期荷载这一过程中，跨中纯弯段内正截面上的应变随梁高的分布基本呈直线变化，如图2-29所示；基本上符合平截面假定，在出现竖直裂缝前，跨中截面中性轴几乎没有改变。

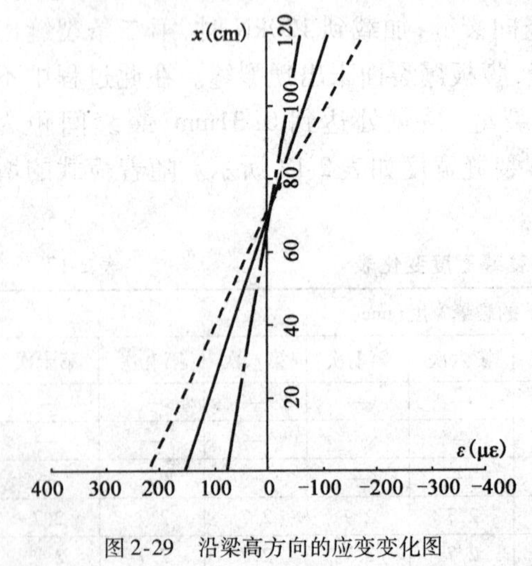


图2-29　沿梁高方向的应变变化图

(4)纵向钢筋应变

钢筋应力在达到140kN以前继续呈直线地增加，在达到140kN后，因为原来由混凝土承受的拉应力传给了钢筋，钢筋应力突然增大，如图2-30所示。

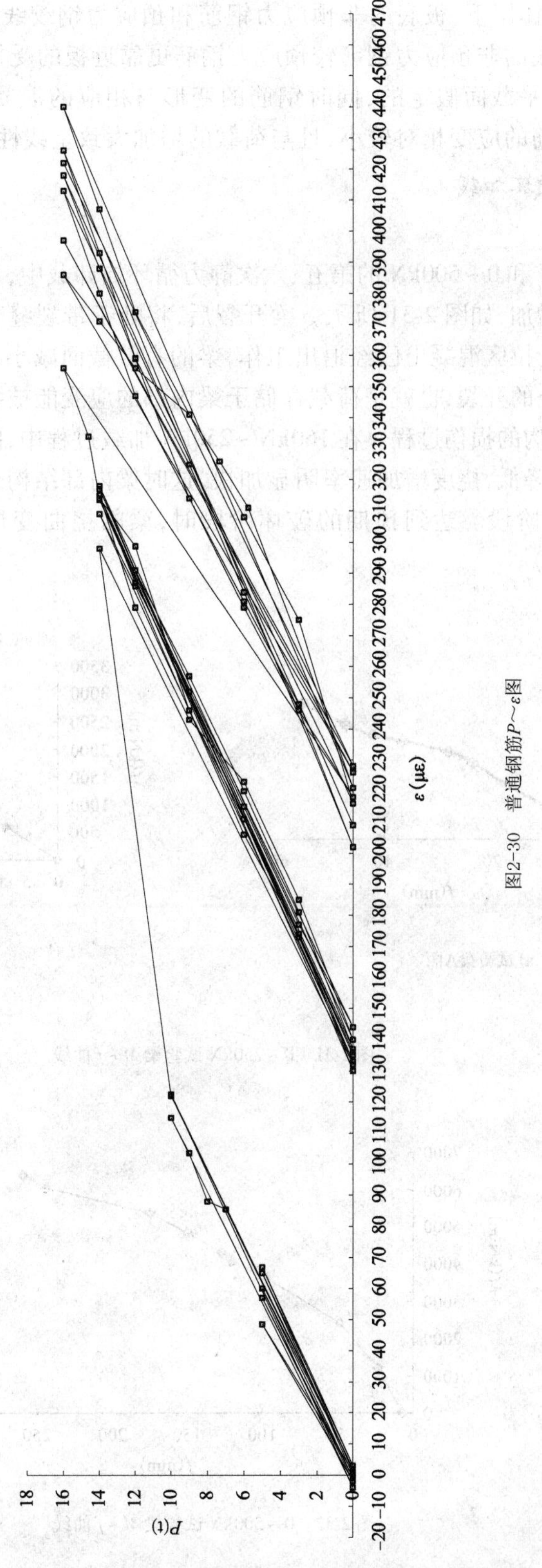


图2-30　普通钢筋$P \sim \varepsilon$图

在使用荷载作用下,板底的非预应力钢筋和预应力钢绞线的应变随着荷载增加的规律是一致的,板底的非预应力钢筋较预应力钢筋更靠近板的受拉边缘,因而其应变也将更大。这也是符合平截面假定的,同时钢筋的变形与相应的混凝土变形基本也是协调的。在这个阶段,钢筋的应变相对较小,且与荷载的增加大致呈线性关系,符合弹性计算理论。

4. 第五、六循环加载

(1)挠度

在0~350kN和0~500kN的第五、六次静力循环加卸载中,超过160kN后,随着荷载的增加,挠度明显增加,如图2-31所示。梁开裂后,将处于带裂缝工作阶段,此时挠度发展比较快,这是由于受拉区混凝土已经退出工作,梁的有效截面减小,抗弯刚度降低所致。换言之,试验梁混凝土的开裂,也就是荷载存储于梁内部的应变能被释放,应变能释放的过程也就是混凝土微结构的损伤过程。在160kN~250kN加载过程中,随着裂缝的开展,试验梁的抗弯刚度进一步降低,挠度增加速率明显加快,这时梁内部结构严重损伤,整个梁的变形处于严重的非线性阶段。达到预期的破坏阶段时,梁的挠曲变形已经相当明显(图2-32、图2-33及表2-14)。

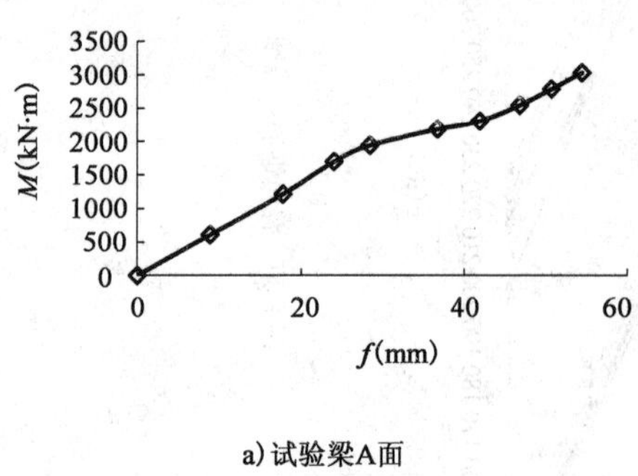


a)试验梁A面

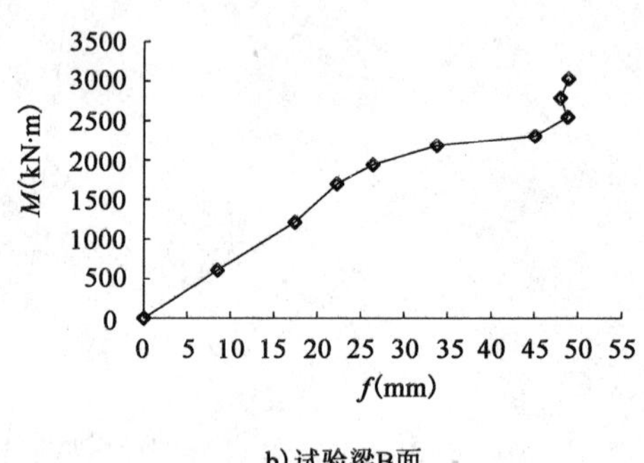


b)试验梁B面

图2-31　0~250kN试验梁 $M \sim f$ 曲线

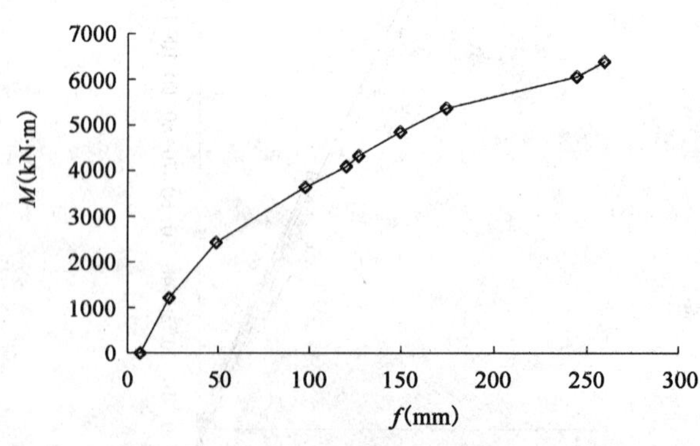


图2-32　0~500kN试验梁 $M \sim f$ 曲线

**0～527kN 混凝土荷载—挠度变化表(mm)**　　表 2-14

| 荷载(kN) \ 位置(m) | 0 | 7.5 | 15 | 22.5 | 30 |
|---|---|---|---|---|---|
| 0 | 0 | -8.9 | -10.8 | -8.7 | 0 |
| 100 | 0.35 | -13.29 | -18.87 | -14.30 | -0.94 |
| 200 | 0.89 | -33.28 | -48.93 | -34.27 | -0.94 |
| 300 | 1.48 | -64.35 | -97.77 | -65.35 | -0.99 |
| 338 | 1.71 | -76.69 | -119.85 | -77.69 | -1.05 |
| 357 | 1.85 | -83.68 | -126.70 | -83.48 | -1.12 |
| 400 | 2.03 | -98.78 | -149.40 | -97.88 | -1.18 |
| 443 | 2.23 | -140.98 | -174.00 | -113.98 | -1.34 |
| 500 | 2.70 | -157.38 | -244.20 | -156.48 | -1.48 |
| 527 | 2.91 | -168.28 | -259.30 | -167.98 | -1.57 |

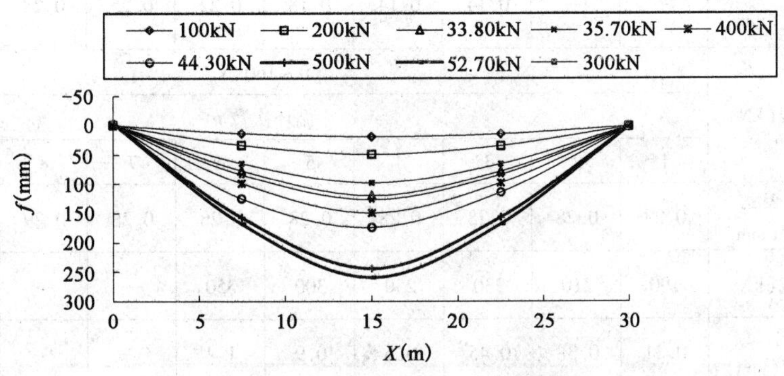


图 2-33　0～527kN 沿梁长方向变形曲线

(2)裂缝开展情况

在 0～250kN 的加载中,加载到 210kN 时,腹板压浆未爆裂面出现 3 条正裂缝,腹板爆裂面出现 1 条正裂缝,其中最长的达到 25cm。此时梁腹腔底部的纵向裂缝基本贯通。

在 250kN～300kN 加载过程中听见许多响声,而且听到一声大响。

在 300kN 加载时新增斜裂缝,内部在梁内另一侧出现新的一条裂缝,裂缝宽 0.15mm,此外先前出现的裂缝宽为 0.20mm,腹腔内部横、纵裂缝呈网格状。

加载到 400kN 时听到“啪”的一声,仔细观察梁体,但是未发现异常现象。

由于千斤顶的行程已满,因而,调千斤顶,增加垫块的尺寸,以满足张拉行程的要求。

继续加载到 500kN,千斤顶行程再次达到满行程,于是,卸载后继续调千斤顶。此时,观察梁的支座,发现已经变形。

(3)裂缝变化情况

许多研究者在裂缝宽度问题上进行了大量的试验和研究工作,基本上可以确定影响裂缝宽度的主要参数,包括:

①受拉钢筋的表面特征。受拉钢筋可以包括预应力钢筋和非预应力钢筋;

②钢筋在混凝土截面中的分布；

③混凝土保护层厚度；

④钢筋总面积与混凝土面积之比；

⑤构件受荷载时钢筋应力的增长；

⑥混凝土的抗拉强度；

⑦构件的尺寸和形状。

该试验梁在140kN时出现一条竖直向上的裂缝，在140kN～200kN的加载过程中，裂缝宽度变化不大。在200～260kN的加载过程中，裂缝宽度明显增大，变化速率增加。260～300kN时，裂缝宽度急剧增加（表2-15、表2-16）。

**静力加载正裂缝宽度变化表** 表2-15

| | | | | | | | | | | | |
|---|---|---|---|---|---|---|---|---|---|---|---|
| 第三循环 | 荷载(kN)及循环次数 | 0～140kN | | | | | | | | | |
| | | 循环次数 $n$ | | | | | | | | | |
| | | 1 | 2 | 3 | 4 | 5 | 6 | 7 | 8 | 9 | 10 |
| | 正裂缝宽度(mm) | — | — | 0.14 | 0.14 | 0.18 | 0.22 | 0.25 | 0.28 | 0.28 | 0.28 |
| 第四循环 | 荷载(kN) | 0～160kN | | | | | | | | | |
| | | 循环次数 $n$ | | | | | | | | | |
| | | 1 | 2 | 3 | 4 | 5 | 6 | 7 | 8 | 9 | 10 |
| | 正裂缝宽度(mm) | 0.28 | 0.28 | 0.28 | 0.28 | 0.28 | 0.28 | 0.28 | 0.29 | 0.29 | 0.29 |
| 第五循环 | 荷载(kN) | 190 | 210 | 230 | 250 | 300 | 350 | — | — | — | — |
| | 正裂缝宽度(mm) | 0.31 | 0.38 | 0.45 | 0.6 | 0.9 | 1.4 | — | — | — | — |
| 第六循环 | 荷载(kN) | 0 | 100 | 200 | 300 | 338 | 357 | 400 | 443 | 500 | |
| | 正裂缝宽度(mm) | 0.34 | 0.34 | 0.64 | 0.78 | 1.14 | 1.32 | 1.44 | 1.53 | 2.22 | |

**0～350kN斜裂缝宽度变化表** 表2-16

| 荷载(kN) | 下列循环次数下的裂缝宽度(mm) | | 荷载(kN) | 下列循环次数下的裂缝宽度(mm) | |
|---|---|---|---|---|---|
| | 1 | 2 | | 1 | 2 |
| 0 | 0 | 0.11 | 250 | 0.2 | 0.19 |
| 190 | 0.08 | 0.19 | 300 | 0.25 | 0.29 |
| 210 | 0.14 | 0.19 | 350 | 0.28 | 0.3 |
| 230 | 0.18 | 0.19 | | | |

加载到160kN时出现第一条斜裂缝，在160kN～260kN的过程中，斜裂缝宽度增长不明显。然而，在260～350kN的过程中，斜裂缝宽度迅速增长（图2-34）。当荷载增加到500kN附近时，裂缝宽度出现更加快速的增长（图2-35及表2-17）。

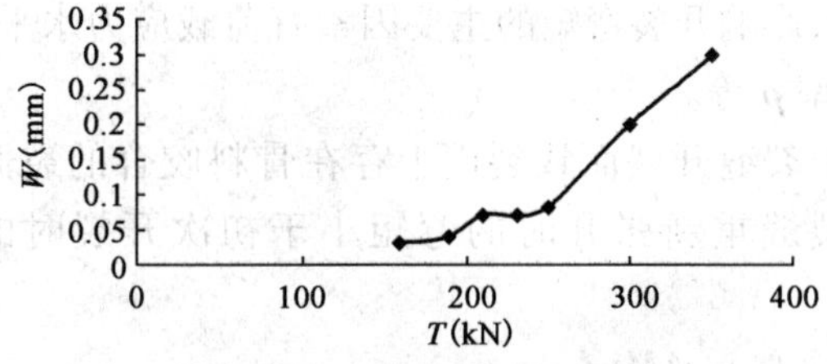


图 2-34　0 ~357kN 斜裂缝宽度变化曲线

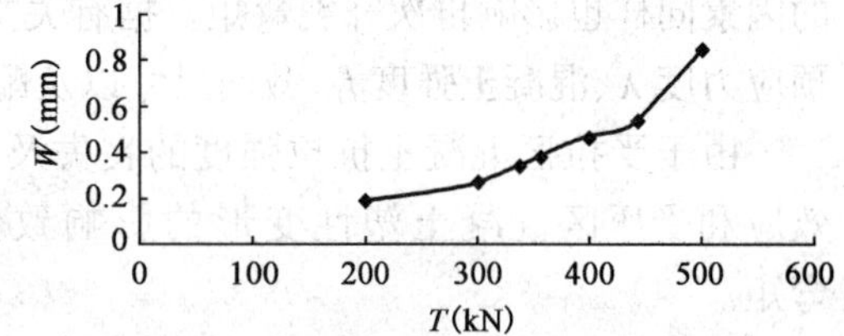


图 2-35　0 ~500kN 斜裂缝宽度变化曲线

**0 ~357kN 及 0 ~500kN 裂缝宽度表**　　表 2-17

| 荷载(kN) | 下列循环次数下的裂缝宽度(mm) | | |
|---|---|---|---|
| | 1 | 2 | 3 |
| 0 | 0 | 0.11 | — |
| 100 | — | 0.19 | — |
| 190 | 0.08 | 0.19 | 0.22 |
| 210 | 0.14 | 0.19 | 0.22 |
| 230 | 0.18 | 0.19 | 0.22 |
| 250 | 0.2 | 0.21 | 0.25 |
| 300 | 0.24 | 0.3 | 0.27 |
| 350 | 0.28 | 0.3 | 0.31 |
| 400 | — | — | 0.31 |
| 443 | — | — | 0.39 |
| 500 | — | — | 0.48 |
| 527 | — | — | 0.65 |

从理论计算上看,全预应力混凝土梁在使用荷载作用下不会出现受力裂缝,但当遭遇超载时可能开裂,卸载后裂缝会闭合。此时我们很关心重新开裂的荷载是多大,这个问题对于工程实际及桥梁养护管理很有意义。

在第三次循环加载过程中,当荷载达到一定值后,梁的裂缝再次张开,但较之第一次开裂时的荷载值有所降低。试验梁的刚度降低,裂缝开展,其原因之一是加载时裂缝处的钢筋应变增大,钢筋向裂缝面移动,横肋前方混凝土压碎,肋顶右上方有斜裂缝,肋后留有空隙,肋前的混凝土和斜裂缝很少恢复变形,肋后的空隙缩减不多。卸载后,裂缝处钢筋应变大部分回缩,应力很小,但是远离裂缝面的钢筋在回弹时受到混凝土黏结力的摩阻约束,应力不能回零,形成两端小中间大的拉应力分布。相应地,两部分的黏结应力方向相反;再次加载后,裂缝处钢筋应力又增大,肋前混凝土压碎区和斜裂缝又有发展,肋后的空隙和钢筋的滑移量有所增大,钢筋的高应力分布区有扩展,黏结应力的峰值内移。无局部黏结应力的作用使得混凝土在未达到首次开裂荷载时已经开裂。随着荷载重复次数的增大,裂缝处钢筋黏结区的混凝土变形和损伤逐渐积累,钢筋横肋前的破损情况逐个地从裂缝处扩展,裂缝处的滑移区继续扩大,钢筋的拉应力和黏结应力分布也随之变化,预应力钢绞线、普通钢筋和混凝土之间的黏结力退化,使得开裂荷载逐渐降低。

卸载后,再加载的开裂弯矩计算是一个非常复杂的问题,其影响因素多,影响开裂荷载的因素同样也影响再次开裂弯矩。据有关文献,影响开裂弯矩的主要因素有荷载应力水平、预应力度 $\lambda$、混凝土强度 $f_c$、截面尺寸以及配筋率 $\rho$ 等。

由于受拉区混凝土抗拉强度的丧失及由于裂缝开展而致裂面上存在骨料咬合的裂面效应和受压区混凝土塑性变形的影响致使裂缝重新张开时的弯矩小于初次开裂时的弯矩。

$$M'_{cr} = M_{cr} - \Delta M = \left(1 - \frac{\Delta M}{M_{cr}}\right)M_{cr} \tag{2-1}$$

式中:$M'_{cr}$——再次开裂时的开裂弯矩;

$\Delta M$——克服抗拉强度的丧失及裂面效应和混凝土塑性变形的弯矩;

$M_{cr}$——首次出现裂缝时的开裂弯矩。

设 $K_{cr}=1-\frac{\Delta M}{M_{cr}}$为再次开裂弯矩的折减系数,则式(2-2)变成 $M'_{cr}=K_{cr}M_{cr}$。

即

$$\frac{M'_{cr}}{M_{cr}} = K_{cr} \tag{2-2}$$

利用 $K_{cr}$ 可以简单地表达再次开裂弯矩与初次开裂弯矩之间的关系。

试验得到的数据如表 2-18 所示。

**循环次数 *N-M* 示意表** 表 2-18

| 循环次数 | 荷载(kN) | 弯矩 $M$(kN·m) | 循环次数 | 荷载(kN) | 弯矩 $M$(kN·m) |
|---|---|---|---|---|---|
| 1 | 140 | 1940 | 5 | 100 | 1212.5 |
| 2 | 120 | 1455 | 6 | 90 | 1091.25 |
| 3 | 120 | 1455 | 7 | 90 | 1091.25 |
| 4 | 100 | 1212.5 | | | |

将试验数据进行回归得到式(2-3)。

$$M'_{cr} = [0.2751 \times (\lg N)^2 - 0.7415 \times \lg N + 1.1125] \cdot M_{cr} \tag{2-3}$$

将用回归公式计算得到的值与实测值进行比较,如表 2-19 所示。

**回归值与实测值比较** 表 2-19

| 循环次数 | 荷载(kN) | 实测弯矩值 $M'_{cr}$(kN·m) | 计算弯矩值 $M'_{cr}$(kN·m) | 计算弯矩值/实测弯矩值 |
|---|---|---|---|---|
| 1 | 140 | 1940 | 2158.25 | 1.11 |
| 2 | 120 | 1455 | 1773.578 | 1.22 |
| 3 | 120 | 1455 | 1593.399 | 1.10 |
| 4 | 100 | 1212.5 | 1485.632 | 1.23 |
| 5 | 100 | 1212.5 | 1413.516 | 1.17 |
| 6 | 90 | 1091.25 | 1362.034 | 1.25 |
| 7 | 90 | 1091.25 | 1323.727 | 1.21 |

回归值与实测值之间的相关系数为 0.98，标准方差为 0.02。

### 2.5.4　试验梁的破坏情况

加载到 527kN 持续一段时间后，出现“轰”的一声巨响，梁突然断裂，在加载点 40cm 的区域，混凝土大面积呈块状脱落，普通钢筋被拉断。加载点下混凝土大面积剥落，腹腔内部底板的预应力钢筋崩起，将混凝土崩裂，底部混凝土脱落，底板预应力钢筋上部混凝土呈现块状，与波纹管脱开，具体情况如图 2-36 所示。底板纵筋和腹板的箍筋严重变形，顶部钢筋弯曲，如图 2-37 ~ 图 2-39 所示。破坏前试验梁变形明显增大，裂缝宽度突然增大，裂缝高度普遍到达腹板中部，破坏前未见有明显主裂缝形成。

图 2-36　破坏试验现场

图 2-37　破坏时底板情况

图 2-38　破坏现场清理后的底板情形

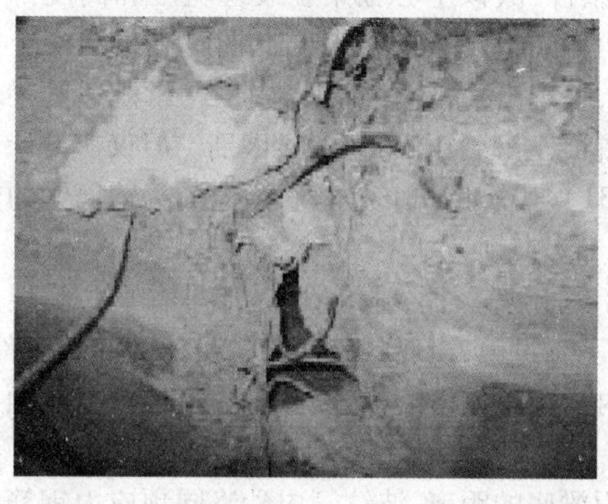

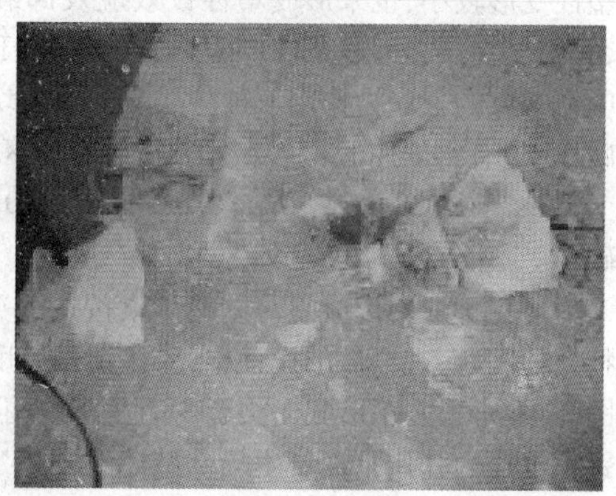

图 2-39　顶板破坏情况

常规钢筋混凝土适筋梁的受拉区钢筋首先达到屈服强度，其应力保持不变而应变显著地增大，直到受压区边缘混凝土的应变达到极限压应变时，压应力图呈明显曲线形，并且最大压应力已不在上边缘而是在距上边缘稍下处，这是混凝土受压时的应力-应变图所决定的。此时，压区混凝土的抗压强度耗尽，受压区临界裂缝两侧的一定区段内出现纵向水平裂缝（出现在受压区较厚或者较高时），随之混凝土出现酥裂压碎而破坏；在这个阶段，纵向钢筋的拉应力仍维持在屈服强度。这种梁破坏前，受压区混凝土的严重开裂及变形有一定的发展及释放过程，它与受拉区钢筋的屈服一起形成了塑性铰效应，梁的裂缝急剧开展，挠度较大，并有一定的卸载效应，使梁截面及梁体产生较大的塑性变形，因而有明显的破坏预兆，属于塑性破坏。典型钢筋混凝土试验梁的破坏就属适筋梁破坏，如图 2-40 所示。

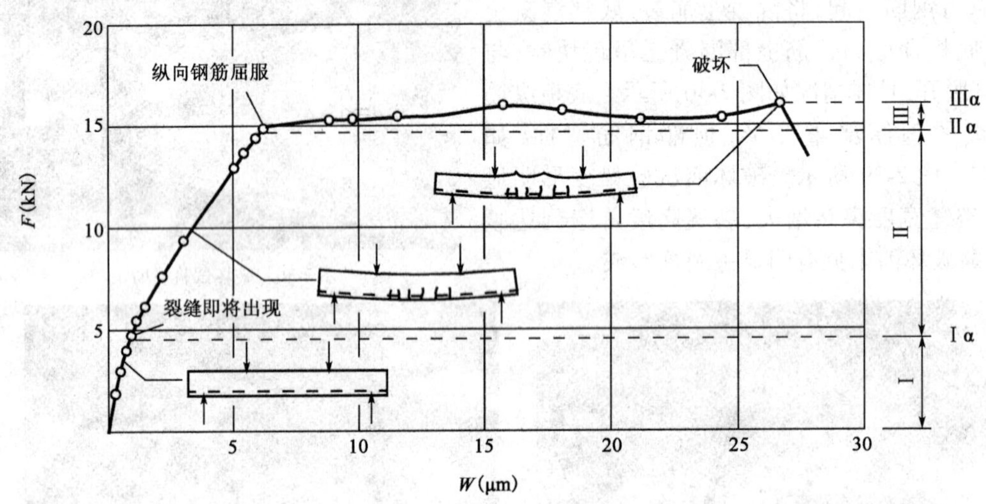


图 2-40 典型普通钢筋混凝土梁的荷载-挠度（F-W）图

薄壁预应力混凝土空心板梁的主筋为高强预应力钢绞线（普通钢筋含量很小，主要起开裂及构造作用），破坏前主筋无明显屈服台阶，加之顶板混凝土很薄，当板梁到达承载能力极限状态时，顶板混凝土压应变基本相同，受压区应力梯度不明显，接近均匀受压。受压区局部塑性变形较小，也未形成塑性铰效应及卸载条件，故该空心板梁在裂缝宽度和高度都不大，无明显主裂缝形成条件。随着一声巨响，顶板混凝土受压爆裂，与此同时底板混凝土在预应力钢束的上崩力作用下被分层劈为数大块，呈现出某些脆性破坏特征，与常规适筋梁受弯破坏（先有钢筋屈服，主裂缝形成，后有压区混凝土酥裂压碎）有明显区别。但仅从设计计算上看，$x_c = 0.628\text{m} < \xi \cdot h_0 = 0.65 \times (1.3 - 0.31) = 0.644\text{m}$，该空心板板梁应为适筋梁的塑性破坏。

为避免预应力混凝土薄壁箱形梁按适筋梁设计计算，而实际破坏时却具有某些脆性破坏特征的问题，在今后的设计中，受压顶板厚度不宜过薄，以便具有非均匀受压的卸载条件，如图 2-41 所示。箱形截面梁至少应在跨中箱内设置一道横隔板，以避免底板混凝土在预应力钢束上崩力作用下而产生局部破坏。

将试验梁凿开混凝土观察，考查预应力束距梁底的距离，波纹管内砂浆同预应力钢筋的黏结情况，漏浆处混凝土和预应力钢筋的情况。

将梁底从梁端向跨中以 50cm 为间距，分别将其凿开，观察波纹管距梁底上下表面的距离，结果如表 2-20 所示。

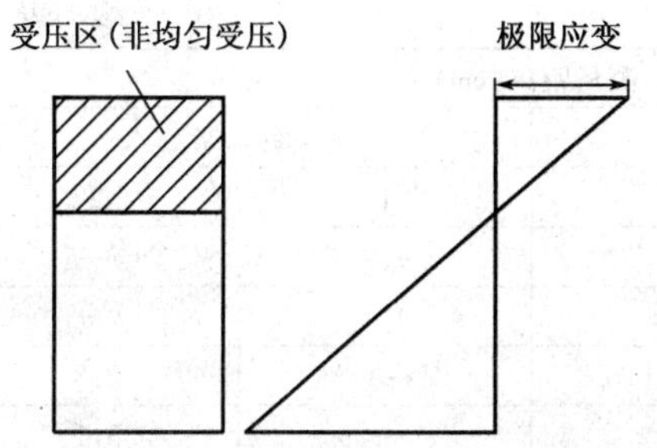


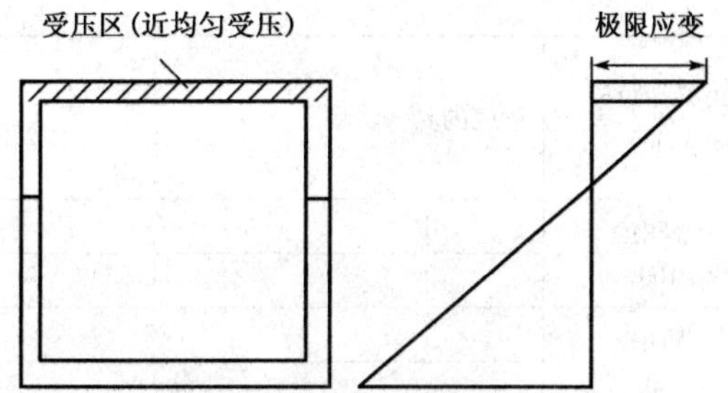


图2-41 截面受压图式

**混凝土上下表面距波纹管的距离** 表2-20

| 距梁端距离(cm) | 梁底的具体方向 | 测量距离(cm) | | | |
|---|---|---|---|---|---|
| | | 距A端 | | 距B端 | |
| | | 1 | 2 | 1 | 2 |
| 50 | 上 | — | 9 | 7.2 | — |
| | 下 | — | 7.4 | 7.2 | — |
| 100 | 上 | 8 | — | — | 5.5 |
| | 下 | 6.2 | — | — | 8.5 |
| 150 | 上 | 8 | 7.8 | 3.4 | — |
| | 下 | 4.7 | 5.8 | 8 | — |
| 200 | 上 | — | 6 | — | 2.9 |
| | 下 | — | 4.6 | — | 8 |
| 250 | 上 | 5 | — | 6.4 | — |
| | 下 | 3.8 | — | 4 | — |
| 300 | 上 | — | 3.4 | — | 7 |
| | 下 | — | 4.4 | — | 4.3 |
| 350 | 上 | 2.8 | — | 5.5 | — |
| | 下 | 4.7 | — | 4.4 | — |
| 400 | 上 | — | 2.2 | — | 7 |
| | 下 | — | 3.8 | — | 4.6 |
| 450 | 上 | 1.9 | — | 2.8 | — |
| | 下 | 4.5 | — | 5.4 | — |
| 500 | 上 | — | 2.4 | — | 3.4 |
| | 下 | — | 3.8 | — | 4 |
| 550 | 上 | 2.1 | — | 2.5 | — |
| | 下 | 4.5 | — | 5 | — |
| 600 | 上 | — | 1.9 | — | 3.2 |
| | 下 | — | 4.6 | — | 3.4 |
| 650 | 上 | 2.7 | — | 2.1 | — |
| | 下 | 4.4 | — | 5.2 | — |
| 跨中50 | 上 | — | 2.8 | — | 3.5 |
| | 下 | — | 2.9 | — | 3.5 |

续上表

| 距梁端距离(cm) | 梁底的具体方向 | 测量距离(cm) | | | |
|---|---|---|---|---|---|
| | | 距 A 端 | | 距 B 端 | |
| | | 1 | 2 | 1 | 2 |
| 跨中 100 | 上 | — | — | 2.9 | — |
| | 下 | — | — | 4.4 | — |
| 跨中 50 | 上 | — | — | — | 2.8 |
| | 下 | — | — | — | 3.1 |
| 跨中 100 | 上 | — | — | 2.4 | — |
| | 下 | — | — | 4.1 | — |
| 跨中 150 | 上 | — | — | — | 1.8 |
| | 下 | — | — | — | 3.8 |
| 跨中 150 | 上 | — | — | 1.8 | — |
| | 下 | — | — | 4.8 | — |

砸开波纹管,观察到砂浆与预应力钢绞线之间的黏结紧密,波纹管内灌浆有些地方不够饱满。将爆裂处凿开,发现漏浆位置为波纹管接头处。

从表 2-20 可以看出,在底板 10cm 处预应力钢绞线的保护层厚度有的竟然只有 1.8 ~ 2.9cm,远没有达到设计图纸中的 3.75cm 的保护层厚度。规范要求在后张预应力混凝土梁中,预应力束到混凝土边缘的距离为 5cm,可见远达不到规范要求;再者,设计时没有充分考虑施工的操作空间,使得施工中很难保证波纹管下的混凝土的密实性,导致混凝土强度也很难达到设计要求。

### 2.5.5 静载试验结论

通过试验梁的静力循环加、卸载抗弯试验,考虑设计及施工偏差的影响,分析纵向裂缝对结构性能的影响以及纵向裂缝的发展趋势,主要得到以下几点结论:

(1)在竖向裂缝出现前,整个试验梁呈弹性状态。

(2)施工中在浇筑混凝土时应注意避免在截面变化区域分阶段浇筑。

(3)由于设计时只考虑了施加足够的预压应力,而没有考虑在纵向压应力的作用下,预应力钢束位置处的混凝土在横向将产生较大的横向拉应力;在外荷载的作用下,预应力钢束对底板混凝土有向上的力。加上施工中定位不精确,预应力钢束的保护层厚度不尽相同,从而导致在使用阶段底板内侧出现纵向裂缝。

(4)由于设计时腹板偏薄(14cm),如果施工中有 1 ~ 2cm 的施工偏差时,这必然导致预应力钢束的两侧的保护层厚度不同。在灌浆的压力作用下,波纹管向两侧微鼓,在较薄一侧混凝土产生内部缺陷,造成截面削弱;施工时张拉方式的不正确,又造成分批张拉损失增大。

(5)底板纵向裂缝在同级循环中并没有太大的变化,荷载增加时,其裂缝宽度有所增加。在加载初期裂缝宽度变化比较大,后期裂缝宽度基本无变化。

(6)提出此类预应力混凝土空心板卸载后再加载的开裂弯矩的试验回归公式。

(7)对试验梁的破坏形态进行了分析,给出了试验梁呈脆性破坏的原因。试验梁的裂缝图如图 2-42 所示。

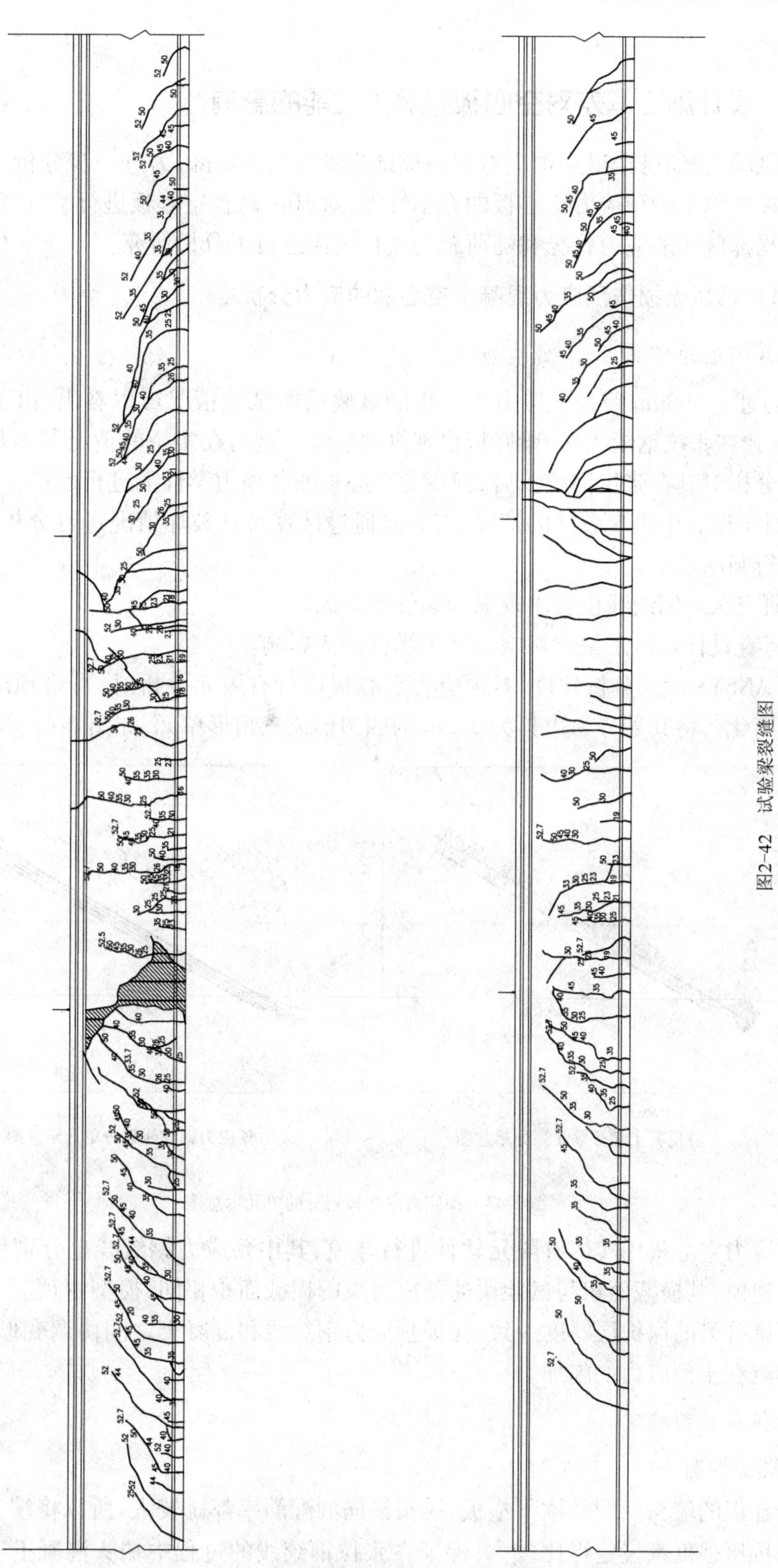

图2-42　试验梁裂缝图

## 2.6 设计施工偏差对空心板梁静力性能的影响

通过试验,我们已经得到预应力空心板试验梁的相关数据,为进一步分析该种类型空心板实际偏差影响下的预应力空心板的力学性能,对30m跨径空心板进行了计算机模拟分析,尤其是对局部区域的应力状况和随荷载的变化规律进行了分析研究。

### 2.6.1 理想无损伤预应力混凝土空心板的应力分析

1. 计算模型的建立

(1)通过一根30m跨径预应力空心板的试验梁的试验情况可以看出,由于设计与施工的偏差,导致在张拉钢绞线后,梁底板出现纵向裂缝。这与在实桥的情况基本相符。有必要通过计算分析对其在张拉钢绞线后,预应力空心板的各项力学性能进行模拟。

(2)对于试验中出现破坏的情况,有必要通过计算对其破坏情况进行分析,还需对其破坏规律进行归纳总结。

(3)研究纵向钢绞线位置出现纵向裂缝的原因。

(4)考查设计及施工偏差对空心板力学性能的影响。

采用ANSYS大型分析软件,对预应力空心板进行有限元分析时,可将预应力空心板的模型进行简化。将其划分为边长为0.5m的四边形或三角形单元,如图2-43所示。

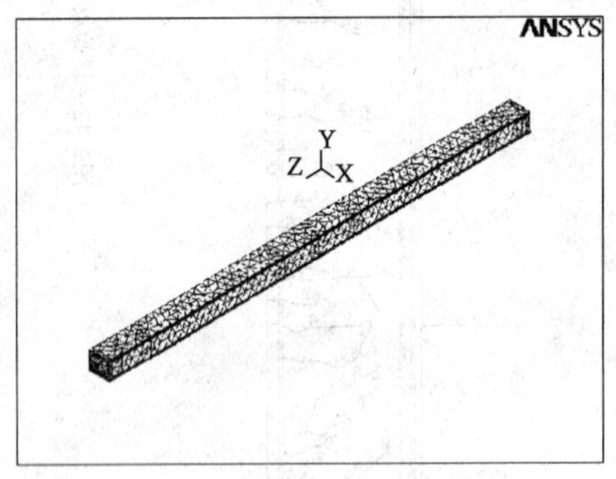


a)混凝土部分单元划分示意图

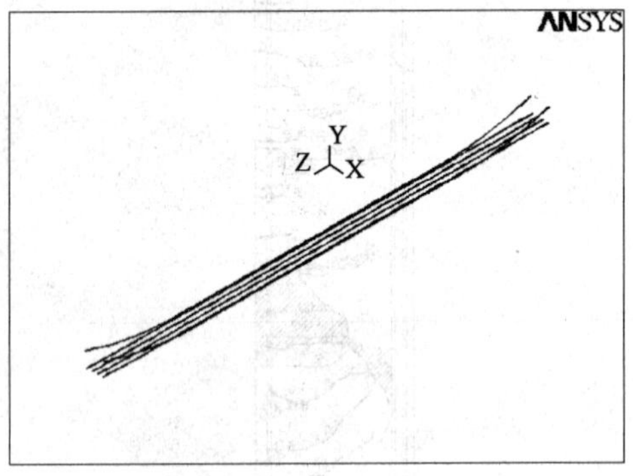


b)预应力钢绞线划分单元示意图

图2-43 预应力空心板划分的单元示意图

将预应力空心板用实体有限元软件进行建模,其中预应力钢绞线也分别用实体有限元软件进行建模,其横截面积与试验梁的预应力束的横截面积相同,模型中预应力钢束的保护层厚度同试验梁的保护层厚度一致,保证预应力钢绞线和混凝土之间协调变形,该模型计算的主要难点在于预应力的施加。

2. 材料参数的确定

(1)端头混凝土

由于在板的端头所配的锚下垫板、端头箍筋的配筋率都比较大,所以将端头混凝土的弹性模量和抗压强度都设定得比较大,保证在张拉钢绞线的过程中端头混凝土不至于被压坏或是被拉坏。

弹性模量 $E=3.3\times10^{11}\mathrm{N/m^2}$，泊松比 $\mu=0.1677$。

(2)其他部位混凝土

弹性模量 $E=3.3\times10^{10}\mathrm{N/m^2}$，泊松比 $\mu=0.1667$。

(3)预应力钢绞线

弹性模量 $E=1.9\times10^{11}\mathrm{N/m^2}$，泊松比 $\mu=0.30$，应力—应变关系为直线。

3. *施加预应力*

ANSYS 加预应力有以下几种方式：

(1)直接在单元中加，(Link10 等单元可以通过 Real 实常数来加)；

(2)用 F 加力，然后在分析时打开 Prestress，On；

(3)用温度变化模拟。

在常用的软件系统中，预应力混凝土的分析根据作用可分为两类：分离式和整体式。所谓的分离式就是将混凝土和力筋的作用分别考虑(脱离体)，以荷载形式取代预应力钢绞线的作用，典型的如等效荷载法；而整体式则是将二者的作用一起考虑，典型的如 ANSYS 中用 Link 单元模拟力筋的方法。

在后张法中有如下几个问题是应该考虑的：

(1)预应力筋的滑动问题。在张拉过程中，预应力筋与混凝土之间没有黏结，存在接触和滑动，而张拉完毕后，一般又都建立了黏结。因为分析总是张拉完毕的情况，这时显然没有滑动问题了，故可以按有黏结处理。

(2)在张拉完毕后力筋的应力是已知的，在分析时输入降温，按张拉应力反算，计算后力筋的应力显然不等于张拉应力。这里有弹性压缩的原因，即降温应该计入混凝土弹性压缩损失，可以考虑增大一定的比例，然后降温计算，二者相符或差别合适时便认可。

在模拟预应力钢筋时，传统的方式是把预应力钢筋作为体积的边界，把混凝土体积分割开来，Glue 后划分混凝土单元，边界就作为 Link 或 Beam 单元了。

模拟试验梁的施工过程中，在未张拉钢绞线之前，在板底沿长度方向设有支架。张拉钢绞线过后，将支架拆除。对于后张的预应力空心板而言，板的自重是在施加预应力过程中同时作用于梁的。

将预应力钢绞线的锚固区段的混凝土强度和弹性模量都适当增加，这主要是由于在锚固区段，预应力通常都是以集中荷载的形式直接作用在板端面一个比较小的部分上，锚具和锚下垫板的刚度和强度都很大。

将通过 ANSYS 有限元分析、试验、理论计算得到的数值进行比较，如表 2-21 所示。

**计算值、有限元分析值、试验数据比较表**　　表 2-21

| 类别<br>项目 | $\sigma_{hx}$(MPa) | $f$(mm) | $\sigma_{pe}$(MPa) |
|---|---|---|---|
| 理论计算值 | 7.425 | 5 | 126.4/120.48 |
| 有限元分析值 | 7.000 | 3.719 | |
| 试验数据 | 7.376 | 3.7 | |

施加预应力后，预应力空心板的变形及应力等值线如图 2-44 ~ 图 2-47 所示。

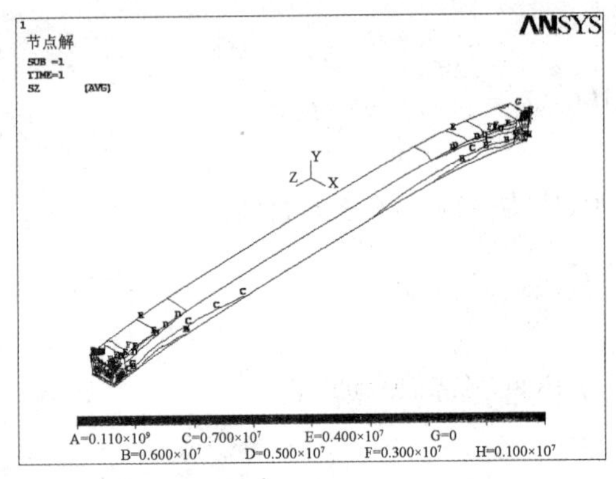

图 2-44　张拉钢绞线后预应力空心板的应力图

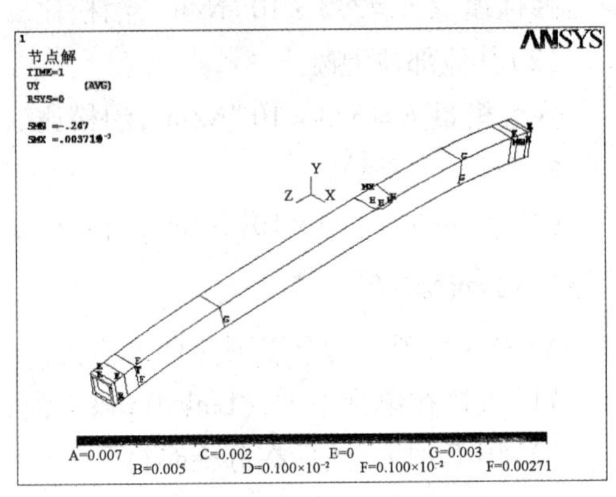

图 2-45　张拉钢绞线后预应力空心板的变形图

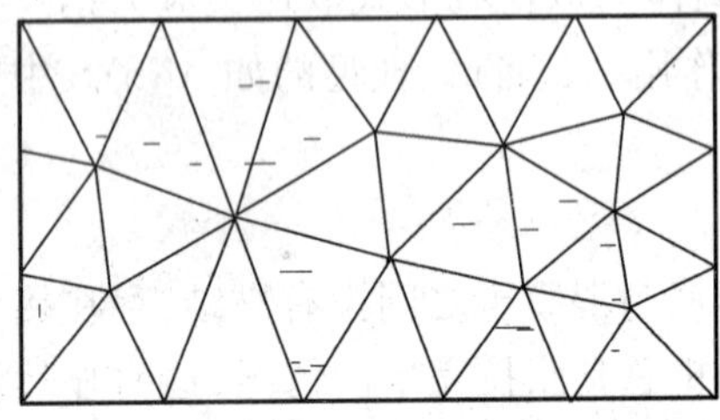

图 2-46　张拉钢绞线后出现纵向裂缝的位置

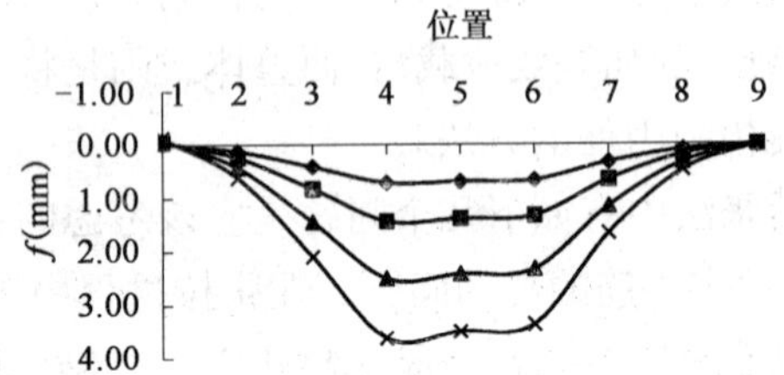


图 2-47　张拉钢绞线过程中沿板长方向的变形曲线

由图 2-46 可以看出，张拉钢绞线后在底板纵向钢绞线的底部出现了一些微裂缝，主要分布在纵向预应力钢绞线的位置。经分析，出现微裂缝的原因主要是由于底板预应力钢绞线的保护层不足，导致底板混凝土沿预应力钢绞线的方向发生开裂。这充分说明了在试验中出现的情况并不是特殊情况，而是普遍存在的情况。

4. 使用阶段的受力分析

使用阶段加载变形结果如表 2-22 所示。荷载挠度曲线及荷载应变曲线如图 2-48、图 2-49所示。

**加载变形比较表**　　表 2-22

| 类　别 | 下列荷载下的挠度(mm) | | |
|---|---|---|---|
| | 50kN | 160kN | 190kN |
| 有限元分析值 | 8.42 | 33.70 | 42.70 |
| 理论计算值 | 11.00 | 34.84 | 43.89 |
| 试验值 | 8.70 | 32.02 | 41.90 |

由图 2-48、图 2-49 可以看出，在使用荷载作用下，预应力混凝土空心板的下边缘混凝土受拉，但并未超过其抗拉强度。在使用荷载作用下，整个试验梁处于弹性状态，其应力状态与理论计算值基本吻合。

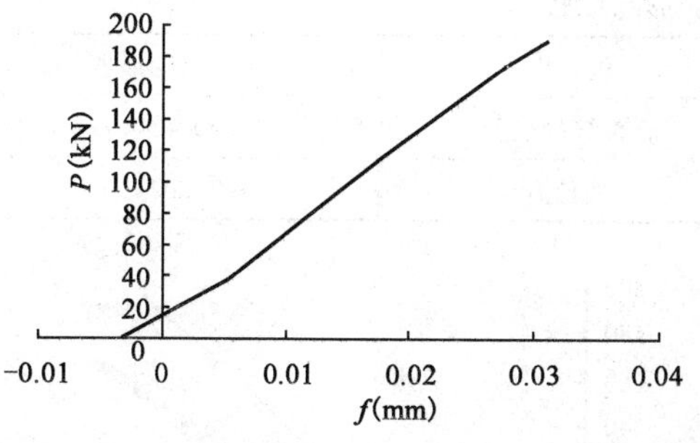


图2-48 0~190kN使用荷载作用下跨中截面 $P$-$f$ 图

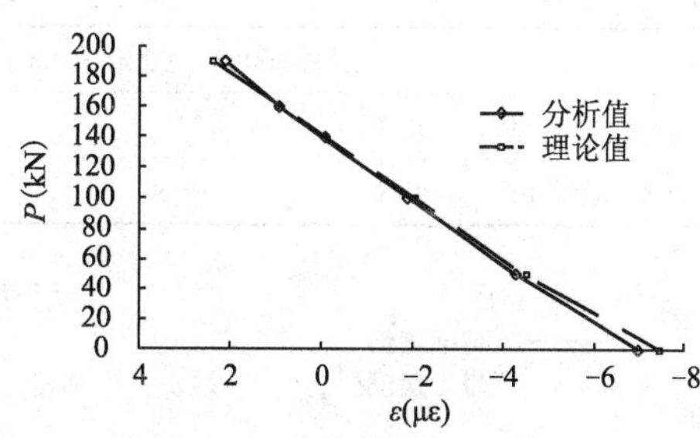


图2-49 0~190kN使用荷载作用下跨中截面 $P\sim\varepsilon$ 关系

预应力混凝土的开裂弯矩(亦即裂缝出现弯矩)通常是指结构出现可见裂缝时其截面承受的弯矩。当预应力传给混凝土之后,梁底部混凝土是受压的,用这一压应力来抵消外力矩引起的拉应力。由于混凝土的抗拉能力较差,当拉应变超过大约 $80\times10^{6}$ 时,就出现微裂缝,这种裂缝很细,肉眼难以看见。再增加荷载,受拉区混凝土就出现可见裂缝,裂缝宽度为0.01~0.02mm。

由于预应力空心板的底板比较薄,施工要求相对较高。对按照设计建造的模型进行分析得到:在张拉钢绞线之后,板的底板出现了些微裂缝,但基本上并不影响整个结构的短期力学性能。

从该模型分析可以得出以下几点结论:

(1)按照正常的张拉程序对其施加预应力,模型的底板纵向钢绞线位置处局部横向拉应力超标,而在底板混凝土厚度增加后局部横向拉应力得到缓解,这与前面分析得到的底板出现裂缝的原因吻合;

(2)在进行静力加载过程中,以及在使用荷载作用下,整个模型处于弹性状态,底板边缘混凝土受拉但未超出其抗拉强度;在加载到210kN时,模型底板边缘混凝土受拉并超过其抗拉强度,出现正裂缝,与计算结果相同;

(3)其在500kN的破坏形态同试验最终的破坏形态基本相同,在加载点下的混凝土剥落,这与试验中出现的情况相同;

(4)由于试验当中出现正裂缝的荷载为140kN,这与模型当中出现的荷载相差甚远,主要原因是试验梁在底板出现了纵向裂缝,在重复循环荷载作用下,裂缝处预应力钢绞线与混凝土之间的黏结力退化。

### 2.6.2 有纵向裂缝预应力混凝土空心板的应力分析

为了研究底板的纵向裂缝对整个预应力空心板的短期力学性能的影响,将模型进行修改。在梁底板纵向预应力钢绞线的位置处的混凝土中做出一条纵向裂缝,其长度与试验梁实测的裂缝长度相同(40cm),其裂缝深度到达预应力钢束的表面,其他材料参数同上一个模型。

按照施工工序对模型进行施加预应力,然后对模型进行静力加载,观察其变形和应力情况,并将该模型和上一个模型的计算结果进行比较,如表2-23所示,两种模型的 $P$-$\sigma$、$P$-$f$ 关系如图2-50、图2-51所示。

两种模型与理论值变形的比较　　表 2-23

| 类　别 | 加载 160kN 的变形值(mm) | 类　别 | 加载 160kN 的变形值(mm) |
|---|---|---|---|
| 无裂缝的模型 | 33.7 | 有裂缝的模型 | 40.48 |
| 理论计算值 | 34.84 | 试验值 | 32.02 |

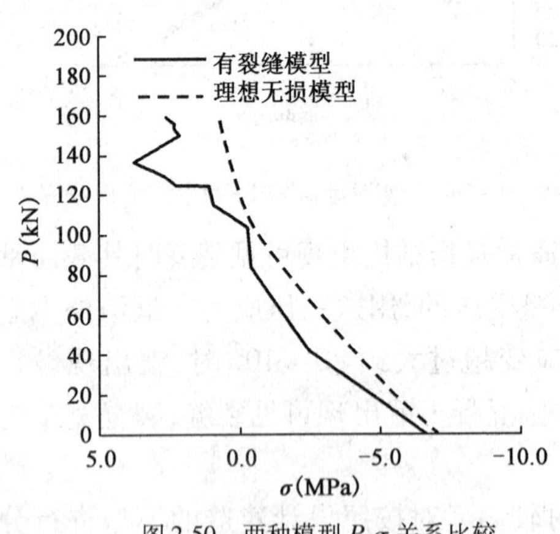


图 2-50　两种模型 $P$-$\sigma$ 关系比较

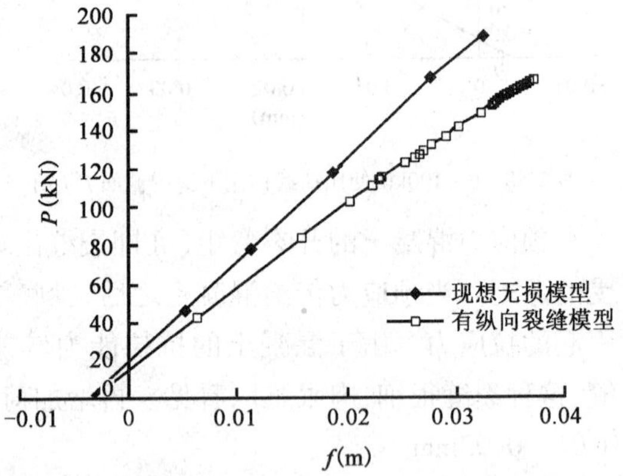

图 2-51　两种模型 $P$-$f$ 关系比较

从表 2-23 可以看出，有裂缝时的变形比无裂缝时的变形大，分析主要原因有以下几点：

(1)当底板存在纵向裂缝时，纵向裂缝附近局部区域的混凝土退出工作，削弱了构件的有效工作截面；

(2)由于底板的纵向裂缝使得预应力钢束与混凝土之间的协调变形能力降低，在加载过程中，下边缘的混凝土拉应力相对无裂缝时有较大的增长，导致试验梁底板边缘混凝土未达到使用荷载时就出现开裂现象；

(3)由图 2-50 可以看出应力。理想无损模型正截面开裂荷载较有裂缝模型的大，有裂缝的模型加载到 140kN 时，底板边缘混凝土已经开裂，而此时无损模型并未开裂，纵向裂缝的存在使得开裂荷载提前 24% 左右。

从图 2-51 可以看出同级荷载作用下有纵向裂缝模型的变形比理想无损模型的变形大 28%，主要是由于纵向裂缝的存在使得预应力钢筋、钢筋与混凝土之间的黏结退化，使构件的变形增大。

### 2.6.3　施工偏差对预应力混凝土空心板结构性能的影响

1. 模型的建立

通过对整个构件的有、无损伤的实体有限元模型分析，了解了预应力混凝土空心板的力学性能。为了进一步了解由于施工偏差对整个构件结构性能的影响，对局部区域进行计算机模拟分析。

对于施工偏差，在建立模型时从以下两方面特殊处理：

(1)预应力钢束处的混凝土

因为波纹管到模板的距离较小，而且有较密集的钢筋(图 2-52)，使得在浇筑混凝土时，混凝土的密实性很难保证，到达底部的大部分是水泥砂浆，降低了混凝土的强度，因此，预应力钢束处混凝土的强度等级假定为 C20 ~ C30。

(2)预应力钢绞线

因为张拉钢绞线后要灌浆,考虑灌浆本身很难饱满密实,加上水泥浆自身的收缩,使水泥浆与波纹管之间存在一定的间隙,所以将预应力钢绞线的横截面简化成如图 2-53 所示的模型。

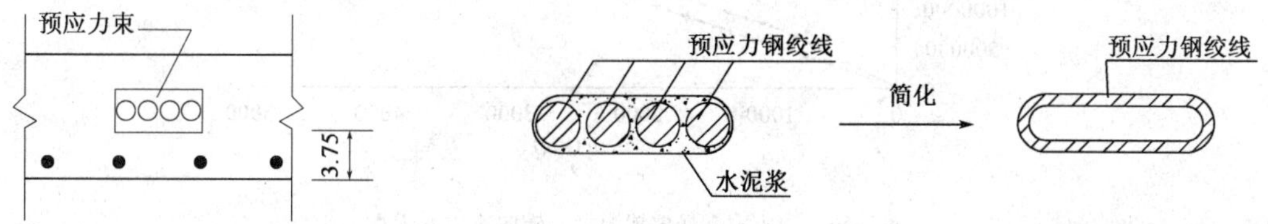


图 2-52　预应力钢束位置(尺寸单位:m)　　图 2-53　预应力钢绞线模型的简化

按设计要求取局部区域建立如图 2-54 所示的模型。

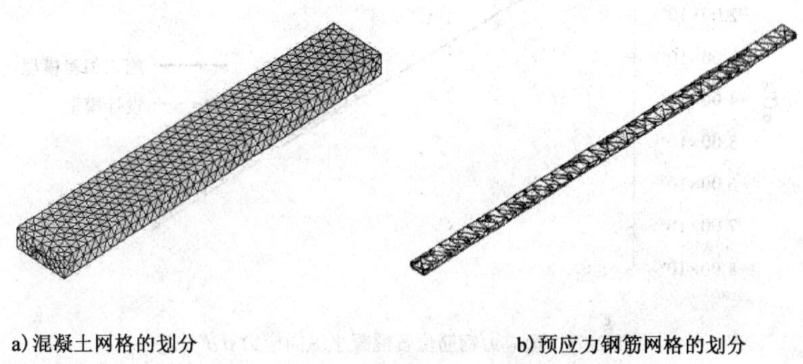

a)混凝土网格的划分　　b)预应力钢筋网格的划分

图 2-54　按设计要求的局部区域单元网格的划分

考虑到施工与设计有偏差,建模时,保护层厚度分别取为 3.5cm、2.5cm、3cm、2.8cm、2.1cm等不同值,如图 2-55 所示。

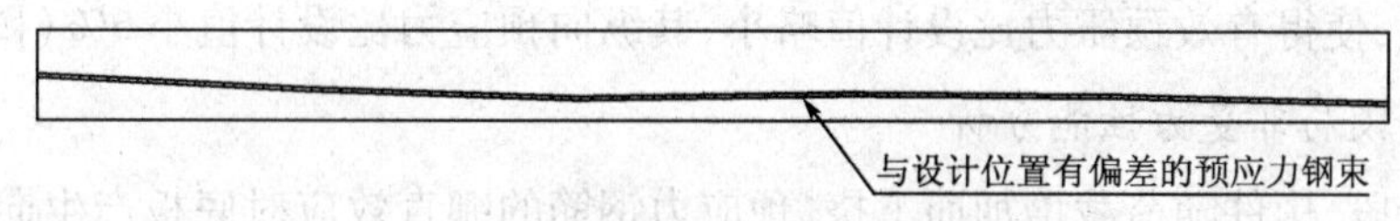


图 2-55　有施工偏差的预应力钢绞线

2. 施工阶段局部受力性能分析

考察局部区域的应力分布情况,将局部区域在整个试验梁模型的边界条件运用于局部模型中,用整体模型的应力条件作为局部区域的应力状况,对局部模型进行有限元分析,结果如图 2-56 和图 2-57 所示。

理论和试验分析表明,由于设计与施工偏差,在施工阶段导致在底板预应力钢绞线位置出现纵向裂缝,使得在使用阶段预应力钢筋和混凝土之间的黏结力退化。这对整体构件的短期力学行为影响不显著,但对局部区域混凝土的应变影响较大。

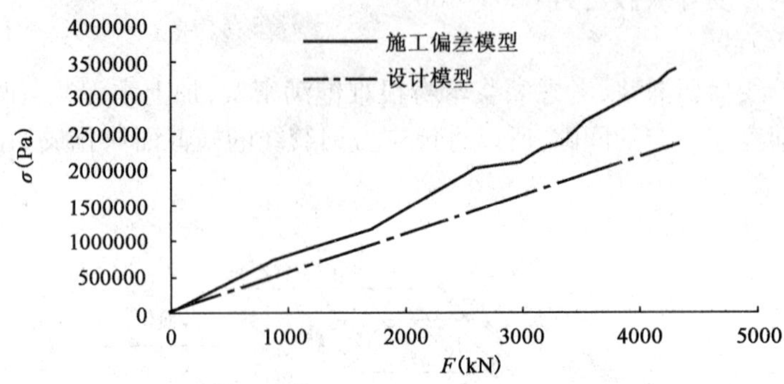


图 2-56　预应力钢筋位置混凝土横向应力 $\sigma$-$F$ 图

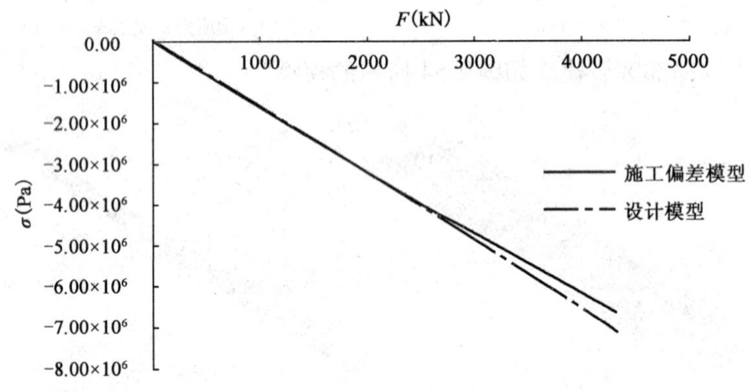


图 2-57　预应力钢筋位置混凝土纵向应力 $\sigma$-$F$ 图

按设计要求，施工结束后底板横向应力值小于混凝土的抗拉强度值，混凝土不会出现纵向裂缝。但由于施工偏差，使底板横向应力大于混凝土的抗拉强度（图 2-56），导致张拉到总应力的 80% 左右出现纵向裂缝，其应力值大于 2.6MPa。张拉到位后，有施工偏差模型的底板横向应力比设计模型的大 44.4%。底板出现纵向裂缝后，预应力钢筋与混凝土之间的黏结力遭到破坏，使得有效预压力比设计值略小，其纵向预应力比设计值小 6%（图 2-57）。

3. 使用阶段局部受力性能分析

在使用阶段，构件随荷载增加而下挠，预应力钢筋的绷直效应对底板产生向上的径向荷载，使底板上表面混凝土产生较大的横向拉应力。图 2-58 和图 2-59 分别为底板混凝土横向应力和纵向应力分析的结果。可近似以计算横向拉应力达到混凝土标准抗拉强度 2.65MPa 作为出现横向开裂的标志。从理论和试验分析可以看出，在 0 ~ 100kN 的使用荷载作用时，底板局部基本处于弹性状态；荷载超过 100kN 后，底板混凝土产生较大的横向拉应变，致使底板表面出现纵向裂缝，出现纵向裂缝的荷载与保护层厚度有关。由图 2-58 可以看出，当保护层厚度 $d = 30\text{mm}$ 时，混凝土最先出现纵向裂缝，保护层厚度越接近设计值就越晚出现纵向裂缝。底板纵向裂缝出现后，空心板正截面在加载至 140kN 左右出现弯曲裂缝（见图 2-59的曲线突变处），而设计理论模型出现正截面弯曲裂缝的吨位约为 210kN，可见，纵向裂缝的出现使局部区域的截面抗弯刚度有降低的趋势。

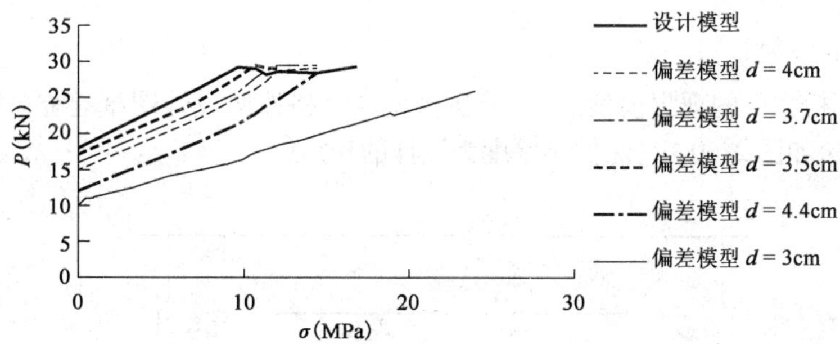


图2-58 底板混凝土内部预应力钢筋位置横向应力 $\sigma$ 与荷载 $P$ 关系

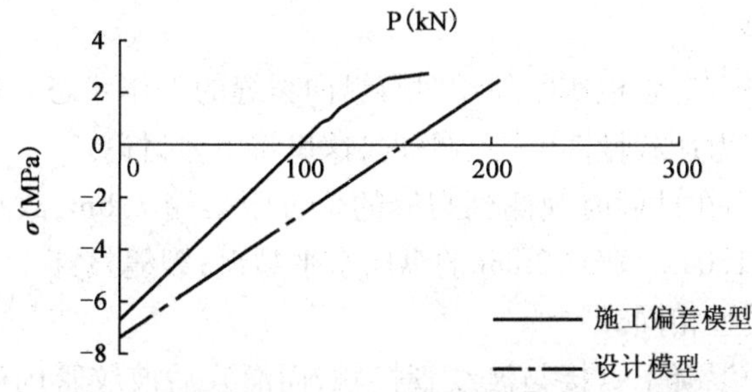


图2-59 底板混凝土纵向应力 $\sigma$ 与荷载 $P$ 关系

从对施工阶段和使用阶段的局部模型进行计算机模拟分析可知：由于某些原因施工未达到设计要求，预应力钢绞线处的混凝土在施工阶段产生纵向裂缝；在使用荷载作用下，局部预应力钢筋上方混凝土产生纵向裂缝；出现纵向裂缝的时间，受预应力钢筋保护层的厚度影响。

## 2.7 预应力混凝土空心板梁的长期受力性能探讨

以上对带纵向裂缝的预应力空心板进行了多组循环加载试验和静力破坏试验，并针对静力破坏试验进行了有限元模拟。实际桥梁在运营中，承受的荷载以周而复始的疲劳荷载为主，疲劳破坏成为桥梁结构破坏的一种主要方式。因此，除了静力分析外，需要对带纵向裂缝的预应力空心板的疲劳性能进行分析，并与理想无损伤的预应力空心板的疲劳性能进行对比，得出纵向裂缝对构件疲劳性能的影响。

本次疲劳分析采用ANSYS后处理中的Fatigue进行。考虑到桥梁在实际运营中的荷载情况，疲劳分析中的疲劳荷载下限为恒载、疲劳荷载上限分别采用恒载+活载、恒载+0.8活载、恒载+0.6活载、恒载+0.4活载、恒载+0.2活载5种不同的值。

本次疲劳分析的有限元模型包括理想无损伤模型和带纵缝模型。分析的目的是研究预应力空心板在出现纵向裂缝后与设计的理想状态的偏差情况，分析纵向裂缝对预应力空心板疲劳性能的影响，并预期在实际可能的运营情况下，桥梁的使用寿命，为在役类似桥梁提供管养方面的参考意见。

### 2.7.1 有限元模型的建立

1. 理想无损伤模型

与静力破坏模型中的理想模型一样,分析模型均严格按照设计图纸建立。钢绞线面积等效为一环形体,如图 2-60 示,保护层厚度为设计的理想值。

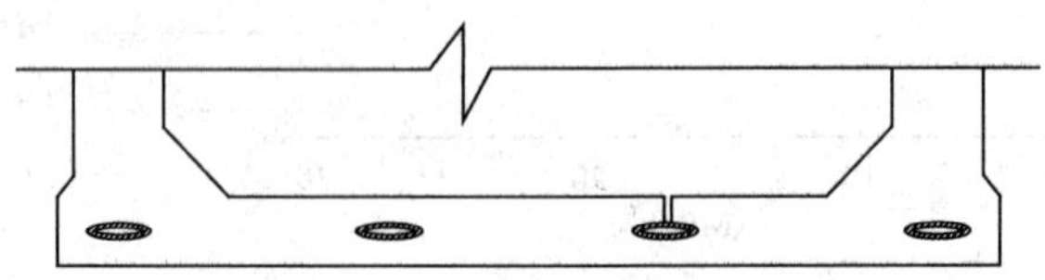

图 2-60 纵向裂缝在横截面上的位置

2. 有纵向裂缝模型

该模型为模拟预应力空心板实际使用时有纵向裂缝的工作状态。前面已经讨论过纵向裂缝对预应力空心板静力加载性能的影响情况,这里将主要讨论。

纵向裂缝的模拟:因在试验时观测到裂缝的位置距梁端 7.6m,故在中间的一个波纹管下,人为设置了一条长 1.04m、宽 0.2mm 的纵向水平裂缝;裂缝贯穿了波纹管上方底板混凝土。其余部分与理想模型相同。

考虑到实际结构中混凝土直接与波纹管接触,而灌浆后波纹管内砂浆本身很难达到密实,加上水泥浆自身的收缩,使水泥浆与波纹管之间存在间隙,即波纹管在横向力的作用下是非刚性的,所以将预应力钢绞线的横截面简化成如图 2-61 所示的模型,其中预应力钢绞线的总面积不变。

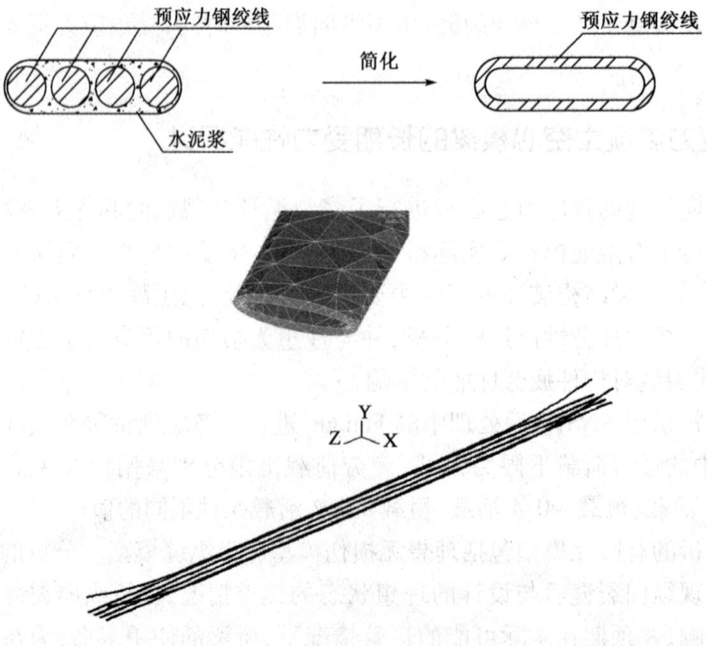


图 2-61 预应力钢束的模拟

模型中，通过降低预应力钢束单元温度的方式施加预应力。分析表明，要达到设计预应力要求，需将预应力钢束的温度降低42.2℃。

3. 疲劳计算的Miner理论

预应力空心板是受弯构件，其疲劳损伤往往为弯曲引起。如图2-62所示，预应力混凝土空心板在荷载循环作用下，其横截面上的预应力钢筋产生拉应力$\sigma_p$，上缘混凝土产生压应力$\sigma_c$。因此，可以将其弯曲疲劳问题转化成元件的拉压疲劳问题，即钢筋和混凝土分别抽象成受拉、受压元件。

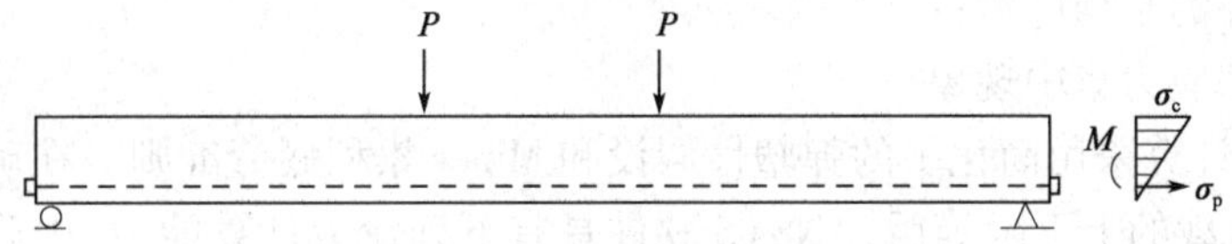


图2-62　预应力混凝土空心板的受力状况

对于拉压元件的疲劳损伤，有许多学者试图以不同的理论对这种现象进行估计。这里主要介绍Miner和Palmgren提出的理论，以下简称Miner理论。

Miner理论假设疲劳过程既可以看成一个损伤趋于临界损伤值的累积过程，也可以看成材料固有寿命的消耗过程。从构件开始运用起，每一个重复交变荷载都对构件产生影响，都对构件的损伤做出贡献，无论构件处于运用中的哪一个阶段，这些微小损伤都会线性地累积起来，直至构件最后破坏。

根据Miner理论，设混凝土或钢筋（以下简称材料）在经过$N$次加载后产生破坏时所吸收的全部功为$W$，而经过$n$次循环后材料所吸收的功为$w$，显然，$w$是$W$中的一部分。由于损伤率是线性的，则在某一应力水平$\sigma_i$时，有如下平衡方程：

$$\frac{w_i}{W_i}=\frac{n_i}{N_i} \tag{2-4}$$

设材料在破坏前共经历了$j$次循环，每次循环的应力等级为$\sigma_1$、$\sigma_2$、$\sigma_3\cdots\sigma_j$，将各循环的局部迭加起来，有

$$w_1+w_2+\cdots+w_j=W \tag{2-5}$$

再假设无论采用什么样的应力水平$\sigma_i(i=2,3,\cdots j)$，材料破坏时所吸收的总功都相等。因此式(2-5)可以改写成

$$\frac{n_1}{N_1}W+\frac{n_2}{N_2}W+\cdots+\frac{n_i}{N_i}W=W$$

即

$$\sum_{i=1}^{j}\frac{n_i}{N_i}=1 \tag{2-6}$$

式中：$n_1,\cdots,n_j$——依次作用的每个应力水平$(\sigma_1,\cdots,\sigma_j)$的循环次数；

$N_1,\cdots,N_j$——应力水平$(\sigma_1,\cdots,\sigma_j)$的疲劳破坏循环次数。

式(2-6)为Miner理论的最基本形式。由于用到损伤线性累加原则，也称为Miner损伤累积法则。这一法则认为，$\sum\frac{n_i}{N_i}=1$时，构件达到临界状态，会产生破坏或裂纹扩展严重而无法继续安全使用。

Miner 法则的形式简单,概念明确,应用广泛。ANSYS 后处理中的 Fatigue 正是采用此法则进行疲劳分析。

### 2.7.2 基于有限元模型的疲劳分析

有限元模型在 ANSYS 中计算后,确定混凝土的疲劳强度、疲劳荷载上下限等,由 Fatigue 后处理得到疲劳荷载次数。影响疲劳破坏的主要因素主要有以下几点:

(1)载荷的循环次数;

(2)每个循环的应力幅;

(3)每个循环的平均应力;

(4)存在局部应力集中现象。

ANSYS 疲劳计算采用简化了的弹塑性假设和 Miner 累积疲劳准则。在确定了混凝土的疲劳强度、疲劳荷载的上下限等后,ANSYS 软件具有下列疲劳计算能力:用后处理所得到的应力结果来确定体单元或壳单元模型疲劳寿命耗用系数;在一系列预先选定的位置上,确定一定数目事件及组成这些事件的荷载(一个应力状态),然后把这些位置上的应力储存起来。可以在每一个选定的位置上定义应力集中系数和给每一个应力循环定义比例系数。

1. 混凝土的受压疲劳强度

研究表明,混凝土的疲劳强度与钢材不同,钢材在重复荷载作用下,随着荷载重复次数 $N$ 的增加,其疲劳强度逐渐降低,但降低到某一水平后即趋于稳定,这一强度称之为钢材的疲劳强度。混凝土的强度也随 $N$ 的增加而降低,但没有稳定值,所以无法求得真正的疲劳极限强度,只能根据工程中荷载实际可能重复的次数求得相应的疲劳强度。混凝土的疲劳强度不只是与重复荷载的最大值有关,还与荷载特征有关,即和重复荷载下限值 $\sigma_{min}$ 与上限值 $\sigma_{max}$ 之比 $\rho$(或与应力幅 $\Delta\sigma=\sigma_{max}-\sigma_{mia}$)有关,$\rho$ 为荷载循环特征系数。因此,对于混凝土的抗压来说,其容许限值均在其疲劳强度范围之内,则一般在使用荷载作用时,不至于发生混凝土的受压疲劳破坏。

2. 混凝土的受拉疲劳强度

迄今为止,对于混凝土的受拉疲劳的试验研究(特别是对配有钢筋的构件混凝土)比对受压的疲劳试验研究资料少。

研究指出,重复荷载作用下混凝土受轴拉、弯拉或劈裂的疲劳强度对静强度的比和受压时差不多,因此,国外一些学者认为混凝土受压的疲劳折减系数也可以用于混凝土受拉(弯拉、轴拉和劈裂),折减系数为 0.4 ~ 0.6。

混凝土的抗拉疲劳强度已经得到了国内外学者的广泛重视,对混凝土抗拉强度提出了大量参考表达形式。以下简单介绍一下此方面的研究成果。

(1)美国 ACI215 委员会根据试验研究,对于直接受压或受拉的混凝土在 0 ~ 50% 的静力强度之间的波动应力下,可以经受 1000 万次的循环,并于 1974 年建议,动载下的混凝土受压或受拉疲劳极限应力幅度,可按下式表示:

$$\sigma_{ctf}=0.4f_{ck}-\frac{\sigma_{min}}{2} \tag{2-7}$$

当最小应力 $\sigma_{min}=0$ 时,则 $\sigma_{ctf}=0.4f_{ck}$,即混凝土的抗拉疲劳强度可取

$$\sigma_{ctf}=0.4\ f_{ck} \tag{2-8}$$

(2)美国公路和运输协会(AASHTO)桥梁规范于1977年规定混凝土应力发生变号截面处的最大压应力不超过$0.5f_{ck}$,对拉应力此比值也适用,即抗拉疲劳强度的表达式可取

$$f_{ctf}=0.5f_{ctk} \tag{2-9}$$

(3)1982年桥梁和结构工程(IABSE)期刊发表了日本Kakuta等人的试验得出混凝土的疲劳强度和加载循环次数两者关系为

$$\lg N=17\left[1-\frac{(\sigma_{max}-\sigma_{min})/f_{ck}}{1-\sigma_{min}/f_{ck}}\right] \tag{2-10}$$

当式中最小应力$\sigma_{min}=0$时,则

$$\lg N=17[1-\sigma_{max}/f_{ck}] \tag{2-11}$$

$N=200$万次时,即受压疲劳强度$\sigma_{max}=0.63f_{ck}$,亦即混凝土受拉疲劳强度可取

$$f_{ctf}=0.63f_{ctk} \tag{2-12}$$

(4)瑞典M. R. Tepfere于1979年进行475次混凝土疲劳试验后,用下列方程来表达,得到比较满意的结果:

$$\sigma_{ctmax}=[1-0.0685(1-\rho)\lg N]f_{ctk} \tag{2-13}$$

式中:$\rho=\sigma_{min}/\sigma_{max}$;

$f_{ctk}$——混凝土静力抗拉强度;

$N$——疲劳破坏时的荷载循环次数。

当$\rho=0$,$N=2\times10^6$时,混凝土受拉疲劳强度为

$$f_{ctf}=0.57f_{ctk} \tag{2-14}$$

(5)P. N. Balagurn的试验研究表明,荷载循环次数$N$与抗拉疲劳强度$f_{ctf}$与初始静力强度$f_{ctk}$之间可用下列关系表示:

$$f_{ctf}=f_{ctk}\left(1-\frac{\lg N}{13}\right) \tag{2-15}$$

当$N=2\times10^6$时,$f_{ctf}=0.515f_{ctk}$

(6)1983年Saito和Lmai采用$d_{max}=20\text{mm}$碎石集料的普通混凝土,$\sigma_{min}=0.08f_{ctk}$时纯拉疲劳试验结果所得$S\sim N$曲线,当破坏概率$P=0.5$时遵循下式:

$$\lg N=23.96-24.27\sigma_{max}/f_{ctk} \tag{2-16}$$

当$N=2\times10^6$时,$\sigma_{max}=0.72f_{ctk}$,即混凝土受拉疲劳强度$f_{ctf}=0.72f_{ctk}$

以上国内外研究成果各有各自的特点,针对本次模拟的要求,本次分析采用式(2-10)表征混凝土抗压疲劳强度,混凝土抗拉疲劳强度$S\sim N$方程采用式(2-16)的表达形式。

3. 疲劳荷载下限

桥梁真实的运营过程实际上是一个疲劳加载的过程,绝大部分时间里运营荷载上限均小于设计荷载上限。对简支梁桥而言,该疲劳加载过程中荷载下限自然是桥上无任何活载作用情况。因此,在有限元模拟中,将预应力空心板的预应力和恒载共同作用的状态作为疲劳分析的荷载下限。

4. 疲劳荷载上限

桥梁运营时的活载大小与该桥所处公路或道路上的交通流量和汽车类型有关，统计资料表明，高速公路桥梁在运营过程中的活载一般情况下为设计使用活载的20% ~40%，不利情况下为设计使用荷载的40% ~60%，最不利情况为设计使用荷载的60% ~80%，所以疲劳分析中荷载上限分别采用前述5种不同的值。

5. 疲劳分析结果

两个模型都选取跨中位置作为考查点，对其进行疲劳计算，计算出允许疲劳循环次数和疲劳寿命耗用系数。根据以上关于疲劳理论和ANSYS疲劳计算的介绍，将预应力混凝土空心板的理想无损伤模型和有纵向裂缝的模型分别进行疲劳计算，比较二者之间的差异（表2-24），并分析产生差异的原因。

**疲劳荷载上限～循环次数**　　表2-24

| 疲劳荷载上限 | 疲劳荷载下限 | 理想无损伤构件 | 有纵向裂缝构件 |
|---|---|---|---|
| | | 疲劳次数(万) | |
| 恒载 + 活载 | 恒载 | 212 | 19.79 |
| 恒载 +0.8 活载 | 恒载 | 1148.32 | 60.25 |
| 恒载 +0.6 活载 | 恒载 | 8240.7 | 188.23 |
| 恒载 +0.4 活载 | 恒载 | — | 2389.6 |
| 恒载 +0.2 活载 | 恒载 | — | 59318 |

上表列出了在不同疲劳荷载上限的疲劳分析中，理想无损伤模型和有纵向裂缝模型的疲劳次数。由表2-24可以看出，由于纵向裂缝的存在，预应力空心板的使用寿命大大降低。理想无损伤模型在设计荷载的作用下疲劳寿命大于200万次，满足桥梁规范的要求；而有纵向裂缝的预应力空心板模型在设计荷载作用下疲劳次数仅19.79万次，为理想模型的9.33%，即在满载条件下桥梁的使用寿命不到设计年限10%。表2-24还显示，当通过桥梁的活载为设计值的60%时，带有纵向裂缝构件的该类空心板桥允许承受的疲劳荷载次数为188.23万次，基本可达到其设计年限。不过，这种结果还只是在仅计入纵向裂缝的影响，而未计入其他偏差的情况下得到的。

### 2.7.3 纵向裂缝对构件耐久性的影响

以上静力分析及疲劳分析实际上只研究了空心板在理想状态下的短期力学行为。而实际桥梁工作在大自然复杂的环境中，纵向裂缝必然会对结构的耐久性造成影响。以下就此方面进行简单的探讨。

本次空心板的静力循环试验表明，底板在较小的荷载下即产生了沿预应力束的纵向裂缝，这类裂缝的产生和发展是不可逆的，并且随着荷载重复次数的增加还会进一步扩展。重复加载导致混凝土构件裂缝宽度逐渐加大的一个重要原因是钢筋与混凝土间黏结力的退化。这类裂缝长期暴露在空气中，空气及水分子容易渗入裂缝并与预应力筋接触，从而加速预应力筋的锈蚀，而钢筋、预应力筋的锈蚀的发展又促使外围混凝土纵向裂缝的扩大，如此恶性循环，最终使保护层剥落，预应力筋、普通钢筋裸露，锈蚀速度加快。

钢筋锈蚀对耐久性的影响主要是两个方面：一是锈蚀引起钢筋截面减小；二是锈蚀体积膨胀（2～4 倍）引起的顺筋裂缝、保护层剥落，使混凝土与钢筋之间的黏结力下降，反过来加剧钢筋锈蚀的发展，形成恶性循环。其结果导致构件承载力下降、耐久寿命降低。因此，对于已经出现纵向裂缝的预应力空心板，除了应考虑钢筋截面损失及屈服强度降低外，还应考虑由于黏结力损伤引起的强度降低。

有文献表明，平行于主筋的纵向裂缝，对于结构耐久性的影响要比垂直于主筋的横向严重得多。因为当引起裂缝的荷载移去时，后一种裂缝将趋于闭合，而平行于钢筋的裂缝不会闭合，还可能持续开展。但是，目前对此还缺乏系统的研究，对于纵向裂缝还提不出合理的控制要求。

导致严重纵向劈裂的重要因素是钢筋的锈蚀长度。当裂缝与钢筋垂直时，钢筋的锈蚀长度一般不大，只有几倍钢筋的直径通常不需要处理。而当裂缝与钢筋平行时，其锈蚀长度几乎等于裂缝长度。沿钢筋的纵向裂缝不仅削弱了钢筋与混凝土间的黏结力，同时使外围混凝土抗劈裂的能力降低会导致严重的锈蚀，需要进行修复。

若作用于该类桥梁上的重载车辆相对较少，即活载通常为设计活载的 60% 以内，依据试验和分析情况，预期建成后的近 10 年内，结构性能不致发生显著退化，但应加强[illegible]维护，并实施长期变形监测，发现问题及时研究并处置。

建议在桥梁建成后的第 5、10、15、20 年各取实桥中的一块空心板[illegible]该类桥梁的结构状态，提出恰当的管养措施和处置建议。

### 2.7.4　基于有限元分析的结论

（1）在设计荷载作用下，理想设计状态的空心板能够安全承受 200 万次以内的疲劳活载作用；

（2）以设计荷载为疲劳荷载上限，带有纵向裂缝的预应力混凝土空心板仅能承受 19.79 万次疲劳活载作用；仅为设计预期值的 9.33%；

（3）当以恒载 +0.6 设计活载为疲劳荷载上限时，带有纵向裂缝构件的该类空心板桥允许承受的疲劳荷载次数为 188.23 万次，基本可达到其设计年限；

（4）荷载的长期作用下，表面裂缝的数目很少增加，平均裂缝间距近乎不变。表面裂缝宽度则随时间增长；

（5）由于沿预应力束的纵向裂缝的存在，结构中的钢筋在锈蚀和疲劳荷载的联合作用下，易于形成锈蚀—损伤—再锈蚀—再损伤的恶性循环状态，直至丧失承载能力；

（6）为确保桥梁使用安全，建议在建成后的第 5、10、15、20 年各取实桥中的一块空心板进行试验研究，以把握该类桥梁的结构状态，提出恰当的管养措施和处置建议。

## 2.8　研究结论及建议

通过对 30m 跨径预应力混凝土空心板的足尺模型试验，以及理想无损模型、有裂缝模型和有偏差模型的计算机模拟分析，研究了这种类型的预应力混凝土空心板产生偏差的原因及其对结构性能的影响。

### 2.8.1 预应力混凝土空心板偏差状况与分析

1. 施工偏差

(1)施工中没有按照规范的操作方式进行张拉,增加了由于分批张拉引起的混凝土弹性压缩损失,降低了有效预应力;由于不对称张拉,在角隅区容易产生裂缝;

(2)由于机具设备保养或使用不当,张拉过程被迫多次中断,一根 30m 跨径混凝土空心板的预应力张拉竟用了 7d 时间;

(3)在张拉条件下梁体变形受到约束而引起在端底板处开裂;

(4)张拉 F1 预应力束时发生钢绞线断丝,其原因是钢绞线交叉穿锚错误;

(5)预应力钢束安装的尺寸偏差使局部区段波纹管的保护层厚度不足 2cm;

(6)由于人为失误,造成施工过程间断,给施工带来许多不便,增加了不必要的损失。

2. 设计偏差

(1)对薄壁混凝土构件,设计时只考虑了构件所需的纵向预压应力,未考虑由泊松效应引起的横向拉应变的不利影响;

(2)纵向张紧的预应力钢束对构件的变形存在反向作用力(上拱时产生向下作用力,下[illegible]作用力),对薄[illegible]经常性检查[illegible]设计中未予考虑;

[illegible],底层钢绞线张拉时引起的侧向崩挤

[illegible]进行试验研究,以把握

[illegible]应力束[illegible]。

3. 设计与施工的偏差

(1)10cm 厚底板中设置后张预应力束,其扁形波纹管下部的混凝土浇筑质量很难得到保证,其局部混凝土实际抗拉强度可能明显低于设计强度,故底板易出现裂缝。而在设计计算中是按混凝土质量有保证的情况考虑的;

(2)10cm 厚底板中设置后张预应力束,虽然设计者按理想状况计算时,底板厚度可能满足要求,但如波纹管布置稍有偏差,相对误差很大,会导致预应力筋的保护层厚度过薄,底板容易开裂;

(3)10cm 厚底板中设置后张预应力束,施工中波纹管呈曲线形的位置偏差,将使底板局部混凝土产生明显的次生应力,其不利拉应力的组合也是导致底板开裂的原因之一。

### 2.8.2 预应力混凝土空心板荷载试验结论

(1)在裂缝出现前,试验梁基本处于线弹性工作阶段,截面应变较好的符合平截面假定,中性轴位置基本不变。出现竖向裂缝后,试验梁表现出较明显的非线性特征,变形增加较快。

(2)在第一轮循环加载至 50kN 时,试验梁在腹板与底板交界处产生沿梁长方向的水平裂缝。此处既是腹板预应力束的布置位置,又是底板和腹板分次浇注混凝土的工作缝,该处混凝土在获得纵向预压应力的同时,因泊松效应而存在较大的横向拉应力。系该类空心板的薄弱环节。

(3)在第二轮循环加载至 100kN(为设计使用荷载的 52.6%)时,底板内侧出现沿预应

力钢束的纵向裂缝，随着重复荷载次数的增加，裂缝长度快速增加，宽度增加缓慢。

(4)试验梁的首次开裂荷载为160kN(为设计使用荷载的84.2%，为计算开裂荷载的74%)，分析主要原因有：

①底板出现的纵向裂缝降低了预应力钢束与混凝土之间的黏结牢度，从而削弱预应力束对混凝土的约束作用；

②第一条竖向裂缝出现在灌浆爆裂面，该处的截面被灌浆爆裂裂缝削弱，抗裂能力降低；

③由管道摩阻和过多的分批张拉引起的预应力损失明显大于设计预期值，降低了有效预应力；

④在过薄的底板厚度中设置宽达8cm扁形波纹管，使混凝土浇筑质量难于保证，实际混凝土强度低于设计强度。

(5)在设计使用荷载的80%以内，底板纵向裂缝宽度基本处于稳定状态，对构件短期力学性能的影响不显著。

(6)试验表明，若在底板外侧发现了沿预应力束的纵向裂缝，则在相应位置的内侧无裂缝，反之亦然；令人担忧的是：该类空心板底板内侧的已有纵向裂缝将是永存且无法检测和处置的。

(7)该类空心板薄壁构件，从设计计算上满足塑性破坏的受压区高度要求，但梁的破坏起因于底板预应力钢束的上崩力致使局部梁段混凝土大面积崩裂，属非正常破坏，具有明显的脆性。

(8)试验梁破坏后凿开混凝土的检验表明，局部区段波纹管内灌浆不够饱满，爆裂处波纹管接头位置尤其严重；预应力钢束的保护层厚度极不均衡，在1.8～6.5cm，明显偏离设计要求。

### 2.8.3　基于有限元分析的结论

(1)理想无损伤模型按照设计要求的张拉程序施加预应力，在底板中也会产生与试验中类似的纵向裂缝，说明在试验中出现的情况并不是特殊情况，而是普遍存在的问题。

(2)建立了有施工偏差模型，从降低底板底部混凝土强度、减弱钢绞线与混凝土的黏结力、减小混凝土保护层厚度等几个方面模拟实际使用中预应力空心板的情况。论证了试验梁在偏差情况下的力学行为。

(3)在设计荷载作用下，理想设计状态的空心板能够安全承受200万次以内的疲劳活载作用；

(4)当以恒载+1.0设计活载为疲劳荷载上限时，带有纵向裂缝的预应力混凝土空心板仅能承受19.79万次疲劳活载作用；仅为设计预期值的9.33%。

(5)当以恒载+0.6设计活载为疲劳荷载上限时，带有纵向裂缝构件的该类空心板桥允许承受的疲劳荷载次数为188.23万次，基本可达到其设计年限。

(6)荷载的长期作用下，表面裂缝的数目很少增加，平均裂缝间距近乎不变。表面裂缝宽度则随时间增长。

(7)由于沿预应力束的纵向裂缝的存在，结构中的钢筋在锈蚀和疲劳荷载的联合作用下，易于形成“锈蚀—损伤—再锈蚀—再损伤”的恶性循环状态，直至丧失承载能力。

# 第 3 章　空心板桥病害与设计施工偏差

本章主要分析支座偏差、铰缝病害等对预应力混凝土空心板梁桥受力与性能的影响。

## 3.1　空心板桥支座偏差及其对结构的影响

支座是桥梁结构的重要传力部件，直接影响桥梁的使用性能和结构安全。支座的作用主要有三个方面：一是将上部结构的恒载和活载可靠地传递给墩台，并同时承受由荷载引起的结构端部水平位移、转角等变形；二是适应由环境温度、湿度等变化引起的结构胀缩变形；三是阻抗风力、地震波等引起的结构平移，减轻振动对结构的不利影响。

支座脱空是目前空心板桥使用过程中存在的最普遍、最严重的问题之一。某个支座脱空将造成其他支座受力过大，影响支座的寿命及耐久性；此外，支座脱空会使上部结构受力不均匀，从而对结构产生不利影响。

为了便于分析，将支座脱空现象分为局部脱空和完全脱空两类。当板式橡胶支座与梁底面或支撑垫石顶面出现的缝隙大于相应边长的25%时，称为局部脱空（图 3-1 和图 3-2）；当缝隙等于边长时称为完全脱空。

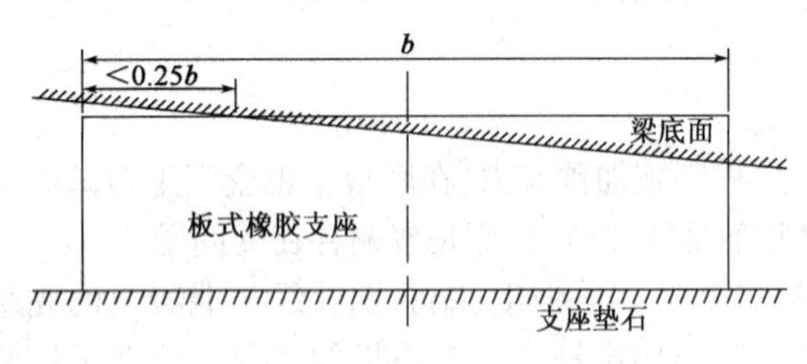


图 3-1　板式橡胶支座局部脱空示意图

图 3-2　板式橡胶支座局部脱空照片图

### 3.1.1　支座安装的设计偏差

预应力混凝土空心板桥一般选用板式橡胶支座，理想状态的板式橡胶支座上下表面为水平面，要求空心板底面必须与支座上表面密贴接触，不得出现梁体与支座部分脱离或完全脱离现象。故简支空心板均以板的 4 角为支点，按照空心板两端均匀支承于 4 个支座进行设计计算。但实际桥梁多数情况下桥面既有横坡，又有纵坡，为减小桥面铺装层厚度和混凝土用量，通常采用调整空心板两端支座垫石高程的方式来适应桥面纵坡的变化[图 3-3a)]；横桥向各块空心板顶面保持水平，以相邻空心板顶面高度错台安装的方式来适应桥面横坡的变化[图 3-3b)]。可见通常情况下同一块空心板的 4 个支座面并不在同一水平面上，施工时要满足这一设计要求有较大难度。

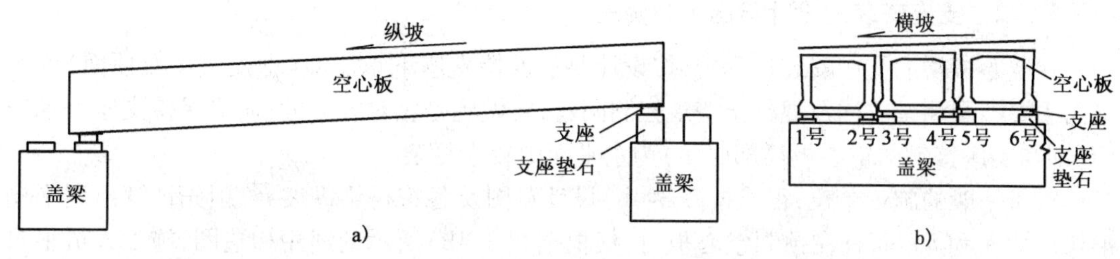


图3-3　支承面保持水平下的桥面纵横坡调整示意图

事实上，在空心板桥中保证支座的正确安装也是可以做到的，只要设计者和施工人员把握如下两个要点：

(1)须确保与板式橡胶支座接触的上下结构承压面为水平面；

(2)结构中的支座预埋钢板的精度须按钢结构尺寸精度控制。

为了更清楚地说明有纵坡梁桥的支座连接的结构，分别用两种表达方式表示此种支座连接的情形，如图3-4所示。

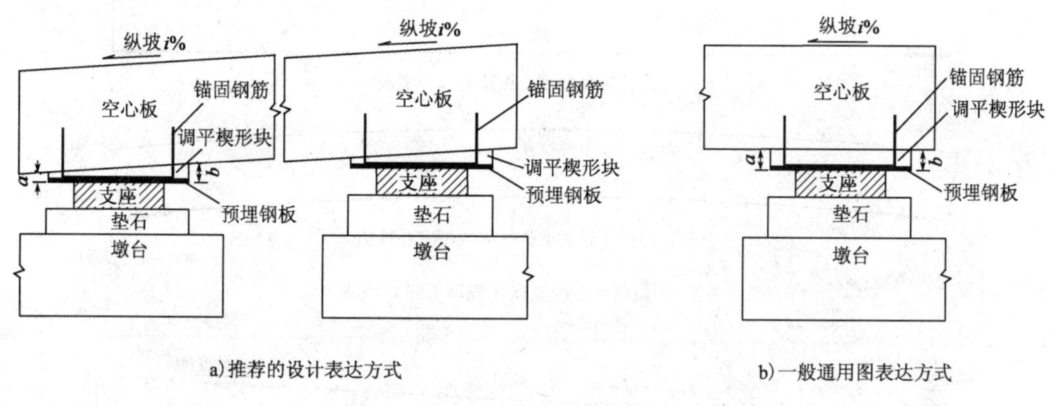


图3-4　有纵坡梁桥的梁体与支座的连接构造

为了保证安装正确，首先设计者应对此予以高度重视，并在施工图中具体详细交代相关构造和要求。若设计者和施工人员都明确如图3-4a)所示的原理，则可能避免或减轻相当数量的支座安装病害问题。令人遗憾的是，笔者作为桥梁病害处治咨询专家或施工图审查专家所见到的墩台—垫石—支座—空心板的连接构造施工图多采用了如图3-4b)所示的所谓通用图表达方式。由于桥梁设计任务繁重，对简支空心板支座构造，少有设计者进行专门精心设计，大都采用套用已有支座连接构造图纸。设计人员若本身都不十分清楚正确的支座连接构造及其原理，自然也就无法注出调平楔形块的尺寸 $a$ 和 $b$ 的具体数值。显然，要求直接施工人员仅依据图3-4b)表达的信息要做出图3-4a)所示的实际桥梁墩台—垫石—支座—空心板的连接构造，更是不太可能。这就是导致实际空心板桥中支座脱空病害普遍存在的原因。

根据桥面高程及纵坡、横坡、支座高度、桥面铺装厚度等基础资料计算出各盖梁顶面高程、各支座垫石高度以及调平楔形块尺寸 $a$ 和 $b$ 的具体数值是一件非常仔细的工作，一旦出现差错即会导致空心板安装后的支座脱空。

### 3.1.2 支座安装的设计与施工的偏差

在空心板桥的支座安装过程中，按设计要求保持支座下承压面（即支座垫石顶面）为水平面主要涉及测量放样及混凝土浇筑控制问题，要做到是相对容易的；而要保持支座上承压面（即与支座接触的空心板局部底面）为水平面则较为复杂。

对于一般的施工单位，很难按图3-4b）设计意图及各跨桥梁纵坡 $i\%$ 预先计算出调平楔形块尺寸 $a$ 和 $b$。而且在预制空心板时，仅根据图3-4b）所示的通用构造图，施工人员很自然地将支座预埋钢板平放（$i=0$），由此预制出的空心板如图3-5b）所示，这样当空心板安装就位后就成为如图3-6b）所示的墩台—垫石—支座—空心板的不良连接构造，导致支座出现先天性脱空（支座顶面与空心板支座预埋钢板非全面密贴结合，为部分接触、部分脱空）。

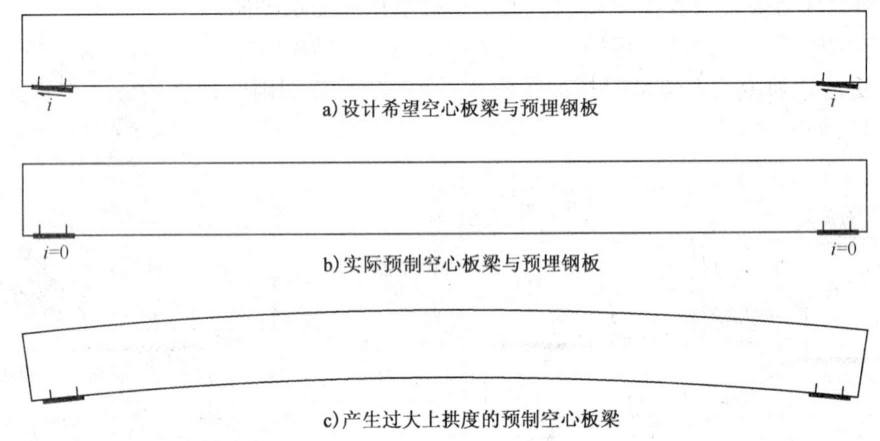


a）设计希望空心板梁与预埋钢板

b）实际预制空心板梁与预埋钢板

c）产生过大上拱度的预制空心板梁

图3-5 预制空心板支座预埋钢板安装偏差

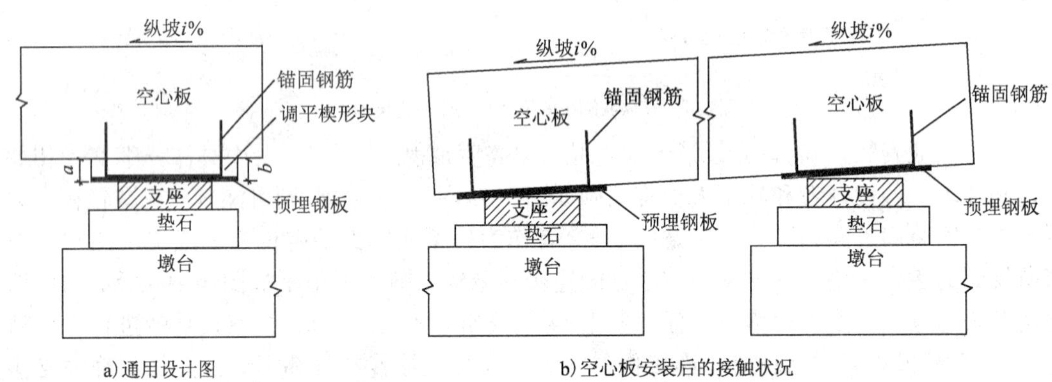


a）通用设计图

b）空心板安装后的接触状况

图3-6 存在施工偏差的支座与空心板接触状况

除了支座安装的设计与施工的偏差，预应力的设计与施工的偏差也可能导致空心板支座脱空病害。混凝土空心板梁的截面挖空率较大，构件自重和截面刚度较小，空心板梁的上拱变形对预应力大小比较敏感，加之实际工程中存梁时间及混凝土收缩徐变值的不定性，使预制混凝土空心板的设计上拱变形与实际上拱变形可能存在明显差异。例如，产生过大上拱度的预制空心板梁最终安装就位后，即使施工单位按照设计要求认真设置了梁底的楔形块，部分支座也会出现如图3-6b）所示的支座顶面与空心板支座预埋钢板之间的非理想接触。

### 3.1.3　支座安装的施工偏差

（1）支座预埋钢板尺寸控制不精：保证支座正确安装的重要因素是“结构中的支座预埋钢板位置的尺寸精度应按钢结构精度控制”，但施工人员习惯宽容度较大的混凝土结构（一般以cm为尺寸控制精度），预埋钢板时往往造成较大的尺寸偏差。

（2）空心板端部底面翘曲变形：空心板底模端部因受水浸泡、冻胀、沉陷等原因，使板梁预制时产生高程渐变，导致板梁端部底面挠曲；梁体预制后，由于混凝土加载龄期短，堆放时间长，未及时安装或安装后未及时进行铰缝施工，未及时进行桥面整体化等，造成梁体反拱度增大；此外，梁体吊装就位时不够准确等原因也会使得空心板梁安装后产生支座脱空现象。

（3）支座预埋钢板位置偏离：在混凝土浇筑前支座预埋钢板固定不牢，底部支撑砂箱不密实或砂子外漏，混凝土振捣过程中使预埋钢板下沉或倾斜，致使支座预埋钢板偏离正确位置。

（4）不良预应力施工导致预制板扭曲变形：由于预应力预留孔道位置不正、不顺，预埋波纹管质量有问题；或因预应力张拉不均衡，控制不准确，放张不对称；尤其是斜交空心板梁在预应力施工时张拉力一侧力偏大，一侧力偏小将导致梁体扭曲；常见情况是锐角处支座充分接触，钝角处支座有脱空现象。

（5）支座垫石施工质量问题：支座垫石表面不平整或表面高程控制不准确使支座与空心板体由整体面接触变为部分面接触，甚至点接触；支座垫石混凝土强度不足，在荷载作用下可能产生局部破损，造成支座偏斜、破损或者脱空。

（6）黏结胶质量问题：用环氧树脂类黏合剂安装支座时，黏结胶配合比调配不规范，黏结力不足，老化，黏结性能失效而使支座与梁板脱离。

（7）支座安装温度选择不当：安装时气温过高或过低，后期梁体伸缩过大导致支座出现难以恢复的、纵向一侧较明显的半脱空。

### 3.1.4　支座脱空对结构性能的影响

空心板桥的理想受力模式是每块板都由4个完全密贴接触的支座支承，相邻空心板间通过纵向铰缝联结为一体，如此结构体系的受力性能通常具有长期可靠性[图3-7a)]。

若某一（些）支座发生脱空将造成该空心板由4点支承变成为3点支承，甚至是2点支承，单块空心板体成为非稳定支承[图3-7b)]；将对桥梁结构会产生一系列不利影响：

（1）相邻铰缝受损：支座处于正常工作状态时，空心板端部所承受的竖向荷载直接由支座传递给下部结构；当其中一个支座发生脱空后，该支座承担的竖向荷载将通过其附近铰缝混凝土传递给相邻空心板，传力路径发生了不利变化；致使铰缝混凝土承担的剪力较正常工作时显著增大，铰缝混凝土在车辆荷载的不断重复作用下逐步破损直至丧失传递相邻板间剪力的能力。

（2）桥面沿铰缝开裂：随着支座脱空附近区域铰缝混凝土的逐渐破损，其传递剪力的工作性能也随之退化，相应地增大了破损铰缝区域桥面铺装层的工作应力，铺装层在这种逐渐增大的复杂应力作用下产生裂缝，并沿铰缝纵向逐渐发展延伸。

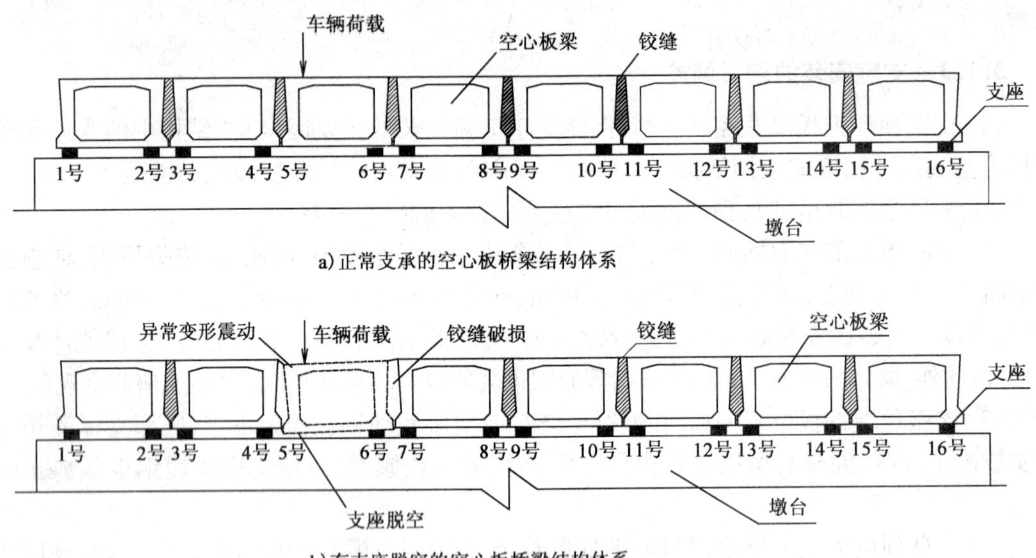


图 3-7　空心板底面的正常支撑与局部支座脱空后支撑

(3)单板受力导致结构局部破损:由铰缝混凝土将横向各板连接为一体的结构受力体系,随着铰缝混凝土的逐渐破损,并发展到破坏的时候,相邻板梁逐渐转化为单板受力,致使该板梁及其支座和墩台支座垫石等部件的工作应力明显增加,可能导致梁体、支座及墩台支座垫石的局部损坏。

(4)结构体系性能的整体退化:随着铰缝混凝土工作性能的逐渐失效,车辆荷载作用下产生的竖向变形和振幅明显增大,会加剧铰缝混凝土的破损,使空心板横桥向连接整体性能进一步退化。这样形成恶性循环,最终会引起空心板桥整体结构性能的降低,对桥梁的使用性能及耐久性产生不利影响。

正常的空心板桥通过纵向铰缝将各板在横向连接为整体[图 3-7a)],设计计算中即按此理想结构模型进行受力分析。在某一支座脱空影响下,附近的铰缝混凝土首先发生破损并逐步延伸至整条铰缝,使该空心板呈现"单板受力"现象[图 3-7b)]。对一个 4 点支承的板(图 3-8),当某一支座 c 脱空时,c 点无反力,其对角线上另一点 a 受力也减少,因此板的自重主要由另一条对角线上的两支座 b、d 承担。在这条对角线上将产生较大的恒载扭矩,其值为半块板重乘以其重心的扭臂。当脱空的支座 c 在车辆荷载 $P$ 作用下时,$P$ 将对 bd 对角线扭转轴产生扭矩 $M = Pe$,而板的自重合力在 bd 上,不能平衡这一扭矩,所以板将沿 bd 连线发生旋转变形,致使 c 点下沉。同时对角线上的另一点 a 将抬高。在已建成的桥面上,沿 ac 支座的铰接线 a 点一侧将可能出现拉开裂缝,沿 bd 支座的铰接线 c 侧将可能出现压碎裂缝,这种裂缝是 4 支座空心板经常出现的一种病害。还有,空心板在脱空情况下实际开裂或病害也受到其他空心板的影响。

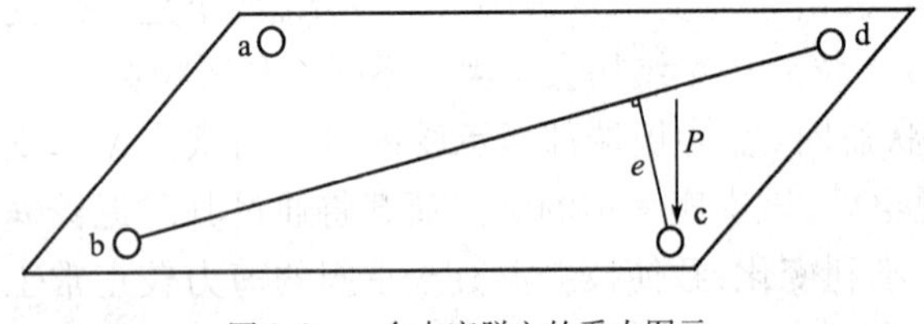


图 3-8　一个支座脱空的受力图示

### 3.1.5　支座安装的工程建议

为了避免出现上述支座脱空问题，在施工前和施工过程中，要针对梁体与支座脱空的原因，详细制定防止支座脱空的技术措施和施工质量控制措施。从梁板预制、垫石施工、支座检验和安装、梁板吊装等各过程入手，去除各种产生支座脱空因素。同时，做好施工前的技术交底和现场指导，使各级工程管理和施工人员有所了解和掌握。在施工过程中要严格按规范检查控制，发现问题及时解决。

1. 设计方面

(1)完善施工图设计中关于梁体与支座连接处的细部设计，要综合考虑平、纵、横的影响；例如有纵坡的梁桥的梁体与支座连接处可采用如图3-4a)所示的方式设计，以避免脱空。

(2)完善关于支座垫石的设计，综合考虑强度、平整度及支座安放角度等多项指标，同时要正确选择支座的厚度。

(3)对于容易造成支座脱空的斜桥、弯桥，设计时除考虑上述因素外，还需根据结构实际模型建模计算确定其需要的支座型号。

2. 施工方面

(1)对预制梁底模板要随时检查、校正，特别在雨季、春季、冻融季节、采取洒水和蒸汽养护时，由于底模端部受水和温度影响，容易变形，要随时检查高程；在钢筋安装后和浇筑混凝土之前，这一点更为重要。

(2)浇筑混凝土之前对梁体底板砂箱进行外观检查，确保无砂子外流，同时对梁体预埋支座钢板位置及高程进行检查，如不能符合规范要求，应重新调整。

(3)在梁体预应力施工前，应对张拉千斤顶进行检校，张拉时采用双控，使梁体两侧张拉力均等，避免出现梁体扭曲。对于先张法施工的预应力空心板，放张时应对称，分阶段放松，防止应力集中，避免梁板翘曲。

(4)梁板吊装前，首先测量垫石高程是否正确，表面是否水平，如果符合要求方可进行安装；垫石如果太高，则应磨平，低的用薄钢板找平或凿除，重新浇筑。梁体吊装就位要准确，杜绝产生梁体倾斜偏位。

(5)梁体预制后，存放时间不宜过长。安装后应及时施工铰缝，并进行桥面铺装层施工，以防梁体反拱过大造成支座脱空。

(6)支座安装要精心，保证位置准确，黏层厚度均匀。

(7)对于曲线桥、斜交梁桥、有横纵坡桥，由于相邻墩台盖梁的坡度一般不同，支座高程多数通过垫石调整，在施工前要认真核对计算设计高程，并认真复核。

(8)安装橡胶支座时，支座中心线尽可能对准上部构造的计算支点。为防止支座受力不均匀，应使空心板底面与支座接触面保持水平和紧密贴合，避免相对滑动造成支座脱空。

## 3.2　空心板桥铰缝病害的偏差分析

### 3.2.1　空心板桥的常用铰缝形式与病害

装配式预应力混凝土空心板简支梁桥通常借助桥面板将接缝连成整体，以使桥上的车辆荷载经分配后能被主梁共同承担。装配式预应力混凝土空心板简支梁桥的铰缝以前一般按图3-9a)浅铰缝的方式进行设计和施工。然而,这种铰缝结构形式在施工时,铰缝施工质量难以满足设计要求,使铰的作用减弱。近年来,行驶车辆数量急剧增长,超载车辆的数量所占的比例也越来越高,给公路上的空心板桥梁造成了严重的损伤,出现了桥面纵向开裂、铰缝脱落、破坏等病害,甚至出现多起浅铰缝空心板桥垮塌事故。典型事件包括:2011年4月9日晚,郑州市中州大道跨京广铁路大桥(空心板)南端两个承重梁被两辆超载货车轧断,危及京广铁路上、下行的安全(图3-10);2011年7月15日凌晨1点45左右,杭州钱江三桥北向南离滨江转盘不到800m处右侧车道部分桥面突然塌落,一辆重型半挂车从桥面坠落,又将下闸道砸塌(图3-11)。

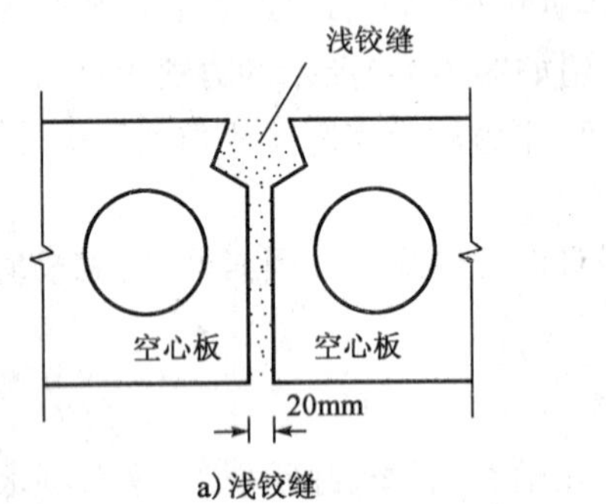


a)浅铰缝

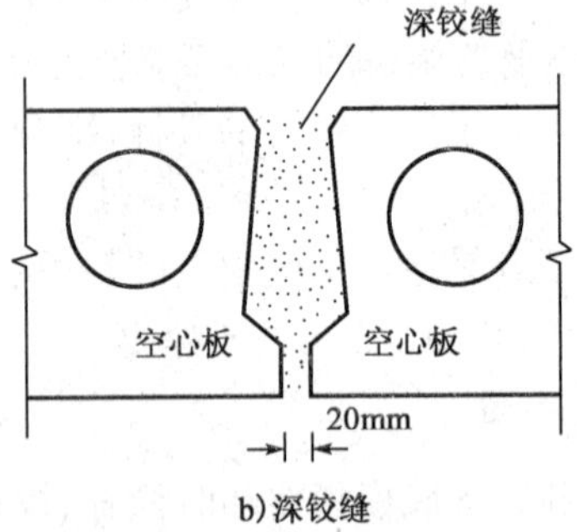


b)深铰缝

图3-9　常用的空心板铰缝构造

图3-10　郑州市中州大道跨京广铁路大桥空心板垮塌

图3-11　杭州钱江三桥空心板垮塌

考查多座空心板垮塌后的实际情况,发现空心板铰缝实际凿毛及密实情况与设计预期存在较大偏差(见图3-12);由于此类浅铰缝空心板近些年病害大量出现,目前已经逐渐推广使用图3-9b)的深铰缝;图3-13为2008年交通部空心板通用图中铰缝的构造图。

通过调查相关文献发现,空心板桥铰缝损坏及空心板破坏的过程大致如下[25-27]:空心板桥铰缝破坏后,当重车经过空心板时,该空心板就会产生较大的挠度,与其他相临空心板形成一定“错台”;而当重车驶过板后,该空心板变形又回复原状。在长期频繁的超重车辆的反复作用下,铰缝混凝土的破损及铰缝病害会逐渐扩散和加剧,使“单板受力”现象越来越明显,空心板产生的挠度将会越来越大。到了后期,单板受力会导致塑性变形,形成永久性台阶(图3-14),严重时还出现单板断裂破坏。

“单板受力”现象多发生在跨径较小的桥梁中,这是因为小跨径空心板结构高度小,铰缝的抗剪切刚度也小,超载车辆使空心板桥的受力更为不利。桥面铺装层的厚度对空心板桥的“单板受力”影响很大;厚度较大时发生“单板受力”现象的几率就小,这是由于桥面铺装对车轮荷载的扩散作用并且充当了各空心板的部分横向连接作用。

图 3-12　某空心板垮塌后可见浅铰缝实际施工质量与设计预期存在明显偏差

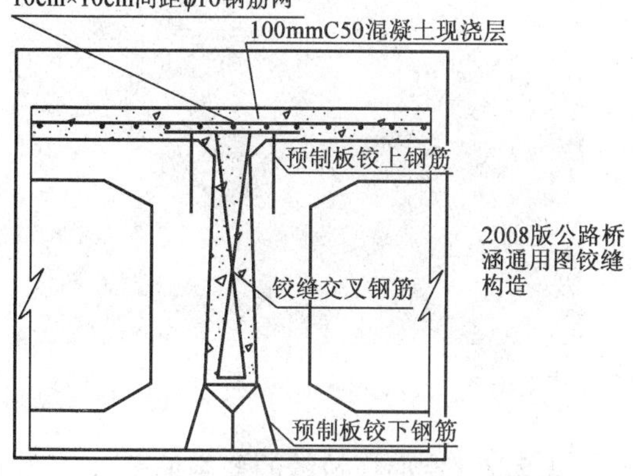


图 3-13　目前典型的空心板通用图铰缝构造图

图 3-14　铰接缝处形成台阶

在频繁的汽车荷载及疲劳效应的影响下，空心板桥铰缝上面的桥面铺装处产生沿桥梁纵向的贯通裂缝（图 3-15），当铰缝破坏严重时，会在铰缝上方铺装层形成一条有规律的破碎带，在空心板梁铰缝下部可发现很明显的渗水漏水痕迹（图 3-16）。

图 3-15　空心板铰缝破坏导致的桥面铺装纵向贯通性开裂

图 3-16　板底出现明显的渗水痕迹

### 3.2.2　空心板铰缝的各类偏差

影响空心板铰接缝破坏的因素有很多,不同因素的作用过程也不一样,以下将分别从设计、施工等方面阐述和分析导致铰缝破坏的各类偏差。

1. 设计偏差

1)空心板桥的实际横向受力问题

在已有空心板桥的横向分布设计理论认知中,某一空心板受载时,通过纵向铰缝将荷载分配给相邻板共同承受,铰缝承受竖向剪力。实际上,由于各板分担荷载的差异导致横桥向挠曲变形,当荷载作用于中间板时,为下凹横向挠曲线,空心板铰缝上端受压,纵向板缝下端会略有张开;当荷载作用于边板时,为上凸横向挠曲线,空心板铰缝上端受拉,纵向板缝下端会略有闭合,在此情况下边板会伴随扭转,致使边板内侧铰缝上端横向拉应力较大,因此若边板不是位于人行道,而是车行道,则边板破坏的概率较大。实际情况是:空心板桥在车辆荷载的反复作用下,其实际工作状态是铰缝上端处于横向拉—压应力的循环作用下,板缝下端处于张开—闭合循环状况下。一般空心板桥在 10—20 年内即出现铰缝病害,往往最初表现为铰缝开裂,逐渐发展为部分脱落甚至损坏(图 3-17、图 3-18)。

图 3-17　空心板铰接缝开裂

图 3-18　铰接缝混凝土脱落

2）铰缝的构造与可施工性问题

随着空心板桥铰缝病害的相继出现和工程经验的不断积累，铰缝构造也在不断改进和完善，如从最初图3-9a）到图3-9b）直至图3-13（现行通用图建议构造）。图3-13建议的铰缝构造虽在传力性能方面得到明显的改善，但存在两方面问题，一是施工时能否做到？二是此种铰缝增加的施工方面的困难似有悖于空心板桥预制简便、安装方便的初衷。

3）桥面横坡设置对铰缝的影响

设计者多采取调整支座垫石高度方式来适应桥面横坡变化，于是在设计者头脑中的相邻同高度空心板理想状态下的铰缝构造，实际上已成为相邻空心板错台高度下的铰缝构造（图3-19），这种变化使浅铰缝的有效传力面积变化很大，可能明显削弱其作为铰缝传递剪力的能力，却鲜有设计者对此引起重视并为此做出专门的改进，这就使实际铰缝性能与力学铰缝构造存在明显的差异。

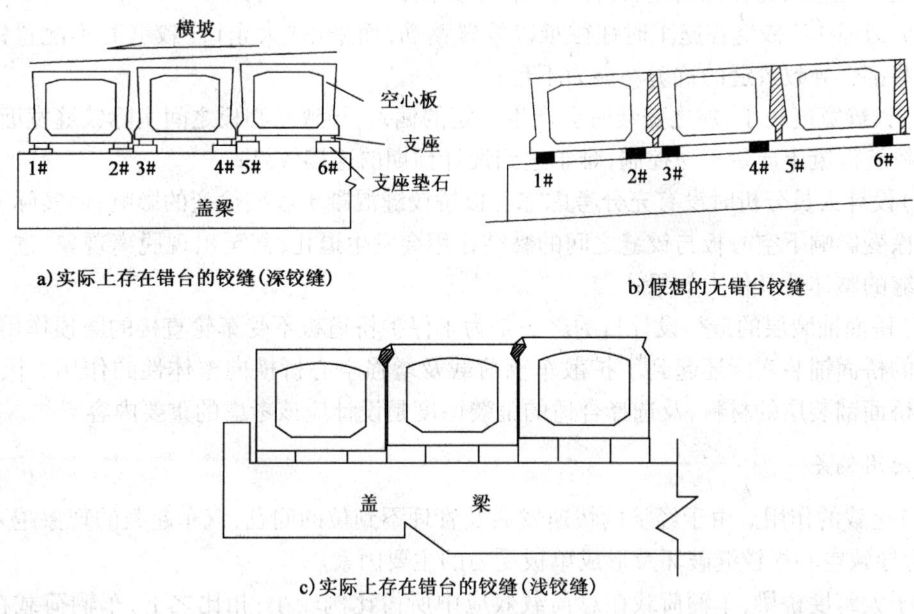


图3-19　相邻空心板错台高度下的铰缝构造

2. 施工偏差

（1）空心板的制作偏差：空心板预制时模板尺寸和定位控制不到位，使预制板存在4个支承点的高度不一致，或板的宽度宽窄不一，或预制板的铰缝槽不规则等。

空心板的4个支承面不平整，即支座垫石高度偏差，或支座安装偏差，或空心板安装偏差都会导致空心板成为3点甚至为2点支承，该空心板在车辆荷载重复作用下其铰缝承受附加的错动力，致使铰缝提前破坏。

（2）预制空心板的安装偏差，可能使相邻板的铰缝过窄以致正常条件下混凝土难以灌入，或可能使相邻板的铰缝过宽以致混凝土易从板缝中漏出，均难以保证铰缝混凝土的正常质量。

（3）铰缝混凝土的灌注质量偏差：铰缝混凝土浇筑为狭缝内的微量混凝土施工，然而在实际施工中常常都按照常规构件混凝土施工方式实施，缺乏专门配比的混凝土和专门的施工控制措施，故一般空心板桥的铰缝混凝土较设计理想的存在明显差异。

(4)在混凝土桥面铺装施工过程中，铺装层内钢筋网的位置往往存在偏差。由于施工质量控制不好，一些钢筋网置于铺装层底面、空心板顶面，这样就会在二者之间形成一道夹层，使钢筋网达不到理想效果，反而还影响桥面铺装与空心板之间黏结的可靠度。

(5)预制装配式空心板的侧面如果没有进行充分凿毛，空心板侧面松动的混凝土未清除干净，也会导致空心板与铰缝的黏结抗剪力大大降低。

(6)在浇筑空心板铰缝后，如果铰缝混凝土强度还未达到设计值时，就在桥上行驶重车等施工车辆，也会导致铰缝很早产生破坏。

3. 设计与施工的偏差

在预制—装配式空心板中，铰缝实际施工质量往往在几何尺寸、支承约束及铰缝质量等方面与设计理想状况存在偏差，具体包括以下方面：

(1)“小企口”铰缝在施工时往往难以放置钢筋，而采用“大企口”铰缝时不配置铰缝钢筋。这些都会导致铰缝的抗剪切能力不足；

(2)铰缝宽度较小，加之安装时会产生一定的偏差，导致空心板之间实际铰缝宽度更小，以至于铰缝混凝土质量不易控制，难于达到设计预期的连接效果；

(3)设计人员分析时没有充分考虑空心板桥铰缝混凝土收缩徐变的影响；而实际上在长期收缩徐变影响下空心板与铰缝之间的黏结作用会发生退化，甚至出现脱离现象，进一步削弱了铰缝的整体性及传力效果；

(4)桥面铺装层的最初设计目的之一是为了保护桥道板不受车轮直接的磨损作用，但空心板桥的桥面铺装实际还起到了扩散车辆荷载及增强空心桥横向整体性的作用。因此，如何确定桥面铺装层的材料，及选择合适的铺装厚度是设计应该考虑的重要内容。

4. 使用偏差

(1)超载的作用。由于经济的快速发展及管理不到位的问题，汽车超载的现象越来越严重，成为导致空心板铰缝破坏及形成单板受力的主要因素。

对于大跨度桥梁，车辆荷载在总荷载效应中所占比例较小；相比之下，车辆荷载在中小跨桥梁总荷载效应中所占比例较大，车辆超载对中、小跨径桥梁的影响更大、更不利。对于跨径很小的空心板桥，有时整个桥跨只能布下一个轮轴，如果此轴属于超载范畴，就可能使得车辆经过此空心板桥时，出现数次的超载作用，增大了空心板桥承受的超载频次，导致空心板桥铰缝破坏速度大大提高。

(2)排水的影响。在空心板桥铰缝破坏的过程中，桥面积水不能及时排出而从铰缝处渗透，引发钢筋锈蚀或者铰缝连接减弱，慢慢促使空心板铰缝破碎再到脱落。

### 3.2.3 铰缝偏差对桥梁受力性能的影响

1. 铰缝与空心板连接的几种状况及分析模型

空心板桥铰缝的破坏与很多因素有关，不同因素导致的铰缝破坏形式也不一样，其影响程度也各不相同。空心板桥铰缝的受力状态可根据铰缝与空心板的作用情况分为以下几种：

(1)空心板与铰缝接触面连接完好。铰缝状态完好，空心板的接触面与铰缝接触面处于紧固连接状态。

(2)接触面连接失效,铰缝在空心板之间有错动。空心板桥铰缝在长期的运营过程中,由于收缩徐变的作用,加上频繁的活载冲击,空心板与铰缝接触面之间的连接作用逐渐减弱,直到连接作用消失,导致铰缝在空心板之间产生错动。

(3)铰缝部分破坏。在长期的活载作用下,铰缝在空心板之间受到挤压的作用不均,产生应力集中,使得铰缝与空心板接触面上的部分混凝土被压碎,铰缝部分破坏。

(4)铰缝脱落。在长期的活载作用下,由于疲劳耐久性问题、雨水的侵蚀问题导致铰缝逐渐出现损伤,直到铰缝中混凝土全部脱落,铰缝几乎不再传递任何作用力,空心板处于单板受力的状态。

下面研究典型的装配式预应力混凝土正交空心板桥,其跨径为10m,两端简支,横向由宽为1m的8块板组成,各板由深企口缝混凝土连接。空心板各部分所用材料参数如表3-1所示,全桥横截面简化后如图3-20所示。空心板桥的边界条件为固定铰支座情况下,以三向约束(X,Y,Z)进行施加;移动支座情况下,以Z轴自由,X轴和Y轴固定进行施加。

**材　料　表**　　表3-1

| 材　　料 | 弹性模量(MPa) | 泊　松　比 |
|---|---|---|
| 空心板混凝土 | $3.45\times10^4$ | 0.2 |
| 企口铰缝混凝土 | $3.45\times10^4$ | 0.2 |

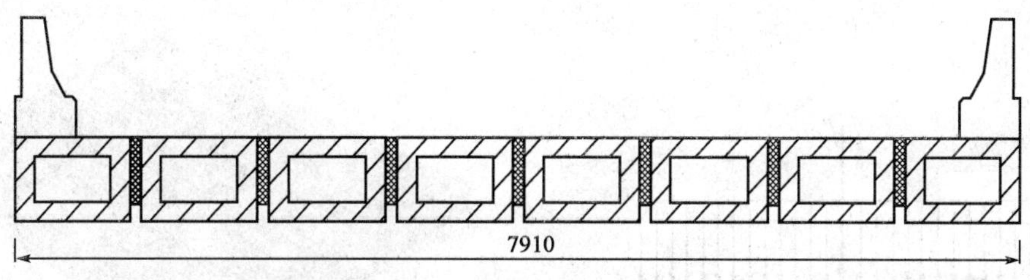


图3-20　全桥横截面示意图(尺寸单位:cm)

应用ABAQUS/Pre、ABAQUS/Standard及ABAQUS/Viewer模块对空心板桥进行模拟分析,在整个模拟分析的过程中,运用ABAQUS/CAE将两个模块联系起来。用ABAQUS/CAE提供的图形界面做各种前处理工作,包括创建模型,定义材料属性,定义接触特性,施加荷载和约束边界条件,划分网格等;然后把模型及参数自动编写一个*.inp的数据输入文件提交给ABAQUS/Standard(通用有限元分析模块),计算结果用ABAQUS/CAE(图形用户交互界面)的后处理图形模块ABAQUS/Viewer(图形后处理模块)输出[36-38]。在用ABAQUS建立空心模型时,空心板及铰缝等不同结构所采用的单元形式如表3-2所示。

**模型单元类形表**　　表3-2

| 部　　位 | 单 元 形 式 |
|---|---|
| 空心板 | Solid单元 |
| 企口铰缝 | Solid单元 |

根据以上参数建成的整体模型,并对其进行网格划分,如图3-21~图3-23所示分别为整体模型有限元网格划分图、铰缝模型有限元网格划分图、空心板桥断面网格划分图。

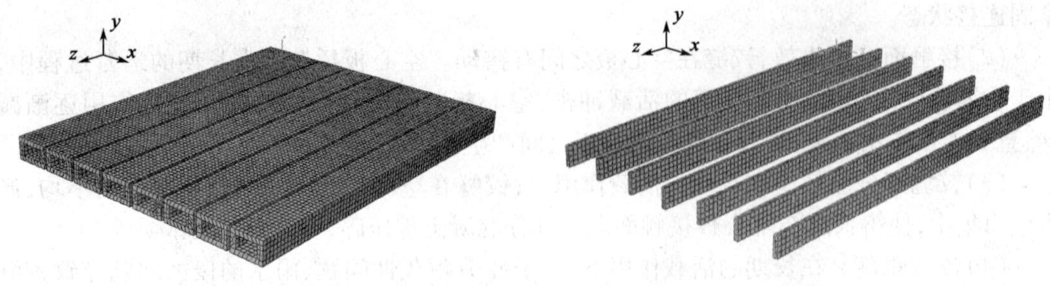


图 3-21　整体模型有限元网格划分图　　图 3-22　铰缝模型有限元网格划分图

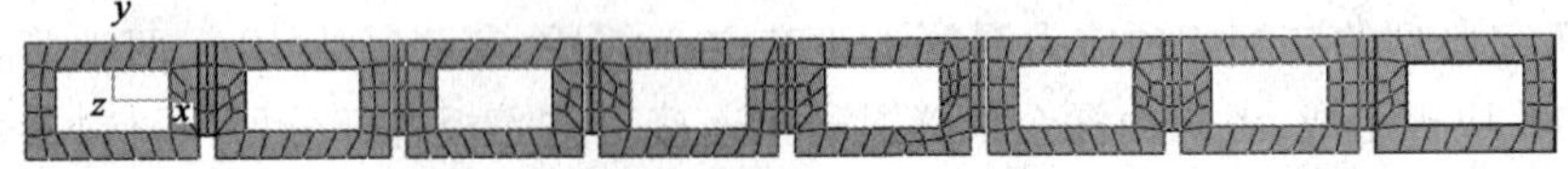


图 3-23　空心板桥断面网格划分图

本书只考虑活载作用下空心板受力的增量，活载按最不利车道荷载布载，车道荷载按《公路桥涵设计通用规范》JTG D60—2004 中的公路Ⅰ级计算。计算图式如图 3-24 及图 3-25 所示。均布荷载值为 $q_k = 10.5\text{kN/m}$；集中荷载标准值按以下规定选取：桥梁计算跨径小于或等于 5m 时，$P_k = 180\text{kN}$；桥梁计算跨径等于或大于 50m 时，$P_k = 360\text{kN}$；桥梁计计算跨径在 5 ~ 50m 时，$P_k$ 值采用直线内插求得，而本桥的计算跨径为 9.96m，根据内插计算得 $P_k = 200\text{kN}$[39]。

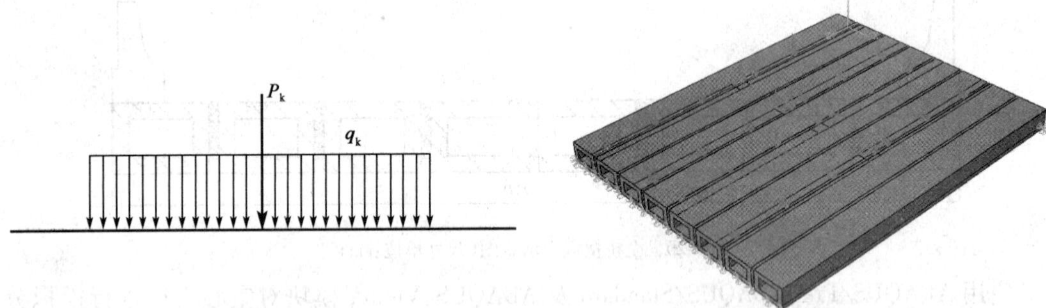


图 3-24　车道荷载　　图 3-25　空心板桥荷载及约束图

2. 空心板与铰缝连接完好状态下空心板桥的受力分析

1）铰缝抗剪切应力的计算

空心板铰缝的抗剪能力主要由铰缝与空心板之间的黏结抗剪力 $V_j$、铰缝钢筋引起的抗剪摩擦力 $V_M$、铰缝钢筋销栓作用提供的抗剪力 $V_D$ 三部分组成[31-35]，图 3-26 所示为空心板铰缝受力的示意图。

因此，结合面抗剪力可由下式表达：

$$V_n = V_j + V_M + V_D \tag{3-1}$$

式中：$V_n$——结合面抗剪力；

$V_j$——结合面新老混凝土黏结抗剪力；

$V_M$——由于结合面滑动趋势引起铰缝钢筋的抗剪摩擦力；

$V_D$——铰缝钢筋由于销栓作用引起的抗剪力。

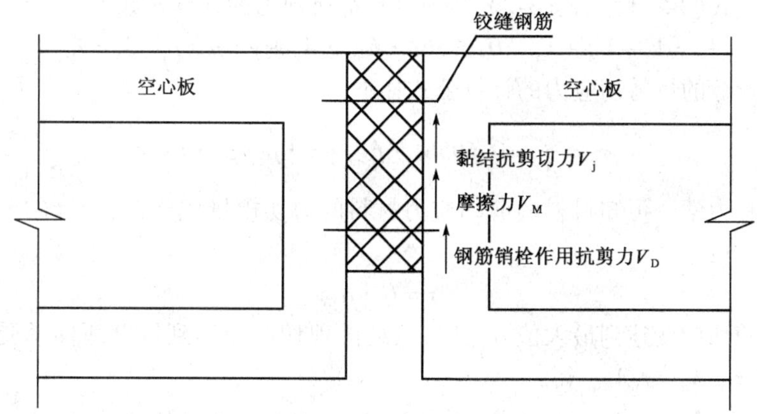


图3-26　空心板铰缝受力示意图

西南交通大学王振领提出新旧混凝土结合面之间的黏结抗剪力大小为：

$$V_j = \tau_j \cdot A_c = 0.06956\zeta \cdot f_{cum} \cdot A_c \tag{3-2}$$

式中：$A_c$——新旧混凝土接触面面积；

$\tau_j$——新旧混凝土结合面之间的黏结抗剪应力(MPa)；

$f_{cum}$——新旧混凝土立方体抗压强度平均值(MPa)；

$\zeta$——结合面的界面剂类型影响。

无界面剂时：$\zeta = 1$；

涂刷水泥净浆时：$\zeta = 1.5$；

涂刷试验用商品界面剂时：$\zeta = 0.5$。

在文献[31]中还提出铰缝钢筋引起的抗剪摩擦力 $V_M$、铰缝钢筋销栓作用提供的抗剪力 $V_D$ 计算公式如下：

$$V_M + V_D = \mu \cdot \gamma \cdot \rho_e \cdot f_y \cdot A_c \tag{3-3}$$

$$\gamma = 1 + \beta \tag{3-4}$$

式中：$\mu$——结合面摩擦系数，按照表3-3进行取值；

$\gamma$——销栓作用对抗剪的影响系数；

$\beta$——销栓作用抗剪力系数；按照表3-3进行取值；

$\rho_e$——结合面植入抗剪钢筋的配筋率；

$f_y$——植入钢筋的屈服强度(MPa)。

**结合面摩擦系数、销栓作用抗剪力系数取值**　　表3-3

| 界面处理方式 | 粗糙度平均深度(mm) | $\beta$ | $\mu$ | |
|---|---|---|---|---|
| | | | $f_{ck} \geq 20$ | $f_{ck} \geq 35$ |
| 高压水喷 | ≥1.8 | 0.2 | 0.8 | 1 |
| 凿毛 | ≥1.9 | 0.2 | 0.8 | 1 |
| | >0.5 | 0.3 | 0.7 | |
| 光滑表面 | — | 0.5 | 0.5 | |

注：混凝土立方体抗压强度介于20~35MPa之间，可线性内插。

将式(3-3)、式(3-5)代入式(3-2),则可知铰缝抗剪力的计算式如下:

$$V_n = V_j + V_M + V_D = 0.6956\zeta \cdot f_{cum} \cdot A_c + \gamma \cdot \mu \cdot \rho_e \cdot f_y \cdot A_c \tag{3-5}$$

则可知道铰缝的抗剪切应力的计算公式如下:

$$\tau_n = \frac{V_n}{A_c} = 0.6956\zeta \cdot f_{cum} + \gamma \cdot \mu \cdot \rho_e \cdot f_y \tag{3-6}$$

而根据材料力学中可知材料的剪切应力材料的剪切模量成比,与铰缝的剪切应变成正比,计算公式如下:

$$\tau = G \cdot \alpha \tag{3-7}$$

当铰缝的剪切应变达到最大值 $\alpha_{max}$ 时,铰缝的剪切应力达到铰缝所能承受的最大剪切应力 $\tau_{max}$,这时 $\tau_{max}A_c = \tau_n A_c$。得:

$$G \cdot \alpha_{max} = 0.06956\zeta \cdot f_{cum} + \gamma \cdot \mu \cdot \rho_e \cdot f_y \tag{3-8}$$

而对各向同性的材料,弹性模量 E、剪切模量 $G$ 泊松比 $v$ 有如下关系:

$$G = \frac{E}{2(1+v)} \tag{3-9}$$

可知铰缝的弹模 $E$ 和铰缝抗剪切应力的关系如下式:

$$\frac{E_c}{2(1+v)} \cdot \alpha_{max} = 0.06956\zeta \cdot f_{cum} + \gamma \cdot \mu \cdot \rho_e \cdot f_y \tag{3-10}$$

式中:$E_c$——混凝土的弹性模量。

在计算实例中,空心板与铰缝都采用 C50 混凝土,接触面的界面剂为涂刷水泥浆,根据表 3-3,空心板接触面上是凿毛处理的,粗糙度的平均深度大于 1.8mm,可取 $\beta = 0.2$,$\gamma = 1.2$,$f_{ck} = 32.4\text{MPa}$,$f_{cum} = 50\text{MPa}$,$\mu$ 可通过内差取值为 0.97。即空心板与铰缝接触面联结良好状态下的相关参数取值如下:

$$E = E_c, \mu = 0.97, \gamma = 1.2$$

由空心板通用标准图纸中可计算出每延米长方向上通过铰缝的钢筋面积为:$A_s = 2132.06\text{mm}^2$,$f_y = 280\text{MPa}$,而每延米铰缝的剪切面积为:$A = 1000 \times 480 = 480000\text{mm}^2$,可算得结合面植入钢筋的配筋率为:

$$\rho_e = A_s / A = 2132.06/480000 = 0.44\%$$

则铰缝与空心板结合面的抗剪切应力计算如下:

$$\begin{aligned}\tau_n &= 0.06956\zeta \cdot f_{cum} + \gamma \cdot \mu \cdot \rho_e \cdot f_y \\ &= 0.06956 \times 1.5 \times 50 + 1.2 \times 0.97 \times 0.0044 \times 280 \\ &= 5.217 + 1.434 = 6.651\text{MPa}\end{aligned}$$

2)空心板铰缝良好状态下的受力分析

空心板与铰缝的接触面连接完好时,空心板受到的力可以良好地传递到相临空心板上,板与板之间处于协调变形状态。这时铰缝不仅仅起到抗剪作用,也受到弯拉作用或者是弯压作用,所以铰缝也起到了一定的抗弯作用。

在本节中通过改变铰缝的弹性模量,但不改变铰缝的截面尺寸,来模拟铰缝的抗剪切作用的变化。例如,在确定了铰缝良好状态下的相关参数后,空心板的受力图及活载作用下的应力图、位移图如图 3-27 ~ 图 3-30 所示。

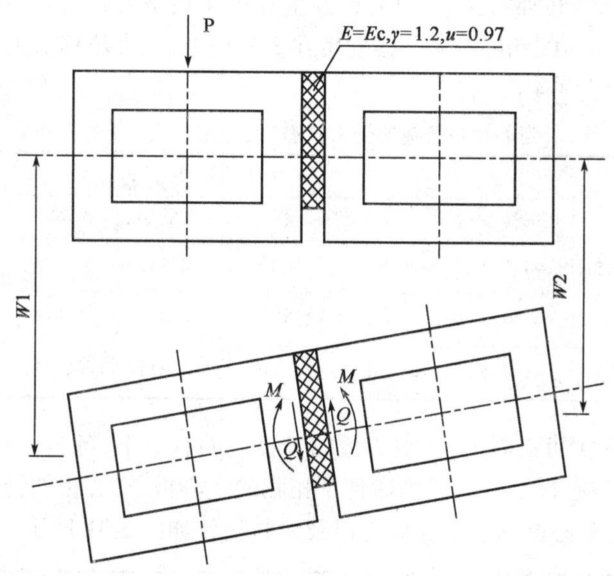


图 3-27　铰缝完好状态下的受力图

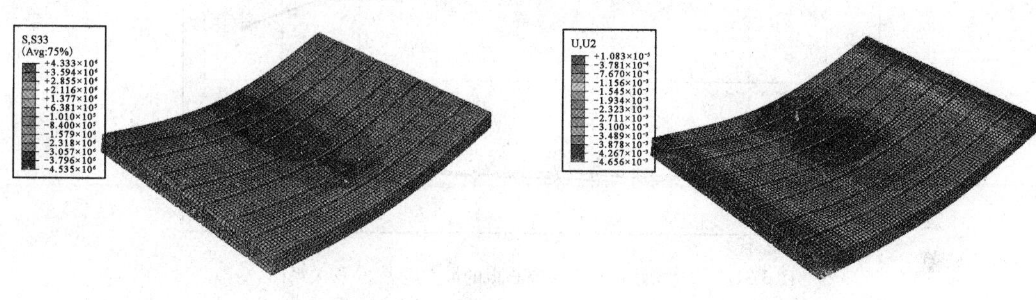


图 3-28　空心板桥应力云图

图 3-29　空心板桥位移云图

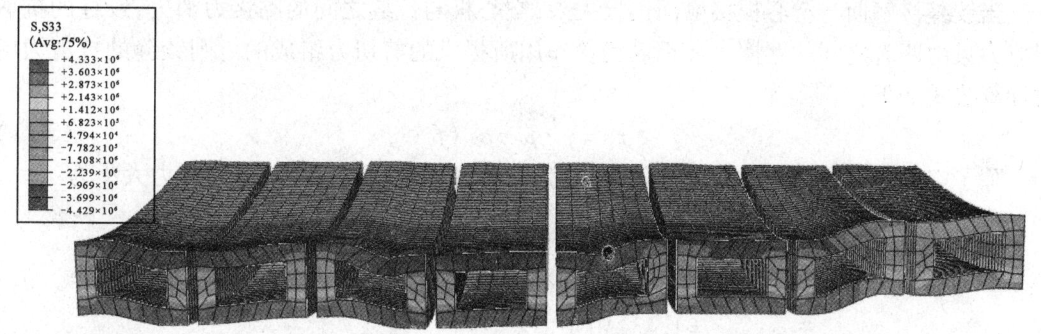


图 3-30　跨中空心板截面应力云图

从空心板桥应力云图可以看出空心板上缘受到最大压应力发生在第4块板上，最大值为-4.429MPa，下缘受到的最大拉应力为也发生在第4块空心板，最大值为4.333MPa。从空心板桥位移云图中可以得出，最大位移发生在3号板上，最大位移值为-4.656mm。

各板受力状态如表3-4所示。

**空心板桥各板的受力状态**（铰缝完好状态下） 表3-4

| 项目 | 空心板号 | | | | | | | |
|---|---|---|---|---|---|---|---|---|
| | ① | ② | ③ | ④ | ⑤ | ⑥ | ⑦ | ⑧ |
| $\sigma_{上}$(MPa) | -4.145 | -4.232 | -4.429 | -4.14 | -4.341 | -3.771 | -3.611 | -2.3 |
| $\sigma_{下}$(MPa) | 4.21 | 4.202 | 4.32 | 4.333 | 4.19 | 3.825 | 3.733 | 2.46 |
| $f$(mm) | -4.413 | -4.364 | -4.656 | -4.445 | -4.413 | -4.124 | -3.835 | -3.083 |

从表3-4及图3-31可以看出，在空心板铰缝良好的状态下，各空心板上、下缘的应力比较均匀，说明作用在空心板上的活载传递到了相临的空心板，空心板的受力较均匀。

将表3-4所示各空心板的上下缘应力以及位移比较如图3-31所示。

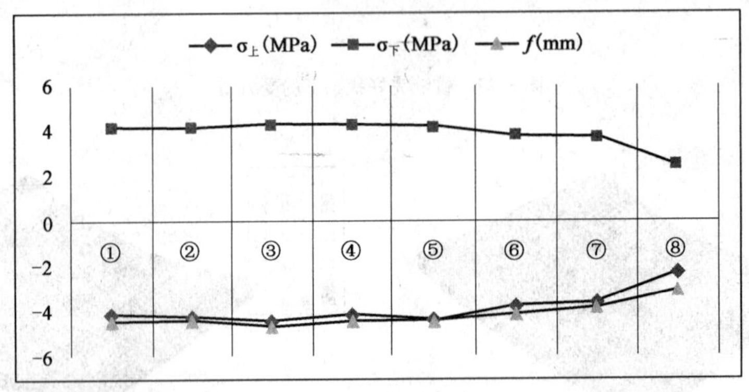


图3-31 铰缝完好状态下各空心板的最大应力、位移关系图

3. 铰缝有错动状态下空心板桥的受力分析

1)铰缝的抗剪切应力的计算

当铰缝接触面与空心板接触面连接失效，空心板与铰缝之间的黏接力消失，铰缝的抗剪切应力只由两者之间的摩擦力和钢筋销栓作用所提供的剪切力组成的。则铰缝的抗剪力应力计算公式如下：

$$\tau_1 = \gamma \cdot \mu \cdot \rho_e \cdot f_y \tag{3-11}$$

除了空心板与铰缝的黏接力失效外，其他参数都不变。则铰缝抗剪切应力大小为：

$$\begin{aligned}\tau_1 &= \gamma \cdot \mu \cdot \rho_e \cdot f_y \\ &= 1.2 \times 0.97 \times 0.0044 \times 280 \\ &= 1.434\text{MPa}\end{aligned}$$

由公式(3-11)可以知道铰缝的抗剪切应力与材料的弹性模量成正比，在铰缝与空心板接触面连接良好时，铰缝的弹性模量为$E_c$，可知两种状态下有：

$$\frac{E_c}{2(1+v)} \cdot \alpha_{max} = 0.06956\zeta \cdot f_{cum} + \gamma \cdot \mu \cdot \rho_e \cdot f_y \quad (3\text{-}12)$$

$$\frac{E}{2(1+v)} \cdot \alpha_{max} = \gamma \cdot \mu \cdot \rho_e \cdot f_y \quad (3\text{-}13)$$

由式(3-14)比式(3-11)可得：

$$\frac{E}{E_c} = \frac{\gamma \cdot \mu \cdot \rho_e \cdot f_y}{0.06956\zeta \cdot f_{cum} + \gamma \cdot \mu \cdot \rho_e \cdot f_y} = \frac{1.434}{6.651} = 0.22$$

得 $E=0.22E_c$，则铰缝与空心板接触面失效这种状态下的参数为：

$$E=0.22E_c, \mu=0.97, \gamma=1.2$$

2)空心板铰缝有错动状态的受力分析

空心板与铰缝的接触面连接失效，且铰缝在空心板之间产生错动时，此时空心板之间铰缝的作用相当于一个活的铰，可以随着空心板的作用产生协调性的错动，但只传递空心板之间的剪力，不再传递弯矩作用力。通过降低铰缝的弹性模量，不改变铰缝的截面尺寸，来模拟铰缝的抗剪切作用的减小，在已知该种状态下的相关参数后，空心板与铰缝的受力图如图3-32所示。

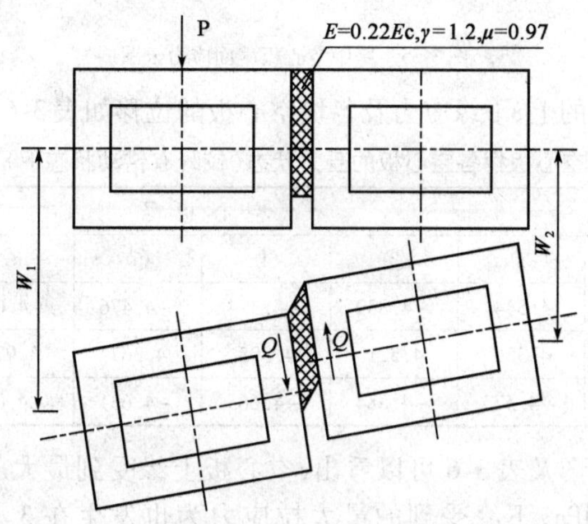


图3-32　连接作用失效后铰缝的受力图

已算得 $E=0.22E_c$，$\mu=0.97$，$\gamma=1.2$，主要材料的相关参数如表3-5所示。

**材料表**(铰缝有错动状态下)　　表3-5

| 材　　料 | 弹性模量(MPa) | 泊松比 |
|---|---|---|
| 空心板 | $3.45\times10^4$ | 0.2 |
| 企口铰缝 | $0.759\times10^4$ | 0.2 |

图3-33～图3-35为铰缝有错动状态下空心板桥在活载作用下的应力图、位移图。

图 3-33　空心板桥应力云图

图 3-34　空心板桥位移云图

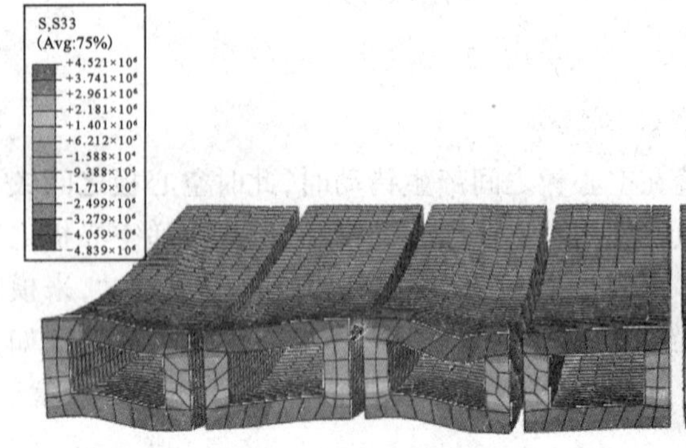


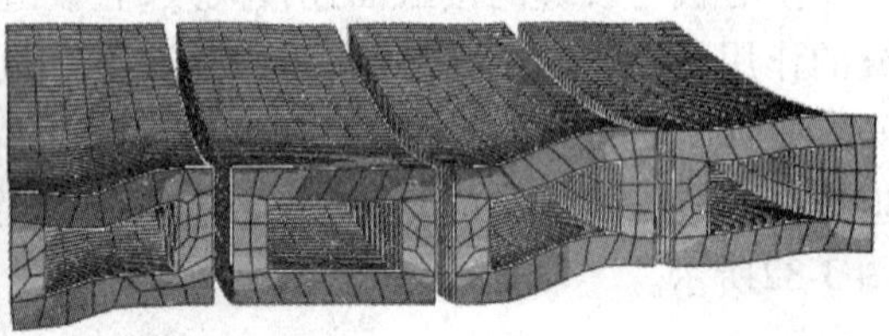

图 3-35　跨中空心板截面应力云图

相应的各块空心板的上、下缘应力及各块空心板的位移如表 3-6 所示。

**空心板桥各空心板的受力状态**(铰缝有错动状态下)　　表 3-6

| 项　目 | 空心板号 | | | | | | | |
|---|---|---|---|---|---|---|---|---|
| | ① | ② | ③ | ④ | ⑤ | ⑥ | ⑦ | ⑧ |
| $\sigma_{上}$(MPa) | -4.421 | 4.544 | -4.839 | -4.394 | -4.476 | -4.087 | -3.837 | -2.45 |
| $\sigma_{下}$(MPa) | 4.344 | 4.356 | 4.521 | 4.395 | 4.367 | 3.977 | 3.817 | 2.666 |
| $f$(mm) | -4.618 | -4.573 | -4.884 | -4.665 | -4.631 | -4.055 | -4.015 | -3.214 |

从空心板桥应力云图及表 3-6 可以看出,空心板上缘受到最大压应力发生在 3 号块板上,最大值为 -4.839MPa,下缘受到的最大拉应力为也发生在 3 号块空心板,最大值为 4.521MPa。从空心板桥位移云图中可以得出,最大位移发生在 3 号板上,最大位移值为 -4.884mm。在空心板铰缝错动的状态下各空心板上、下缘的应力总体上来说较均匀。

空心板桥在铰缝有错动与铰缝完好两种不同状态下,各空心板应力对比见图 3-36a),位移对比见图 3-36b)。其中 $\sigma_1$、$f_1$ 分别代表铰缝完好状态下应力与位移变化;$\sigma_2$、$f_2$ 分别表示铰缝有错动状态下应力与位移变化。

从图 3-36 看出,由于活载按最不利布载,4 个车道荷载都靠往 1 号板布置,所以左边空心板的位移要比右边空心板的位移值大 1.6mm 左右,位移值相差不大;但与铰缝完好的状态相比,变形相对不均匀,呈台阶形变化。由此可见,在空心板铰缝有错动的状态下,铰缝的抗剪切作用起到了一定的作用,受力状态比铰缝完好状态差。

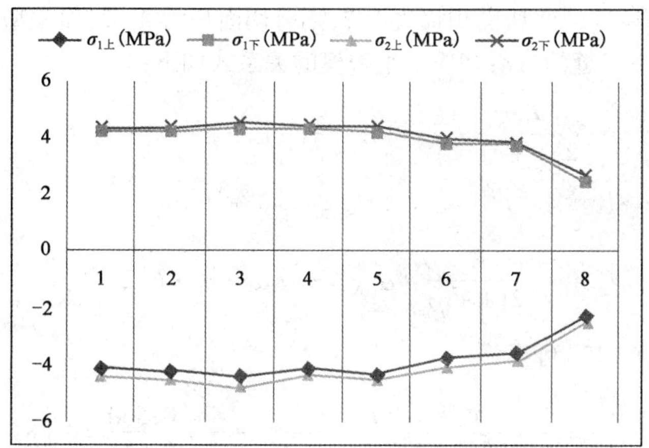


a)各空心板应力对比图

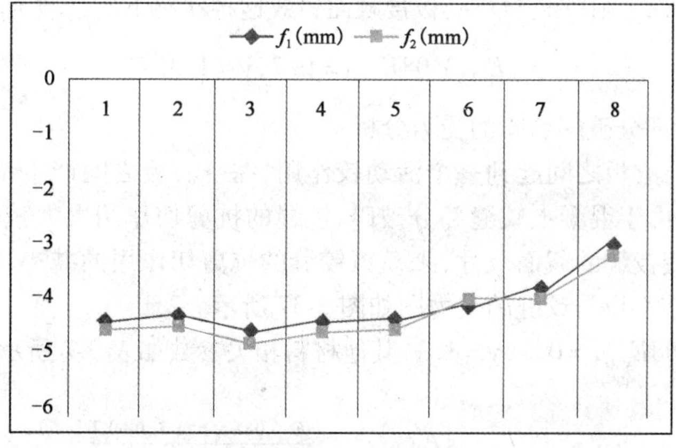


b)各空心板位移对比图

图3-36　空心板桥在铰缝有错动与完好两种状态下的应力与变形的对比

## 4. 铰缝部分破坏状态下空心板桥的受力分析

1)铰缝抗剪切应力的计算

铰缝部分破碎是在铰缝与空心板的接触面连接失效下的状态下，铰缝混凝土继续受力，使得铰缝接触面和空心板的接触面上的混凝土破碎，使得接触面上的混凝土粗糙面的平均深度减小(小于1.8mm)。

该状态下的铰缝的抗剪切应力的计算公式为：

$$\tau_1 = \gamma_1 \cdot \mu_1 \cdot \rho_e \cdot f_y \tag{3-14}$$

根据表3-3中可以查出$\mu = 0.7$，$\beta = 0.3$，其他的参数都不变。则可计算出该状态下铰缝的抗剪切应力的大小为：

$$\begin{aligned}\tau_1 &= \gamma_1 \cdot \mu_1 \cdot \rho_e \cdot f_y \\ &= 1.3 \times 0.7 \times 0.0044 \times 280 \\ &= 1.121\end{aligned}$$

假设实际当中铰缝的剪切面积损失 1/2，则剪切面积为 $A_c/2$，而模型当中的铰缝的剪切面积为 $A_c$，该状态下铰缝的抗剪切应力也弹模的关系式如下：

$$\frac{E_1}{2(1+v)} \cdot \alpha_{max} \cdot A_c = \gamma_1 \cdot \mu_1 \cdot \rho_e \cdot f_y \cdot A_c/2$$

即：

$$\frac{E_1}{2(1+v)} \cdot \alpha_{max} = \gamma_1 \cdot \mu_1 \cdot \rho_e \cdot f_y/2 \tag{3-15}$$

式(3-15)比式(3-12)可得：

$$\frac{E_1}{E_c} = \frac{\gamma_1 \cdot \mu_1 \cdot \rho_e \cdot f_y/2}{0.06956\zeta \cdot f_{cum} + \gamma \cdot \mu \cdot \rho_e \cdot f_y} = \frac{0.560}{6.651} = 0.08$$

可得：$E_1 = 0.08E_c$，则铰缝与空心板接触面失效这种状态下的参数为：

$$E = 0.08E_c, \mu = 0.7, \gamma = 1.3$$

2)空心板铰缝部分破碎状态的受力分析

此时，铰缝在空心板之间起到一个活动铰作用，在空心板之间产生错动，只传递剪力不传弯矩作用。但是由于混凝土铰缝部分破碎，铰缝的抗剪切作用大大减小。通过降低铰缝的弹性模量，不改变铰缝的截面尺寸，来模拟铰缝的抗剪切作用的减小，在已知该种状态的相关参数作用下，空心板与铰缝的受力图如图 3-37 所示。

已算得 $E = 0.08E_c, \mu = 0.7, \gamma = 1.3$，其他材料相关参数如表 3-7 所示。

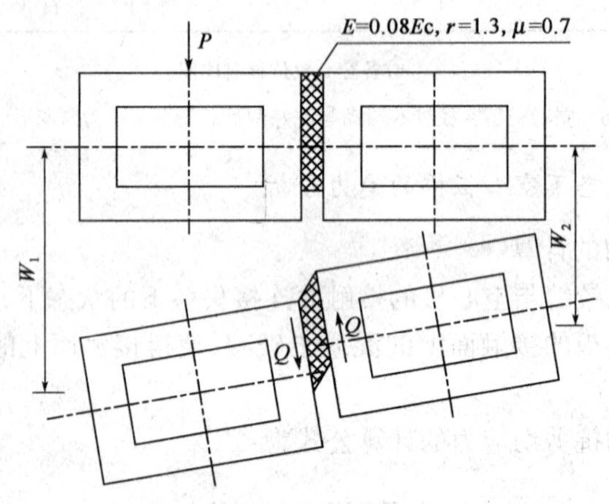


图 3-37 铰缝部分破坏受力图

**材料表**(铰缝部分破坏状态下) 表 3-7

| 材 料 | 弹性模量(MPa) | 泊 松 比 |
|---|---|---|
| 空心板 | $3.45 \times 10^4$ | 0.2 |
| 企口铰缝 | $0.276 \times 10^4$ | 0.2 |

图 3-38 ~ 图 3-40 为铰缝部分破碎状态空心板桥在活载作用下的应力图、位移图。

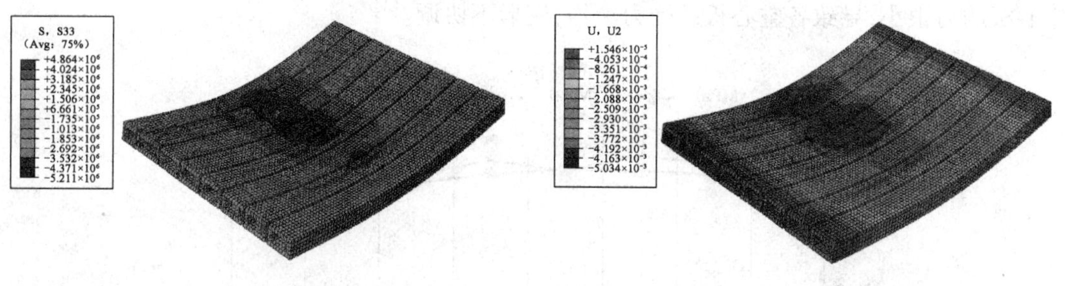


图 3-38　空心板桥应力云图　　图 3-39　空心板桥位移云图

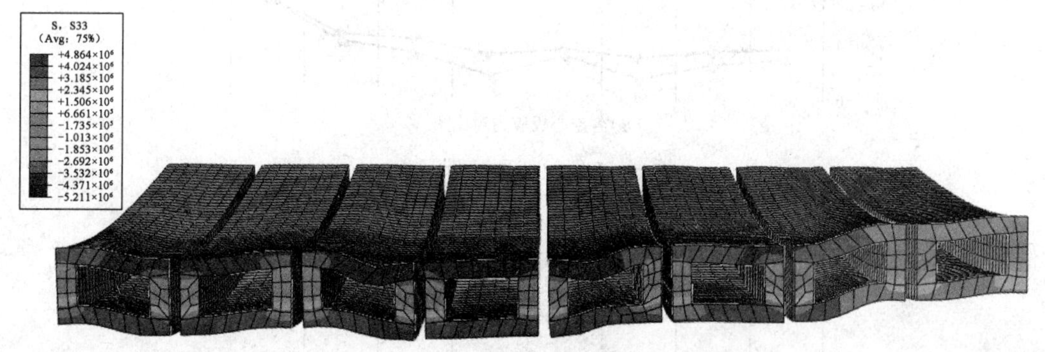


图 3-40　跨中空心板截面应力云图

相应状态下，空心板桥各块空心板的上、下缘应力及各块空心板的位移如表 3-8 所示。

从空心板桥应力云图可以看出空心板上缘受到最大压应力发生在 3 号块板上，最大值为 -5.211MPa，下缘受到的最大拉应力为也发生在 3 号块空心板，最大值为 4.864MPa。从空心板桥位移云图中可以得出，最大位移发生在 3 号板上，最大位移值为 -5.034mm。从表 3-8可以看出，在空心板铰缝部分破碎状态下各空心板上、下缘的应力不均匀，位移变形也不协调，3 号板下沉最多，两边板上降慢慢减小，应力、位移变化的过程中呈现出明显的台阶形式。

**铰缝破碎状态下各空心板的受力状态**　　表 3-8

| 项　目 | 空　心　板　号 | | | | | | | |
|---|---|---|---|---|---|---|---|---|
| | ① | ② | ③ | ④ | ⑤ | ⑥ | ⑦ | ⑧ |
| $\sigma_上$(MPa) | -4.501 | -4.714 | -5.211 | -4.389 | -5.097 | -4.27 | -3.852 | -2.414 |
| $\sigma_下$(MPa) | 4.394 | 4.571 | 4.864 | 4.297 | 4.655 | 4.145 | 3.763 | 2.609 |
| $f$(mm) | -4.712 | -4.688 | -5.034 | -4.795 | -4.762 | -4.111 | -4.066 | -3.148 |

空心板桥在铰缝部分破坏与铰缝完好两种不同状态下，各空心板应力对比见图 3-41a)，位移对比见图 3-41b)。其中 $\sigma_1$、$f_1$ 分别代表铰缝完好状态下应力与位移变化；$\sigma_3$、$f_3$ 分别表示铰缝有部分破坏状态下应力与位移变化。

从图 3-41 可看出，铰缝部分破坏情况下，由活载引起的各空心板变形不均匀，呈明显台阶形变化。由此可见,在空心板铰缝有错动的状态下,铰缝的抗剪切作用很小,铰缝传递的空心板的力很小,导致各空心板的受力不均,变形不协调。

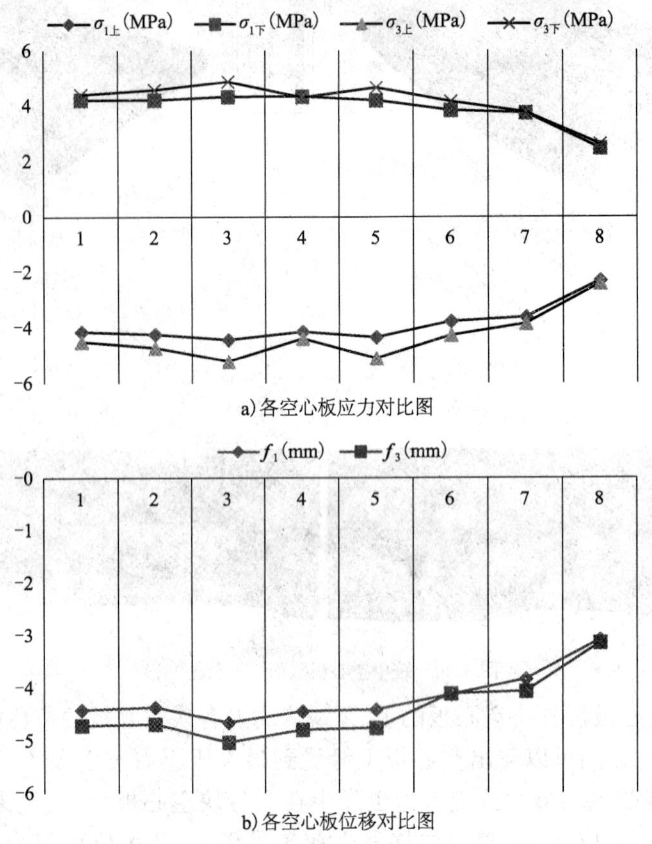

a)各空心板应力对比图

b)各空心板位移对比图

图 3-41　空心板桥在铰缝部分破坏与完好两种状态下的应力与位移的比较

5. 铰缝全部脱落状态下空心板桥的受力分析

空心板铰缝脱落,空心板与铰缝之间不再有摩擦力和黏结力,也没有铰缝钢筋的销栓作用力,空心板铰缝结合面的抗剪切作用力为 0,认为空心板铰缝的弹性模量为 0。此时,空心板与铰缝的受力图如图 3-42 所示。

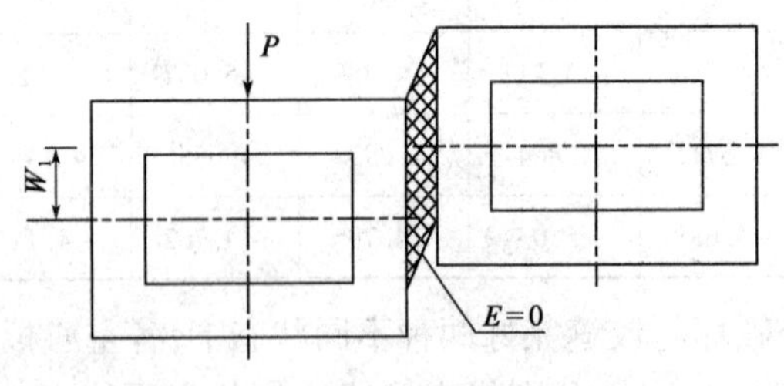

图 3-42　单板受力图

在建立模型的过程中的其他一些材料参数如表 3-9 所示。

材 料 表　　　　表 3-9

| 材　料 | 弹性模量(MPa) | 泊 松 比 |
|---|---|---|
| 空心板 | $3.45 \times 10^4$ | 0.2 |
| 企口铰缝 | 0 | 0.2 |

图 3-43 ~ 图 3-45 为铰缝脱落状况下,空心板桥在活载作用下的应力图、位移图。

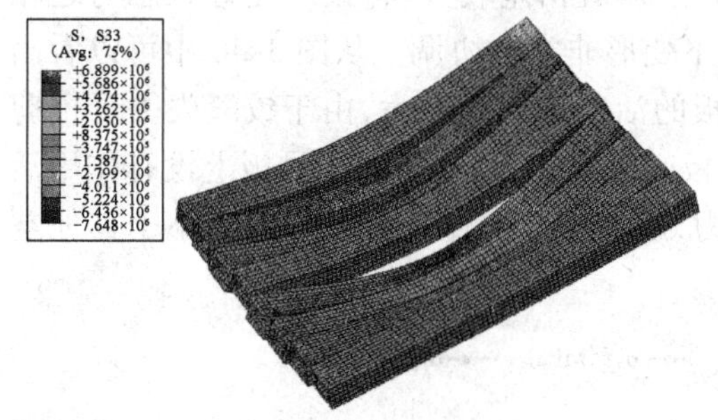


图 3-43　空心板桥应力云图

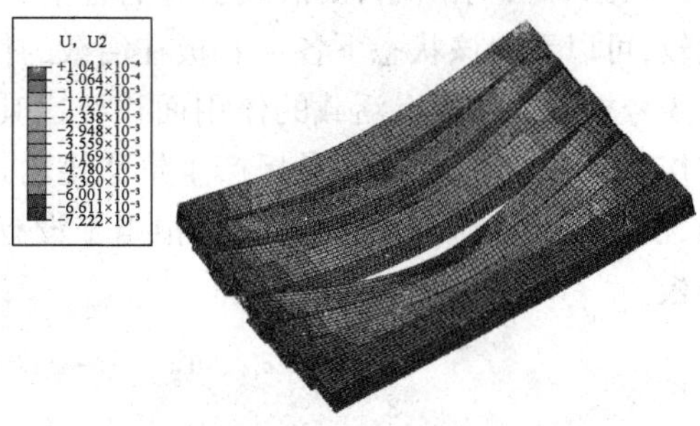


图 3-44　空心板桥位移云图

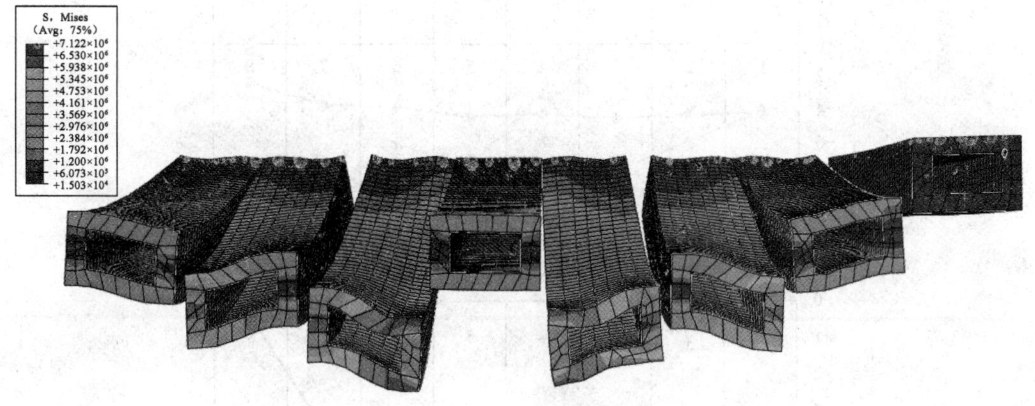


图 3-45　跨中空心板截面应力云图

在铰缝脱落的状态下,空心板桥各块空心板的上、下缘应力及各块空心板的位移值如表 3-10所示。

**空心板桥各板的受力状态**　　　　表 3-10

| 项　目 | 空 心 板 号 | | | | | | | |
|---|---|---|---|---|---|---|---|---|
| | ① | ② | ③ | ④ | ⑤ | ⑥ | ⑦ | ⑧ |
| $\sigma_{上}$(MPa) | -3.985 | -5.824 | -7.648 | -2.925 | -7.326 | -5.969 | -3.583 | -0.284 |
| $\sigma_{下}$(MPa) | 3.369 | 5.106 | -6.899 | 2.9 | 6.685 | 5.249 | 2.925 | 0.273 |
| $f$(mm) | -3.914 | -5.525 | -7.222 | -3.324 | -6.898 | -5.627 | -3.469 | -0.41 |

从空心板桥应力云图可以看出空心板上缘受到最大压应力发生在 3 号块板上,最大值为 -7.648MPa,下缘受到的最大拉应力为也发生在 3 号块空心板,最大值为 6.899MPa。从空心板桥位移云图中可以得出,最大位移发生在 3 号板上,最大位移值为 -7.222mm。可以明显的发现,空心板 3 号板与 8 号板的受力相差很大,空心板的受力很不均匀,类似于单板

受力的状态,参照应力图和位移图可以发现,类似单板受力的状态很符合空心板铰缝脱落的状态。

空心板桥在铰缝全部脱落与铰缝完好两种不同状态下,各空心板应力对比见图3-46a),位移对比见图3-46b)。其中 $6_1$、$f_1$ 分别代表铰缝完好状态下应力与位移变化;$6_4$、$f_4$ 分别表示铰缝全部脱落状态下应力与位移变化。

从图3-46中所示,由活载引起的各空心板的位移值相差较大,将铰缝完好状态与之相比较,可以看出该状态下各空心板在活载的作用下变形非常不协调。从图3-46中可以看出在3号板和5号板上活载的作用面积要比其他板的活载作用面积大,由于铰缝失去了抗剪切作用,所以3号板和5号板产生位移要比其他板产生位移大很多;而8号板上没有作用活载,没有铰缝传递给化的剪力,它相当于没有受力,所在产生的应力和变形都远小于其他空心板。

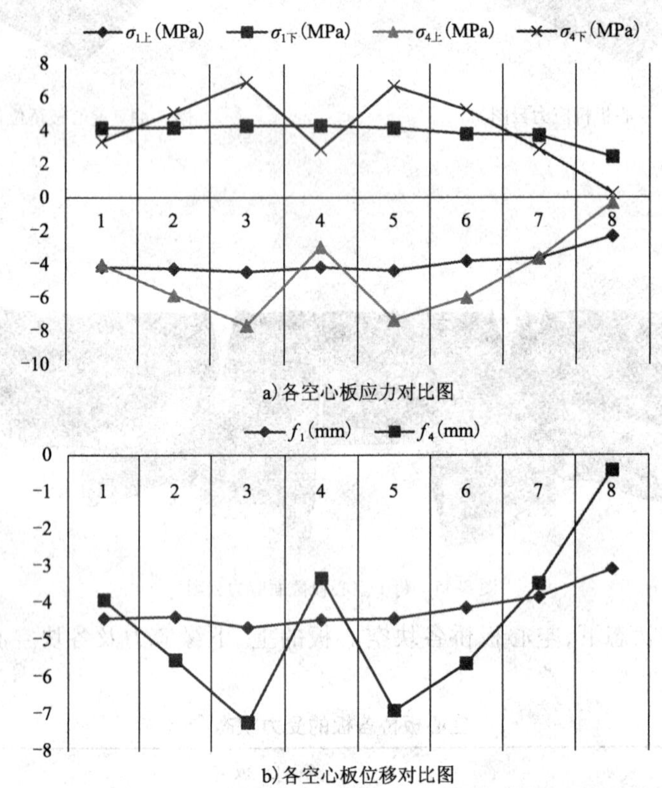


a)各空心板应力对比图



b)各空心板位移对比图

图3-46 空心板在铰缝全部脱落与完好状态下的应力与位移的比较

### 3.2.4 空心板桥铰缝的改进方案

1. 铰缝改进后的形式

根据前面的分析,为了增强铰缝与空心板的连接,可采取如图3-47所示的铰缝结构形式。由于在铰缝内的上端和下端均配有钢筋,因此板与板之间铰缝处的混凝土与相邻处的空心板结合后整体性较好,这样不但会增加铰缝处的刚度,降低开裂的可能性,而且在汽车荷载作用下,使空心板的受力较为均匀,改善空心板的受力性能。

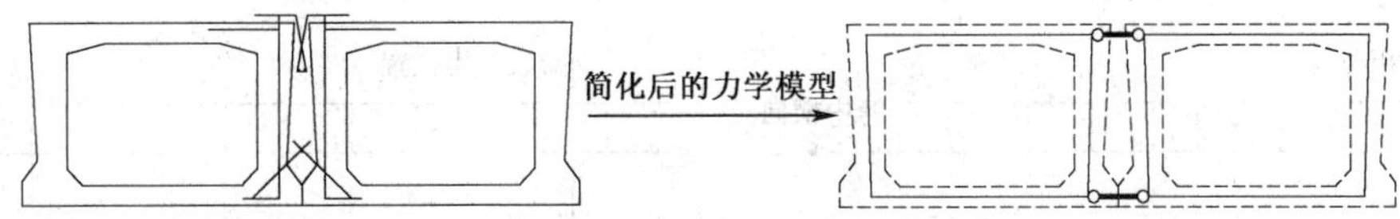


图 3-47　改进后的铰缝构造和及其力学模型

下面采用 ANSYS 大型有限元分析软件,对目前常用的预应力混凝土空心板铰缝和改进后的铰缝进行受力计算;分析铰缝构造改进后,结构整体受力性能的变化情况。

2. 两种铰缝形式对比分析

对预应力混凝土空心板进行有限元分析时,由于在正常使用状态下,空心板基本上不出现裂缝,结构基本处于弹性受力阶段,因此在计算模型中,不考虑结构的塑性,仅考虑弹性阶段,将预应力空心板的模型进行简化。

采用的单元类型:SHELL63 和 BEAM44;用空心板的中心线来模拟壳单元的边线,板厚分别为空心板的底板、顶板和腹板的厚度;对于图 3-47 左图所示构造,按照桥梁结构设计中的一般处理办法,将铰缝模拟成一个铰,不传递弯矩仅能传递剪力,板与板间的转动不予约束。在板与板之间用刚性链杆(BEAM44 单元)来模拟铰缝,且将 J 节点的转动放松,同时将该类单元的刚度设定成为较混凝土大得多的值。

对于图 3-47 右图所示的铰,由于在铰缝内的上端和下端均配有钢筋,故在板与板之间通过铰缝处的混凝土结合后整体性较好。但为提高安全储备,将预应力薄壁空心铰缝的上端与下端均模拟成一个铰,进行有限元分析,模拟方法同上。

在计算模型中,仅考虑活载作用下空心板受力分布规律,且在加载时施加单位集中荷载。集中荷载分别施加在各板的跨中,计算各板的内力值。通过底板中心的竖向位移值来间接反映内力值的大小;板两端的支承为简支。

先分析 20m 跨两种铰缝结构形式的预应力混凝土空心板桥(空心板尺寸 $B \times H = 1.2\text{m} \times 0.9\text{m}$)在相同集中荷载作用下的挠度值。单幅桥宽按高速公路的常用桥宽(10 块空心板)考虑。20m 跨空心板简支梁桥计算模型见图 3-48(仅示出常用的铰缝形式中集中荷载在第一块板的有限元模型,其他未示出)。计算得出简支梁桥跨中的挠度(相对值)如图 3-49 ~ 图 3-53所示,集中荷载作用位置处空心板的挠度值(相对值)见表 3-11。

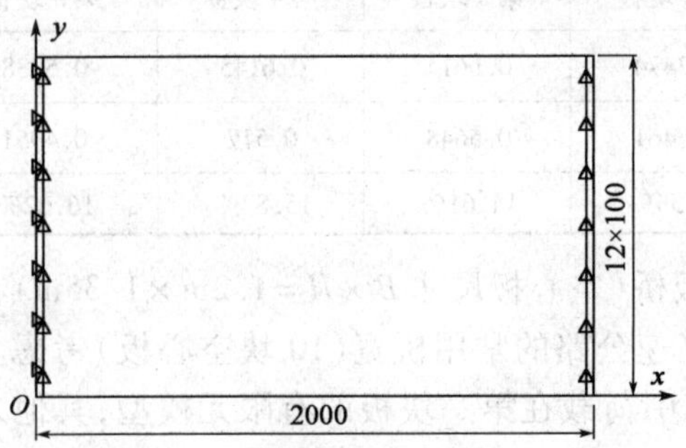

图 3-48　20m 跨薄壁空心板简支梁桥有限元计算模型(尺寸单位:cm)

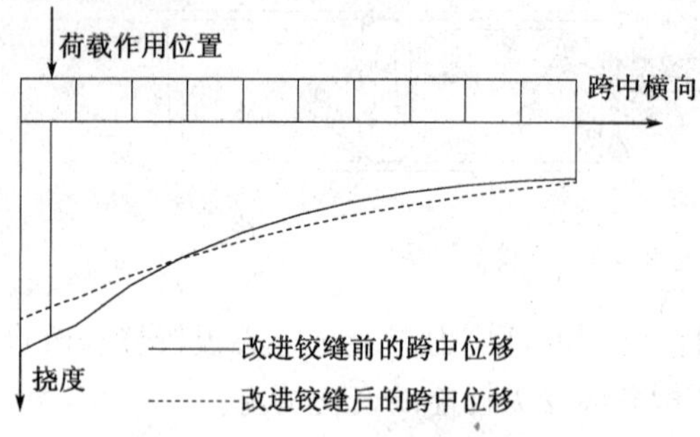


图 3-49 各板(20m 跨)跨中挠度(一)

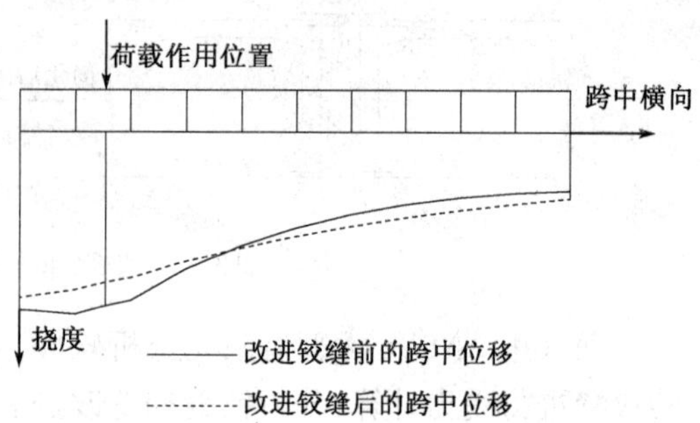


图 3-50 各板(20m 跨)跨中挠度(二)

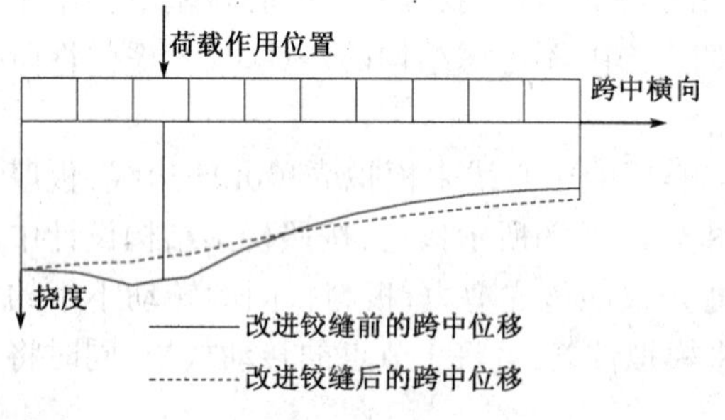


图 3-51 各板(20m 跨)跨中挠度(三)

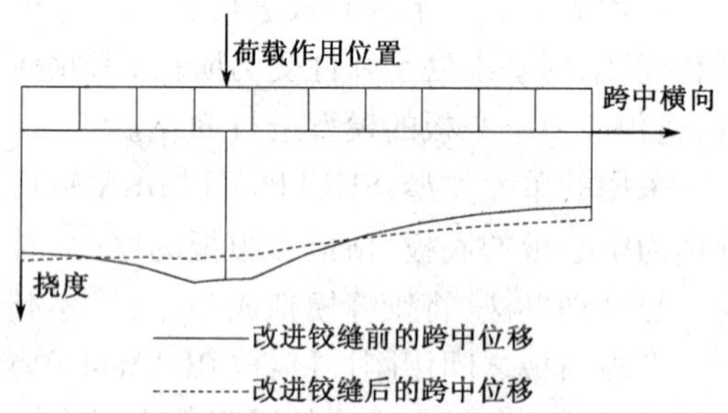


图 3-52 各板(20m 跨)跨中挠度(四)

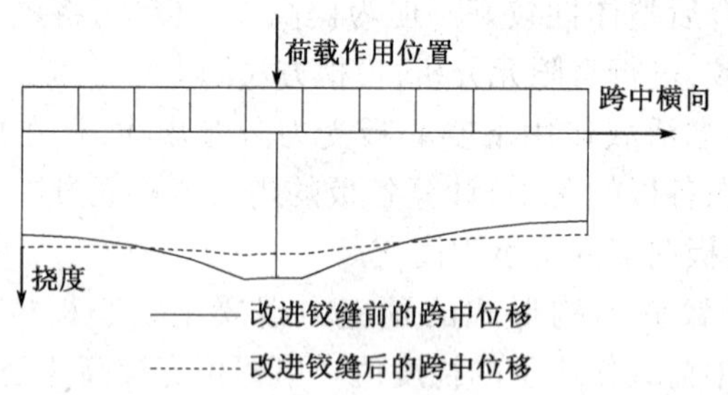


图 3-53 各板(20m 跨)跨中挠度(五)

**荷载作用位置处空心板(20m 跨)的挠度值表** 表 3-11

| 荷载作用位置 | 第 1 块板 | 第 2 块板 | 第 3 块板 | 第 4 块板 | 第 5 块板 |
|---|---|---|---|---|---|
| 改进铰缝前的值 | 0.904 | 0.7474 | 0.6614 | 0.6145 | 0.5938 |
| 改进铰缝后的值 | 0.780 | 0.6461 | 0.5648 | 0.517 | 0.4951 |
| 挠度值减小幅度 | 13.72% | 13.55% | 14.61% | 15.87% | 16.62% |

再分析 30m 跨两种铰缝结构形式的空心板桥(空心板尺寸 $B \times H = 1.2\text{m} \times 1.35\text{m}$)在相同的集中荷载作用下的挠度值。单幅桥宽按高速公路的常用桥宽(10 块空心板)考虑。计算模型见图 3-54(仅示出常用的铰缝形式中集中荷载在第一块板的有限元模型,其他未示出)。计算得出空心板跨中的挠度(相对值)见图 3-55 ~ 图 3-59,荷载作用位置处空心板的挠度值(相对值)如表 3-12 所示。

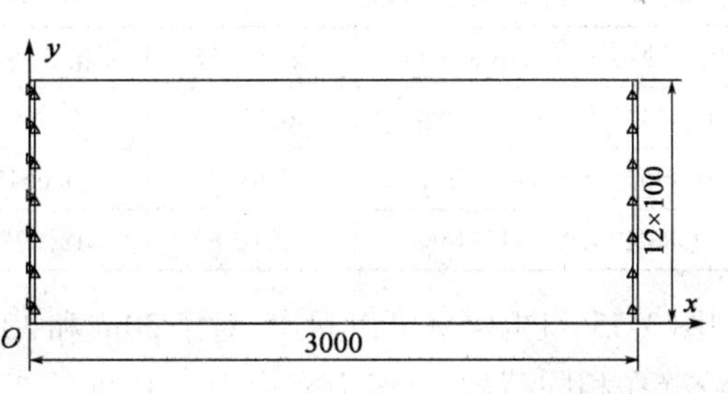


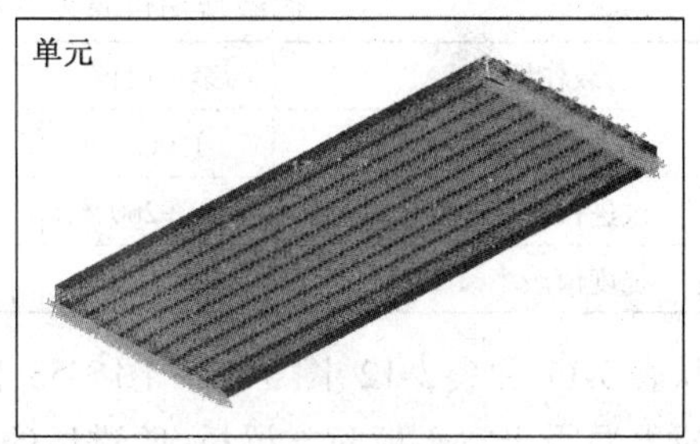


图3-54　30m跨薄壁空心板简支梁桥有限元计算模型(尺寸单位:cm)

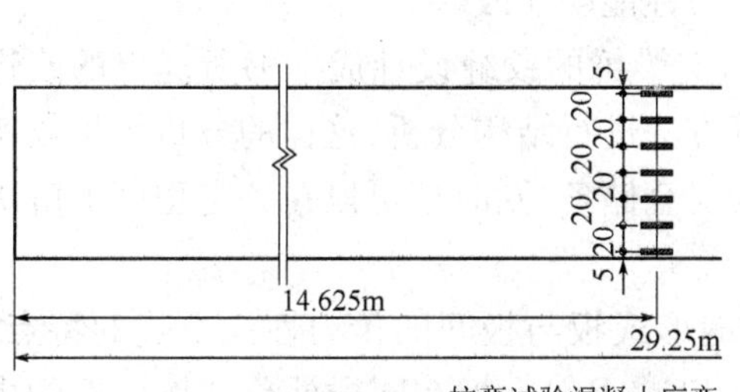


图3-55　各板(30m跨)跨中挠度(一)

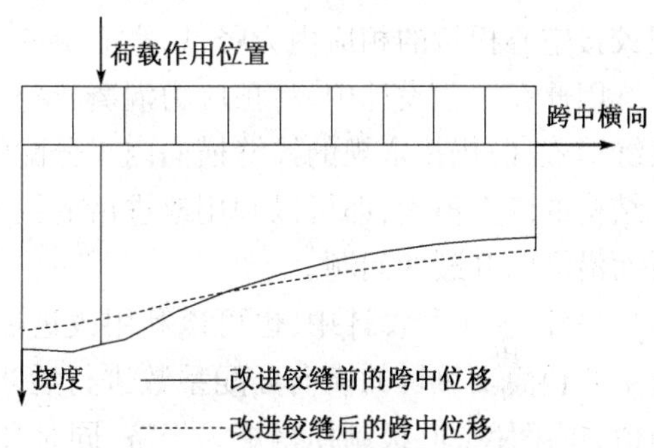


图3-56　各板(30m跨)跨中挠度(二)

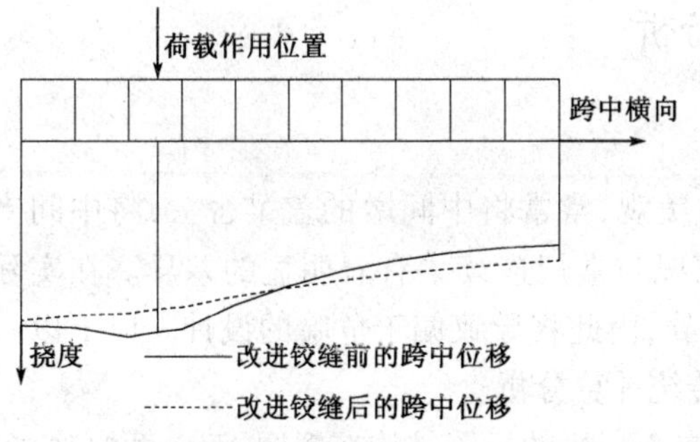


图3-57　各板(30m跨)跨中挠度(三)

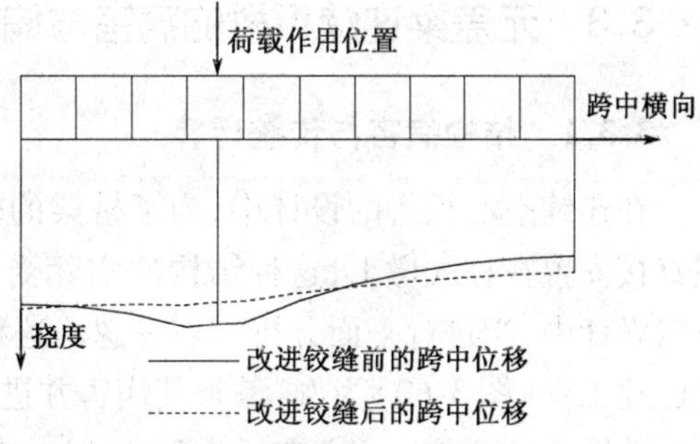


图3-58　各板(30m跨)跨中挠度(四)

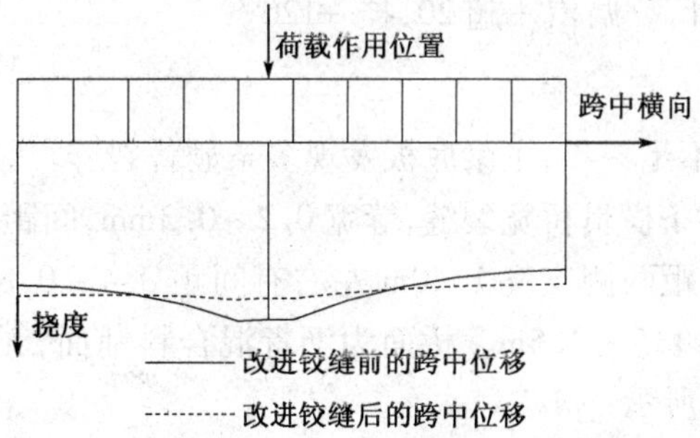


图3-59　各板(30m跨)跨中挠度(五)

荷载作用位置处空心板(30m 跨)的挠度值表　　表 3-12

| 荷载作用位置 | 第 1 块板 | 第 2 块板 | 第 3 块板 | 第 4 块板 | 第 5 块板 |
|---|---|---|---|---|---|
| 改进铰缝前的值 | 1.0634 | 0.9143 | 0.8284 | 0.7786 | 0.7559 |
| 改进铰缝后的值 | 0.9260 | 0.7967 | 0.7277 | 0.6849 | 0.6645 |
| 挠度值减小幅度 | 12.92% | 12.86% | 12.16% | 12.03% | 12.09% |

从表 3-11 和表 3-12、图 3-49 ~ 图 3-53 和图 3-55 ~ 图 3-59 可以看出,对于 20m 和 30m 跨的预应力混凝土空心板简支梁桥,改进后的铰缝在相同荷载的作用下,荷载作用处的挠度值均较常用铰缝的位移值小 12% ~16% 左右,各板之间力的分配明显更加均匀。说明改进后的铰缝形式使板与板之间的传力性能更优,增强了板间的横向联系,板的内力较同条件下常规铰接空心板桥的相应内力降低,空心板的整体受力性能明显改善。

因此在工程设计中,将预应力混凝土空心板简支梁桥的铰缝设计成本书所提出的改进铰缝形式,但仍按常规的铰缝横向内力分配的计算方法进行结构分析,这样的分析结果较实际结构的内力值大,即可以利用改进后的铰缝作为安全储备,同时还可以在一定程度上解决桥面沿纵向开裂的问题。

另外,在工程设计中,也可以利用改进后的铰缝形式板与板间的传力性能更优的特点,将空心板简支梁桥的横向分配系数进行适当调整,以减小空心板在同样外荷载作用下的内力值,可以使空心板制作得更为经济,同时又减小了结构恒载,可使主梁截面的进一步优化,降低桥梁造价。

## 3.3　无盖梁连续板桥的病害与偏差分析

### 3.3.1　结构病害与传统计算

在连续空心板桥的设计中,为了桥梁的轻盈美观,常常将中间墩的盖梁舍去,将中间支座直接安置在柱式墩上,这种结构的实际受力情况与常规连续梁有着明显的差异。在实际桥梁设计中,当进行平面分析时容易忽略这种差异,由此将导致偏于危险的设计。以下以一个已建工程(图 3-60)为例,考查其病害并进行传统计算分析。

从图 3-60 可知,该立交桥为 2m × 13m 连续空心板桥的桥跨结构布置图,双向两幅独立,其中单幅桥面宽 12.5m,中间墩为相距 6.4m 无盖梁的双柱式桥墩,墩顶与板间设置 30cm × 50cm 板式橡胶支座,设计荷载:汽—超 20,挂—120。

1. 病害情况

在此桥修建完毕后不足一年,主梁底板发现多条显著裂缝。裂缝分布情况如下:在桥台和中间支座之间,出现多条横贯桥宽裂缝,缝宽 0.2 ~0.3mm,间距 1 ~1.5m,其中,距中间支座最近的仅有 3.15m;在距两侧支座 1.40m 左右有间距 0.4 ~0.8m,宽 0.15 ~0.2mm 的短裂缝,从桥侧向中心延伸 1.5 ~2.5m。桥面为沥青混合料铺面,无法观察顶面是否有裂缝。裂缝具体情况如图 3-61 所示。

2. 传统分析方法

这里采用平面杆系程序对该连续梁桥进行分析,即采用桥梁设计中广泛使用的公路桥梁结构设计系统 GQJS 进行分析。计算图式如图 3-62 所示。

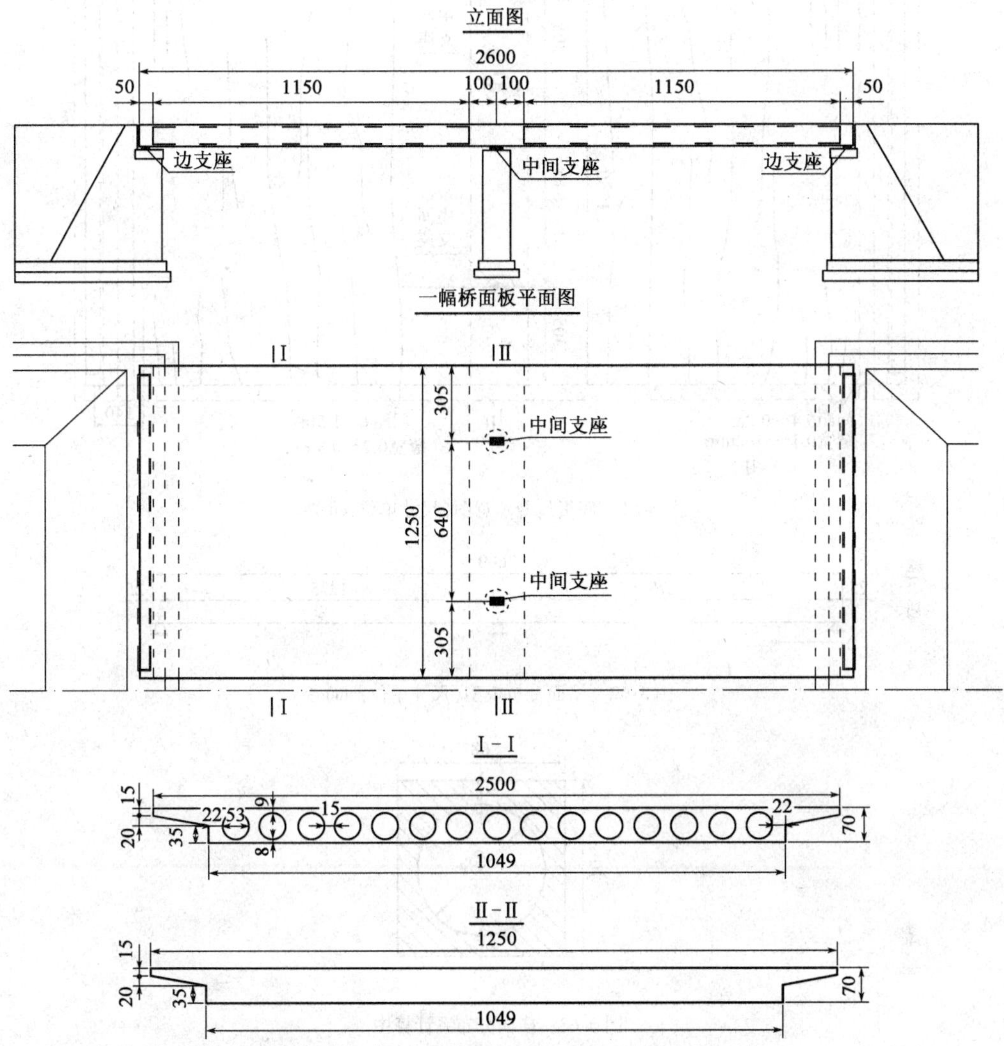


图 3-60　某连续板桥的结构布置图(尺寸单位:cm)

模型建立方式:采用二维梁单元模拟主梁,主梁单元截面为整幅桥面的横截面。约束方式为在一端支座处约束双向位移,在另一端边支座处及跨中支座处约束竖向位移。

加载方式:加载内容包括恒载和活载。恒载包括一期恒载及二期恒载,以均布力方式加载;活载计算包括汽车和挂车,活载以自动加载的方式加载。

由于本桥为宽桥($B/L = 12.5/13 = 0.96 > 0.5$),且为整体现浇的连续空心板桥,活载横向分布系数按照比拟正交异性板法(G-M 法)计算。主梁按 15 片宽 0.68m“工”字形梁计,截面如图 3-63 所示。考虑车道折减系数,计算得:汽车横向分布系数 $m_q = 0.225$,挂车横向分布系数 $m_g = 0.124$。

表 3-13 为该桥平面分析的计算结果。

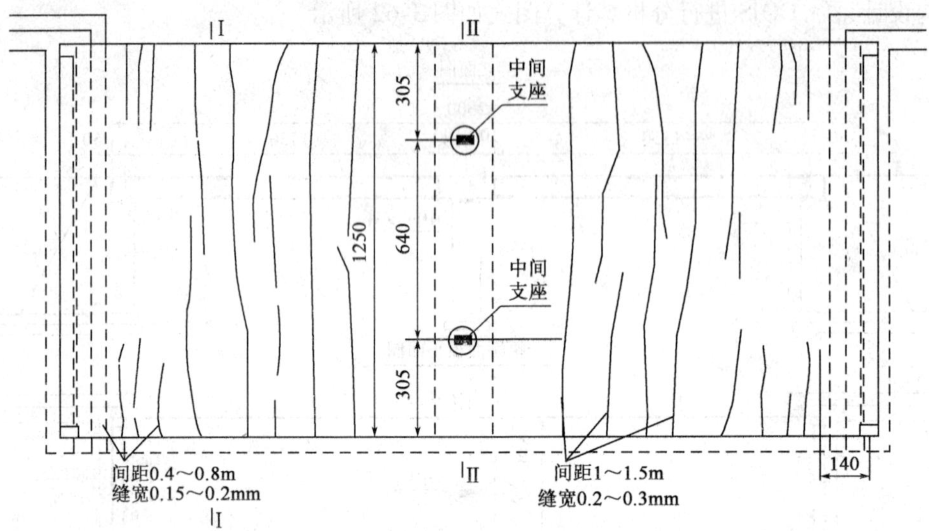


图3-61　底板裂缝示意图(尺寸单位:cm)

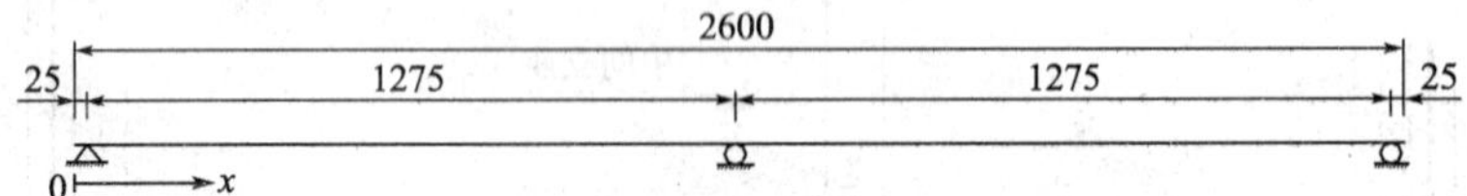


图3-62　平面分析模型(尺寸单位:cm)

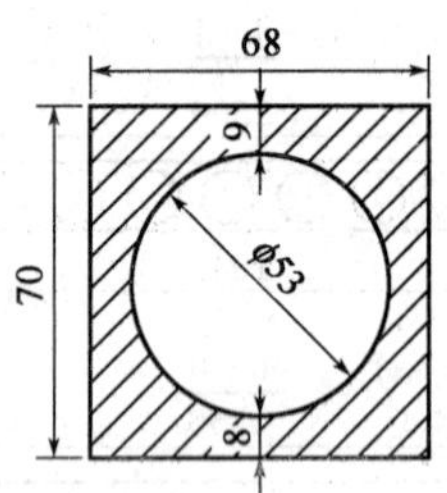


图3-63　横向分布系计算中
单梁截面(尺寸单位:cm)

**平面分析中主梁最不利荷载及裂缝宽度**　　表3-13

| 项　目 | 最大正弯矩(kN·m)及裂缝宽度(mm) | 位置 | 最大负弯矩(kN·m)及裂缝宽度(mm) | 位置 | 最大剪力(kN) | 位置 |
|---|---|---|---|---|---|---|
| 恒载 | 89.95 | $x=5$ | -147.32 | $x=13$ | 60.65 | $x=13$ |
| 汽—超20 | 147.19 | $x=5$ | -169.22 | $x=13$ | 80.51 | $x=13$ |
| 挂—120 | 240.80 | $x=5$ | -179.08 | $x=13$ | 120.27 | $x=13$ |
| 荷载组合I 1.2恒载+1.4汽—超20 | 314.01 (0.12) | $x=5$ | -413.69 (0.19) | $x=13$ | 185.49 | $x=13$ |
| 荷载组合II 1.2恒载+1.1挂—120 | 372.82 (0.14) | $x=5$ | -373.77 (0.17) | $x=13$ | 205.08 | $x=13$ |

续上表

| 项 目 | 最大正弯矩(kN·m)及裂缝宽度(mm) | 位置 | 最大负弯矩(kN·m)及裂缝宽度(mm) | 位置 | 最大剪力(kN) | 位置 |
|---|---|---|---|---|---|---|
| 极限承载力 | 583.97 | $x=5$ | -583.97 | $x=13$ | 700 | $x=13$ |

注:表中括号内为相应荷载下裂缝宽度计算值(单位 mm)。裂缝宽度按 JTJ 023—85《公路钢筋混凝土及预应力混凝土桥涵设计规范》4.2.5 条计算。

由表 3-13 可知,该桥设计同时满足极限承载能力及正常使用状态的裂缝验算。

### 3.3.2 板桥的实际受力分析

下面以空间分析方法模拟该桥型实际使用时的受力状况。实际桥梁的中间支墩为无盖梁的双柱式桥墩,即该连续板在中间支墩处仅为两点支承(见图 3-64),为清楚了解桥梁的实际受力情况,采用 ANSYS6.1 对该桥进行空间分析。

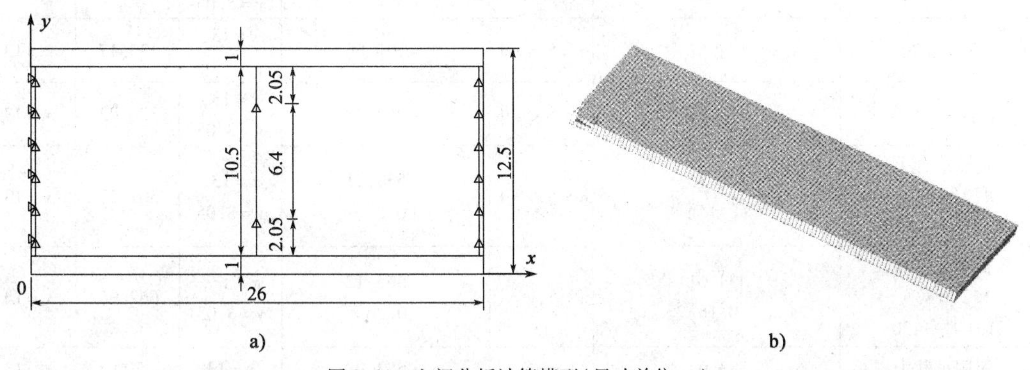


图 3-64 空间分析计算模型(尺寸单位:m)

模型建立方式:用比拟正交异性板模拟桥面板。使用相同的板厚及不同的弹性模量模拟板在横桥向及顺桥向上变形刚度的不同,根据板厚 $t$ 和杨氏模量 $E_x$、$E_y$ 与实桥 $EI$ 等效及剪切模量 $G_x$、$G_y$ 与实桥 $GA$ 等效的原则计算。图 3-65 为实桥截面与模型抗弯刚度的换算方式。对在一个方向具有圆形空心的板,挖空率 $d/h=0.47\sim0.81$ 之间时,采用式(3-16)可取得较满意的结果。本桥挖空率 $d/h=0.75$,因此模型采用以下公式计算抗弯刚度:

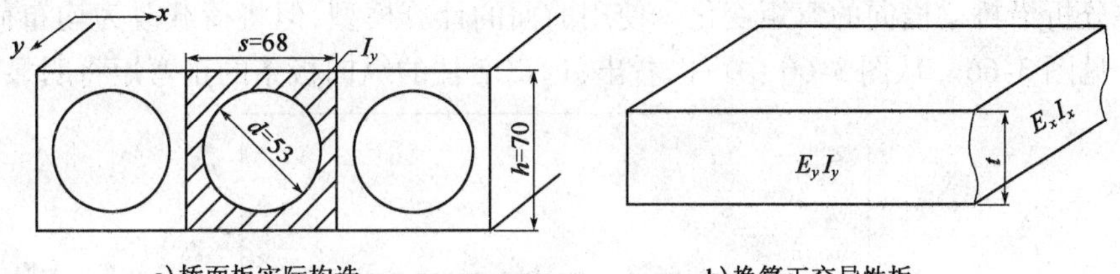


图 3-65 桥面板换算正交异性板

$$\begin{cases} D_x = \dfrac{Eh^3}{12(1-\mu^3)}\left[1-\left(\dfrac{d}{h}\right)^4\right] \\ D_y = \dfrac{EI_y}{s(1-\mu^2)} \\ D_{xy} = \dfrac{Eh^3}{24(1+\mu)}\left[1-0.85\left(\dfrac{d}{h}\right)^4\right] \end{cases} \tag{3-16}$$

根据等效原则,取正交异性板板厚0.7m,由式(3-1)得出行车道板的材料参数为:$E_x$ = 24233MPa,$E_y$ = 19511MPa,$G_{xy}$ = 1779MPa,$\mu$ = 1/6。

桥面板采用shell143壳单元,横隔梁采用beam188梁单元,全桥共使用5326个单元,5481个结点。边界条件为:在桥面板的一端边支座处约束纵向及竖向位移,在另一端边支座处及跨中支座处约束竖向位移。加载内容包括恒载和活载,恒载计入一期恒载及二期恒载,以均布力的方式加载;活载按汽车和挂车计算,在计算的最不利位置以集中力的形式布载。该桥的空间分析计算结果如表3-14所示。

**空间分析中每0.68m宽板最不利荷载计算表** 表3-14

| 项　目 | 最大正弯矩(kN·m)及裂缝宽度(mm) | 位置 | 最大负弯矩(kN·m)及裂缝宽度(mm) | 位置 | 最大剪力(kN) | 位置 |
|---|---|---|---|---|---|---|
| 恒载 | 111.41 | $x=5,y=1$ | -227.79 | $x=13$,<br>$y=3.05$ | 213.28 | $x=13$ |
| 汽—超20 | 174.62 | $x=5,y=1$ | -190.26 | $x=13$,<br>$y=3.05$ | 175.17 | $x=13$ |
| 挂—120 | 273.56 | $x=5,y=1$ | -263.43 | $x=13$,<br>$y=3.05$ | 370.02 | $x=13$ |
| 荷载组合Ⅰ<br>1.2恒载+<br>1.4汽—超20 | 378.16<br>(0.14) | $x=5,y=1$ | -539.71<br>(0.25) | $x=13$,<br>$y=3.05$ | 501.17 | $x=13$ |
| 荷载组合Ⅱ<br>1.2恒载+<br>1.1挂—120 | 434.61<br>(0.16) | $x=5,y=1$ | -563.12<br>(0.26) | $x=13$,<br>$y=3.05$ | 662.96 | $x=13$ |
| 极限承载力 | 583.97 | $x=5$ | -583.97 | $x=13$ | 700 | $x=13$ |

注:表中括号内为相应荷载下裂缝宽度计算值(单位mm)。裂缝宽度按JTJ 023—85《公路钢筋混凝土及预应力混凝土桥涵设计规范》4.2.5条计算。

在空间分析中,该桥设计满足承载能力极限状态验算,但荷载组合Ⅰ时,$\delta_{f\max}$ = 0.25 > 0.2mm,荷载组合Ⅱ时,$\delta_{f\max}$ = 0.26 > 0.25mm,最大裂缝宽度均不满足规范要求。根据空间分析结果,该桥不能通过正常使用极限状态验算。

另外分析沿桥梁横向的弯矩变化。使用前面的计算模型,但将荷载改为均布荷载,得到应力云图见图3-66。从图3-66中可以看出,远离墩柱的纵向板条的正弯矩将明显增大。

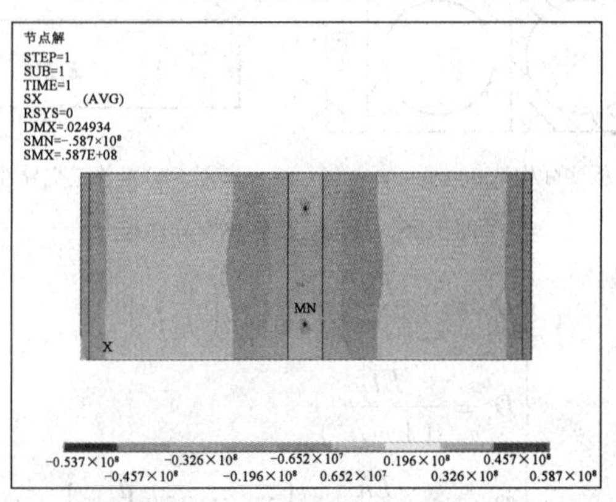


图3-66　均布荷载作用下连续板桥的应力云图

### 3.3.3　平面计算与空间分析的比较

表 3-15 是常规连续梁设计中通常采用的平面分析和反映实际受力特性的空间分析结果的比较。

**平面分析与空间分析的结果比较**　　表 3-15

| 项　目 | 平面分析 | | 空间分析（中墩未设置盖梁） | | $\left[\frac{\text{空间分析}}{\text{平面分析}}-1\right]\times 100\%$ | 计算裂缝宽（mm） |
|---|---|---|---|---|---|---|
| | 弯矩或剪力 | 计算裂缝宽（mm） | 弯矩或剪力 | 计算裂缝宽（mm） | | |
| 组合 I | 最大正弯矩 314.01kN·m | 0.12 | 最大正弯矩 378.16kN·m | 0.14 | 20.4 | 16.7 |
| | 最大负弯矩 413.69kN·m | 0.19 | 最大负弯矩 539.71kN·m | <u>0.25</u> | 30.5 | 31.6 |
| | 最大剪力 185.49kN | — | 最大剪力 501.17kN | — | 170.2 | — |
| 组合 II | 最大正弯矩 372.82kN·m | 0.14 | 最大正弯矩 434.61kN·m | 0.16 | 16.6 | 14.3 |
| | 最大负弯矩 373.77kN·m | 0.17 | 最大负弯矩 563.12kN·m | <u>0.26</u> | 50.7 | 52.9 |
| | 最大剪力 205.08kN | — | 最大剪力 662.96kN | — | 223.3 | — |

注：裂缝计算方法同上，表中带下划线的裂缝宽度为《公路桥涵施工技术规范》相应规定的超限值。

由表 3-15 可以得出，空间分析在各个最不利荷载情况下均比平面分析的结果大一些。其最大正弯矩增加了 16% ~20%，最大负弯矩增加了 31% ~53%，最大剪力增加了 174% ~223%。可以发现，当使用平面分析结果时，该桥可以通过承载能力极限状态验算和正常使用极限状态验算；但当使用空间分析结果时，负弯矩区段的裂缝宽度超过了规范规定，该桥设计不能满足正常使用极限状态验算。

通过对计算模型的认真思考，笔者有以下几点看法：

当中墩上未设置盖梁的情况下，进行设计计算分析时，由于桥面板中间墩处仅有两个支撑点，对于支撑点处的 0 号板条而言，中间支座是刚性支座；而对于 1 号和 2 号板条而言，其中间支座不再是刚性支座而是弹性支座(图 3-67)。

计算 0 号板条时，中间支座采用刚性支座进行设计计算，板跨弯矩由于中间支座处上部受拉而被降低。但是，计算 2 号板条时实际的中间支座应按弹性的情况进行，这就使得板跨弯矩的实际值要比上述情况大很多。也就是说，平面分析所使用的模型是不够准确的；实际情况中板底会出现裂缝(图 3-67)，表明拉应力已经超过规范值，从而出现设计偏差。

图 3-68 为该桥使用平面分析及空间分析得到的在任一荷载组合下不同的弯矩包络图及计算开裂区分布图，其中空间分析中选择正弯矩最不利的桥面板边梁($y=1 \sim y=2$)计算。从图 3-68 可以看出，在平面分析中，桥下部的裂缝分布在 $x=1.43 \sim x=9.56$m 处，而空间分析中，桥下部的裂缝分布在 $x=1.37 \sim 9.88$m 处，距中间支座只有 3.12m，与实际观察基本吻合。结合表 3-15 中的计算裂缝宽度可知，中间支座无盖梁的连续梁桥较常规连续梁桥的裂缝分布区段延长，且宽度增加了 14 ~53%。

对加盖梁情况下该连续梁的空间分析与平面分析的结果和不加盖梁的空间分析结果分

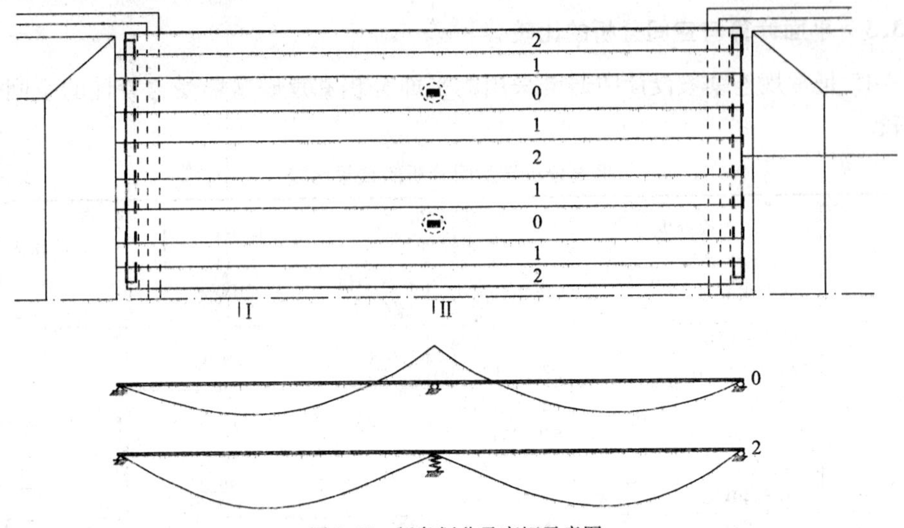


图 3-67 板条划分及弯矩示意图

别进行比较，如表 3-16 和表 3-17 所示。从表中可以看出，加盖梁情况下平面分析和空间分析的计算结果基本相同，原因是在中墩上设置了盖梁后，桥面板中间墩对桥面的整个的支撑刚度均较大。表 3-16 和表 3-17 也说明了中间支座处盖梁对桥梁的承载能力有较显著的影响。当设有盖梁时，采用习惯的平面分析还是空间分析方法对计算结果影响较小，除剪力的计算结果相差略大于 5% 外，其余均在 5% 以内。因此若设置有盖梁，可使用较为简单的平面分析方法。

**加盖梁后的空间分析和平面分析的结果比较** 表 3-16

| 项目 | | 单位 | 平面分析 | 加盖梁后的空间分析 | $\left(\frac{空间分析}{平面分析}-1\right)\times100\%$ |
|---|---|---|---|---|---|
| 组合Ⅰ | 最大正弯矩 | kN·m | 314.04 | 321.68 | 2.43 |
| | 最大负弯矩 | kN·m | 413.69 | 427.11 | 3.24 |
| | 最大剪力 | kN | 185.49 | 194.46 | 4.84 |
| 组合Ⅱ | 最大正弯矩 | kN·m | 372.82 | 379.21 | 1.71 |
| | 最大负弯矩 | kN·m | 373.77 | 382.62 | 2.37 |
| | 最大剪力 | kN | 205.08 | 217.65 | 6.13 |

**加盖梁后的空间分析和不加盖梁的空间分析的结果比较** 表 3-17

| 项目 | | 单位 | 加盖的空间分析 | 不加盖梁的空间分析 | $\left(\frac{空间分析}{平面分析}-1\right)\times100\%$ |
|---|---|---|---|---|---|
| 组合Ⅰ | 最大正弯矩 | kN·m | 321.68 | 378.16 | 17.56 |
| | 最大负弯矩 | kN·m | 427.11 | 539.71 | 26.36 |
| | 最大剪力 | kN | 194.46 | 501.17 | 157.72 |
| 组合Ⅱ | 最大正弯矩 | kN·m | 379.21 | 434.61 | 14.61 |
| | 最大负弯矩 | kN·m | 382.62 | 563.12 | 47.17 |
| | 最大剪力 | kN | 217.65 | 662.96 | 204.60 |

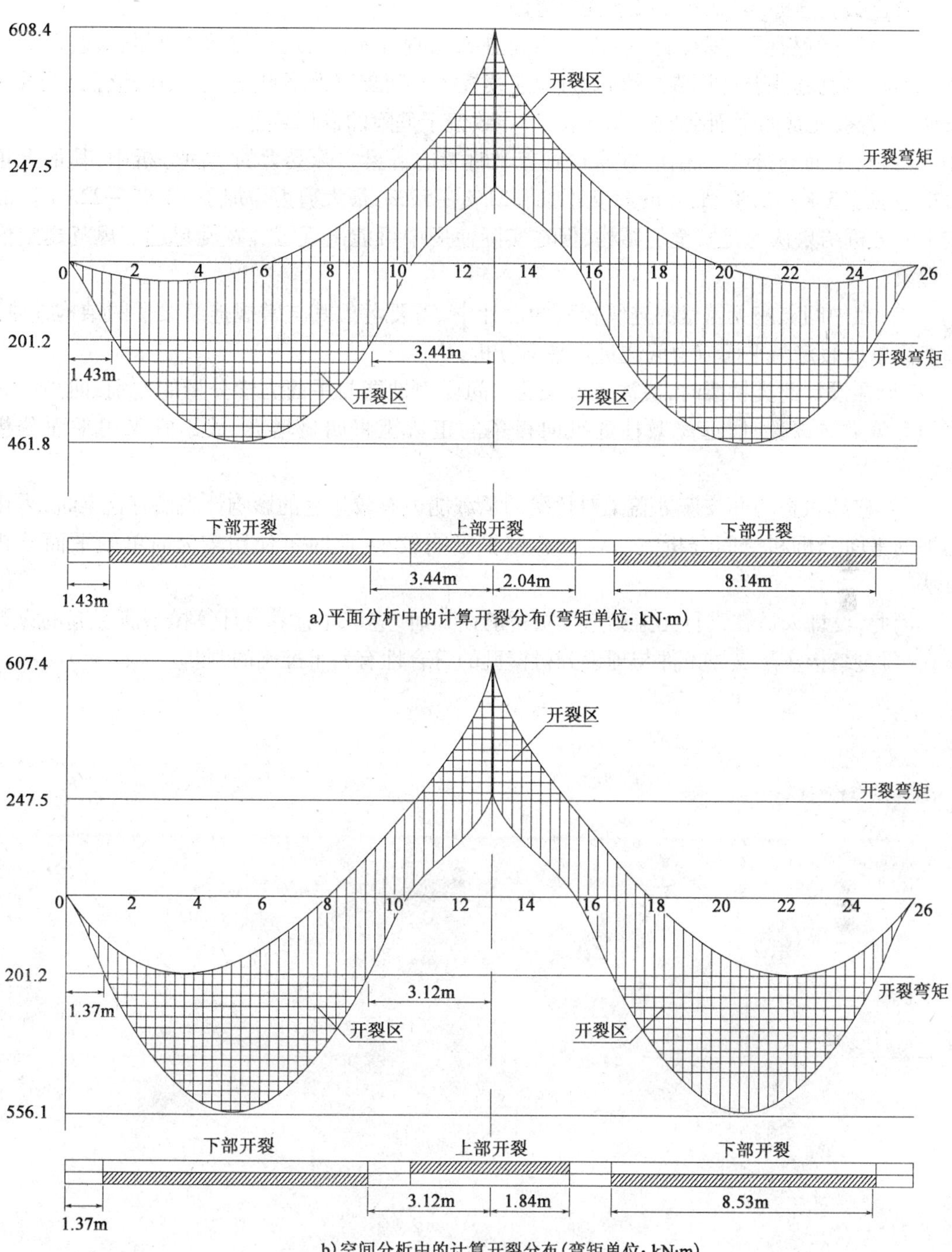


a) 平面分析中的计算开裂分布(弯矩单位: kN·m)



b) 空间分析中的计算开裂分布(弯矩单位: kN·m)

图 3-68　平面分析与空间分析弯矩包络图及开裂区分布比较

结合以上分析,可以提出以下工程建议:

(1)该连续板桥出现裂缝病害的原因是在设计时习惯采用的计算模型不尽合理,设计计算所得的内力值小于实际结构的内力;即连续板桥中间支座处不设置盖梁,在进行这类桥型设计时,若按通常的平面结构计算方法,将导致偏于危险的设计结果;

(2)与平面分析结果相比,在未设置盖梁时考虑桥梁实际受力的空间分析中,其最大正弯矩增加了5% ~20%,最大负弯矩增加了31% ~53%,最大剪力增加了174% ~223%。故按平面分析结果认为是安全的结构,但在实际使用中可能出现裂缝宽度超过了规范规定值的现象;

(3)在中间支座无盖梁的连续板桥的设计中,需要考虑其与常规连续梁桥的结构差别,不能简单地假定为平面应力问题进行平面分析;

(4)在设计此类桥梁时,应注意桥梁的空间受力性能与平面力学分析的差别,即当中间墩为无盖梁柱式墩时,远离墩柱的纵向板条的正弯矩将明显增大,故不宜采用平面分析方法;

(5)连续板桥中间支座处盖梁对桥梁的承载能力有较显著的影响。当设有盖梁时,采用习惯的平面分析和空间分析方法对计算结果影响较小,此时可使用较为简单的平面分析方法。

因此,设计人员在进行无盖梁连续板桥的设计时,应该注意避免计算模型所引起的设计偏差,要对结构实际支撑条件与理论分析模型的符合性有一个准确的判断。

# 第4章　连续箱梁桥病害与设计施工偏差

在跨越能力及地形适应性方面,混凝土箱形截面连续梁桥具有很强优势,因此被广为应用。本章以实桥工程为例,分析了连续箱梁桥的典型病害与设计、施工偏差及其影响。

## 4.1　连续箱梁桥病害实例

### 4.1.1　桥梁建设概况

某高速公路上有一座大桥(以下称此桥为A桥),上部结构为4×40m一联的连续箱梁桥,分左、右两幅桥,全桥共3联,全长495.43m。结构为单箱单室等截面预应力混凝土连续梁桥,梁高2.4m,顶板宽12.0m,底板宽5.8m,腹板为斜腹板;下部结构是桩基础、柱式桥墩。0号桥台为肋板式桥台扩大基础,12号桥台为组合式桥台桩基础。桥梁设计荷载为:汽—超20,挂—120。桥梁的总体构造如图4-1所示,其立面图、平面图及横断面图分别如图4-2、图4-3和图4-4所示。该桥于1995年建成通车。

图4-1　A桥

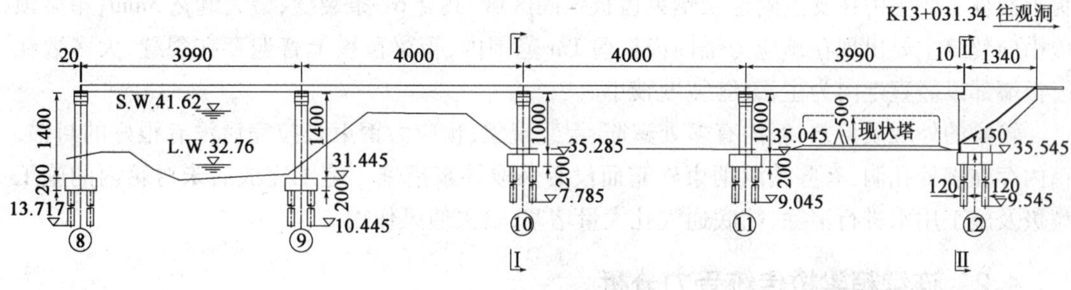


图4-2　第三联立面图(尺寸单位:cm)

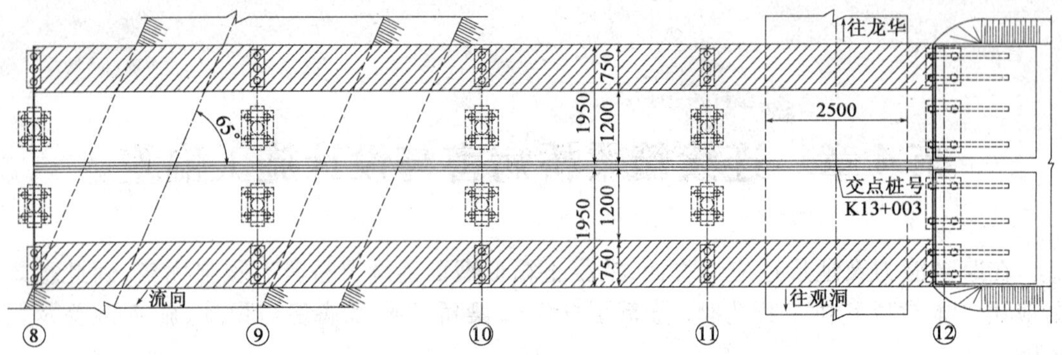


图 4-3　第三联平面图(尺寸单位:cm)

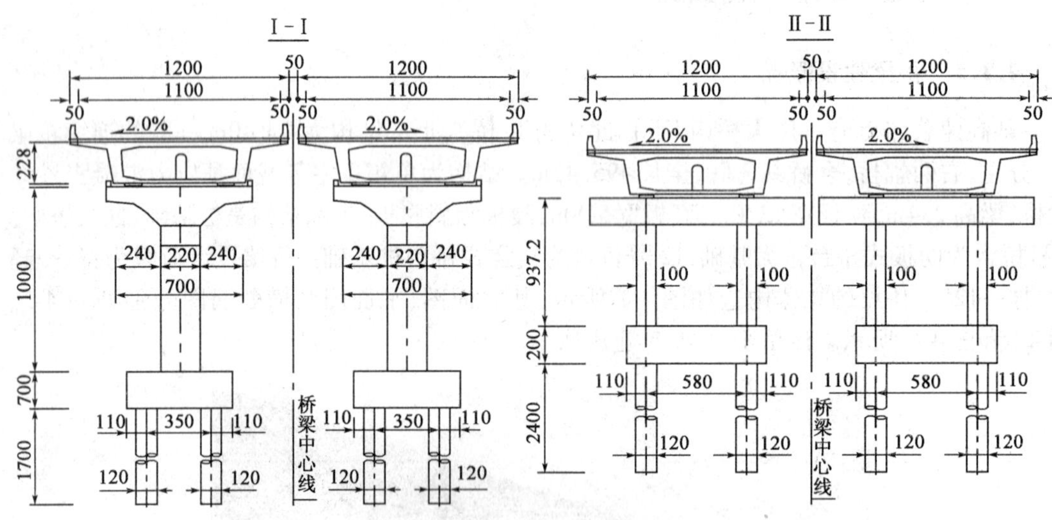


图 4-4　横断面布置图(尺寸单位:cm)

### 4.1.2　桥梁病害概况

1999 年检测时发现该桥主梁出现严重的开裂问题:箱梁顶板普遍存在纵向裂缝,为数众多,裂缝宽 0.05 ~2mm,裂缝长 10 ~300cm 不等;在距中墩 6.4 ~6.8m 范围内箱梁底板各个预应力锚固齿板区域发现 1 ~2 条横桥向裂缝,全桥该类裂缝总数 58 条,最大缝宽达 3mm;腹板裂缝主要集中在支点附近及钢束齿板锚固区域,共计 67 条裂缝,最大缝宽 3mm;箱梁顶板横向裂缝主要出现在预应力锚固齿板前 1m 范围内;箱梁齿板上普遍存在裂缝,大多数在齿板端部以竖直走向为主,裂缝宽度较小。

箱梁的外观质量差,箱内有多处露筋、浮浆现象;预应力钢束张拉完后没有很好的封锚,箱内存在多处孔洞,有些孔洞钢束外露而没有采取补浆措施。施工完成后未对箱内的施工垃圾及施工用水进行清除,箱底通气孔大量堵塞,丧失通风作用。

## 4.2　连续箱梁桥传统受力分析

该桥的设计年代约为 1990 年前后,当时的计算机应用并不十分普及,国内桥梁设计的结构分析程序较为原始，通常只有平面杆系程序投入设计应用。下面对该桥梁应用平面杆系程序进行结构分析和计算。

### 4.2.1 桥梁平面分析模型的建立

1. 计算假定

(1)内力分析时结构材料处于线弹性阶段；

(2)混凝土箱形梁服从平截面假设，即应变沿梁高按线性规律变化；

(3)梁内普通钢筋和预应力钢筋与混凝土粘接良好，满足变形协调条件；

(4)满足小变形假设，即忽略结构变形引起次内力。

2. 单元的划分

计算模型按平面杆系原则进行离散，采用桥梁博士3.0.1进行建模，选取全桥中的一联共4跨进行分析。箱梁连孔形式：4×40m，计算跨径：39.35m+2×40m+39.35m，梁高2.4m（箱梁中心处）。单元划分时，将各控制验算截面位于单元的节点处，同时在截面构造尺寸变化点处也布置了节点，如图4-5所示。全联4跨共分为158个单元共159个节点，关键截面节点号对应关系如表4-1所示。

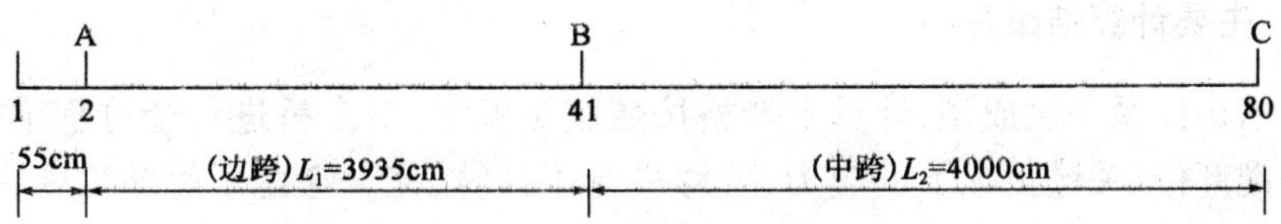


图4-5 计算模型的节点示意图

关键节点号截面号对应关系 表4-1

| 节点号 | 2 | 6 | 11 | 16 | 21 | 26 | 30 | 36 | 41 |
|---|---|---|---|---|---|---|---|---|---|
| 截面 | A | $L_1/8$ | $L_1/4$ | $3L_1/8$ | $L_1/2$ | $5L_1/8$ | $3L_1/4$ | $7L_1/8$ | B |
| 节点号 | 46 | 51 | 56 | 61 | 66 | 71 | 75 | 80 | |
| 截面 | $L_2/8$ | $L_2/4$ | $3L_2/8$ | $L_2/2$ | $5L_2/8$ | $3L_2/4$ | $7L_2/8$ | C | |

3. 施工阶段的模拟

本桥采用在支架上整体现场浇筑（也称满堂支架现浇）施工，其主要特点是结构的一联在施工中一次落架，没有体系转换。与其余施工方法相比，不产生恒载徐变2次矩，其计算结果是支承处负弯矩小于按悬臂施工的弯矩值，但桥梁跨中正弯矩大于按悬臂施工的弯矩值。因此，第一施工阶段为浇筑箱梁混凝土；第二施工阶段为张拉预应力束；第三施工阶段为施加二期恒载。

4. 计算参数取值

(1)主要材料

混凝土：预应力混凝土主梁采用C40混凝土，墩（台）帽、墩身、桥台桩基及桥头搭板采用C30，其他均为C25。混凝土材料力学性能按规范取值，容重取26.0kN/m³。

预应力钢束：采用符合国家标准 GB 5224—2003 规定的新余钢铁厂生产的低松弛 $\Phi$15.0钢绞线，标准强度 1570MPa，弹性模量 $E = 1.9 \times 10^5$ MPa。预应力张拉控制应力按原桥设计时的 1102MPa 取值，采用预埋波纹管成型，单端锚具变形及钢束回缩值 6mm，采用两端张拉，钢束回缩值共 12mm。

（2）恒载

一期恒载：包括主梁、端横梁（本桥无中横梁）等材料重量。混凝土主梁按实际断面计取重量，主梁横隔板以集中力计入。

二期恒载：为桥面防撞护栏、分隔带护栏、泄水管及桥面铺装。经计算二期恒载取35.0kN/m。

（3）活载

汽车—超 20 级（车道数为 3）、挂车—120。采用平面结构程序进行计算时，汽车荷载增大系数取 1.15，汽车横向分布系数：$3 \times 0.78 \times 1.15 = 2.691$。

（4）其他

内力计算中计入温度（日照温差 ±5℃）及基础不均匀沉降（−0.01m）的影响。荷载组合按照相应规范取值。

### 4.2.2　主要计算结果分析

该桥梁结构体系一次成型，计算中严格按照施工顺序，对全桥进行全过程模拟，对桥梁结构一些关键部位、关键工况下的应力、位移进行了计算，充分考虑了收缩徐变在施工中和成桥后对结构线形、刚度和内力的影响，主要计算结果如下：

1. 施工阶段应力结果

（1）张拉预应力后，施加二期恒载前箱梁各主要截面应力值，如表 4-2 所示。

**第二施工阶段应力值**　　表 4-2

| 节点号 | 正应力（MPa） | | 节点号 | 正应力（MPa） | |
|---|---|---|---|---|---|
| | 上缘最大 | 下缘最大 | | 上缘最大 | 下缘最大 |
| 2 | 0.646 | 6.03 | 46 | 8.51 | 0.82 |
| 6 | 1.05 | 4.92 | 51 | 4.64 | 1.68 |
| 11 | 1.44 | 9.18 | 56 | 1.27 | 4.97 |
| 16 | 2.05 | 8.14 | 61 | 1.54 | 4.37 |
| 21 | 2.09 | 8.09 | 66 | 1.19 | 4.98 |
| 26 | 1.52 | 9.11 | 71 | 4.5 | 1.98 |
| 30 | 4.59 | 6.57 | 75 | 5.63 | 0.931 |
| 36 | 9.08 | 0.541 | 80 | 2.65 | 2.87 |
| 41 | 6.53 | 1.91 | — | — | — |

(2)施加完二期恒载后各主要截面应力值,如表 4-3 所示。

**第三施工阶段应力值**　　表 4-3

| 节点号 | 正应力(MPa) | | 节点号 | 正应力(MPa) | |
|---|---|---|---|---|---|
| | 上缘最大 | 下缘最大 | | 上缘最大 | 下缘最大 |
| 2 | 0.641 | 5.94 | 46 | 7.95 | 0.66 |
| 6 | 1.43 | 4.17 | 51 | 4.56 | 1.65 |
| 11 | 2.06 | 7.95 | 56 | 1.5 | 4.27 |
| 16 | 2.76 | 6.78 | 61 | 1.87 | 3.68 |
| 21 | 2.76 | 6.8 | 66 | 1.5 | 4.33 |
| 26 | 2.01 | 8.11 | 71 | 4.57 | 1.68 |
| 30 | 4.67 | 6.19 | 75 | 5.34 | 0.59 |
| 36 | 8.6 | 0.16 | 80 | 1.68 | 3.98 |
| 41 | 5.39 | 3.51 | — | — | — |

从以上结果可知,施工阶段主梁应力均较小,主梁上下缘均未出现拉应力。最大应力均发生在第二阶段,上缘最大应力为 9.08MPa,下缘最大应力为 9.11MPa,最大压应力小于 10MPa。在距中支点 6m 左右,主梁下缘压应力仅有 0.16MPa。

2. 使用阶段应力结果

经计算,本桥是以荷载组合Ⅱ控制设计的,这里只给出荷载组合Ⅱ各主要截面的应力值,上、下缘最小应力如表 4-4 和图 4-6 所示。

**使用阶段荷载组合 II 截面应力值(MPa)**　　表 4-4

| 节点号 | 上缘最大 | 上缘最小 | 下缘最大 | 下缘最小 | 最大主压 | 最大主拉 |
|---|---|---|---|---|---|---|
| 2 | -0.612 | -0.699 | 6.03 | 5.65 | 6.03 | -0.699 |
| 6 | 2.45 | 1.18 | 4.59 | 2.05 | 4.59 | -1.85 |
| 11 | 3.77 | 1.62 | 8.68 | 4.14 | 8.68 | -0.747 |
| 16 | 4.77 | 2.12 | 7.84 | 2.59 | 7.84 | -0.233 |
| 21 | 4.88 | 1.91 | 8.2 | 2.43 | 8.2 | -0.297 |
| 26 | 3.99 | 0.95 | 9.84 | 3.86 | 9.84 | -0.958 |
| 30 | 6.23 | 3.22 | 8.29 | 2.94 | 8.29 | -1.32 |
| 36 | 9.7 | 6.3 | 3.03 | -1.93 | 9.7 | -2.03 |
| 41 | 6.41 | 2.4 | 7.33 | 1.87 | 7.33 | -1.99 |
| 46 | 8.91 | 5.72 | 1.84 | -2.8 | 8.91 | -2.8 |
| 51 | 2.43 | -0.72 | 3.59 | -0.648 | 5.82 | -1.68 |
| 56 | 2.98 | 0.578 | 5.79 | 1.3 | 5.79 | -0.924 |
| 61 | 3.52 | 1.02 | 5.08 | 0.46 | 5.08 | -0.246 |
| 66 | 3.11 | 0.556 | 5.9 | 1.12 | 5.9 | -0.872 |
| 71 | 6.03 | 3.19 | 3.67 | -1.02 | 6.03 | -1.64 |
| 75 | 6.56 | 3.42 | 2.22 | -2.78 | 6.56 | -2.87 |
| 80 | 3.21 | -0.69 | 7.58 | 1.84 | 7.58 | -2.33 |

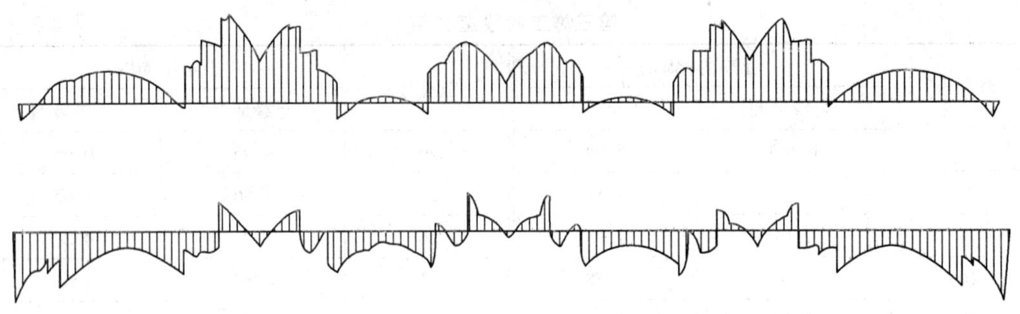

图 4-6　正常使用阶段荷载组合二截面上缘、下缘最小应力图

计算可知，正常使用阶段及运营阶段，在荷载组合Ⅰ、Ⅱ、Ⅲ情况下，主梁上下缘均出现拉应力。主梁上缘拉应力主要分布在距中支点 8m 左右范围的负弯矩区，其拉应力未超过 A 类构件规范容许应力值。下缘拉应力最大值发生在距支座 6m 左右，其值达 2.78MPa。主拉应力普遍偏大，最大主拉应力在距中支点 5m 左右，其值达 2.87MPa。

### 4.2.3　设计计算偏差

该桥当时的计算资料已无法找到，但可以推测，对如此重要、大型的高速公路桥梁设计，当时的各项应力验算均能够满足当时桥梁设计规范相应控制指标的要求。上述计算及所考虑的因素系以 2010 年代的平面分析设计理念得到的结果，据此去复核该桥结构设计，可以得到如下一些认识：

根据《公路钢筋混凝土及预应力混凝土桥涵设计规范》JTJ 023—85 的规定，主梁各控制截面的承载能力满足设计要求；混凝土最大压应力也能满足其控制值 $\sigma_{ha} \leqslant 0.6R_y^b = 0.6 \times 28 = 16.8\text{MPa}$；下缘混凝土拉应力最大值 2.78MPa（发生在距支点 6m 左右）已超过其控制值 $\sigma_{hl} \leqslant 0.9R_l^b = 0.9 \times 2.6 = 2.34\text{MPa}$；混凝土最大主拉应力 2.87MPa（发生在距支点 6m 左右）已超过其控制值 $\sigma_{zl} \leqslant 0.65R_l^b = 0.65 \times 2.6 = 1.69\text{MPa}$。

产生这种设计计算偏差的可能原因是：

(1) 当时结构计算程序对预应力作用的计算不成熟；

(2) 作用效应如混凝土收缩徐变等影响计入不够；

(3) 仅关注了最大正负弯矩截面，忽视了其余截面的应力控制；

(4) 主梁顶底板预应力束大多锚固在同一截面，对“结构传力应逐步过渡”认识不够深刻。

## 4.3　薄壁箱形梁桥的空间行为分析

据上述平面分析得到的理论计算结果，该桥除个别应力值外，主要计算结果能满足规范相应指标要求。但是该桥在运营不到 10 年便出现了普遍并严重的开裂病害，病害产生的主要原因究竟何在？笔者基于多年从事混凝土桥梁结构研究的经验，首先注意到图 4-7b) 所示该桥主梁一般区段的截面尺寸，箱梁各组成板体相对于同部位结构平面尺寸来说其厚度过小，笔者特将此命名为“宽大薄壁混凝土箱梁”。这种梁的实际力学行为与前述平面分析采用的平截面和小变形假设会有明显的差异，故下面依据空间有限元分析程序来认识该桥的空间力学行为。

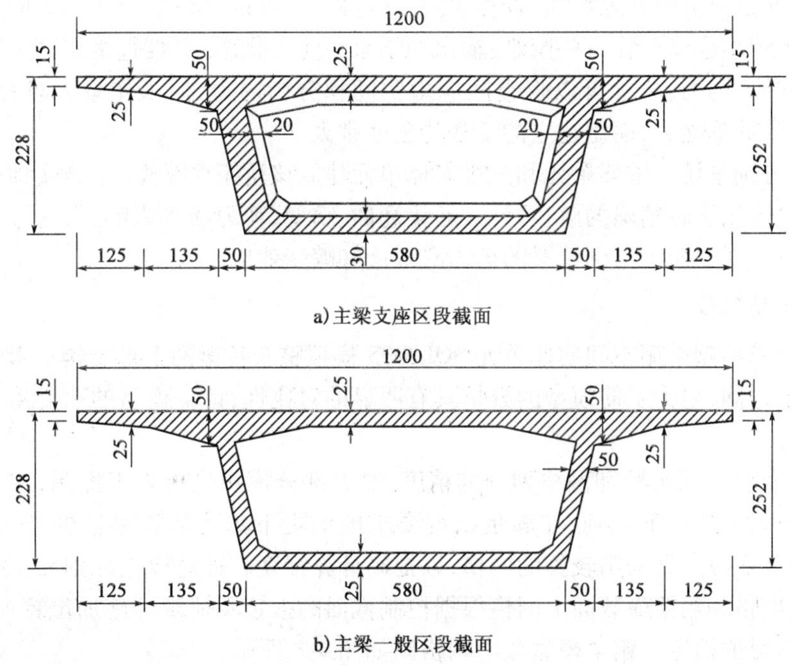


a）主梁支座区段截面

b）主梁一般区段截面

图 4-7　主梁断面图（尺寸单位：cm）

该桥为 4 跨 1 联等高度连续梁桥，截面形式为典型的宽大薄壁箱梁。箱形梁是一个复杂的空间受力结构，采用平面杆系分析箱梁的受力状态，忽略了箱形梁的空间效应，如在横截面上的同一高度处平面分析得到的正应力沿桥宽方向是不变化的，而空间分析说明了顶板和底板在腹板附近的正应力与平面分析差距较大。由于本桥截面形式为单箱单室截面，宽跨比较大且无中横隔梁，其空间受力特性与平面受力差别更大。本节将建立原桥的空间有限元模型，重点分析箱梁的剪力滞和畸变效应，分析计算方法偏差的影响。

### 4.3.1　计算模型的建立

运用 ANSYS 软件对该桥混凝土箱梁的剪力滞效应和畸变效应进行空间有限元分析，采用空间有限元对结构整体性的模拟精度较高，计算结果更加精确。但作为大型通用软件，ANSYS 单元类型众多，同一类单元也分为许多种。要得到满意的结果，必须针对要分析的问题选择合理的单元类型并划分合适的单元密度。

1. 空间单元类型的选择

（1）空间梁单元：每个节点具有 6 个自由度，相应地就有 6 个节点力。根据节点力的平衡和位移协调关系及其边界条件可完成问题的求解。但该单元形式是将箱梁当作集中在梁轴心线处的弹性杆件来处理，并认为受载后横截面保持平面（即不发生翘曲），且截面形状保持不变（即不产生畸变）。

（2）空间薄壁箱形梁单元：相对于空间梁单元而言，考虑到了翘曲和畸变对箱梁结构的影响。但是构造单元刚度所需的截面特性计算却相当麻烦，而且当桥面较宽时，结构的空间效应明显，也必将导致求解精度的下降。

(3)实体、板壳单元：采用板壳单元或实体块单元对箱梁桥进行二维离散时，可以实现仿真模型，其中可以充分地计入翘曲、畸变、剪力滞等影响，可以考虑泊松比的影响。建立空间实体或壳单元模型也将面临一些困难：输出的结果为应力状态，很难直接得到如剪力、轴力、弯矩、扭矩等单元内力，尽管可以将空间应力空间积分为内力，但工作量大且复杂性高；其次，输出的结果数据庞大；模型建立的工作量也非常大。

经比较，分别采用三维梁单元和三维实体单元建立该桥箱梁模型，三维实体模型可以得到箱梁在荷载作用下较精确的解，可计入箱梁翘曲、畸变、剪力滞等影响，通过与三维梁单元的计算结果进行对比及可得到箱梁的剪力滞效应和畸变效应。

2. 实体模型假设

本节的计算模型采用空间实体单元 SOLID95 模拟整个箱梁的上部结构。考虑到减少建立模型的工作时间，也为了使模型的分析具有明显的对比性，计算模型的建立采用了以下几点原则与假设：

(1)为了保证单元形状和网格划分的精度，对大部分模块进行人工控制，在对实体模型进行网格剖分时坚持以下原则：在满足精度要求的前提下单元数目尽量少，以提高计算速度；在关心应变或应力处采用较密的网格，以提高计算精度。针对以上原则人工控制网格划分，沿桥纵向网格和箱梁横截面上网格根据控制截面的拟定及荷载的施加位置而定，具体模型数目依求解目的而定。箱梁模型截面网格图如图 4-8 所示。

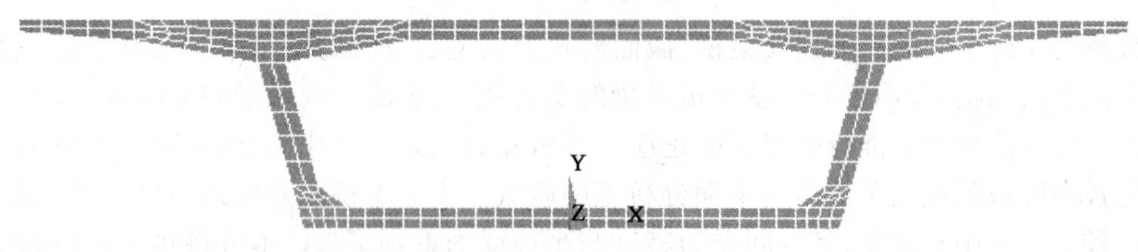


图 4-8　箱梁模型截面网格示意图

(2)箱梁纵横向空间分析中不考虑纵、横向坡度。

(3)研究内容更关心整体箱梁在荷载作用下的工作性能，故模型中忽略预应力筋的作用。

(4)将结构实际采用的橡胶支座简化成为线约束，在固定支座位置的节点上施加相应的 3 向线位移(UX、UY、UZ)约束，其余单向、双向活动支座的处理相同，即根据支座类型对其所在位置节点的相应线位移进行约束。箱梁实体模型示意如图 4-9 所示。

3. 参数取值

计算模型的总体坐标系原点位于箱梁右边跨端部截面底板下缘中部，空间坐标系中各坐标轴的指向分别为：Z 坐标轴沿箱梁桥轴线方向与底面平行，Y 坐标轴沿结构竖向(向上为正)，X 坐标轴沿结构的横桥向(其正方向由右手法则确定)。空间模型中箱梁混凝土的材料性质均与设计要求一致，C40 混凝土，容重为 $26kN/m^3$，弹性模量为 3250MPa，泊松比为 0.2，热膨胀系数为 $1\times10^{-5}$。

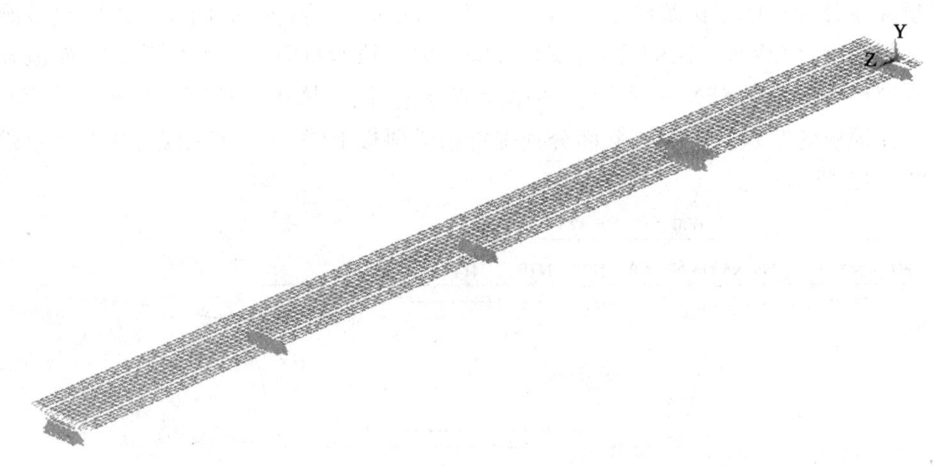


图 4-9　箱梁实体模型示意图

### 4.3.2　箱梁剪力滞效应分析

剪力滞效应实质上反映了宽大薄壁箱梁在荷载作用下,沿桥横向实际正应力分布与按平截面假定的初等梁理论得出的正应力值的差异。利用空间有限元计算程序 ANSYS,分别建立三维梁单元和三维实体单元模型,得到各控制截面按平截面假定下的应力值和实际应力值,以作对比分析。

1. 模型应力云图

在恒载作用下,箱梁第一、二跨,梁单元模型和实体模型正应力图如图 4-10 及图 4-11 所示。由图可见,正应力在梁单元模型上同一高度处沿箱梁横向相等;实体模型则显示出其沿横向的变化。

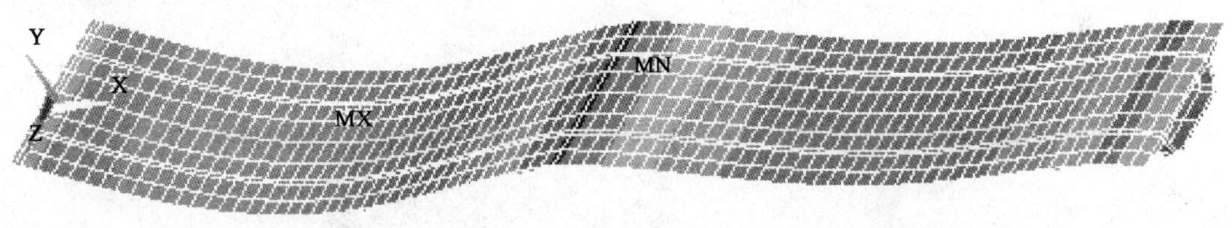


图 4-10　箱梁梁单元模型正应力云图

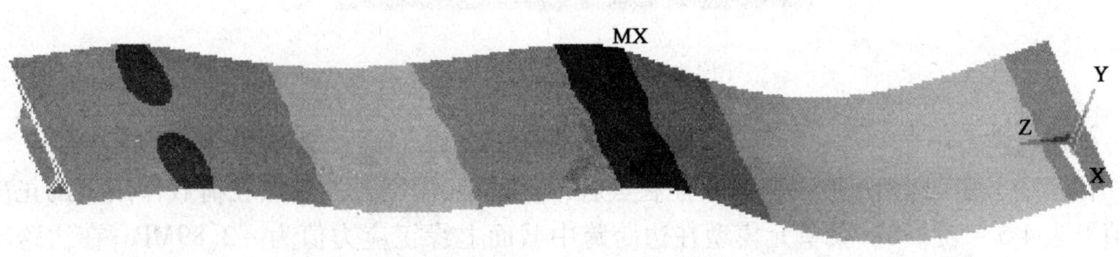


图 4-11　箱梁实体单元模型正应力云图

控制截面分别选取了边跨跨中截面、边跨墩顶截面、中跨跨中截面及中跨墩顶截面。由于在所有荷载中，恒载所占比例最大，荷载分别考虑了箱梁自重和二期恒载。二期恒载在梁单元计算模型中以45.05kN/m作用在各单元节点上；在实体单元计算模型中以3.75kN/m$^2$作用在箱梁顶板各节点。各控制截面分别查看箱梁顶板上缘11个控制点，各点沿箱梁横向位置如图4-12所示。

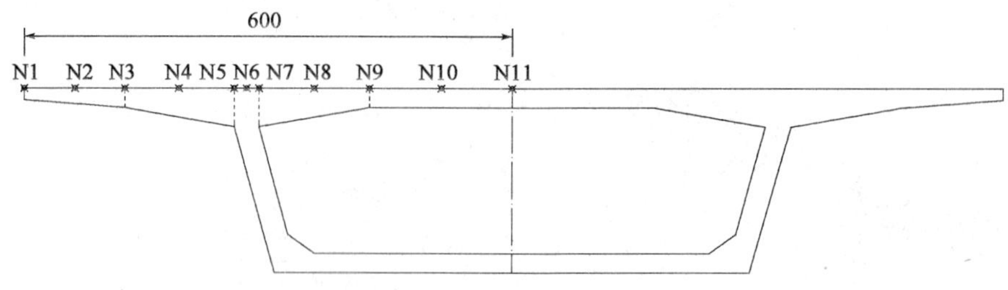


图4-12 控制点分布图(尺寸单位:cm)

根据《桥规》JTG D62第4.2.6条，当连续梁中间支承处设有横隔梁时，支座上的计算截面可采用横隔梁侧面的连续梁截面，其原因是连续梁支点处设有横隔梁(板)，使连续梁在该处截面发生急剧变化，这将使作用(或荷载)效应计算复杂化。为实用方便计可忽略横隔梁(板)的影响。本书中墩顶截面计算依此规定，采用横隔梁侧面的截面计算。控制截面云图如图4-13和图4-14所示。

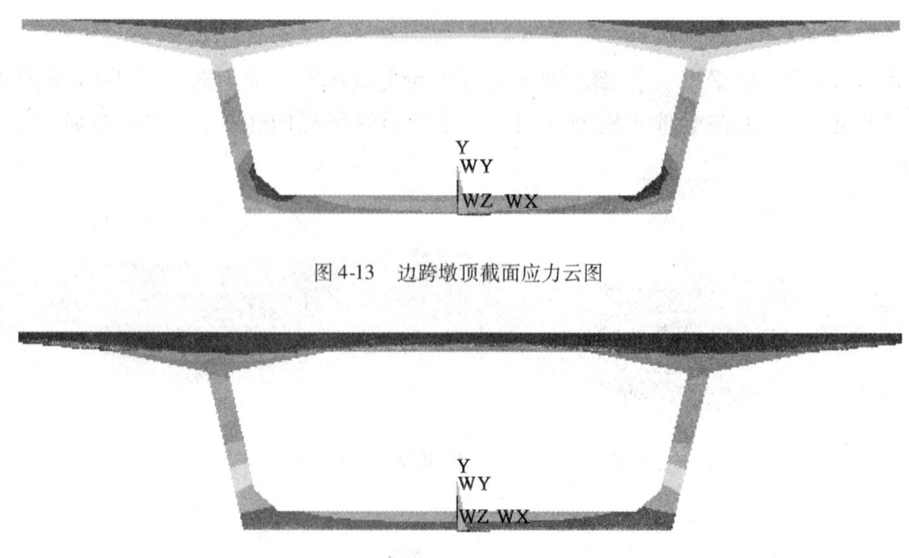


图4-13 边跨墩顶截面应力云图

图4-14 中跨跨中截面应力云图

2. 计算结果汇总

在确定了荷载类型、控制截面及控制点后，实体单元模型各控制点在荷载作用下的正应力值见表4-5～表4-8。梁单元模型在边跨跨中截面上缘正应力值为－2.89MPa；在边跨墩顶截面上缘正应力值为3.73MPa；在中跨跨中截面上缘正应力值为－1.53MPa；在中跨墩顶截面上缘正应力值为2.63MPa。

边跨跨中截面各点应力(MPa) 表4-5

| 应力点编号 | 至上翼中点水平距离(m) | 主梁自重引起 | 二期恒载引起 | 自重+二期恒载引起 |
|---|---|---|---|---|
| N1 | 6 | -2.8574 | -0.80913 | -3.66653 |
| N2 | 5.375 | -2.8619 | -0.79873 | -3.66063 |
| N3 | 4.75 | -2.8597 | -0.77856 | -3.63826 |
| N4 | 4.075 | -2.8901 | -0.78461 | -3.67471 |
| N5 | 3.4 | -2.9192 | -0.79583 | -3.71503 |
| N6 | 3.25 | -2.9152 | -0.79574 | -3.71094 |
| N7 | 3.1 | -2.9008 | -0.79021 | -3.69101 |
| N8 | 2.4 | -2.8743 | -0.78505 | -3.65935 |
| N9 | 1.75 | -2.8765 | -0.80602 | -3.68252 |
| N10 | 0.87 | -2.9401 | -0.86055 | -3.80065 |
| N11 | 0 | -2.9664 | -0.88151 | -3.84791 |

边跨墩顶截面各点应力(MPa) 表4-6

| 应力点编号 | 至上翼中点水平距离(m) | 主梁自重引起 | 二期恒载引起 | 自重+二期恒载引起 |
|---|---|---|---|---|
| N1 | 6 | 3.8061 | 1.0759 | 4.882 |
| N2 | 5.375 | 4.0473 | 1.1566 | 5.2039 |
| N3 | 4.75 | 4.4284 | 1.285 | 5.7134 |
| N4 | 4.075 | 4.8689 | 1.4149 | 6.2838 |
| N5 | 3.4 | 5.2099 | 1.5136 | 6.7235 |
| N6 | 3.25 | 5.2251 | 1.519 | 6.7441 |
| N7 | 3.1 | 5.1521 | 1.5021 | 6.6542 |
| N8 | 2.4 | 4.6019 | 1.3483 | 5.9502 |
| N9 | 1.75 | 3.9913 | 1.1574 | 5.1487 |
| N10 | 0.87 | 3.428 | 0.96064 | 4.3886 |
| N11 | 0 | 3.2532 | 0.89732 | 4.1505 |

中跨跨中截面各点应力(MPa) 表4-7

| 应力点编号 | 至上翼中点水平距离(m) | 主梁自重引起 | 二期恒载引起 | 自重+二期恒载引起 |
|---|---|---|---|---|
| N1 | 6 | -1.5016 | -0.42318 | -1.9248 |
| N2 | 5.375 | -1.5062 | -0.4128 | -1.919 |
| N3 | 4.75 | -1.5038 | -0.3926 | -1.8964 |
| N4 | 4.075 | -1.5341 | -0.39861 | -1.93271 |
| N5 | 3.4 | -1.5632 | -0.40984 | -1.97304 |
| N6 | 3.25 | -1.5593 | -0.40977 | -1.96907 |
| N7 | 3.1 | -1.5448 | -0.40421 | -1.94901 |

续上表

| 应力点编号 | 至上翼中点水平距离(m) | 主梁自重引起 | 二期恒载引起 | 自重+二期恒载引起 |
|---|---|---|---|---|
| N8 | 2.4 | -1.5181 | -0.39902 | -1.91712 |
| N9 | 1.75 | -1.5205 | -0.42001 | -1.94051 |
| N10 | 0.87 | -1.5841 | -0.47456 | -2.05866 |
| N11 | 0 | -1.6102 | -0.49549 | -2.10569 |

**中跨墩顶截面各点应力(MPa)** 表4-8

| 应力点编号 | 至上翼中点水平距离(m) | 主梁自重引起 | 二期恒载引起 | 自重+二期恒载引起 |
|---|---|---|---|---|
| N1 | 6 | 2.6969 | 0.76015 | 3.45705 |
| N2 | 5.375 | 2.9013 | 0.83041 | 3.73171 |
| N3 | 4.75 | 3.2258 | 0.94266 | 4.16846 |
| N4 | 4.075 | 3.6011 | 1.0541 | 4.6552 |
| N5 | 3.4 | 3.8988 | 1.1405 | 5.0393 |
| N6 | 3.25 | 3.9183 | 1.1471 | 5.0654 |
| N7 | 3.1 | 3.865 | 1.1358 | 5.0008 |
| N8 | 2.4 | 3.4108 | 1.0094 | 4.4202 |
| N9 | 1.75 | 2.8952 | 0.84546 | 3.74066 |
| N10 | 0.87 | 2.4039 | 0.66922 | 3.07312 |
| N11 | 0 | 2.2505 | 0.61197 | 2.86247 |

3.计算结果分析

本书通过空间有限元ANSYS程序分析计算,在主梁自重与二期恒载作用的情况下,进行了边跨墩顶截面、边跨跨中截面、中跨跨中截面及中跨墩顶截面上翼缘各点的应力分析。

1)箱形梁墩顶截面剪力滞效应分析

分析结果如图4-15和图4-16所示。

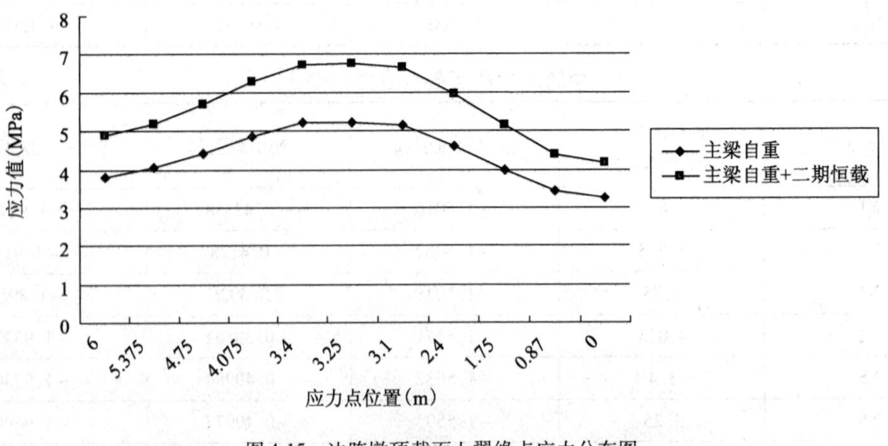


图4-15 边跨墩顶截面上翼缘点应力分布图

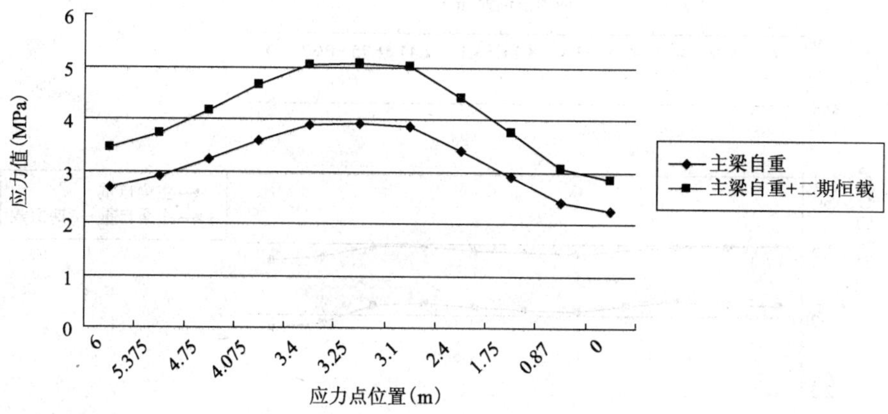


图4-16 中跨墩顶截面上翼缘点应力分布图

从墩顶截面上缘应力图中可以看出，边跨墩顶截面的应力大于中跨墩顶截面应力。边跨墩顶截面和中跨墩顶截面在自重荷载及二期恒载作用下的变化趋势是相同的。关注点在自重作用下剪力滞系数如表4-9所示。剪力滞系数定义为依据箱形梁实体单元得到的计算应力值与按梁单元（水平向为均匀应力）得到的计算值之比。

**恒载下墩顶截面上翼缘应力的剪力滞系数** 表4-9

| 截面 | 梁单元应力值（MPa） | 箱梁上翼关注点的应力值（MPa）及剪力滞系数 | | |
|---|---|---|---|---|
| | | 翼缘外边缘 | 腹板顶部 | 上翼中点 |
| 边跨墩顶 | 3.73 | 3.8061(1.02) | 5.2251(1.4) | 3.2532(0.87) |
| 中跨墩顶 | 2.63 | 2.6969(1.02) | 3.9183(1.49) | 2.2505(0.86) |

从剪力滞系数可见，墩顶截面腹板顶部处剪力滞系数最大，中跨支点处接近1.5；墩顶截面翼缘外边缘剪力滞系数均为1.02，接近1，说明翼缘外边缘应力与梁单元的计算应力值相当；而上翼中点处剪力滞后严重，其应力不到腹板顶部处的0.65，应力横向分布极为不均。

2）箱形梁跨中截面剪力滞效应分析

分析结果如图4-17和图4-18所示。

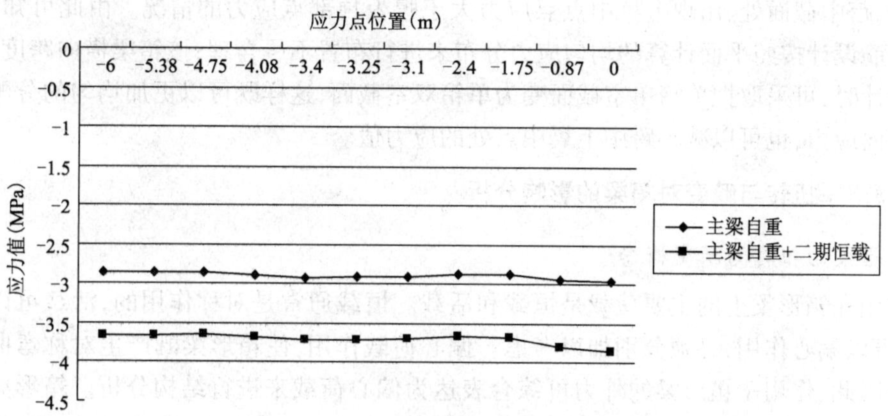


图4-17 边跨跨中上翼缘截面点应力图

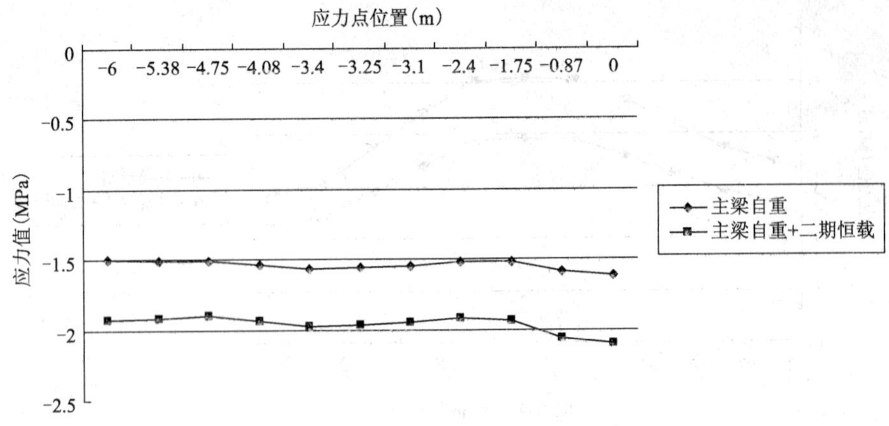


图 4-18 中跨跨中上翼缘截面点应力图

从墩顶截面上缘应力图中可以看出,边跨跨中截面的应力大于中跨跨中截面应力。边跨跨中截面和中跨跨中截面在自重荷载及二期恒载作用下的变化趋势是相同的。截面关注点在自重作用下剪力滞系数如表 4-10 所示。

跨中截面自重剪力滞系数 表 4-10

| 截面 | 梁单元应力值(MPa) | 关注点位置应力值(MPa)及剪力滞系数 | | |
|---|---|---|---|---|
| | | 翼缘外边缘 | 腹板顶部 | 上翼中点 |
| 边跨跨中 | -2.89 | -2.8574(0.99) | -2.9152(1.01) | -2.9664(1.03) |
| 中跨跨中 | -1.53 | -1.5016(0.98) | -1.5593(1.02) | -1.6102(1.05) |

从跨中截面剪力滞系数可知,跨中截面应力沿横向变化幅度明显小于墩顶截面,截面各点沿横向实际应力与梁单元计算的应力值较为接近。结构自重在翼缘外边缘剪力滞后较为严重。但在恒载作用下,上翼中点处的应力大于腹板顶部处,成为横截面上应力最大值。

由各控制截面剪力滞效应分析可知,跨中截面箱梁翼缘剪力滞系数均接近 1,其应力与梁单元计算应力值相当。墩顶截面处,腹板顶部点到上翼中点点应力变化很大,应力分配极为不均;跨中截面处,出现上翼中点点应力大于腹板顶部点应力的情况。由此可知,箱梁横截面配筋设计按照平面计算的均匀应力分布来进行布置不尽合理;该箱梁横向跨度过大,在加固设计时,可采取把单箱单室截面变为单箱双室截面,这样既可以更加均匀的分配墩顶截面的横向应力,也可以减小跨中上翼中点处的应力值。

### 4.3.3 扭转与畸变对箱梁的影响分析

1. 箱梁的扭转与畸变概念

作用在箱形梁上的主要荷载是恒载和活载。恒载通常是对称作用的,活载可以对称作用,也可以偏心作用,必须分别加以考虑。偏心荷载作用,使箱形梁既产生对称弯曲又产生扭转。因此,作用于箱形梁的外力可综合表达为偏心荷载来进行结构分析。箱形梁在偏心荷载下,将产生纵向弯曲、扭转、畸变及横向挠曲 4 种基本变形状态(如图 4-19 所示)。

对 4 种基本变形状态分析如下:

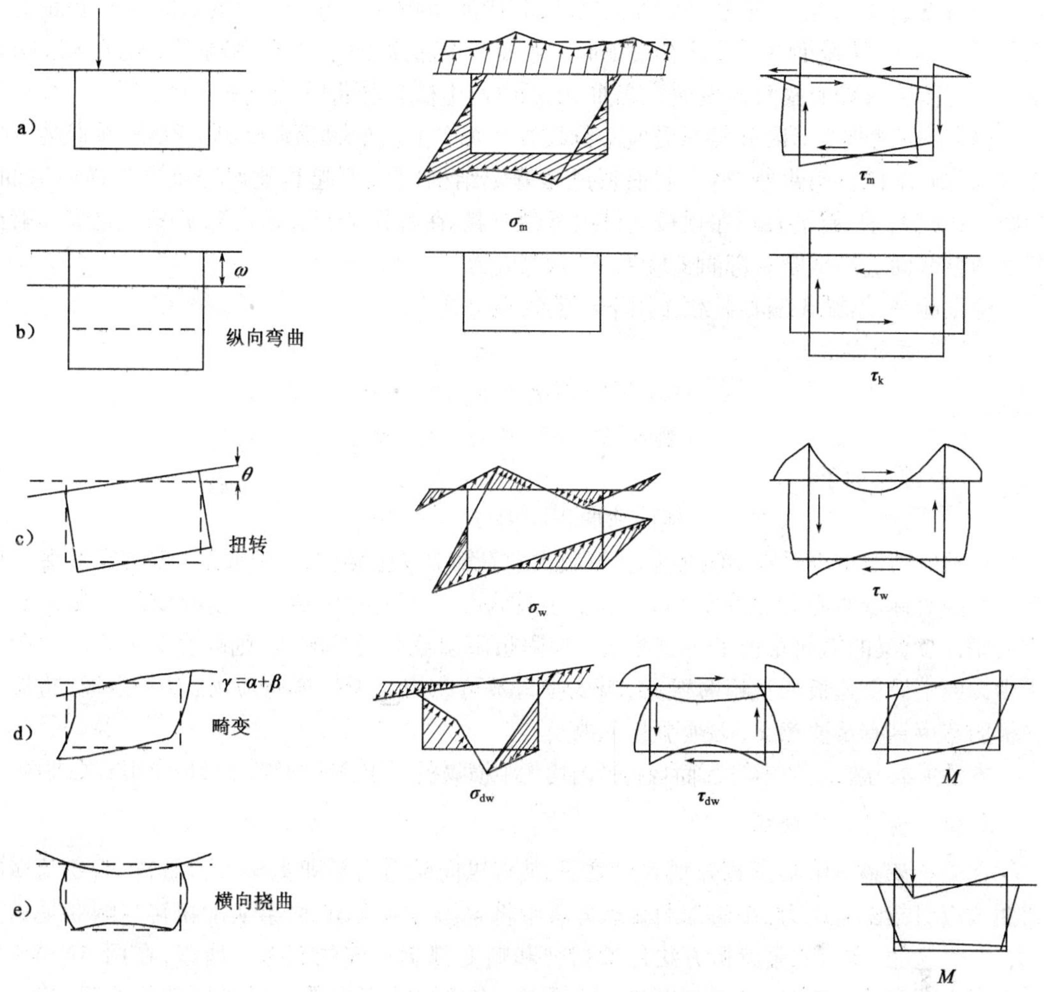


图 4-19　箱型梁在偏心荷载作用下的变形状态及截面应力图

（1）纵向弯曲产生竖向变位 $\omega$，因而在横截面上引起纵向正应力 $\sigma_m$ 及剪应力 $\tau_m$，如图 4-19a）所示。图中虚线所示应力分布即按初等梁理论计算所得，这对于肋距不大的箱梁无疑是正确的；但肋距较大的箱梁，由于翼缘板剪力滞后的影响，其应力分布将是不均匀的，即近肋处翼板中产生应力高峰，而远肋板处则产生应力低谷，图中实线所示即为“剪力滞效应”。对于肋距较大的宽箱梁，这种应力高峰可达相当大的比例，必须引起重视。

（2）箱形梁的扭转（这里指刚性扭转，即受扭时箱梁的周边不变形）变形的主要特征是扭转角 $\theta$，如图 4-19c）所示。箱形梁受扭时分自由扭转与约束扭转。所谓自由扭转，即箱形梁受扭时，截面各纤维的纵向变形是自由的，杆件端面虽出现凹凸，但纵向纤维无伸长缩短，自由翘曲，因而不产生纵向正应力，只产生自由扭转剪应力 $\tau_k$。而当受扭时纵向纤维变形不自由，受到拉伸或压缩，截面不能自由翘曲，则为约束扭转。约束扭转在截面上产生翘曲正应力 $\sigma_w$ 和约束扭转剪应力 $\tau_w$。产生约束扭转的原因是：支承条件的约束，如固端支承约束纵向纤维变形；受扭时截面形状及其沿梁纵向的变化，使截面各点纤维变形不协调而产生约束扭转，如等厚壁的矩形箱梁、变截面梁等，即使不受支承约束，也将产生约束扭转。

(3)畸变(即受扭时周边变形)的主要变形特征是畸变角 $\gamma$。薄壁宽箱的矩形截面受扭变形后,无法保持截面的投影仍然是矩形。畸变产生翘曲正应力 $\sigma_{dw}$ 和畸变剪应力 $\tau_{dw}$,同时由于畸变而引起箱形截面各板横向弯曲,在板内产生横向弯曲应力 $\sigma_{dt}$[图 4-19d)]。

(4)横向挠曲变形因箱梁承受偏心荷载作用而产生。车辆荷载作用于顶板,除直接接受荷载部分产生横向弯曲外,整个截面形成超静定结构因而引起其他部分也产生横向弯曲。如图 4-19e)所示,箱梁截面在顶板上作用车辆荷载,在各板中产生横向弯矩图。这些弯矩在各板的纵截面上产生横向弯曲正应力 $\sigma_e$ 及剪应力。

综合起来,箱梁在偏心荷载作用下产生的应力是:

(1)在横截面上:

$$纵向正应力\ \sigma_z=\sigma_m+\sigma_w+\sigma_{dw}$$

$$剪应力\ \tau=\tau_m+\tau_k+\tau_w+\tau_{dw}$$

(2)在纵截面上:

$$横向弯曲正应力\ \sigma_s=\sigma_c+\sigma_{dt}$$

在预应力混凝土梁中,跨径越大,恒载占总荷载比例就越大。因此,一般情况下由于恒载产生的对称弯曲应力是主要的,而由于活载偏心所产生的扭转应力是次要的。如果箱梁壁较厚,或沿梁的纵向布置了一定数量的横隔板限制箱形梁的畸变,则畸变应力较小。但对于少设或不设横隔板的宽箱薄壁梁,畸变应力不可忽视。板的横向应力,对于顶板、肋板及底板的布束具有重要意义,必须引起重视。

本桥主梁为宽大薄壁箱梁,而且各跨内均无中横隔板,考虑箱梁的畸变效应是很有必要的。

2. 扭转畸变效应分析

在偏心荷载与中心荷载分别作用之下,某点纵向应力之差即为该点因扭转、畸变及横向弯曲效应引起的正应力,在通常的解析方法中将它们分开考虑,而事实上扭转与畸变是相互耦合在一起的,单纯的用解析方法计算扭转和畸变都有一定的误差。所以,在用 ANSYS 软件进行空间受力分析时,考虑二者的耦合作用,将扭转畸变作为一项指标进行处理,使计算结果更加接近实际的受力情况。

以中跨跨中截面为分析对象,在其影响线上以两列汽车荷载分别对称加载(工况 1)和偏心加载,加在箱梁右侧(工况 2),分析截面各控制点应力变化情况,应力的差值即为偏载引起的扭转畸变应力。

计算时,汽车荷载选取《公路桥涵设计通用规范 JTG D60—2004》公路-Ⅰ级车道荷载。控制点在横截面上位置见图 4-20;扭转畸变翘曲应力值如表 4-11 所示。

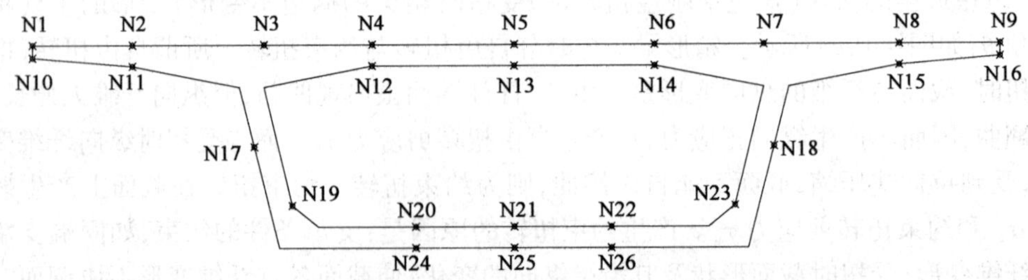


图 4-20 控制点横截面布置图

中跨跨中截面扭转与畸变翘曲应力(MPa)　　表 4-11

| 点号 | $\sigma_1$ | $\sigma_2$ | $\sigma_2-\sigma_1$ | $(\sigma_2-\sigma_1)/\sigma_1$ |
|---|---|---|---|---|
| N1 | -0.73554 | -0.68964 | 0.0459 | -6% |
| N2 | -0.75224 | -0.68885 | 0.06339 | -8% |
| N3 | -0.67891 | -0.62826 | 0.05065 | -7% |
| N4 | -0.7777 | -0.5572 | 0.2205 | -28% |
| N5 | -0.90295 | -0.79444 | 0.10851 | -12% |
| N6 | -0.7777 | -0.92813 | -0.15143 | 19% |
| N7 | -0.67891 | -0.79242 | -0.11351 | 17% |
| N8 | -0.75224 | -0.8171 | -0.06486 | 9% |
| N9 | -0.73554 | -0.78417 | -0.04863 | 7% |
| N10 | -0.59058 | -0.56828 | 0.0223 | -4% |
| N11 | -0.50986 | -0.48524 | 0.02462 | -5% |
| N12 | -0.50669 | -0.63461 | -0.12792 | 25% |
| N13 | -0.34476 | -0.43683 | -0.09207 | 27% |
| N14 | -0.50669 | -0.41346 | 0.09323 | -18% |
| N15 | -0.50986 | -0.54203 | -0.03217 | 6% |
| N16 | -0.50986 | -0.61608 | -0.0255 | 4% |
| N17 | 0.34199 | 0.27809 | -0.0639 | -19% |
| N18 | 0.34199 | 0.30034 | -0.04165 | -12% |
| N19 | 0.84932 | 0.85998 | 0.01066 | 1% |
| N20 | 1.1161 | 1.0976 | -0.0185 | -2% |
| N21 | 1.1014 | 1.061 | -0.0404 | -4% |
| N22 | 1.1161 | 1.0534 | -0.0627 | -6% |
| N23 | 0.84932 | 0.90565 | 0.05633 | 7% |
| N24 | 1.2651 | 1.11194 | -0.15316 | -12% |
| N25 | 1.2504 | 1.2771 | 0.0267 | 2% |
| N26 | 1.2651 | 1.4646 | 0.1995 | 16% |

选取应力点较多的顶板应力值作图,比较在偏载作用下顶板应力值的变化,如图 4-21 和图 4-22 所示。

由图表可知,在偏载作用下,箱梁顶板顶面、底板底面、腹板内侧在偏载一侧纵向正应力比对称荷载作用时大;顶板底面 N14、腹板外侧、顶板顶面比对称荷载作用时的纵向正应力小。扭转畸变产生的纵向正应力与相应点的弯曲正应力比值最大达 28%。

3. 横隔板对畸变效应的影响

从一些计算实例及工程实践来看,薄壁箱梁在畸变荷载直接作用下所产生的翘曲应力都比较可观。通常情况下,由于畸变引起的翘曲位移比刚性扭转产生的还大,其产生的截面边缘的竖向位移比结构弯曲引起的大。杆件截面过大的变形不仅大大减少了构件的抵抗力，也使得薄壁杆件容易产生失稳破坏，影响结构正常使用。因此，不管是从减少结构内力、变形，还是从提高结构抵抗力、节省材料来考虑，都应尽量减小薄壁结构的畸变变形。

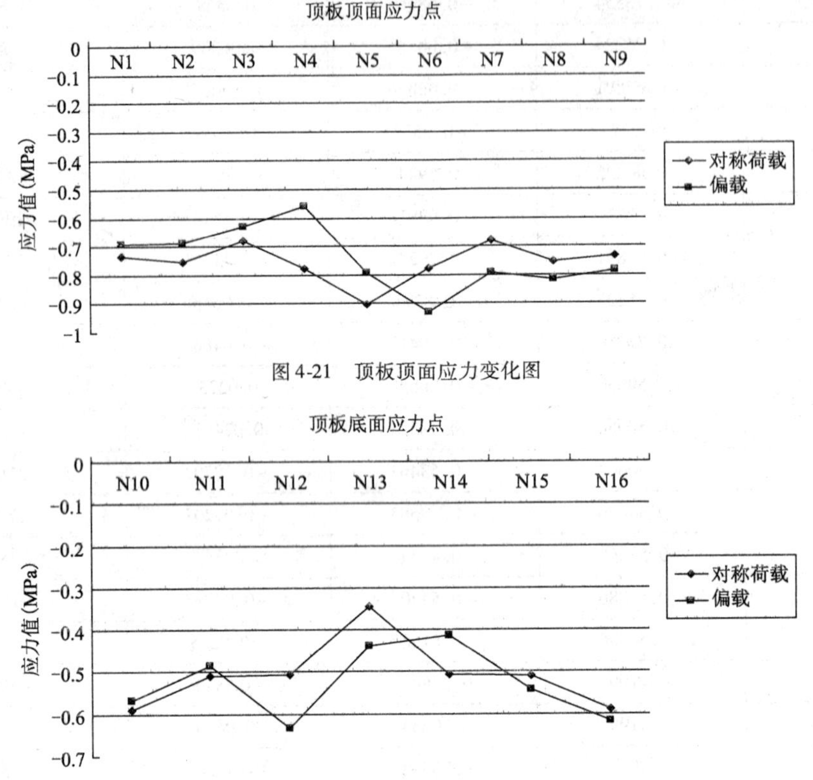


图 4-21　顶板顶面应力变化图

图 4-22　顶板底面应力变化图

在薄壁结构上设置适量的横隔板可以有效地减小结构的畸变变形。由于横隔板的存在，其所在截面的变形就受到很大的约束，当横隔板刚度足够大时，甚至可以认为该截面不产生畸变，这样，横隔板之间杆段的截面变形就相应减少。其实，横隔板的作用远不止于此，对受压的薄壁杆件，横隔板的设置减小了杆壁的有效长度，减小了杆件受压失稳的自由长度。当然，横隔板的设置也增加了结构的自重，会增加薄壁箱梁的弯曲变形。

本桥畸变扭转效应较大，加固时可通过在箱梁跨间增设横隔板改善箱梁受力状态。

### 4.3.4　与平面分析的结果的比较

本书采用通用有限元计算软件 ANSYS 对大桥薄壁箱形梁的空间受力特性进行了较为详细的计算分析，比较依据平面杆系程序分析得到的应力计算结果，发现原设计在结构分析计算及构造方面存在如下偏差：

(1)平面分析不能反映箱形梁桥的剪力滞影响，而针对本桥的宽大薄壁混凝土箱形梁，墩顶截面的剪力滞效应尤为明显，考虑剪力滞影响的箱梁截面最大应力可达平面分析所得计算应力的 1.5 倍，意味着平面分析的计算结果显著低估了主梁的实际应力水平。

(2)平面分析不能计入箱形梁扭转畸变的影响，而针对本桥的宽大薄壁混凝土箱形梁，扭转畸变对跨中截面的正应力影响尤为明显；在不利车辆偏载作用下，考虑扭转畸变影响的箱梁截面最大应力可达平面分析所得计算应力的 1.28 倍，意味着平面分析的计算结果明显低估了主梁在车辆荷载下的实际应力水平。

(3)平面分析不能反映出横隔板对减小宽大薄壁连续箱梁在偏载作用下抵抗扭转畸变的作用和效果,致使设计者在该连续梁桥除墩顶截面外,各跨沿全长的箱梁内均未设置横隔板,虽在一定程度上简化了施工,但跨中横隔板缺失显著降低了箱梁在抵抗扭转畸变的性能及作用。

## 4.4 桥梁的荷载试验

为对该桥梁结构的强度、刚度、稳定性和耐久性评估提供基础资料,判定该桥是否具有足够承受设计荷载的能力,了解结构体系在试验荷载作用下的实际工作状态,为科学地评价结构在使用阶段的工作状况,2007年对该桥梁进行了较全面的荷载试验和系列特殊检查,下面仅阐述桥梁荷载试验的情况。

### 4.4.1 荷载试验准备工作

试验前通过平面静力分析得到的结果绘制结构影响线、内力包络图、挠度曲线等,根据等代荷载原理确定加载位置、加载车辆数目和车辆重量。试验时采用了DH3816型静态应变测量系统采集桥梁结构的应变,采用莱卡51型精密水准仪测量桥梁的挠度。

#### 1. 测试项目及试验荷载工况

测试项目为主梁控制截面的应力观测、挠度观测、裂缝观测,荷载试验加载控制截面示意图如图4-23所示。共选取以下4种试验荷载工况:

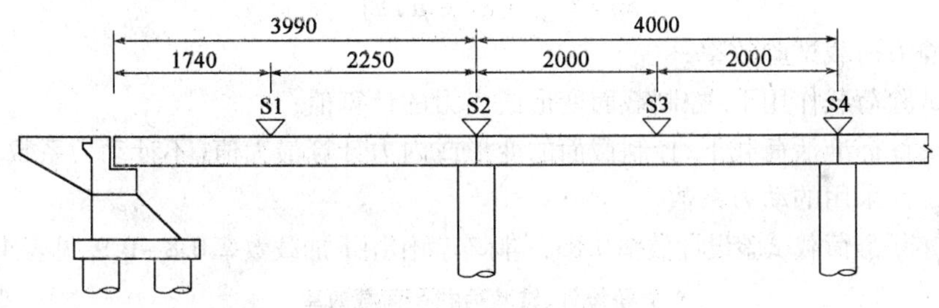


图4-23 荷载试验加载控制断面示意图(尺寸单位:cm)

(1)边跨最大正弯矩工况:对边跨跨中加载,测试主梁在试验荷载作用下的应力及挠度;

(2)边跨最大负弯矩工况:对边跨和相邻中跨跨中加载,测试主梁在试验荷载作用下的应力及挠度;

(3)中跨最大正弯矩工况:对中跨跨中加载,测试主梁在试验荷载作用下的应力及挠度;

(4)中跨最大负弯矩工况:对两中跨跨中加载,测试主梁在试验荷载作用下的应力及挠度。

#### 2. 加载车辆选取及荷载试验效率

(1)加载车辆选取

由于试验所用的车辆规格可能与设计标准车辆不一样,故根据专用桥梁分析软件计算控制截面的内力影响线,换算为等代的试验车辆荷载(车队)。静载试验施加的试验荷载由车辆荷载组成,即采用满足载重量要求的汽车进行加载。试验车装载后,要经地磅称重,称重指标有:前轴实际重量、后轴实际重量、满载后总重量。

本次荷载试验加载车队拟采用同一型号，单车重量控制在 300～320kN 左右，这相当于汽车—20 级荷载车队的重车重量，其后轴重与汽车—20 级车队的重车后轴重相当。

加载车型可根据现场条件在同类车中选用，经计算本桥加载约需 300～320kN 重车 7 辆（表 4-12）。

**该桥荷载试验各车重量参数** 表 4-12

| 车辆编号 | 车牌号 | 车辆总重（kN） | 前轴重（kN） | 中、后轴重（kN） |
|---|---|---|---|---|
| N1 | 16795 | 318.6 | 70.15 | 245.3 |
| N2 | 05023 | 301 | 65 | 236 |
| N3 | 16818 | 309.1 | 81.7 | 227.4 |
| N4 | 12803 | 317 | 93.6 | 220.7 |
| N5 | 03263 | 303.2 | 78.2 | 225 |
| N6 | 16216 | 301.7 | 63 | 238.7 |
| N7 | 16471 | 323.2 | 63.5 | 259.7 |

（2）荷载试验效率

荷载试验是为了检验桥梁结构是否符合设计要求，根据《大跨径混凝土桥梁的试验方法》采用基本荷载试验，取静力试验荷载效率为：

$$1.05 \geqslant \eta \geqslant 0.8$$

$$\eta = S_{state}/[(1+\mu)S]$$

式中：$\eta$——静力荷载试验效率；

$S_{state}$——试验荷载作用下，控制截面变形或内力的计算值；

$S$——设计标准活荷载下，控制截面的变形或内力计算最大值（不计动力系数）；

$1+\mu$——设计采用的动力系数。

经计算：本桥静荷载试验设计效率 0.85，实际车辆作用下加载效率 0.8～0.9，见表 4-13。

**A 大桥设计、试验荷载及荷载效率** 表 4-13

| 控制断面位置 | | 设计荷载弯矩（kN·m） | 试验实际荷载（kN·m） | | 荷载效率 |
|---|---|---|---|---|---|
| | | 汽车—超 20 级挂 120 | 加载分级 | 实际荷载 | 汽车—20 级 |
| S1 | 边跨跨中 | 43299 | 一级荷载 | 30806 | 0.71 |
| | | | 二级荷载 | 32556 | 0.75 |
| | | | 三级荷载 | 36506 | 0.84 |
| S2 | 边跨支点 | -53747 | 一级荷载 | — | — |
| | | | 二级荷载 | -45679 | 0.85 |
| | | | 三级荷载 | -48139 | 0.90 |
| S3 | 中跨跨中 | 25923 | 一级荷载 | 15948 | 0.62 |
| | | | 二级荷载 | 17438 | 0.67 |
| | | | 三级荷载 | 20678 | 0.80 |

续上表

| 控制断面位置 | | 设计荷载弯矩（kN·m） | 试验实际荷载（kN·m） | | 荷载效率 |
|---|---|---|---|---|---|
| | | 汽车—超20级挂120 | 加载分级 | 实际荷载 | 汽车—20级 |
| S4 | 中跨支点 | 39540 | 一级荷载 | — | — |
| | | | 二级荷载 | -32299 | 0.82 |
| | | | 三级荷载 | -34409 | 0.87 |

3. 静载加载分级控制及测点布置

为了加载安全，防止结构加载意外损伤，以及了解结构应变和变位随试验荷载增加的变化关系，试验时各工况加载分级进行。车辆荷载分级加载的方法有多种，如逐渐增加加载车数量，先上轻车后上重车，加载车辆位于内力影响线的不同部位以及加载车分次装载重物等。为使本试验加载简单易行、快速有效，选用逐渐增加加载车数量的方法，根据本桥的特殊情况并参考测试项目和荷载工况的不同，本次静力试验荷载分成3级加载，分级荷载的取值如表4-13所示。

根据试验工况及测试项目确定加载位置。加载车辆沿桥纵向采用3列，1～4排试验车队。车队中加载车辆的数目及纵向布置，根据桥跨的测试截面位置及相应的内力影响线加载计算而确定。对于桥跨的每一个加载测试截面，车辆在桥面横向按对称布置。

在试验加载过程中，密切注意桥梁结构的变化，若有异常情况发生，则立即停止加载。各工况具体加载轴位及加载次序见图4-24～图4-27。

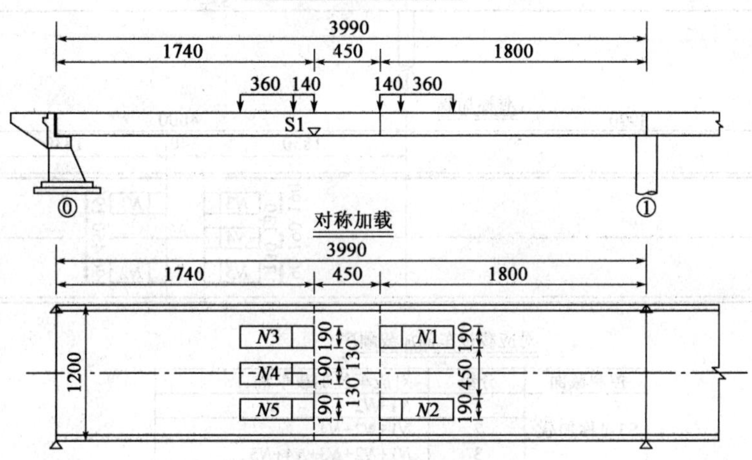


对应载位车辆加载顺序

| 控制截面 | 分级 | 对应车位加载车辆 |
|---|---|---|
| S1对称加载 | 1 | *N*1+*N*2 |
| | 2 | *N*1+*N*2+*N*4 |
| | 3 | *N*1+*N*2+*N*3+*N*4+*N*5 |

图4-24　边跨最大正弯矩工况加载方案图（尺寸单位：cm）

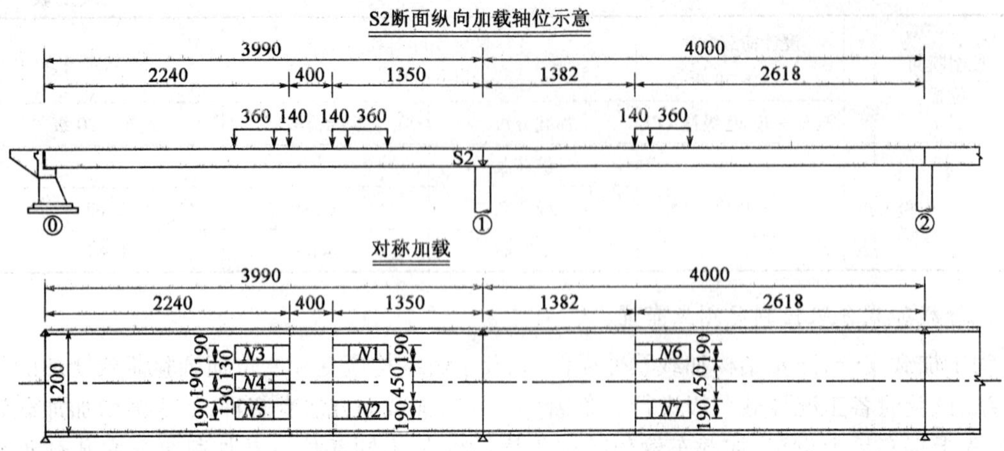


对应载位车辆加载顺序

| 控制截面 | 分级 | 对应车位加载车辆 |
|---|---|---|
| S2对称加载 | 1 | *N*4+*N*6+*N*7 |
| | 2 | *N*1+*N*2+*N*4+*N*6+*N*7 |
| | 3 | *N*1+*N*2+*N*3+*N*4+*N*5+*N*6+*N*7 |

图 4-25　边跨最大负弯矩工况加载方案图(尺寸单位:cm)

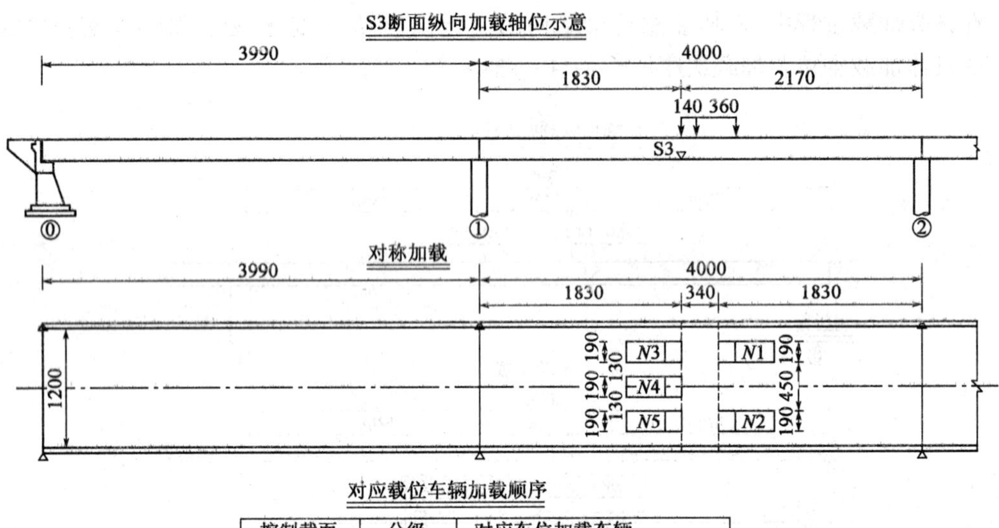


对应载位车辆加载顺序

| 控制截面 | 分级 | 对应车位加载车辆 |
|---|---|---|
| S3对称加载 | 1 | *N*1+*N*2 |
| | 2 | *N*1+*N*2+*N*4 |
| | 3 | *N*1+*N*2+*N*3+*N*4+*N*5 |

图 4-26　中跨最大正弯矩工况加载方案图(尺寸单位:cm)

对主要测点的布置原则是:测点的布置应能控制结构的最大应力(应变)和最大挠度。

本桥应力测点布置在桥梁边跨跨中(S1),边跨支点(S2),中跨跨中(S3),中跨支点(S4)4 个断面;挠度测点布置在第 1、2 跨桥面、$L/4$、$L/2$、$3L/4$ 的支点处,测点编号 D0 ~ D9;对箱梁的内侧和外侧挠度分别测量,共布置 18 个测点。

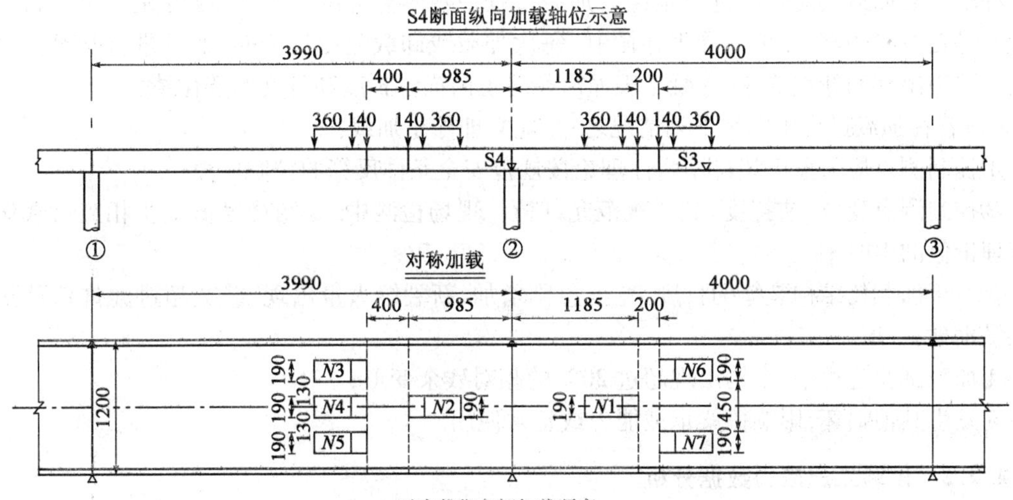


对应载位车辆加载顺序

| 控制截面 | 分级 | 对应车位加载车辆 |
|---|---|---|
| S4对称加载 | 1 | N1+N2+N4 |
| | 2 | N1+N2+N4+N6+N7 |
| | 3 | N1+N2+N3+N4+N5+N6+N7 |

图4-27　中跨最大负弯矩工况加载方案图(尺寸单位:cm)

4. 加载试验程序

(1)试验加载位置放样和卸载位置的安排:荷载试验前在桥面上对加载位置进行放样,以便于加载试验准确顺利进行。荷载卸载的位置也预先安排确定,选择既考虑加卸载方便,又考虑安放的荷载不影响测试部位受力的位置。

(2)在正式加载试验前,用两辆载重加载车在关键控制截面进行横桥向对称预加载试验,每一预加载载位持荷时间不小于10min。预加载的目的在于,检查测试系统和试验组织是否工作正常。在确认测试系统和试验组织工作正常后,进入正式加载试验。

(3)预加载卸到零荷载并在结构得到充分的零荷恢复后,正式进入加载试验。完成一个序号的加载工况后,使结构得到充分的零荷恢复,然后可进入下一个序号的加载工况。结构零荷恢复的标志是加载试验实测的结构最大变位测点在卸到零荷载后,变位恢复最后一个5min增量小于第一个5min增量的15%,或小于所用测量仪器的最小分辨值。

5. 静载试验规则

(1)静力试验荷载持续时间,原则上取决于结构变位或应变达到相对稳定所需要的时间,只有在结构变位或应变相对稳定后,才进入下一荷载阶段。同一级荷载内,若结构变位或应变最大的测点在最后5min内的增量小于第一个5分钟增量的15%,或小于所用测量仪器的最小分辨值,即认为结构变位或应变达到相对稳定。

(2)全部测点(应变或挠度)在正式加载试验前进行零级荷载读数,以后每次加载或卸载后立即读数一次。在结构变位或应变较大的测点每隔5min观测一次,以观测结构变位或应变是否达到相对稳定。

(3)对试验控制截面已经出现或可能出现的裂缝进行观测,测量裂缝长度、宽度、走向,并在混凝土表面沿裂缝走向进行描绘。加载过程中观测裂缝的长度、宽度变化情况。由于裂缝测量花费时间较多,可不受上述限制,每次加载或卸载完成后 5min 即可进行观测。对加载过程中出现的新裂缝,在混凝土表面沿裂缝走向描绘长度和宽度的变化情况。

(4)若在加载过程中发生下列情况之一,应立即停止加载:

①控制测点应力值已超过用弹性理论按规范安全条件反算的控制应力;

②控制测点变位(或挠度)超过规范允许值。现场检测中,实测挠度值大于相应荷载作用下理论值的 10%;

③由于加载使结构裂缝的长度、宽度急剧增加,新裂缝大量出现,缝宽超过允许值的裂缝大量出现;

④加载试验过程中,结构出现超过 20% 的相对残余变形;

⑤发生其他损坏,影响桥梁承载能力或正常使用。

### 4.4.2 试验工况应力数据分析

本次应力测试采用长标距混凝土表面应变片,用 DH3816 型静态应变采集仪自动采集各个测点的应力。各工况应力测点见相应的图,各加载截面在各级荷载下的应力观测结果列入相应的表,与平面静力分析的设计值进行对比,表中应力值以压为负、拉为正。

1. 边跨跨中最大正弯矩工况应力应变测试结果

边跨跨中最大正弯矩工况截面箱梁正弯矩应变片位置如图 4-28 所示;各级荷载作用下应力测试结果如表 4-14 所示。

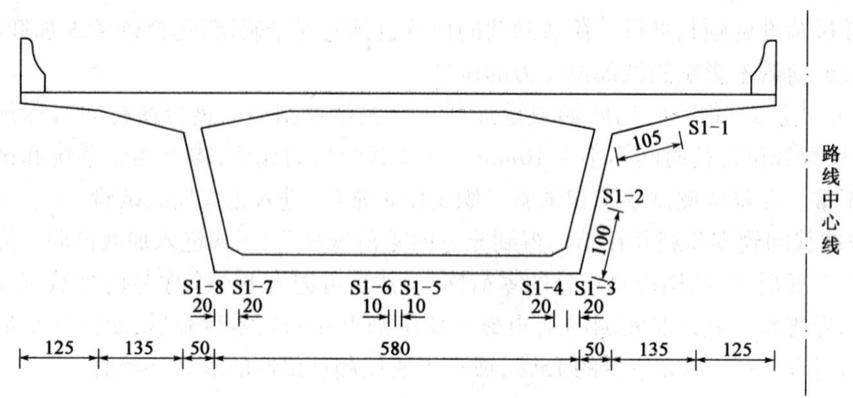


图 4-28　S1 截面箱梁应变片粘贴位置示意图(尺寸单位:cm)

**边跨跨中最大正弯矩工况应力测试结果**(MPa)　　表 4-14

| 位置 | 一级荷载 | | 二级荷载 | | 三级荷载 | | |
|---|---|---|---|---|---|---|---|
| | 加载 | 卸载 | 加载 | 卸载 | 加载 | 卸载 | 残余率 |
| S1-1 | 0.198 | 0.264 | 0.165 | 0.000 | -0.197 | -0.198 | * |
| S1-2 | 0.795 | 0.099 | 0.924 | -0.099 | 1.188 | -0.396 | * |
| S1-3 | 1.386 | 0.231 | 1.980 | -0.264 | 2.739 | -0.363 | 13.25% |
| S1-4 | 1.353 | 0.198 | 1.980 | 0.000 | 2.739 | -0.198 | 7.23% |

续上表

| 位置 | 一级荷载 | | 二级荷载 | | 三级荷载 | | |
|---|---|---|---|---|---|---|---|
| | 加载 | 卸载 | 加载 | 卸载 | 加载 | 卸载 | 残余率 |
| S1-5 | 1.155 | 0.000 | 1.584 | 0.000 | 2.409 | -0.198 | 8.22% |
| S1-6 | 1.188 | 0.231 | 1.881 | 0.000 | 2.607 | -0.033 | 1.27% |
| S1-7 | 1.254 | 0.000 | 1.782 | 0.000 | 2.706 | -0.165 | 6.10% |
| S1-8 | 1.287 | 0.000 | 1.851 | 0.000 | 2.722 | 0.000 | 0.00% |

注：* 表示测点失真或破坏。

为了便于直接比较箱梁底面应力与实测点应力，这里只给出该工况的三级荷载下箱梁底面理论计算应力；得到增量为2.67MPa，相应的应力校验系数为1.02，明显超出通常情况下的预应力箱梁的应力校验系数范围(0.5~0.8)。

2. 边跨墩顶最大负弯矩工况应力应变测试结果

边跨跨中负弯矩工况截面箱梁正弯矩应变片位置如图4-29所示；各级荷载作用下应力测试结果如表4-15所示。

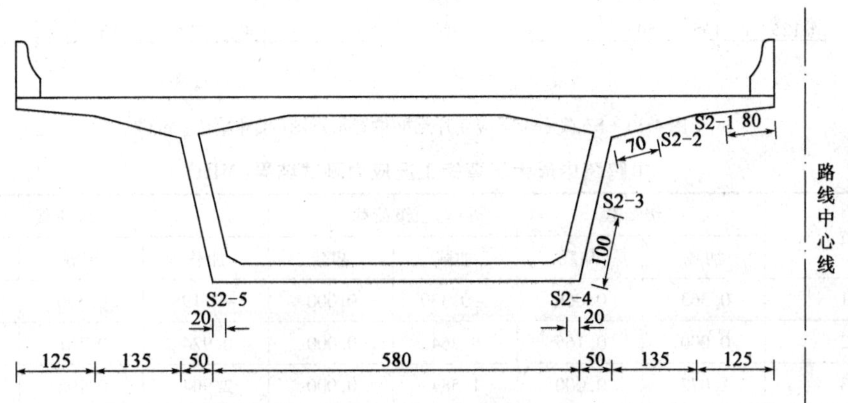


图4-29　S2截面箱梁应变片粘贴位置示意图(尺寸单位:cm)

**边跨墩顶最大负弯矩工况应力测试结果(MPa)**　　表4-15

| 位置 | 二级荷载 | | 三级荷载 | | |
|---|---|---|---|---|---|
| | 加载 | 卸载 | 加载 | 卸载 | 残余率 |
| S2-1 | * | * | * | * | * |
| S2-2 | 1.254 | 1.542 | 1.188 | 0.320 | * |
| S2-3 | 1.254 | 1.089 | 1.155 | 0.528 | * |
| S2-4 | 1.485 | 0.627 | 1.320 | -0.264 | * |
| S2-5 | 1.155 | 0.594 | 1.330 | -0.363 | * |

注：* 表示测点失真或破坏。

荷载试验实测应力受多方面影响。本次试验卸载后稳定时间较短，连续梁桥支座附近受力复杂，在卸载过程中可能出现反方向加载，对残余应变有直接影响，可能导致残余率失真。

三级荷载下箱梁底面按平面分析程序得到的理论计算应力增量为1.86Mpa,相应的应力校验系数为0.77,处于通常情况下的预应力箱梁的应力校验系数范围是0.5~0.8。这在一定情况下说明墩顶截面由于支座支撑的原因,截面应变畸变效应不明显。

3. 中跨跨中最大正弯矩工况应力应变测试结果

中跨跨中最大正弯矩工况截面箱梁正弯矩应变片位置如图4-30所示;各级荷载作用下应力测试结果如表4-16所示。

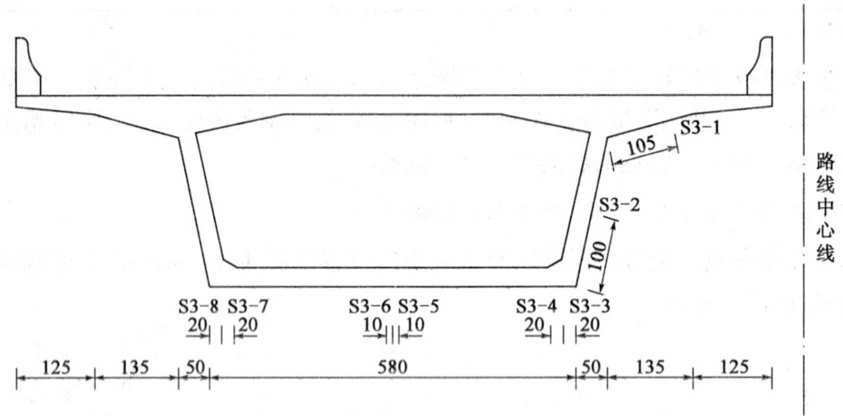


图4-30 S3截面箱梁应变片粘贴位置示意图(尺寸单位:cm)

中跨跨中最大正弯矩工况应力测试结果(MPa) 表4-16

| 位置 | 一级荷载 | | 二级荷载 | | 三级荷载 | | |
|---|---|---|---|---|---|---|---|
| | 加载 | 卸载 | 加载 | 卸载 | 加载 | 卸载 | 残余率 |
| S3-1 | 0.363 | 0.066 | -0.330 | 0.000 | -0.198 | 0.396 | * |
| S3-2 | 0.000 | 0.165 | 0.264 | 0.000 | 0.924 | 0.561 | * |
| S3-3 | 1.022 | 0.000 | 1.584 | 0.000 | 2.904 | 0.198 | 6.82% |
| S3-4 | 1.287 | 0.000 | 1.518 | -0.165 | 3.069 | 0.000 | 0.00% |
| S3-5 | 0.561 | -0.330 | 0.627 | -0.330 | 1.881 | -0.549 | * |
| S3-6 | 0.759 | 0.000 | 0.924 | -0.099 | 1.980 | 0.000 | 0.00% |
| S3-7 | 1.122 | 0.000 | 1.419 | -0.099 | 2.739 | -0.198 | 7.23% |
| S3-8 | 1.188 | 0.000 | 1.617 | 0.000 | 2.904 | 0.330 | 11.36% |

注:*表示测点失真或破坏。

三级荷载下箱梁底面按平面分析程序得到的理论计算应力增量为2.19MPa,相应的应力校验系数为1.18,明显大于通常情况下的预应力箱梁的应力校验系数范围0.5~0.8。

4. 中跨墩顶最大负弯矩工况应力应变测试结果

中跨支点最大负弯矩工况截面箱梁正弯矩应变片位置如图4-31所示;各级荷载作用下应力测试结果如表4-17所示。

荷载试验实测应力受多方面影响。本次试验卸载后稳定时间较短,连续梁桥支座附近受力复杂,在卸载过程中可能出现反方向加载,对残余应变有直接影响,可能导致残余率失真。

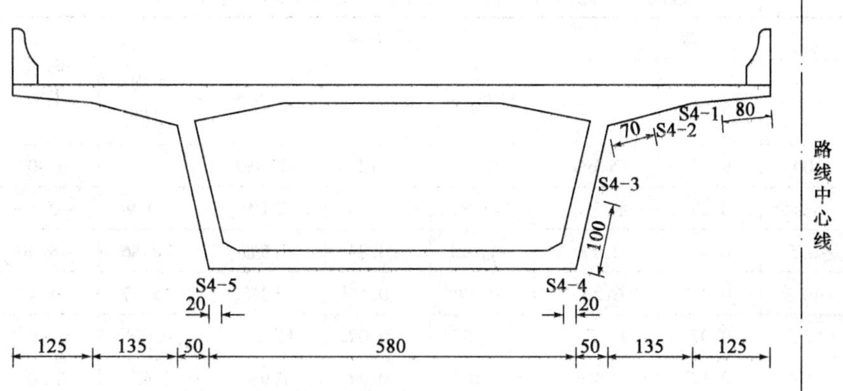


图4-31　S4截面箱梁应变片粘贴位置示意图(尺寸单位:cm)

**中跨支点最大负弯矩工况应力测试结果(MPa)**　　表4-17

| 位置 | 二级荷载 | | 三级荷载 | | |
|---|---|---|---|---|---|
| | 加载 | 卸载 | 加载 | 卸载 | 残余率 |
| S4-1 | 1.221 | 0.759 | 0.957 | 0.561 | * |
| S4-2 | 0.297 | -0.231 | * | -0.561 | * |
| S4-3 | 0.297 | 0.297 | -0.627 | -0.033 | 5.26% |
| S4-4 | -0.363 | 0.462 | -1.155 | 0.099 | 8.57% |
| S4-5 | -0.297 | 0.297 | -1.155 | -0.264 | * |

注:*表示测点失真或破坏。

三级荷载下箱梁底面按平面分析程序得到的理论计算应力增量为1.10MPa,相应的应力校验系数为1.05,明显大于通常情况下的预应力箱梁的应力校验系数范围0.5~0.8。

### 4.4.3　试验工况挠度数据分析

本次挠度观测工作采用安置于桥面上的精密水准仪来完成,与平面静力分析的设计值进行对比,箱梁内外侧均布置挠度测点,D0为基准点,挠度测点布置见图4-32,测量精度:0.00001m。

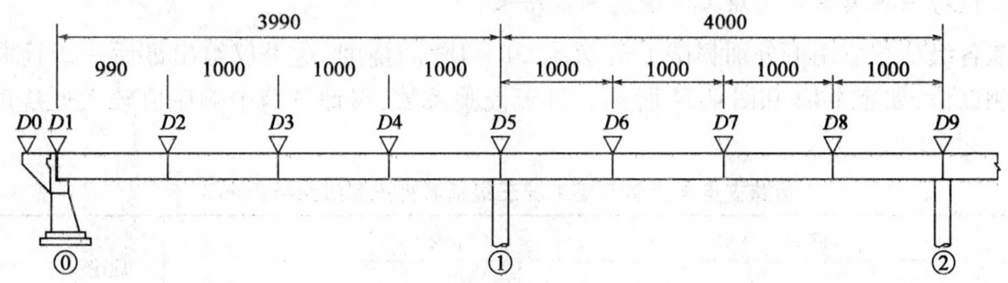


图4-32　挠度测点布置示意图(尺寸单位:cm)

1.边跨跨中最大正弯矩工况挠度测试结果

在各级荷载作用下分别测试了箱梁在D1~D9的挠度,这里仅给出最后一级荷载作用下的测试值,如表4-18和图4-33所示。对于校验系数,仅计算跨中响应值较大处挠度校验系数。

边跨跨中最大正弯矩工况三级荷载挠度测试结果(mm) 表 4-18

| 测点编号 | 内侧 | | | 外侧 | | | 加载平均挠度 | 理论挠度 | 挠度校验系数 |
|---|---|---|---|---|---|---|---|---|---|
| | 加载挠度 | 卸载挠度 | 残余率 | 加载挠度 | 卸载挠度 | 残余率 | | | |
| D1 | 1.09 | 0.17 | 15.6% | 2.61 | 1.12 | 42.9% | 1.85 | 0.00 | — |
| D2 | -3.54 | 0.29 | 8.2% | -6.52 | -0.13 | 2.1% | -4.9 | -5.53 | — |
| D3 | -6.5 | 0.05 | 0.8% | -11.21 | -0.84 | 7.5% | -8.86 | -8.30 | 1.07 |
| D4 | -4.38 | 0.27 | 6.2% | -5.96 | -0.19 | 3.2% | -5.17 | -5.45 | — |
| D5 | 0.55 | 0.07 | 12.7% | -0.55 | -0.07 | 12.7% | 0.00 | 0.00 | — |
| D6 | 3.16 | 0.17 | 5.4% | 2.10 | -0.04 | 1.9% | 2.63 | 2.20 | — |
| D7 | 4.80 | 0.06 | 1.3% | 0.53 | -0.33 | 62.3% | 2.67 | 2.48 | — |
| D8 | 0.29 | -0.34 | 117.2% | 0.60 | -0.03 | 5% | 0.45 | 1.43 | — |
| D9 | 2.36 | 0.36 | 15.3% | -0.46 | -0.1 | 21.7% | 0.95 | 0.00 | — |

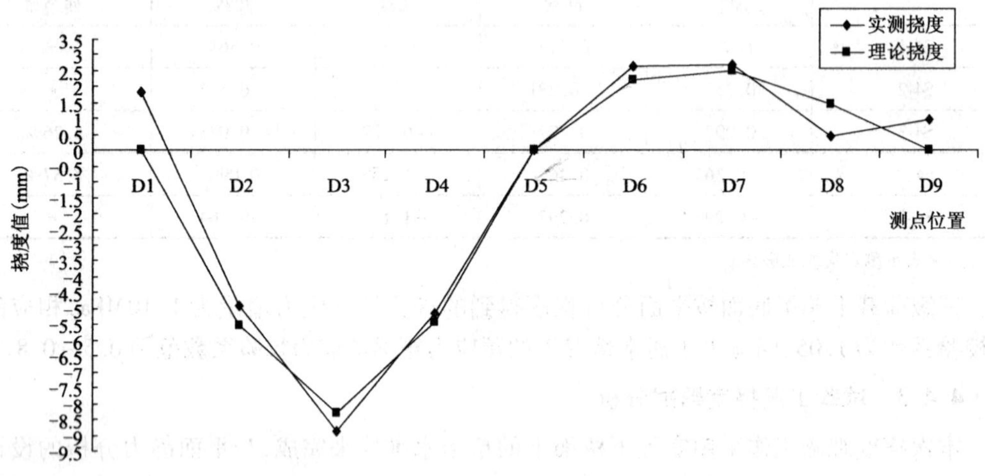


图 4-33 边跨跨中最大正弯矩工况挠度测试图

2. 边跨支点最大负弯矩工况挠度测试结果

在各级荷载作用下分别测试了箱梁在 D1 ~ D9 的挠度,这里仅给出最后一级荷载作用下的测试值,如表 4-19 和图 4-34 所示。对于校验系数,仅计算跨中响应值较大处挠度校验系数。

边跨支点最大负弯矩工况三级荷载挠度测试结果(mm) 表 4-19

| 测点编号 | 内侧 | | | 外侧 | | | 加载平均挠度 | 理论挠度 | 挠度校验系数 |
|---|---|---|---|---|---|---|---|---|---|
| | 加载挠度 | 卸载挠度 | 残余率 | 加载挠度 | 卸载挠度 | 残余率 | | | |
| D1 | 0.96 | 0.32 | 33.3% | 1.75 | 0.04 | 2.3% | 1.36 | 0.00 | — |
| D2 | -2.60 | 0.39 | 15% | -6.00 | -0.05 | 0.8% | -4.3 | -4.13 | — |
| D3 | -5.88 | 0.12 | 2% | -8.94 | -0.84 | 9.4% | -7.41 | -6.62 | 1.12 |

续上表

| 测点编号 | 内侧 | | | 外侧 | | | 加载平均挠度 | 理论挠度 | 挠度校验系数 |
|---|---|---|---|---|---|---|---|---|---|
| | 加载挠度 | 卸载挠度 | 残余率 | 加载挠度 | 卸载挠度 | 残余率 | | | |
| D4 | -3.68 | 0.12 | 3.3% | -5.42 | -0.11 | 2% | -4.55 | -4.58 | — |
| D5 | 0.48 | 0.16 | 33.3% | -0.87 | -0.05 | 5.7% | -0.20 | 0.00 | — |
| D6 | 1.27 | 0.18 | 14.2% | 0.02 | 0 | 0% | 0.65 | 0.64 | — |
| D7 | 0.55 | 0.19 | 34.5% | -1.80 | -0.29 | 16.1% | -0.63 | 0.03 | — |
| D8 | -0.36 | -0.21 | 58.3% | -0.99 | -0.21 | 21.2% | -0.68 | -0.08 | — |
| D9 | 1.06 | 0.3 | 28.3% | -0.63 | -0.06 | 9.5% | 0.22 | 0.00 | — |

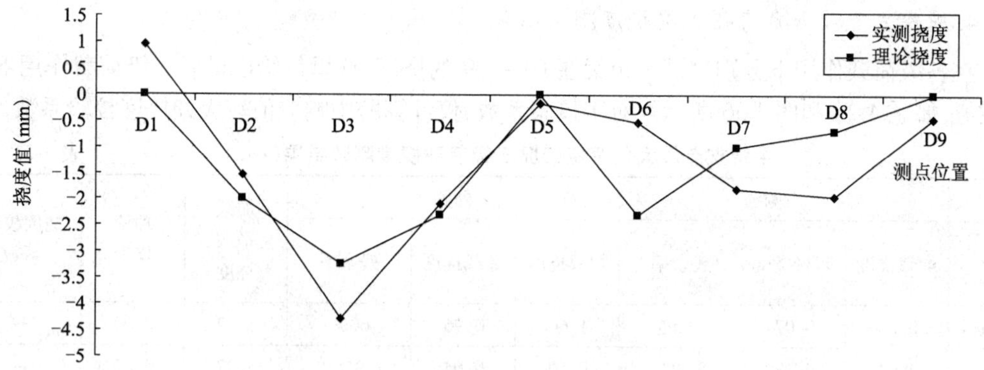


图 4-34 边跨支点最大负弯矩工况挠度测试图

### 3. 中跨跨中最大正弯矩工况挠度测试结果

在各级荷载作用下分别测试了箱梁在 D1 ~ D9 的挠度，这里仅给出最后一级荷载作用下的测试值，如表 4-20 和图 4-35 所示。对于校验系数，仅计算跨中响应值较大处挠度校验系数。

**中跨跨中最大正弯矩工况三级荷载挠度测试结果**(mm) 表 4-20

| 测点编号 | 内侧 | | | 外侧 | | | 加载平均挠度 | 理论挠度 | 挠度校验系数 |
|---|---|---|---|---|---|---|---|---|---|
| | 加载挠度 | 卸载挠度 | 残余率 | 加载挠度 | 卸载挠度 | 残余率 | | | |
| D1 | 0.84 | 0.19 | 22.6% | 1.66 | 0.4 | 24.1% | 1.25 | 0.00 | — |
| D2 | 2.94 | 0.3 | 10.2% | 1.33 | -0.12 | 9% | 2.14 | 1.43 | — |
| D3 | 3.01 | 0.22 | 7.3% | -0.76 | -0.85 | 111.8% | 1.13 | 2.48 | — |
| D4 | 0.66 | 0.26 | 39.4% | 1.72 | -0.11 | 6.4% | 1.19 | 2.31 | — |
| D5 | 0.35 | 0.12 | 34.3% | -0.68 | -0.09 | 13.2% | -0.71 | 0.00 | — |
| D6 | -3.92 | -0.02 | 0.5% | -5.71 | -0.04 | 0.8% | -4.55 | -3.81 | — |
| D7 | -5.81 | 0.18 | 3.1% | -8.33 | -0.4 | 4.8% | -7.07 | -6.48 | 1.09 |
| D8 | -5.30 | -0.51 | 9.6% | -4.84 | -0.16 | 3.3% | -5.07 | -4.44 | — |
| D9 | 0.89 | 0.21 | 23.6% | -0.83 | -0.04 | 4.8% | 0.03 | 0.00 | — |

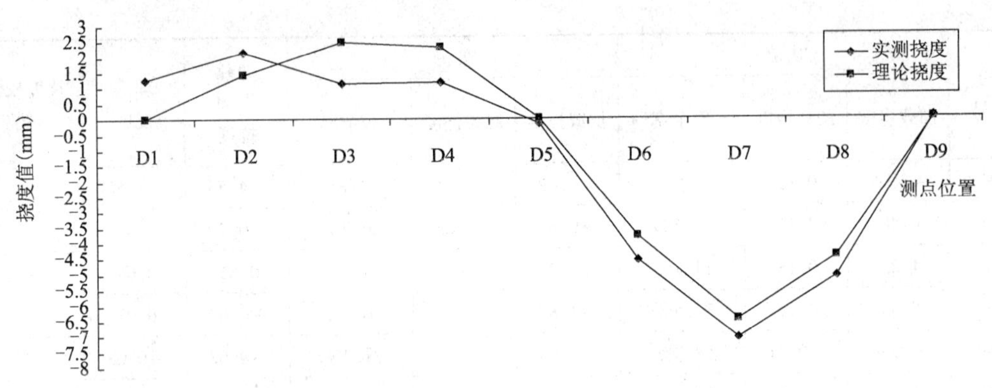


图 4-35　中跨跨中最大正弯矩工况挠度测试图

4. 中跨支点最大负弯矩工况挠度测试结果

在各级荷载作用下分别测试了箱梁在 D1 ~ D9 的挠度,这里仅给出最后一级荷载作用下的测试值,如表 4-21 和图 4-36 所示。对于校验系数,仅计算跨中响应值较大处挠度校验系数。

中跨支点最大负弯矩工况三级荷载挠度测试结果(mm)　表 4-21

| 测点编号 | 内侧 | | | 外侧 | | | 加载平均挠度 | 理论挠度 | 挠度校验系数 |
|---|---|---|---|---|---|---|---|---|---|
| | 加载挠度 | 卸载挠度 | 残余率 | 加载挠度 | 卸载挠度 | 残余率 | | | |
| D1 | 0.83 | 0.07 | 20.5% | 1.60 | 0.96 | 60% | 1.22 | 0.00 | — |
| D2 | 2.04 | 0.18 | 8.8% | 0.50 | 0.04 | 8% | 1.27 | 0.62 | — |
| D3 | 1.44 | 0.11 | 7.6% | -1.97 | -0.39 | 19.8% | -0.27 | 1.08 | — |
| D4 | 1.45 | 0.34 | 23.4% | 0.92 | 0.17 | 18.5% | 1.19 | 1.00 | — |
| D5 | 0.62 | 0.12 | 19.4% | 0.45 | -0.05 | 11.1% | 0.54 | 0.00 | — |
| D6 | -1.12 | 0.16 | 14.3% | -1.87 | -0.2 | 10.7% | -1.50 | -1.66 | — |
| D7 | -2.39 | 0.11 | 4.6% | -4.40 | 0.05 | 1.1% | -3.4 | -3.10 | 1.10 |
| D8 | -3.17 | -0.29 | 9.1% | -2.61 | 0.66 | 25.3% | -2.89 | -2.31 | — |
| D9 | 1.61 | 0.33 | 20.5% | -0.57 | 0.08 | 14% | 0.52 | 0.00 | — |

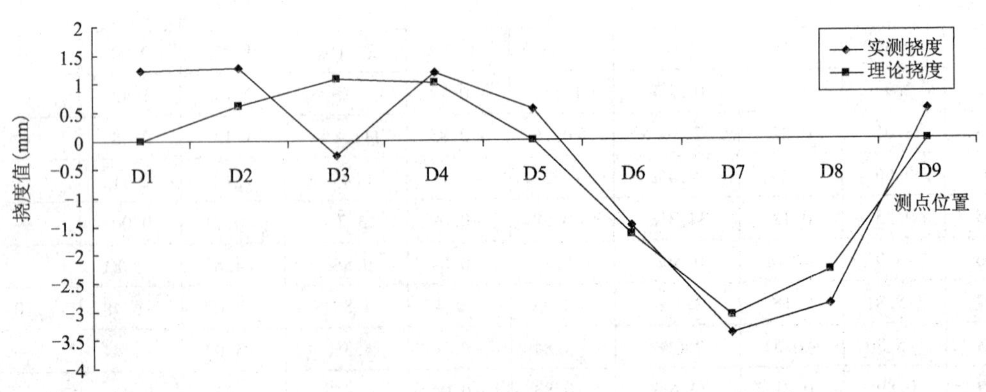


图 4-36　中跨支点最大负弯矩工况挠度测试图

### 4.4.4　实际桥梁与理想结构的偏差

已有的桥梁荷载试验数据分析及经验表明，无病害的混凝土桥梁在试验荷载作用下的实测应力、挠度与理论计算的应力、挠度之比即应力校验系数和挠度校验系数通常为 0.5 ~ 0.8。但本桥梁各主控点(箱梁底面)的应力校验系数如表 4-22 所示。

各主控点的应力检验系数　　表 4-22

| 荷载工况 | 测点位置 | 实测应力增量 | 理论应力增量 | 应力校验系数 |
|---|---|---|---|---|
| 边跨跨中 Mmax | S1-8 | 2.772 | 2.67 | 1.04 |
| 边跨墩顶 – Mmax | S2-4 | 1.32 | 1.86 | 0.71 |
| 中跨跨中 Mmax | S3-4 | 3.069 | 2.19 | 1.40 |
| 中跨墩顶 – Mmax | S4-4 | –1.155 | 1.10 | 1.05 |

挠度校验系数及挠度残余率分别为：

(1)边跨跨中最大正弯矩工况下边跨跨中挠度校验系数 1.07，挠度残余率 7.5%；

(2)边跨墩顶最大负弯矩工况下边跨跨中挠度校验系数 1.12，挠度残余率 9.4%；

(3)中跨跨中最大正弯矩工况下中跨跨中挠度校验系数 1.09，挠度残余率 4.8%；

(4)中跨墩顶最大负弯矩工况下中跨跨中挠度校验系数 1.10，挠度残余率 1.1%。

值得说明的是，在理论计算所取用的主梁计算刚度中，结构截面未计入桥面铺装层的作用，按规范取用的混凝土弹性模量通常低于预应力混凝土结构的实际弹性模量，因此主梁的计算刚度被低估了，相应的计算应力和变形值被高估了。这对于桥梁的结构设计来说是偏安全的，但对试验荷载作用下实际桥梁结构状况的评估却是偏于危险的，因此无病害的混凝土桥梁在试验荷载作用下的应力校验系数和挠度校验系数应小于 1.0，通常为 0.5 ~0.8；对于新建桥梁，在试验荷载的初次作用下有残余变形和残余应变是正常的(规范要求其残余率应不大于 20%)，但对于已投入运营 10 余年的桥梁，若荷载试验还有明显的残余变形和残余应变，则引起残余变形和残余应变的主因之一是结构损伤的积累。

荷载试验表明，该桥梁在试验荷载下的应力校验系数和挠度校验系数均明显大于正常混凝土桥梁的上限值 0.8，荷载卸除后还有明显的残余挠度，表明实际桥梁的工作性能明显偏离了设计理想桥梁结构的力学性能——实际桥梁存在明显的结构性病害。

## 4.5　各类偏差与病害表现

### 4.5.1　设计偏差

1. 结构计算偏差

我国早期修建的混凝土箱形梁桥存在设计经验不足，对其力学特性认识不够的问题，从目前的观点去认识，即使按平面杆系程序分析也存在如下的计算偏差：对预应力作用的计算不完善；对混凝土收缩徐变对结构的不利影响计入不够；仅关注了最大正负弯矩截面，忽视了其余截面的应力控制。

2. 薄壁箱梁空间力学特性认识偏差

针对本桥的宽大薄壁混凝土箱形梁，考虑剪力滞影响的箱梁截面最大恒载应力可达平面分析所得计算应力的 1.5 倍；在不利车辆偏载作用下考虑扭转畸变影响的箱梁截面最大应力可达平面分析所得计算应力的 1.28 倍；意味着平面分析的计算结果显著低估了主梁的实际应力水平。

3. 构造设计偏差

在我国经济相对落后的 20 世纪 90 年代，设计者过于追求桥梁的经济指标，构造了宽大薄壁混凝土箱形截面梁作为该桥主梁；省略了箱梁各跨内的横隔板构造；取消了箱梁顶板横向预应力束构造；主梁顶底板预应力束布置缺乏应有的逐步过渡，大多锚固在同一截面。

### 4.5.2 设计与施工的偏差

常规混凝土结构具有一定的尺寸体量和厚度，对混凝土施工偏差具有相对宽大的容忍度；而本桥主梁为宽大薄壁混凝土箱形梁，若采用精雕细琢的施工方式完成桥梁，可能与设计理想的桥梁结构相对吻合；但对于未经专门业务培训的农民工施工队伍来说，按其常规的施工方式要做出精雕细琢的桥梁结构几乎是不可能的；同样的结构几何尺寸偏差，混凝土施工质量偏差，钢筋位置尺寸偏差，预应力束施工及控制偏差等对于一般混凝土结构可能不致造成对结构性能有明显不利影响的结构性病害，但对施工偏差很敏感的宽大薄壁混凝土箱形梁来说，这些偏差就可能导致明显的结构性病害。

### 4.5.3 使用偏差

本桥为 1990 年设计的高速公路桥梁，设计荷载为汽—超 20，挂—120；该桥梁建成后恰逢我国沿海城市经济快速增长时期，公路交通量和车辆载重超常提升，使桥梁长期长期处于超负荷运行，这也是桥梁出现严重病害的重要原因，可归于使用偏差的范畴。

### 4.5.4 桥梁主要病害表现及原因

1. 箱梁顶板纵向裂缝

各跨均有裂缝，裂缝宽 0.05 ~ 0.2mm，裂缝长 10 ~ 300cm，沿横桥向呈均布态势，裂缝间距 15 ~ 50cm；第一、二桥联顶板裂缝数量相对较少，多分布于支点附近 0.75 ~ 10m 范围内；第三联顶板裂缝数量较多，整个顶板范围均有分布。箱梁顶板纵向病害，如图 4-37 所示。

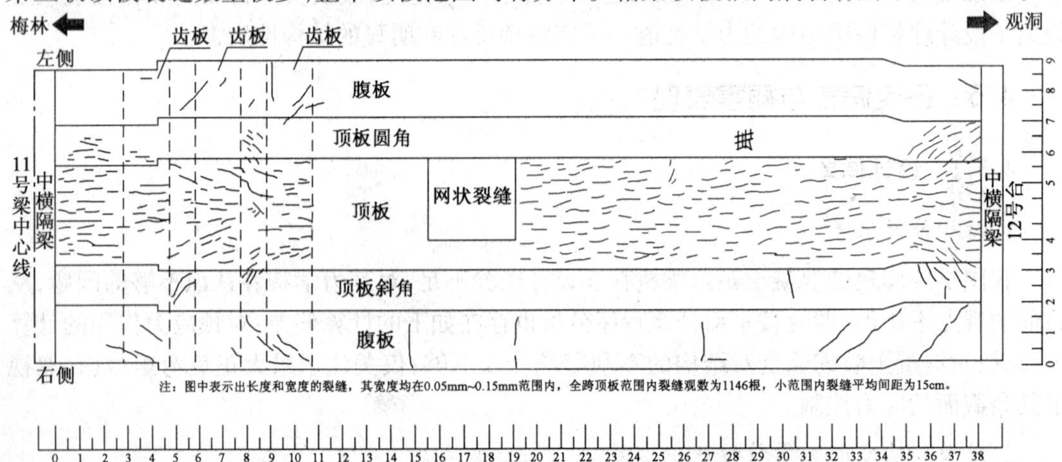


图 4-37 箱梁顶板纵向裂缝

主要原因:主梁为宽大薄壁箱梁,畸变引起的次应力大,当时设计采用的平面计算结果中低估了其不利影响;箱梁顶板横向跨度过大,混凝土在短期效应组合效应下的名义横向拉应力 $\sigma$ 达到3.9MPa,未设置横向预应力束,按普通钢筋混凝土设计必然在箱梁底板底面出现纵向裂缝;这类裂缝的出现导致箱梁的空间力学性能进一步弱化。

2. 箱梁腹板斜裂缝

腹板裂缝主要集中发生在支点附近及钢束齿板锚固区域,裂缝走向与钢束下弯方向基本垂直,缝宽0.05~0.3mm,最大裂缝宽度达到0.75mm,最长裂缝已连通整个腹板。箱梁腹板斜裂缝病害,如图4-38所示。

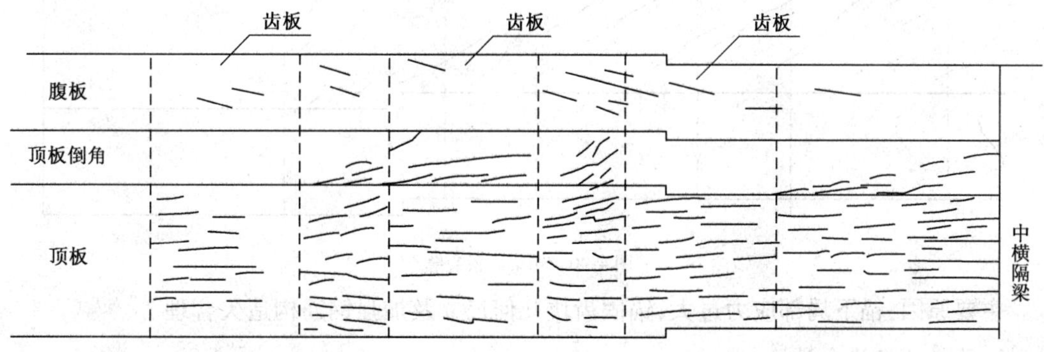


图4-38　箱梁腹板斜裂缝

主要原因:设计针对宽大薄壁箱梁由畸变引起次应力的不利影响估计不足,箱梁腹板厚度取值过小,弯起预应力束数量不够,致使箱梁抗剪能力不足而产生腹板些裂缝。

3. 箱梁底板横向裂缝

主要发生在各跨中距支点6.5m左右,此处为箱梁底板预应力束集中锚固的横向齿板后各有一条横向裂缝,部分裂缝已连通底板全宽。箱梁底板横向裂缝病害,如图4-39所示。

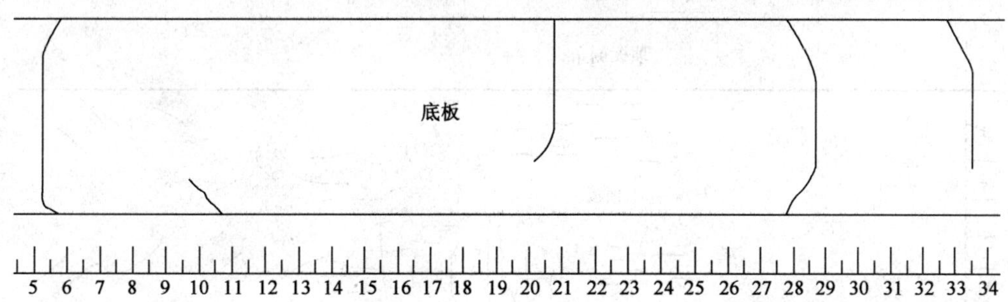


图4-39　箱梁底板横向裂缝

主要原因:锚固齿板部位底板截面突变,对锚下强大局部压力引起局部区域应力状态的改变缺乏仔细分析,局部构造欠合理。

4. 锚固齿板裂缝

原有预应力束锚固齿板裂缝多,后增体外预应力的新齿板裂缝少;老齿板裂缝为锚固齿块端面的竖向及斜向裂缝,缝宽0.05~0.5mm,部分裂缝以前灌浆封闭,未见开展;新增齿板裂缝见于锚固齿块端面,呈竖向分布,缝宽0.05mm。箱梁齿板裂缝病害,如图4-40所示。

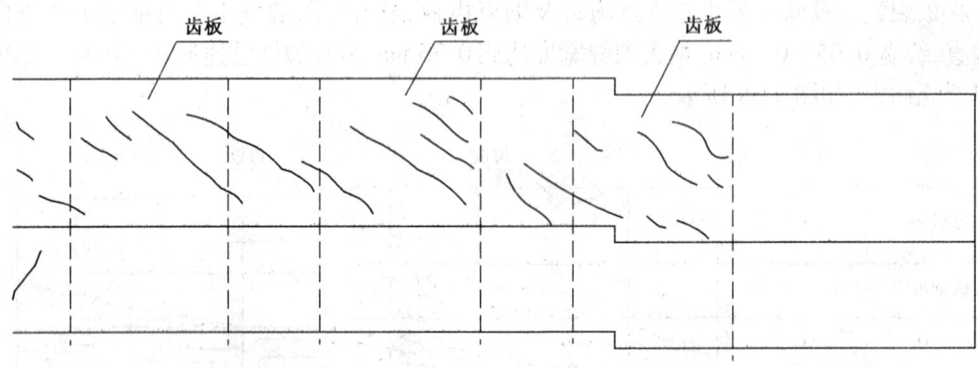

图4-40 箱梁齿板裂缝

主要原因:锚下局部应力过大,锚固齿块几何尺寸及加强钢筋构造欠合理。

5. 箱梁顶板横向裂缝

在右幅桥第6、7跨跨中区域顶板有少量横向裂缝(旁边伴有网状裂缝),裂缝宽0.05~0.15mm,长20~160cm。以前已灌浆封闭并贴了钢板条的横向裂缝未发现再次开裂。箱梁顶板横向裂缝病害,如图4-41所示。

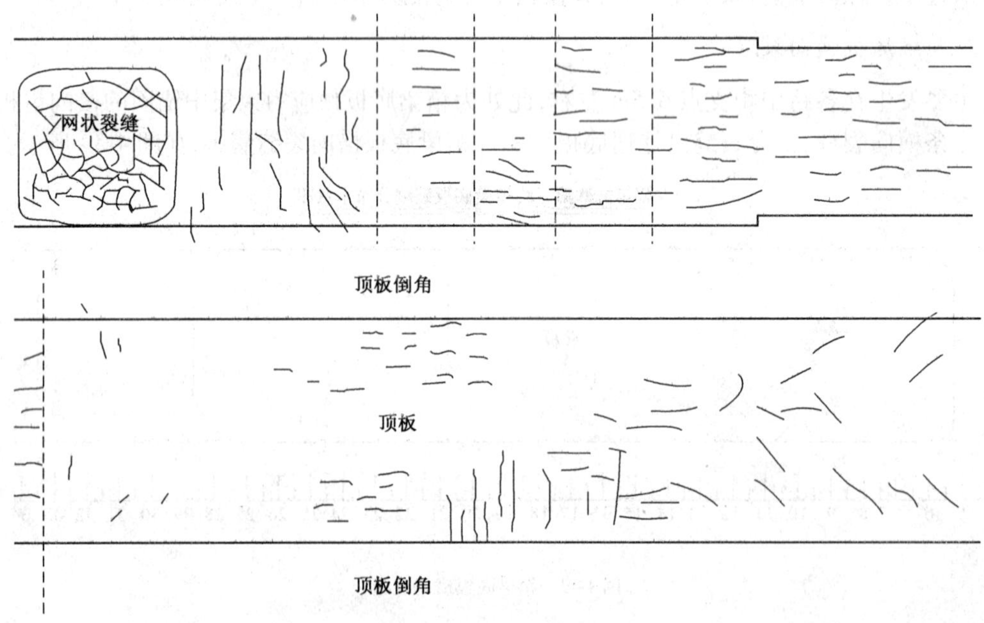

图4-41 箱梁顶板横向裂缝

主要原因:混凝土施工质量和后期养护未达到宽大薄壁混凝土箱梁应有的高标准要求。

6. 局部钢筋锈蚀

箱梁局部钢筋锈蚀严重,特别是右幅桥第一联锈蚀严重;箱梁顶、底板出现大面积的钢筋锈胀和混凝土剥落,局部区域的底板下层横向钢筋已经锈断;翼缘板下缘、腹板内、外侧及横隔板局部钢筋锈胀混凝土剥落。钢筋锈蚀病害,如图4-42所示。

图4-42 钢筋锈蚀

主要原因:施工时钢筋安装位置偏差致钢筋保护层厚度不足,钢筋锈蚀胀裂致表层混凝土剥落。

7. 局部混凝土腐蚀

箱梁顶板局部混凝土受水腐蚀较为严重,各跨顶板均有渗水、游离钙析出的现象,局部区域的结晶物析出呈钟乳石状和呈含水分的胶状。

主要原因:作为行车道板的箱梁顶板厚度偏薄,系未设置横向预应力束的普通钢筋混凝土板,重载使裂缝超预期发展至桥道板渗水。

8. 实测应力和挠度偏大

荷载试验表明,该桥梁在试验荷载下的应力校验系数和挠度校验系数均明显大于正常混凝土桥梁的上限值0.8,荷载卸除后还有明显的残余挠度。

主要原因:设计偏差使桥梁结构先天不足,施工偏差加速了桥梁结构病害的发生和发展,使用偏差致使桥梁病害逐趋恶化;几种偏差的并存与耦合作用使桥梁病害加剧——结构性能退化并形成恶性循环。

# 第 5 章　连续刚构桥病害与设计施工偏差

随着现代桥梁施工技术的飞速发展,高强材料的研究和运用,大跨径预应力混凝土连续刚构桥(图 5-1),以其行车平顺性好、T 型刚构桥不设支座、不需转换体系和养护简单、便于悬臂施工等优点,以及具有很大的顺桥向抗弯刚度和横向抗扭刚度,且能很好地满足较大跨径桥梁的受力要求,因此得到了迅速的发展。另外,双薄壁墩的柔性对桥梁承受温度变形,减小墩身材料,削减墩顶负弯矩及增加施工稳定性都有一定的益处。目前,连续刚构桥已成为公路建设中最主要的桥型之一。虽然连续刚构桥有很多优点,但在施工及使用过程中仍出现了一些不可小觑的问题,人们针对已出现的一些病害也做了大量研究工作。本章从连续刚构桥梁设计与施工偏差的角度入手,讨论连续刚构桥常见的问题及病害。

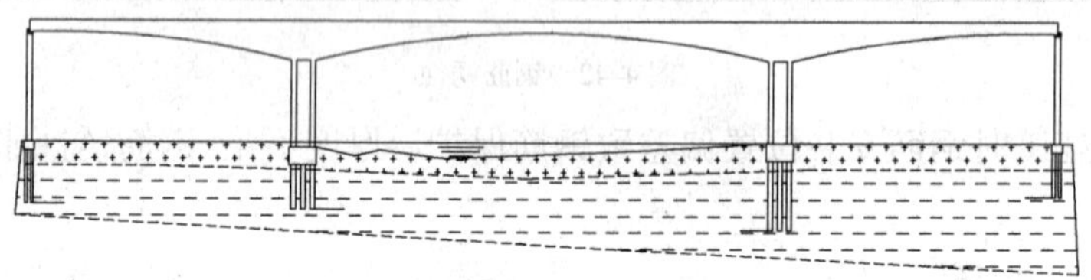

图 5-1　连续刚构桥典型立面图

## 5.1　截面尺寸及材料方面的偏差

通过查阅一些连续刚构桥的设计说明和计算报告后,笔者发现:设计单位在设计计算时,一般都是在理想状态下进行的,很难也很少全面考虑施工时可能遇到的具体问题及变化;有时只是简单地提了一下。比如在一份连续刚构桥的设计说明中是这样写的:“应重视结构表层钢筋网四周定位钢筋的设置,重视预应力管道定位钢筋的设置”,这样的语言对于施工单位作业人员很难起到具体的约束及指导作用,从而使设计的理想结构与实际施工得到的桥梁状态之间产生偏差,致使桥梁的后期性能超出设计者预期的范畴。以下着重从连续刚构桥中常见的结构尺寸、混凝土品质、有效预应力以及桥梁铺装等角度进行具体分析。

### 5.1.1　结构尺寸的施工偏差

现实中,由于施工单位操作人员素质和水平的不同,导致最终得到的箱梁尺寸会与设计图纸出现一定的偏差。如图 5-2 所示的腹板尺寸错动、宽度不一致和接缝不密实是比较常见的 3 种施工偏差,它们都会降低箱梁腹板接缝处的连接性能及刚度,而且第 3 种情况还会增加箱梁的自重。可以看出,连续刚构桥中类似的结构尺寸施工偏差都会给箱梁的结构性能带来一定的不利影响。然而,在设计中都是按无偏差结构进行设计计算的。

### 5.1.2　混凝土品质偏差

混凝土自身品质直接影响结构的受力行为,也是结构受力性能的内在影响因素,连续刚构桥梁主梁混凝土品质方面的偏差可以归纳为以下几个方面：

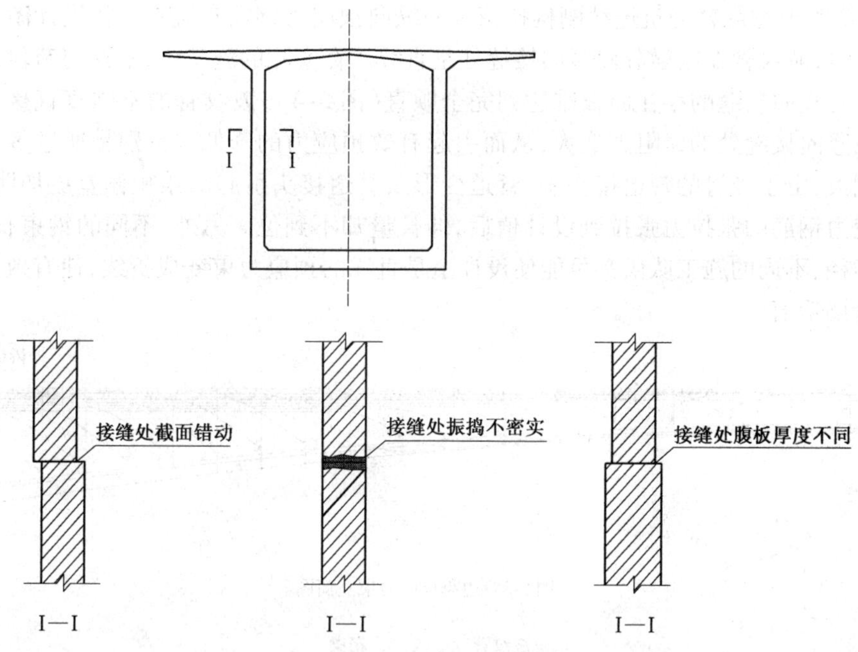


图 5-2　腹板尺寸施工偏差示意图

(1)设计偏差:在连续刚构桥的设计计算时,如果未计入不同梁段施工龄期、时间、环境、温度差异,则会导致混凝土收缩徐变等特性的差异,这样的设计缺陷将导致桥梁的结构行为超出设计期望的把控状态,引起明显的后期病害。

(2)施工偏差:连续刚构桥梁的混凝土施工偏差,经常表现为浇筑不密实,甚至出现空洞。主要是由于施工时模板安装及混凝土浇筑振捣缺陷所致,一般经常出现在钢筋较密集的块件或者混凝土方量较大时,另外,腹板与底板的倒角部位也经常出现施工质量偏差。

(3)设计与施工的偏差:在连续刚构桥的设计说明中,都会明确标注混凝土的设计等级,设计者在进行结构分析时,全桥混凝土都按此理论设计等级进行验算。然而,在实际的正常施工中,连续刚构桥是分节段进行浇筑的,不同的节段、不同的浇筑时间、不同的温度湿度、不同的施工人员、不同批次的骨料水泥、不同的实际配合比的偏差等等,都会导致不同梁段混凝土的品质彼此之间存在差异;在特殊情况下这种差异可能是很显著的。这种正常设计计算所采用的全桥主梁混凝土的统一设计等级与正常施工情况下混凝土品质不一之间存在明显偏差,即为混凝土品质的设计与施工的偏差。设计时只是考虑了混凝土龄期的差异,混凝土的品质在设计上被认为都是一样的,并没有考虑这些偏差的存在。另外,尽管当设计时考虑并计入了不同梁段在浇筑时间、龄期、环境等方面的差异,但设计采用的参数与实际施工的时间、环境参数有明显差异,也属于设计施工的偏差。

由于以上各项偏差的影响,致使在桥梁的后期检测检查过程中,时常发现同一根梁,不同位置处的混凝土,其强度是不同的,有时候甚至相差明显。相对于在预制场制作的空心板或者 T 梁,分阶段浇筑的混凝土连续刚构或者斜拉桥主梁,这种现象普遍存在而且更加严重。

### 5.1.3 预应力管道的设计与施工偏差

图5-3为典型悬臂浇筑连续刚构桥箱梁的纵向预应力钢筋布置图。在设计图纸表述及计算分析时，波纹管在箱梁分段竖向接缝处是直线。在实际的施工中，节段与节段之间的波纹管由于有竖向接缝的存在而很难达到完全顺直(图5-4)，波纹管的不顺直直接导致预应力钢筋在竖向接缝处的摩阻力变大，从而引起有效预应力的降低。特别是通过多个梁段的纵向长钢束，由于经过的管道接头多，管道变形及管道接头引起的累积偏差更加明显，可能导致预应力钢筋的张拉力张拉到设计值后，伸长量却不到位。另外，不同的钢束长度、不同的弯曲半径、不同的施工队伍都可能使设计上是直线的预应力束变成折线，使有效预应力值低于设计期望值。

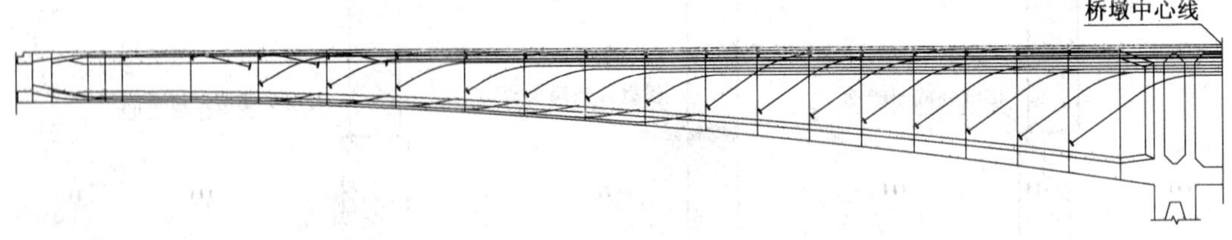


图5-3 边跨预应力束立面图

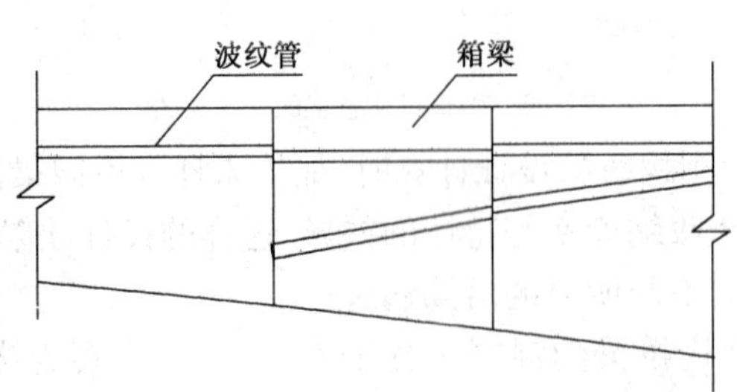


图5-4 波纹管实际为折线示意图

对于上述问题，设计单位在进行箱梁的设计过程中，是无法估计、难以模拟的，都是按波纹管顺直来进行预应力钢筋的设计。于是在设计理想状态与正常施工的实际状况之间便出现了偏差。

### 5.1.4 桥面铺装的施工偏差

桥面铺装对主梁受力及结构性能都有重要影响，桥面铺装实际状况往往存在一定的施工偏差，其具体表现为：

(1)局部凹凸不平偏差：在施工过程中由于主梁顶面局部平整度控制不佳，出现主梁局部顶面横坡不准确、或者出现局部凹凸不平，会导致桥面铺装局部厚度不均，既影响桥面铺装寿命，也影响桥面铺装自重，使实际结构自重偏离设计自重，从而影响结构受力。

(2)整体纵横坡及预拱度偏差：由于施工质量参差不齐，使得桥梁铺装层的实际厚度、实际纵坡有时候会与设计规定值出现一定的偏差。桥面铺装层过厚或者过薄都会使得设计理想状态与实际状况不符，一般情况下施工单位受利益影响，可能出现降低桥面铺装层厚度的问题。但是，实际上也大量存在由于主梁顶面平整度(包括横坡)不佳或者预拱度控制不良，需要用更厚的桥面铺装予以调整的问题；也不能排除铺装层进行铺装时控制高程出现测量错误，导致铺装层过厚。这些偏差增加了桥梁的恒载，使桥梁实际承受的荷载高于设计时所采用的数值，对结构的受力往往是不利的。

## 5.2　连续刚构桥（连续梁桥）的开裂病害

随着大量大跨径预应力混凝土连续刚构桥的修建，由于设计和施工偏差导致在施工和使用阶段出现混凝土开裂（顶板纵向裂缝、底板纵向裂缝、腹板斜裂缝），成桥后期存在跨中下挠过大的问题。此外，施工偏差导致预应力管束堵塞开槽疏管，对顶板性能影响等病害。本节将针对以上这些预应力混凝土连续刚构桥的常见病害从设计偏差和施工偏差进行简要分析。

### 5.2.1　墩顶区段箱梁顶板开裂的设计偏差

大跨径箱形截面连续刚构桥的施工过程中，所有临时荷载以及不平衡荷载都将由墩顶梁段承担，墩顶块是连接上部结构与下部结构的关键构件，它将荷载传递给下部桥墩及基础。鉴于墩顶梁段传递荷载大、受力甚为复杂，箱梁根部（墩顶处）常设置实体式、大刚度的横隔板，以增加箱梁截面的横向刚度，限制畸变应力，承受和分布支反力。连续刚构桥箱梁根部梁段设置的刚性横隔板使顶板的实际受力不同于一般悬臂梁段的简单平面分析状态，会对梁段受力状态发生明显变化，可能使箱内顶板下缘产生横向拉应力，引起顶板下缘纵向裂缝。

1. 墩顶箱梁顶板开裂原因分析

箱梁根部设置的刚性横隔板在增大箱梁腹板刚度的同时，相应地会对箱梁顶板的受力和变形产生较大影响，使顶板的受力状态与常规区段有明显不同。如果对这种影响认识不足，且在设计计算中未进行必要的调整，则可能导致顶板受力不利而开裂。下面从 4 个方面讨论刚性横隔板对顶板受力状态的影响。

（1）刚性横隔板改变了顶板的受力图式

在通常设计中，用箱梁顶板两侧挑出的翼板长度调节顶板内弯矩。当外伸翼板悬臂长度足够大时，悬臂段产生的负弯矩足以抵消跨中正弯矩。此时，箱梁顶板常常按图 5-5a）所示的计算简图进行横向内力分析，横向预应力钢筋应在靠近顶板上缘布置。对于常规区段，箱梁顶板的实际受力情况与此图式符合较好。

但是在箱梁根部的刚性横隔板附近区段，由于横隔板刚度很大，箱梁腹板受其约束，刚度也有很大增加。此时腹板对顶板的约束接近于固结，箱梁顶板的受力图式更接近图 5-5b），中间跨中出现顶板下缘受拉的状态。

（2）有限元建模思路

为了验证上述问题，通过以某连续刚构桥为例进行了有限元分析。该桥主跨跨径 210m，墩顶横隔板厚 2.5m。有限元程序采用 ANSYS，取主跨墩顶块中心至跨中区段建立空间实体有限元模型。

①本次有限元模型模拟成桥后期箱梁的受力状态，没有考虑钢筋和混凝土之间的滑移，钢筋和混凝土之间按有黏结处理。

②从结构构造来看，本桥是一轴对称结构，最不利荷载作用位置在桥纵向也是对称的，

所以只需取出主跨半跨，进行空间实体有限元分析即可满足要求。

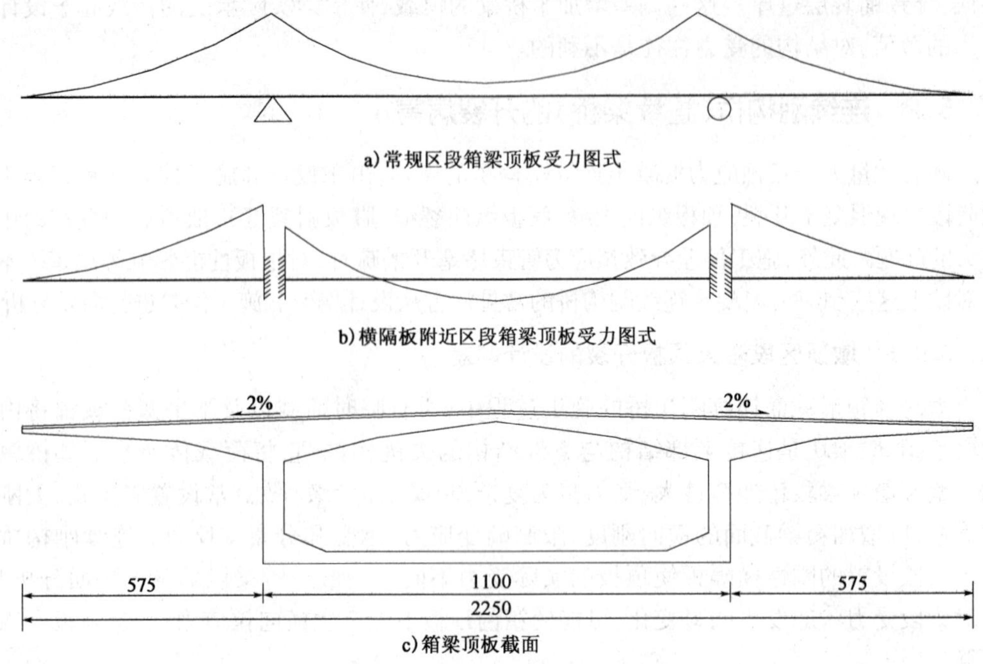


图5-5　箱梁顶板计算简图(尺寸单位:cm)

③在本次有限元模型中，箱梁顶板、腹板、底板及高度完全采用设计图尺寸，没有截面等效简化，力图准确模拟顶板底面受力状态。

(3)单元的选取

有限元法是把原型的连续体分割成许多细小的单元，在称为节点的离散点处连续起来分析复杂结构的方法。利用有限元分析桥梁结构内力时，有多种离散模型，常用的有空间梁单元、板壳元法、梁格法及三维实体元法。

空间梁单元法用一维空间梁元对结构进行离散，这种方法的特点是能直接给出计算截面的内力和变形，但分析宽箱梁桥时，用空间梁单元法有很大的局限性，不能得到横梁内力。板壳元法模拟横梁受力时误差很大。梁格法是用等效梁格来代替桥梁上部结构，分析梁格的受力状态就可得到实桥受力状态。桥梁结构设计过程中，对受力复杂部位可进行三维实体元分析，以解决复杂部位的配筋设计等问题。本次有限元模型重点分析顶板下缘应力状态，因此混凝土单元选用实体单元。

混凝土单元选用SOLID45。SOLID45用于仿真3-D实体结构。元素由8点组合而成，每个节点具有X,Y,Z位移方向的3个自由度。元素具有塑性、潜变、膨胀、应力强化，大变形和大应变的特征。

预应力筋单元选用LINK8。LINK8为三维空间承受单轴拉力—压力，每个节点具有X,Y,Z位移方向的3个自由度，无法承受力矩。

(4)单元类型及材料参数

单元类型和材料参数如表5-1所示。

单元类型及材料参数　　表 5-1

| 项目 | 单元类型 | 弹性模量(MPa) | 泊松比 | 容重($kN/m^3$) | 线膨胀系数 |
|---|---|---|---|---|---|
| 混凝土 | SOLID45 | 3.5E+04 | 1/6 | 26 | 1E-05 |
| 预应力筋 | LINK8 | 2.0E+05 | 0.3 | 78 | — |

有限元模型单元划分如图 5-6 和图 5-7 所示。

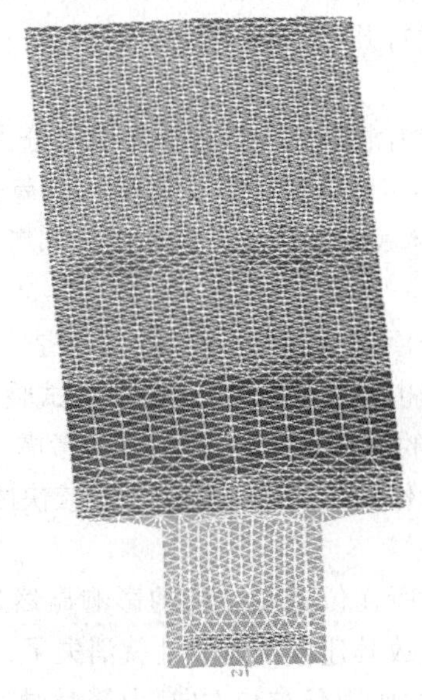

图 5-6　混凝土单元划分

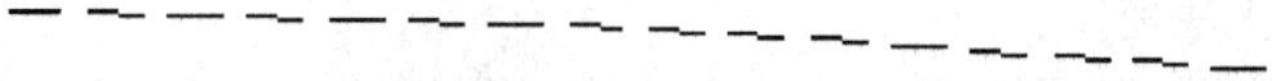

图 5-7　预应力钢束单元划分

(5)边界条件

连续刚构是墩梁固结体系,所以墩梁交界面上各节点沿 X 轴、Y 轴、Z 轴方向的线位移取为零,即在墩梁交界面上施加三向约束;根部截面和最大悬臂截面各节点沿 Z 轴方向的线位移取为零,即均施加顺桥向的约束,见图 5-8 所示。

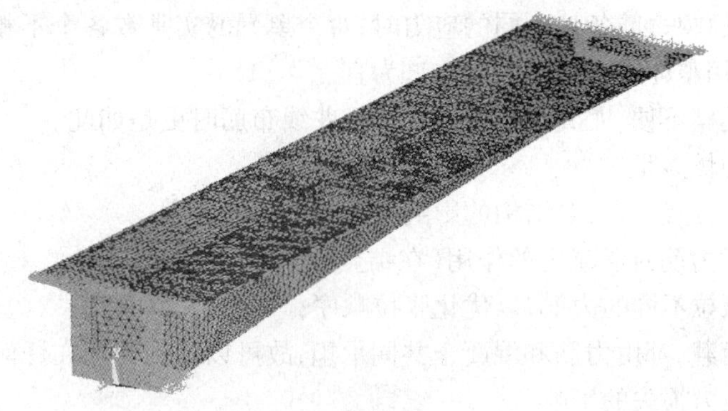

图 5-8　箱梁实体有限元计算模型

(6)施加荷载

本次有限元模型分析的主要项目有:恒载应力;横向预应力产生应力;温度应力;活载应力。

①施加预应力

ANSYS 里加预应力有几种方式:

a. 用初应变模拟(Link8 等单元可以通过 Real 实常数来加);

b. 用 F 加力,然后在分析时打开 Prestress,On;

c. 用温度变化模拟。

在常用的软件系统中,预应力混凝土分析根据作用可分为两类:分离式和整体式。所谓分离式就是将混凝土和力筋的作用分别考虑(脱离体),以荷载形式取代预应力钢绞线的作用,典型的如等效荷载法;而整体式则是将二者的作用一起考虑,典型的如 ANSYS 中用 Link 单元模拟力筋的方法。

线性或非线性的考虑:对于预应力混凝土结构,只要是开裂前阶段的应力分析,可以将混凝土视为弹性材料,当然钢筋也是弹性材料,这主要在试验荷载阶段的应力分析。

分离式方法(等效荷载法)的优点是建模简单,不必考虑力筋的位置而可直接建模,网格划分也很简单,对结构在预应力作用下的整体效应可比较快捷地掌握。

分离式方法的缺点是:

a. 不便模拟细部,例如力筋所在位置对结构的影响显然是不同的,假如一定要模拟,则荷载必须施加在力筋的位置上,故其建模的方便性就消失了;

b. 没有考虑力筋对混凝土的作用分布和方向,力筋对混凝土作用显然在各处是不同的,而等效荷载法则没有计及此点;

c. 对张拉过程无法模拟;

d. 在其他外荷载作用下的共同作用不便考虑,否则要加入力筋(其建模则同整体式),不能确定力筋在外荷载作用下的应力增量;

e. 不能模拟应力损失的影响。

但是只关注预应力混凝土结构的基本性能时,可以考虑采用等效荷载法。

整体式方法的特点:将混凝土和力筋划分为不同的单元一起考虑,而模拟预应力可以采用降温方法和初应力方法。降温方法比较简单,同时可以模拟力筋的损失、单元和实常数;而采用初应力,在模拟力筋各处不同的应力时,每个单元的实常数各个不相等,工作量较大。所以比较而言,采用整体式时考虑降温方法为宜。

主要缺点是建模不便,尤其是当力筋较多且曲线布筋时更是如此。

整体式方法的优点是:

a. 力筋的具体位置一定,对结构的影响可得到全面的考虑;

b. 近似考虑了力筋对混凝土的作用(在结点处);

c. 可以模拟张拉不同的力筋,以优化张拉顺序;

d. 不管何种荷载,都由力筋和混凝土共同承担,故可以得到力筋在任何荷载下的应力;

e. 可以模拟应力损失的影响。

但在后张法中有几个问题是应该考虑两个问题:

a. 力筋的滑动问题。在张拉过程中，力筋与混凝土之间没有黏结，存在接触和滑动，而张拉完毕后，一般又都建立了粘结。因为分析总是在张拉完毕后进行，这时显然没有滑动问题了，即可按有黏结处理。

b. 在张拉完毕后力筋的应力是已知的，在分析时输入降温也是按张拉应力反算的，计算后力筋的应力显然不等于张拉应力。这里有弹性压缩的问题，即降温应该计入混凝土弹性压缩损失，可以考虑增大一定的比例，然后降温计算，二者相符或差别合适时认可。

本次有限元模型模拟预应力束时，把预应力束作为体积的边界，把混凝土体积分割开来，Glue 后划分混凝土单元，边界就作为 Link8 单元了。

通过对预应力束单元施加初应变来实现施加预应力，对预应力箱梁施加自重。

预应力损失考虑了以下项目：锚具变形、钢筋回缩引起的应力损失 $\sigma_{s2}$，混凝土弹性压缩引起的应力损失 $\sigma_{s4}$，钢筋松弛（徐舒）引起的应力损失 $\sigma_{s5}$，混凝土收缩、徐变引起的应力损失 $\sigma_{s6}$。

经计算有效预应力 $\sigma_y = 976.5\text{MPa}$，预应力筋的初应变：

$$\varepsilon = \frac{\Delta l}{l} = \frac{Nl/EA}{l} = \frac{\sigma_y}{E} = \frac{976.5}{2 \times 10^5} = 0.00488$$

②温度应力

桥梁设计中一般考虑年温差和日照温差对结构的影响。年温度变化所引起的结构物温度变化，是长期的缓慢的作用，使得结构物整体发生均匀的温度变化，它主要导致桥梁的纵向位移，这可以通过桥面伸缩缝、支座位移和柔性墩等构造来协调。日照辐射使得顶板底面受压，对顶板底面受力是有利的；而骤然降温时箱梁顶板横向缩短，顶板横向缩短受到横隔板附近区段腹板的约束，造成顶板底面产生横向拉应力，这是桥梁横向预应力束设计时未曾考虑的，因此本次有限元模型考虑晚间骤冷顶板均匀降温 -5℃。

在确定了温度梯度模式及温度设计值后，温度应力可按有限元方法进行计算。计算时假定：沿桥长顶板温度分布是均匀的；混凝土是弹性匀质材料；结构变形服从平面假定。

③活载应力

本次有限元模型计算汽车活载产生的横向应力，在纵向施加荷载。荷载：汽车超—20级，三车道，横向布置如图 5-9 所示。

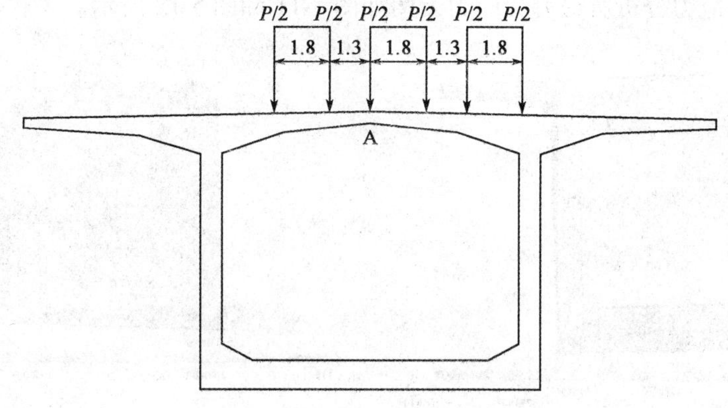


图 5-9　汽车荷载横向布置图（尺寸单位：m）

本桥为变截面箱形梁，箱梁的高度、腹板的宽度是变化的，各横断面处荷载的有效分布宽度随箱梁截面尺寸的不同而变化[13]。根据本桥的具体情况，选择刚构墩顶、箱梁根部、主跨 *L*/8、主跨 *L*/4、主跨 3*L*/8、主跨 *L*/2 等 6 处代表性截面进行横向计算。

(7)计算结果及分析

该大桥是在 1 号墩中跨侧根部最大负弯矩截面的箱顶板底面发现多条纵向裂缝，裂缝宽度为 0.1 ~ 0.8mm，长度为 0.4 ~ 2.0m，所以重点考察箱梁跨中顶板底面 A 点（从 1 号墩中跨侧横隔板端面至跨中 10m 范围）沿 X 轴方向的横向应力，A 点位置如图 5-10 所示。

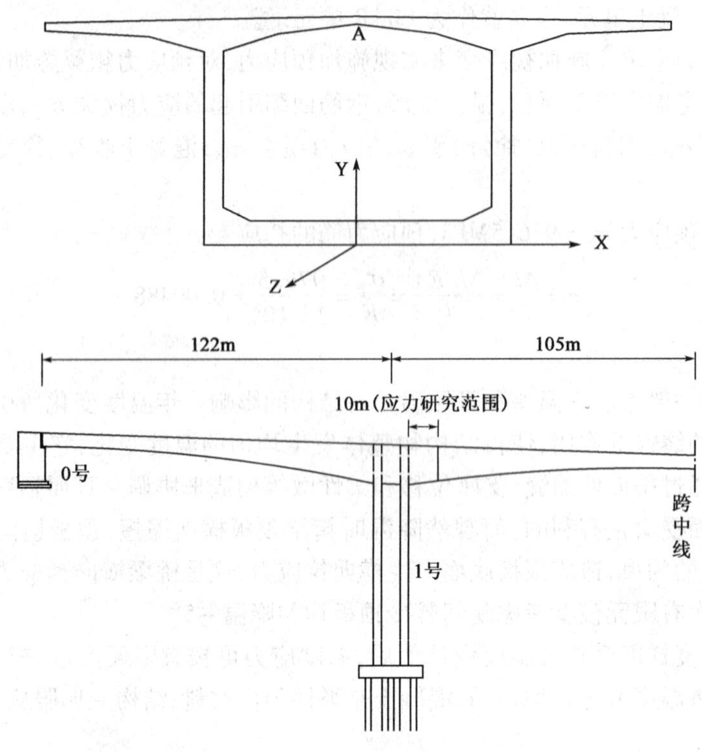


图 5-10 计算点示意图

①恒载作用下应力分析

恒载作用下应力分析所得有关应力云图如图 5-11 和图 5-12 所示。

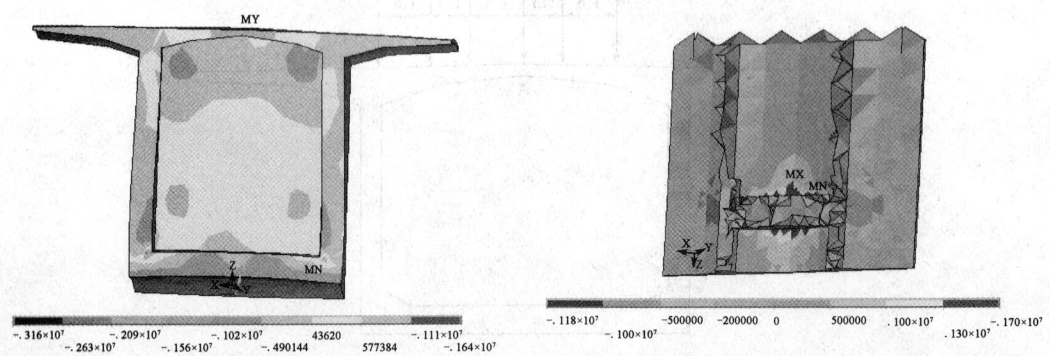


图 5-11 有横隔板时恒载作用下箱梁横断面应力云图　　图 5-12 有横隔板时恒载作用下箱梁顶板底面应力云图

图5-13示出了恒载作用下、距箱梁根部截面0~10m范围内、顶板下缘中点A点横向应力的计算结果。可以看到，墩顶未设置刚性横隔板时，箱梁根部截面顶板的拉应力为0.45MPa；墩顶设置了刚性横隔板时，箱梁根部截面顶板的拉应力为1.42MPa，后者为前者的3倍多。图中曲线的变化趋势表明，这种影响随着距横隔板距离的增大而减小。

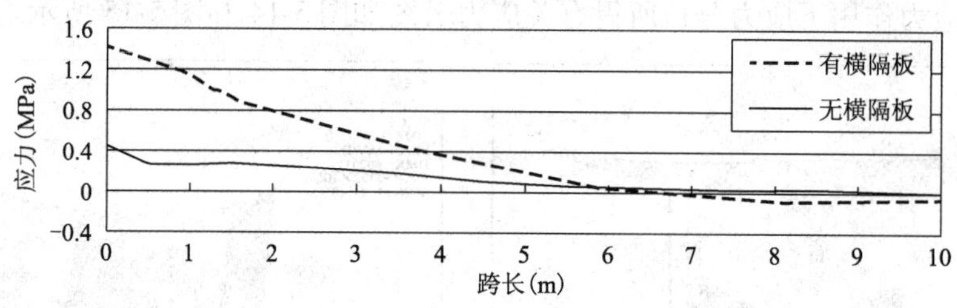


图5-13　恒载作用下的横向应力

零号块设置横隔板，在恒载作用下横隔板端面箱梁顶板底面的最大拉应力为1.42MPa；零号块没有设置横隔板，在恒载作用下墩顶箱梁顶板底面的最大拉应力为0.45MPa。没有设置横隔板的顶板底面拉应力峰值仅为设置横隔板的拉应力的31.7%。拉应力的差值随着距横隔板距离的增加而减小，距横隔板6m处两种拉应力基本一致。

这充分说明，刚性横隔板的设置确实改变了其附近区段顶板的受力状态，使顶板下缘受拉。很明显，此时顶板下缘应布置适量的横向预应力钢筋，而在离刚性横隔板稍远的主梁区段（该算例中约为6m以外），刚性横隔板的影响减弱，长悬臂板致使中跨板的下缘无拉应力。

a.设置横隔板应力曲线分析

横隔板附近区段顶板底面横桥向的应力为两部分的叠加，一是在恒载作用下顶板底面横向产生的拉应力；二是大刚度横隔板增大了其附近区段腹板的刚度，对顶板的变形产生了强大约束作用，顶板横向缩短时受到横隔板附近区段腹板的约束，从而在顶板内产生横向拉应力。

在恒载作用下，墩顶范围内纵向弯矩为负弯矩，即在墩顶范围内顶板纵向受拉，依据泊松效应，构件在纵向受拉的同时横向将缩短。由于墩顶设置了大刚度横隔板，刚性横隔板的设置增大了其附加区段腹板的刚度，对顶板的变形产生了强大约束作用，顶板的横向缩短受到横隔板附近区段腹板的约束，从而顶板内产生横向拉应力。腹板对顶板的约束随着至横隔板距离的增大而减弱。由横向缩短产生的拉应力与恒载在横向产生的拉应力叠加得到顶板底面实际拉应力，即得到图5-13所示的最大拉应力1.42MPa。

跨中区域纵向弯矩为正弯矩，依据上述论述，可知由腹板对顶板约束在顶板内产生压应力，由横向伸长产生的压应力与恒载在横向产生的拉应力叠加即得到顶板底面实际拉应力。

b.无横隔板应力曲线分析

墩顶设置横隔板，横隔板附近区段腹板刚度相应较大；墩顶没有设置横隔板，附近区段腹板刚度相对则相应较小，顶板的横向缩短受到腹板约束的程度也相应较弱，因此由顶板横向缩短产生的拉应力也较小。由横向缩短产生的拉应力与恒载在横向产生的拉应力叠加得到顶板底面实际拉应力，即得到图5-13所示的最大拉应力0.45MPa。

跨中区域纵向弯矩为正弯矩，依据上述论述，可知由腹板对顶板约束在顶板内产生压应力,由横向伸长产生的压应力与恒载在横向产生的拉应力叠加即得到顶板底面实际拉应力。

综上所述,大刚度横隔板的设置增大了附近区段腹板的刚度,使得有横隔板墩顶处最大拉应力达1.42MPa,而无横隔板墩顶处最大拉应力0.45MPa,造成两者差值达0.97MPa。

②横向预应力作用下应力分析

横向预应力作用下应力分析所得有关应力云图如图5-14和图5-15所示。

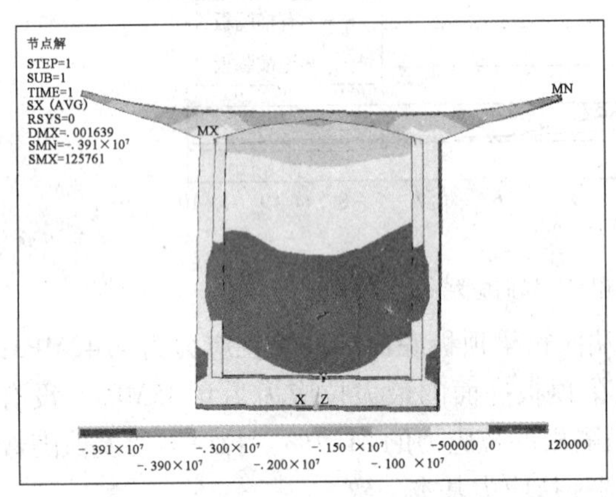


图5-14　有横隔板时横向预应力作用下箱梁横断面应力云图

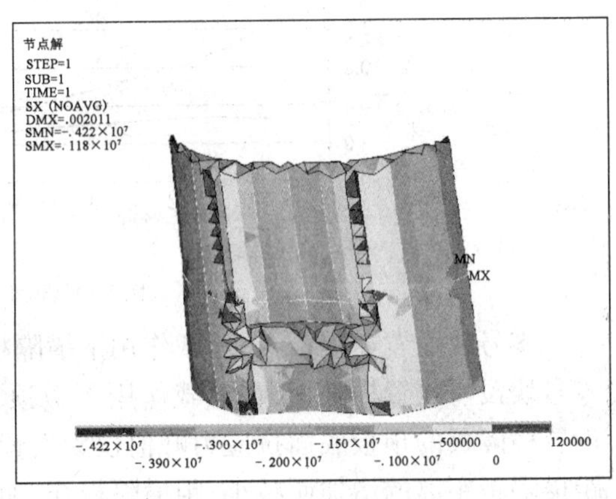


图5-15　有横隔板时横向预应力作用下箱梁顶板底面应力云图

横向预应力作用下的横向应力曲线如图5-16所示。

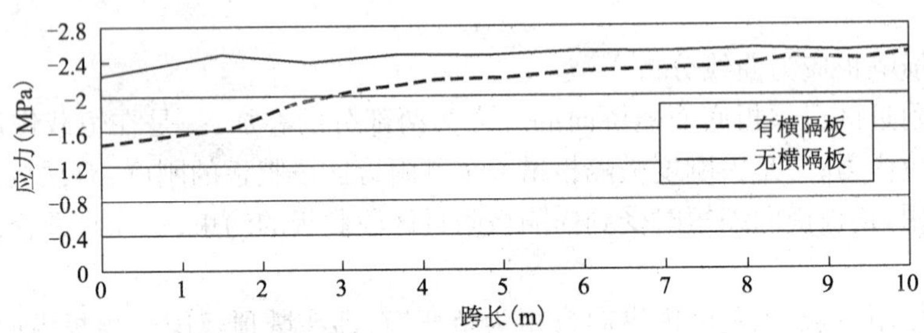


图5-16　横向预应力作用下的横向应力

零号块设置横隔板,张拉横向预应力束后横隔板端面箱梁顶板底面的压应力为-1.44MPa;零号块没有设置横隔板,张拉横向预应力束后墩顶箱梁顶板底面的压应力为-2.24MPa。横隔板端面箱顶板底面压应力仅为没有设置横隔板的压应力的64.3%。顶板底面压应力的差值随着距横隔板距离的增加而减小,距横隔板10m处两种拉应力基本一致。

本桥在两主墩墩顶各设置了两道2.5m厚的刚性横隔板,横隔板刚度过大,而顶板刚度相对横隔板刚度则过小,从图5-16得出:横向预应力在横隔板附近区段并没有完全加在箱顶板上,原因是横隔板分担了相当一部分横向预应力,导致顶板所获得的预应力不足,造成有无横隔板顶板底面横向预应力差值达0.8MPa。这与让顶板获得预压应力的设计初衷相悖。

③顶板均匀降温应力分析

顶板均匀降温分析所得有关应力云图如图5-17和图5-18所示。

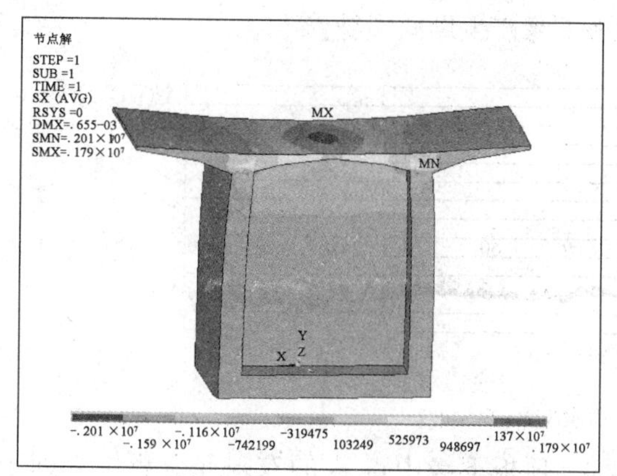


图 5-17　有横隔板时顶板均匀降温箱梁横断面应力云图

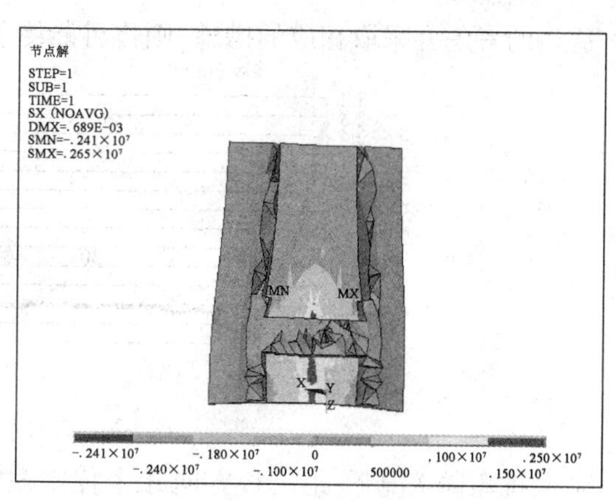


图 5-18　有横隔板时顶板均匀降温箱梁顶板底面应力云图

顶板降温时横向应力曲线如图 5-19 所示。

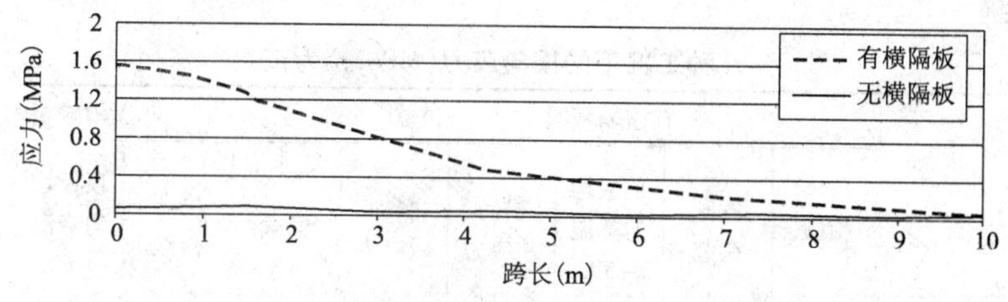


图 5-19　顶板骤然降温时的横向应力

零号块设置横隔板，顶板均匀降温 －5℃ 时，横隔板端面箱顶板底面的最大拉应力为 1.55MPa；零号块没有设置横隔板，顶板均匀降温时，墩顶箱梁顶板底面的最大拉应力为 0.06MPa。没有设置横隔板的顶板底面拉应力峰值仅为设置横隔板的拉应力的 3.9%，拉应力的差值随着距横隔板距离的增加而减小，距横隔板 10m 处两种拉应力基本一致。

墩顶设置横隔板，顶板均匀降温时，横隔板加强了其附近区段腹板的刚度，降温使顶板的横向收缩受到横隔板附近区段腹板的约束，从而在顶板内产生横向拉应力。腹板刚度随着至横隔板距离的增大而减小，因此在墩顶横隔板端面(应力研究范围的起始点)横向拉应力最大且达 1.55MPa。墩顶没有设置横隔板，腹板刚度在应力研究的 10m 范围内保持一致，因此图 5-19 无横隔板应力大致成一条直线。

(8)刚性横隔板、顶板混凝土的收缩差使顶板受拉

在浇筑墩顶块时，腹板和横隔板一般先于顶板浇筑。因先、后浇混凝土之间有龄期的差异，后浇顶板混凝土收缩时，先浇腹板和横隔板混凝土的收缩已经完成了一部分，故顶板的后期收缩要比腹板和横隔板大，致使顶板的收缩受到约束而产生附加拉应力。这种拉应力的大小与先、后浇注混凝土的间隔时间有关。

以上分析表明，墩顶处设置的刚性横隔板对箱梁根部附近区段顶板的受力产生了诸多不利影响。图 5-20 更为直观地示出了该桥主跨半跨范围内，沿跨长方向的顶板下缘中点处横向应力变化趋势。显而易见，箱梁根部附近区段顶板下缘的横向拉应力不可忽视。在该例中，这种影响大致达到距箱梁根部 10m 的范围。如果在桥梁设计中对这一问题没有给予

适当的考虑并采取相应的措施，则将可能使顶板下缘产生纵向裂缝。

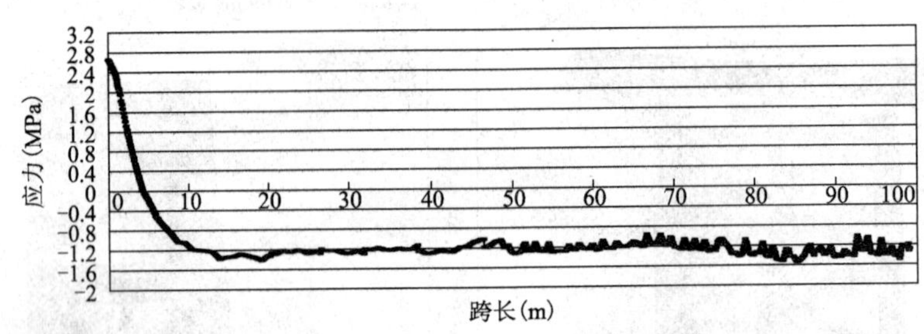


图 5-20　叠加后的横向应力（拉为正）

将几种工况下、沿跨长方向几个控制截面上、顶板下缘中点 A 的有限元分析结果列于表 5-2中。由表 5-2 可见，各种工况下的应力叠加后，箱梁根部截面顶板下缘的横向拉应力最大达到 2.66MPa，超过该算例中 C50 混凝土的抗拉强度标准值 2.65MPa，因而顶板下缘将产生纵向裂缝。

几种工况下的横向应力（MPa，拉为正）　　表 5-2

| | 有横隔板时 | | | | | 无横隔板时 | | | | |
|---|---|---|---|---|---|---|---|---|---|---|
| | 恒载 | 汽车荷载 | 顶板均匀降温 -5℃ | 横向预应力 | 叠加后应力 | 恒载 | 汽车荷载 | 顶板均匀降温 -5℃ | 横向预应力 | 叠加后应力 |
| 箱梁根部截面 | 1.42 | 1.13 | 1.55 | -1.44 | 2.66 | 0.45 | 1.59 | 0.06 | -2.24 | -0.14 |
| L/8 截面 | 0.04 | 1.31 | -0.01 | -2.60 | -1.26 | 0.002 | 1.77 | 0.06 | -2.58 | -0.75 |
| L/4 截面 | 0.05 | 1.38 | 0.12 | -2.73 | -1.18 | 0.05 | 1.84 | 0.05 | -2.61 | -0.67 |
| 3L/8 截面 | -0.01 | 1.35 | 0.18 | -2.66 | -1.14 | -0.03 | 1.81 | 0.08 | -2.58 | -0.72 |
| L/2 截面 | -0.48 | 1.39 | 0.22 | -2.41 | -1.28 | -0.43 | 1.85 | 0.12 | -2.35 | -0.81 |

2. 刚性横隔板附近区段顶板应力的建议公式

为了使设计人员清楚认识横隔板附近区段顶板应力趋势，根据 ANSYS 计算所得该桥的结果，采用曲线拟合的方法，给出该桥处距横隔板 10m 范围内 A 点正应力 $\sigma_x$ 表达式：

$$\sigma_x = 0.045x^2 - 0.84x + 2.9 \tag{5-1}$$

式中：$\sigma_x$——A 点的正应力（MPa）；

$x$——至横隔板的距离（m）。

从式（5-1）得出：横隔板附近区段叠加后的应力为拉应力，拉应力的值随着至横隔板距离的增大而减小，变化趋势按二次抛物线变化。

从图 5-20 得出距横隔板 10m 至跨中的常规区段顶板底面应力为压应力，该区段应力大体一致。

本节阐述了箱梁根部设置的刚性横隔板对顶板的受力状态产生了不利影响，使顶板下缘受到较大的横向拉应力，这引起顶板下缘纵向裂缝。通过有限元分析，从 4 个方面对此进行了讨论：

（1）刚性横隔板改变了带长悬臂板箱梁顶板的受力状态；

(2)刚性横隔板分担了一部分横向预应力,使顶板所获得的预压应力不足;

(3)刚性横隔板加强了腹板的刚度,使骤然降温时顶板的横向缩短受到腹板的约束,产生温度应力;

(4)刚性横隔板与顶板混凝土的收缩差使顶板受拉。

笔者建议,在连续刚构桥的设计计算中应充分考虑上述影响。

### 5.2.2 箱梁腹板的斜裂缝病害

大跨径预应力混凝土梁桥常采用连续刚构的桥型,而此类梁桥最常用的截面型式则是箱形截面。箱形截面有自身独特的优点:截面抗扭刚度大,结构在施工与使用过程中都具有良好的稳定性;顶板和底板都具有较大的混凝土面积,能有效的抵抗正负弯矩,并能满足配筋的要求,适用于产生正负弯矩的结构;适合于现代化施工方法的要求,如悬臂施工法、顶推法等,这些施工方法要求截面必须具备较厚的底板;承重结构与传力结构相结合,使各部件共同受力,同时截面效率高,并适合于预应力混凝土结构空间布束,又能收到良好的经济效果;对于宽桥,由于抗扭刚度大,跨中不设置横隔板亦能获得满意的传力效果。在中等、大跨预应力连续刚构桥梁中,采用的箱梁都是薄壁箱形截面的梁。近年来,随着现代施工技术的进步,预应力施工技术水平的提高,三向(即纵向、横向、竖向)预应力应用于箱形截面,收到了良好的经济效果,使得箱形截面的应用更加广泛。但是在国内外的桥梁中,常常发现箱梁腹板不同程度出现与梁轴线约成45°的斜裂缝。

1. 相关工程实例[10]

(1)山西省某黄河公路大桥全长1409.6m,由主孔桥和边孔桥组成,共计14跨,其中主孔桥梁长972m,为(87+7×114+87)m 9跨1联,边孔为5×87m 5跨1联(桥梁长435m)。桥面宽为12+2×0.5=13m,设计荷载为汽车—超20级,挂车—120,上部构造为三向预应力混凝土变截面连续变高度箱梁,梁体采用悬臂浇筑法施工。该桥于1994年11月竣工通车,由于各种原因大桥在施工过程中和竣工通车后,箱梁梁体在一些部位产生了不同程度的裂缝。腹板裂缝主要出现在第1、第5、第6、第14跨靠近梁端处,裂缝由下至上,由支点向跨中呈45°斜向,最大裂缝宽度达0.75mm。箱梁顶板在跨中及梁端范围、箱梁底板在支点附近均出现与桥中心线基本平行的纵向裂缝,使大桥的耐久性及梁端抗剪强度均受到一定影响。

(2)某大桥上部结构采用(75+135+135+75)m预应力混凝土连续刚构,梁体为单箱单室箱形结构,采用悬臂浇筑法施工,其预应力为三向预应力体系。在T构对称悬臂施工完成2号梁段后,发现2号腹板多处开裂,裂缝方向大致与波纹管方向一致,最大裂缝宽度达0.30mm。

(3)河南省某黄河公路大桥,该桥建成于1993年,仅仅运营了短短的7年,主桥(连续刚构)箱梁很多梁段的腹板就出现了斜裂缝;风陵渡黄河公路大桥,在1994年11月竣工通车几年后,主桥(连续梁)箱梁梁体在一些部位产生了不同程度的腹板斜裂缝。

(4)湖北省某长江大桥(连续刚构)于1995年竣工,使用1年后被发现腹板出现斜裂缝,同时,跨中下挠明显。

(5)山东省某黄河公路大桥,跨径组合为 75 + 7 × 120 + 75m 的连续刚构体系。设计荷载为汽车—超 20 级,挂车—120。单箱单室断面,根部梁高 6.5m,跨中梁高 2.6m。箱顶宽 18.34m,箱底宽 9.0m。纵向预应力索为 XM15-25(顶板悬浇索)及 XM15-25(底板连续索),横向预应力索为 XMBM15-4,竖向预应力钢筋为直径 32mm 的精轧螺纹粗钢筋。混凝土标号 60 号;施工方案为挂篮平衡悬浇;1991 年 10 月开工,1993 年 10 月完工。

裂缝现状:在边跨距端支点 L/4 附近,两侧腹板内侧出现共 370 条斜裂缝,其中部分裂缝有水渍,裂缝与水平方向呈 25° ~ 50°,裂缝最长 4.06m,最宽 1.8mm。

(6)山东省某大桥,跨径组合为(46 + 80 + 46)m 的刚构。设计荷载为汽车—20 级,挂车—100。单箱单室断面,根部梁高 4.5m,跨中梁高 1.8m。箱顶宽 15m。纵向预应力索为 XM15-19,横向预应力索为 XMBM15-3,竖向预应力钢筋为直径 32mm 的精轧螺纹粗钢筋。混凝土标号 50 号;施工方案为挂篮平衡悬浇;1988 年 12 月开工,1990 年 6 月完工。

裂缝现状:主跨 L/4 处腹板有共 16 条斜裂缝,最大裂缝宽度 0.32mm;箱梁顶板桥面有一条总长 110m 的裂缝;箱内承托附近共 36 条纵向裂缝,最大缝宽 0.595mm(图 5-21)。

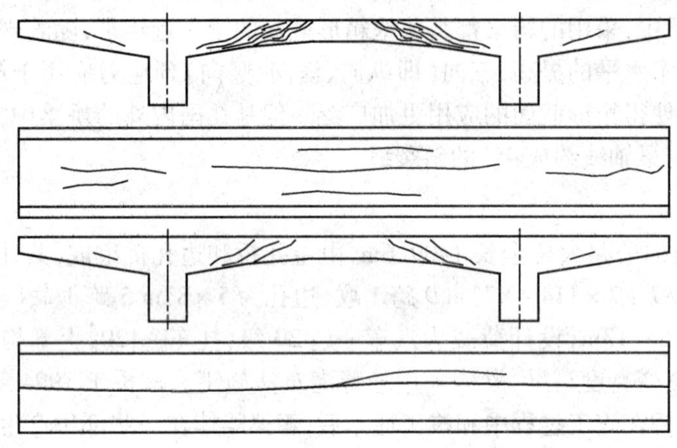

图 5-21　裂缝分布图

(7)广东省某公路大桥主桥结构形式为三跨预应力混凝土变截面连续刚构,跨度为(66 + 120 + 66)m,如图 5-22 所示。桥面宽度为(0.5 + 2.1 + 0.4 + 15.0 + 0.4 + 2.1 + 0.5)m,总宽度 21m。断面形式为单室箱梁,跨中梁高 2.5m,墩顶梁高 6.0m。下部结构主墩为钢筋混凝土矩形双柱空心墩,墩梁固结,基础为钢筋混凝土钻孔灌注桩。该桥设计荷载为汽车—20 级,挂车—100,人群为 $3.5kN/m^2$,于 1994 年建成通车。该桥在 1999 年 10 月发现主跨跨中出现明显下挠,截止 2000 年底,跨中挠度已达 22cm 左右。箱梁两侧腹板出现大量的斜剪裂缝,最大裂缝达到 1mm。从该桥的试验检测资料来看,该桥梁斜剪裂缝多,其抗弯和抗剪承载能力都存在不足。若按规范要求抗剪的最小截面公式验算,则截面尺寸偏小。

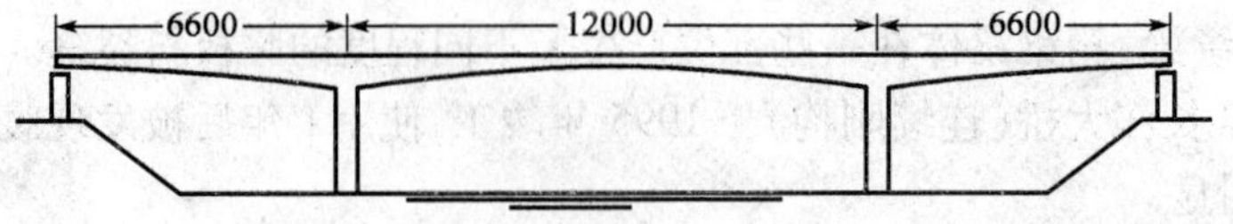


图 5-22　三跨预应力混凝土变截面连续刚构桥示意(尺寸单位:cm)

这些斜裂缝不仅会削弱桥梁结构的强度和刚度，还会加速钢筋锈蚀。而钢筋锈蚀则会引起体积膨胀，从而使混凝土开裂，破坏混凝土的受力性能，降低材料的耐久性能和桥梁的承载能力，影响桥梁的美观及使用寿命。

2. 典型实例分析[11]

某大桥上部构造采用(75 + 135 + 135 - 75) m 预应力混凝土连续刚构，桥墩采用钢筋混凝土双薄壁桥墩。箱梁为单箱单室结构。梁底下翼缘及底板厚呈二次抛物线变化，施工采用挂篮悬臂浇筑。预应力为三向预应力体系，纵向预应力筋采用 Φ15.24 钢绞线，锚具采用群锚 15-23 及 15-19 型；横向预应力筋为 Φ12.9 钢绞线，锚具采用扁锚 13-2 型；竖向预应力筋采用冷拉Ⅳ级精轧螺纹钢筋，锚具采用 YGM 型。箱梁 0 号段及 1 号段在支架上现浇，其余用挂篮悬臂浇筑。箱梁及墩身均采用 C50 混凝土。

按 T 构对称悬臂施工完成 2 号段后，发现多个 2 号段腹板开裂，裂缝方向大致与波纹管方向相同，宽度大部分在 0.2mm 左右，最大裂缝宽度达 0.302mm，为较典型的斜裂缝(图 5-23)。此时 2 号段纵向预应力筋张拉与孔道压浆均已完成，除 0 号段竖向预应力筋外，其余横向及竖向预应力筋均未张拉，模板已拆除但挂篮尚未前移。混凝土强度达设计强度的 80%，环境温度影响较小，温差不超过 10°。这里仅对裂缝产生的原因进行分析，为同类设计和施工提供理论依据及经验，以防止此类问题的再次发生。

1)计算模型及主要参数

(1)计算模型

采用大型结构分析软件 SUPER SAP 对该桥的施工阶段进行分析计算。为了较为准确地模拟结构的空间位置、尺寸、材料特性、连接形式、边界条件和荷载作用等，建立了三维实体单元与空间杆单元的组合模型，采用三维实体单元模拟混凝土部分。采用空间杆单元模拟预应力筋，利用温度变化控制预应力筋中所施加的预应力大小。因为实际结构只完成了 2 号段即出现裂缝，所以计算模型也取到 2 号段。整个结构共划分单元 2246 个，节点 3440 个，计算模型的立体图及坐标轴方向如图 5-24 所示。根据实际地质情况，桥墩底部固结。

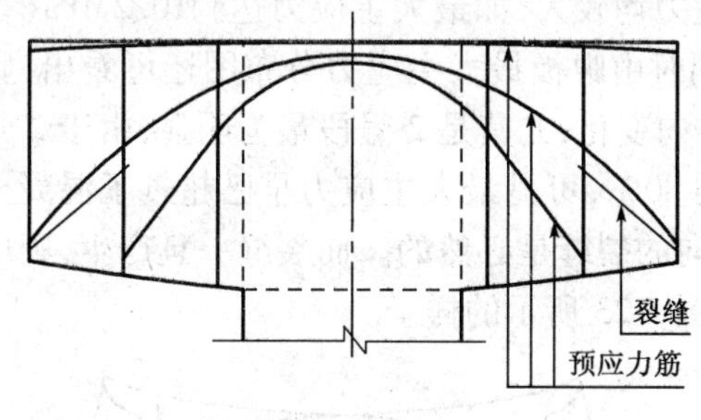


图 5-23　结构裂缝示意图

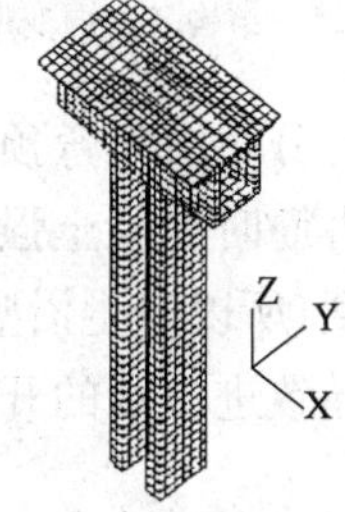


图 5-24　结构计算模型

(2)计算荷载

结构的计算荷载主要包括：

①结构自重，根据实体单元的体积，杆单元的截面面积、长度，以重力形式作用于单元上；

②施工荷载，包括分段悬浇施工中的挂篮荷载、浇筑混凝土的小型机具荷载、施工人员及临时材料堆放等瞬时荷载，以节点荷载形式作用于结构上；

③由于力筋和混凝土的膨胀系数不相等,考虑了10℃的温度变化;

④采用变化预应力筋中温度的方法控制其预应力值的大小;

⑤取以上荷载组合用于计算分析。

(3)主要参数

结构中箱梁和桥墩均采用C50混凝土,预应力筋采用Φ15.24的钢绞线束,主要计算参数如表5-3所示。

**材料主要参数表** 表5-3

| 材料 | 弹性模量(MPa) | 容重($kN \cdot m^{-3}$) | 泊松比 | 膨胀系数 |
|---|---|---|---|---|
| C50混凝土 | $3.5 \times 10^4$ | 24.3 | 0.167 | $1.0 \times 10^{-5}$ |
| Φ15.24钢绞线 | $1.8825 \times 10^5$ | 78 | 0.3 | $1.18 \times 10^{-5}$ |

2)计算结果及分析

计算了结构中每一节点处的各种应力和3个方向的位移值,但限于篇幅,只给出部分结果。

(1)位移计算结果及分析

由计算结果可以看出,结构主要发生Z方向变形。由于顶板内纵向预应力筋和腹板内竖弯预应力筋中的预应力较大,使结构在预应力和其他外力组合作用下发生中间下弯、两端上翘的变形,如图5-25所示。两墩之间中央截面的上下顶板Z轴方向位移分别为-1.244mm和-1.176mm。两端截面的上下顶板Z轴方向位移分别为0.278mm和0.276mm。

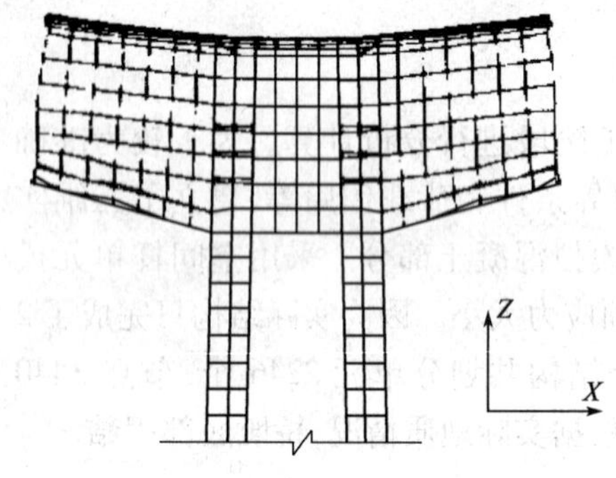


图5-25 结构Z方向变形图

(2)应力计算结果及分析

结构的应力分布以应力等值线图方式表示,如图5-26、图5-27所示(*H*为最大应力,*L*为最小应力)。由图中可以看出预应力筋的锚固区及锚固区附近应力均较大,如最大主应力达到10.2MPa(拉应力);同时由腹板最大主应力分布图还可看出,腹板中最大主应力分布沿竖弯预应力钢筋的分布方向变化,尤其是2号段最为明显;由于2号段中张拉预应力筋时混凝土强度只有设计强度的80%,可见最大主应力早已超过了混凝土的抗拉设计强度,所以产生沿竖弯预应力钢筋方向的裂缝是必然的。而裂缝一旦产生,则应力重分布后又导致进一步的开裂和延伸,形成如图5-23所示的样子。

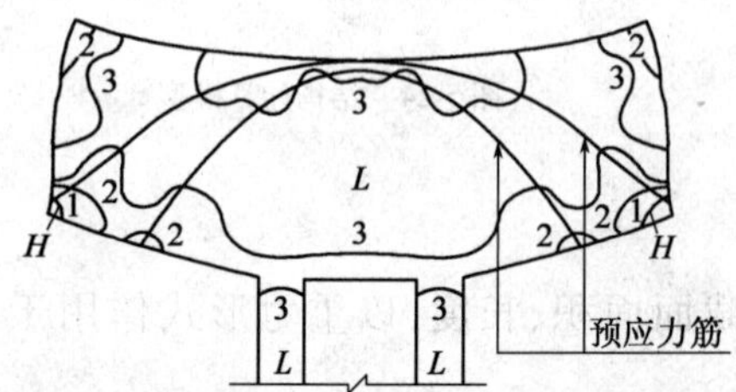


图5-26 腹板最大主应力分布图(MPa)

*H*-10.2;1-6.3;2-3.2;3-1.9;*L*--0.5

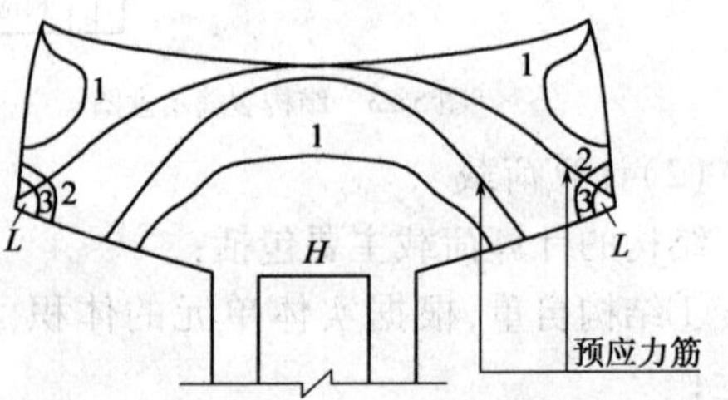


图5-27 腹板最小主应力分布图(MPa)

*H*-0.5;1-2.3;2--7.4;3--10.3;*L*--30.5

3)结论与体会

根据以上变形和应力的计算结果分析及对裂缝发生区域、开裂情况的研究,可以确认发生在 2 号段腹板上的裂缝与竖弯预应力筋的分布和张拉后混凝土的不利受力状态有关,所以该类裂缝主要属于受力裂缝。产生该类裂缝的原因主要是预应力筋中的预应力过大,竖弯预应力筋过于集中,弯角过大等,从而造成锚固区及腹板主拉应力过大,引起开裂及发展;张拉时混凝土的强度大小也是影响裂缝产生的因素之一。另外需要说明的是,按照现行设计规范进行计算,则计算结果均满足规范要求,且距离容许应力值相差较远。

为了预防裂缝产生,应注意以下几方面:

(1)桥梁阶段施工时,各阶段预应力筋应力张拉吨位不宜过大,且应分散布锚,以减小应力集中程度及降低腹板中应力水平;

(2)设计中应降低主拉应力和剪应力的用值,一般不宜超过容许值的 60% ~70% ,并尽量采用大型有限元程序进行精细计算分析;

(3)尽量增加预应力筋束张拉时混凝土的龄期,使混凝土强度及龄期同时得到控制,若受工期限制,则必须对混凝土受力不利区域采取适当的加强措施,并配以相应合适的施工方法。

### 3. 连续刚构桥腹板斜产生裂缝的偏差分析

产生结构病害的原因有设计、施工、运营等多个方面,某个单项因素引起的附加主拉应力或许不大,但当某几个因素相互叠加时,就有可能产生较大的附加主拉应力,从而使腹板开裂。所以要从这几个方面综合分析裂缝产生的机理。

1)设计偏差

(1)对预应力损失估计不足

许多大跨径连续刚构桥采用的顶板束只有平弯束,而没有下弯束。竖向预应力采用强度等级较低的精轧螺纹钢筋,有效预应力较小。而且腹板中竖向预应力钢筋的长度一般较短,扣除封锚层后,跨中附近腹板中竖向预应力钢筋有的仅 3 ~4m 长,最小张拉伸长量仅有 10mm。预应力张拉只能采用单控方式,采用一般的千斤顶张拉力难以控制,预应力损失较大,当施工稍有不慎时,钢束的预应力就有可能损失殆尽。

箱梁纵向预应力使主拉应力大为减小,如再在竖向施加足够大的压应力,则可全部消除主拉应力。如果把预应力混凝土连续箱梁的纵向预应力配成直线束,然后再配竖向预应力钢筋,从理论上能起到斜截面抗剪的作用,但实际上纵向预应力应设弯起束。这是因为竖向预应力钢筋过短,其预应力损失很大,会造成斜截面抗剪承载力不足,从而导致箱梁腹板出现斜裂缝。

另外,对于非预应力钢筋,如果腹板中的箍筋和弯起钢筋布得太少,由于竖向预应力的损失较大,也会导致斜截面的抗剪能力不足,使腹板出现斜裂缝。

(2)对汽车活载引起的扭转剪应力考虑不足

对于较宽的公路桥梁来讲,即便是直线桥,由于汽车偏载的作用,也会在主梁结构中产生较大的扭矩,从而在腹板中产生扭转剪应力和扭转正应力,此扭转剪应力将与剪力产生的剪应力叠加,从而增加主拉应力值。虽然在结构分析时也会考虑由于汽车偏载引起结构活载内力增大问题,一般的做法是将活载内力乘以 1.1 ~1.25 的增大修正系数,此系数对正应力的修正尚可,但对剪应力的修正则明显不足。因为对于宽桥来讲,汽车偏载对连续刚构桥主梁弯矩和剪力的影响是不相同的,而且桥梁越宽、跨度越大,扭转剪应力也越大。

(3)对结构纵横双向受力耦合作用考虑不足

当连续刚构桥的箱形截面承受桥面荷载时,不仅要产生纵向内力,而且还要在箱梁内产生横向内力。当箱梁的箱室较宽(腹板间距较大)或翼板较宽时,在腹板内产生的竖向拉应力也较大,可能在顶板与腹板交界处产生水平纵向裂缝,并随之发展成腹板斜裂缝。有关试验研究表明,这是由箱梁的"框架效应"所致。较宽连续刚构桥箱梁顶板内设置的横向预应力、变高度连续刚构桥底板纵向钢束在底板内产生的竖向径向分力以及箱梁梯度温度都会在腹板中产生较大的竖向拉应力。譬如某(50 +5 ×80 +50)m 预应力混凝土连续刚构桥,当仅考虑纵向内力时,腹板的最大主拉应力仅为 1.5MPa 左右,而同时考虑该腹板处由纵向力和横向力共同作用而产生的主拉应力值则高达 3.0MPa。

(4)温度梯度模式选择不合理

目前我国公路桥梁规范的温度模式比较简单,不尽合理。温度应力一般是假定温度梯度在整个桥梁上部结构纵向长度上恒定不变来计算的,这与实际情况存在差异。由于一般大跨径箱梁截面沿跨长方向是变化的,跨中梁高是支点梁高的一半左右。这样,采用同样的顶底板温差,则跨中的温度梯度比支座附近的温度梯度大很多,相应的温差应力也很大。对目前普遍使用的大跨度、变高度箱梁,随着梁高变化幅度的增大及箱梁长度和支承处约束的增加,温度梯度应力会有较快增长。温度梯度应力对腹板高度不大而变化又较明显的 L/4 跨径附近的影响最明显,该应力值在夏季可达 4MPa 左右。上下板温度梯度应力的作用,相当于在箱梁上作用了一个附加正弯矩,该弯矩增加了腹板的剪应力和主拉应力。

采用不同的温度梯度模式计算得到的梁内温度应力相差很大,甚至有可能计算结果是异号的。所以,如果在设计时温度梯度的模式选用不当,即使增大温度设计值,也不能保证结构的抗裂性。混凝土结构的温度荷载与温差应力,对控制混凝土结构的裂缝是十分重要的。

(5)腹板束和底板束二者叠加引发的局部主拉应力影响

如果腹板束和底板束锚固区较近,就会存在较大的局部主拉应力,两部分叠加后,有可能在此区域内产生腹板斜裂缝。

(6)桥面横坡使箱梁两侧腹板受力不均的影响

箱梁设计及其抗裂性计算中假定两侧腹板受力均匀,并将箱形截面简化为工字形截面,其腹板厚度为箱梁腹板厚度之和,这对箱梁斜截面抗裂来讲是偏于不安全的。实际中大跨度预应力连续刚构桥大部分是通过两侧腹板不等高来实现桥面横坡,这样两侧腹板的抗剪能力就不一样,较矮的腹板就容易开裂。另外,由于施工的误差,箱梁两侧腹板厚度不均匀,这使较薄一侧腹板首先开裂。

2)施工偏差

(1)混凝土水化热产生的温度应力过大

水泥在水化过程中会产生一定的水化热。特别是大体积混凝土,产生的大量水化热不容易散发,再加上使用保温性能极好的模板,其内部温度不断上升,最高可达 60℃(夏季),混凝土在浇筑过程中释放大量的热,使体积膨胀。另一方面,拆模时混凝土内部的温度还没有降低，而混凝土表面散热极快，表面温度急剧下降，腹板混凝土的收缩变形受到约束，从而在混凝土表面会产生收缩拉应力；而此时混凝土的抗拉强度较低，当混凝土的拉应力超过混凝土的抗拉强度时，便从混凝土表面开始产生微细裂缝，在荷载作用下或进一步温差和干缩的情况下，这些裂缝的长度、宽度和数量均会相应地增大，并逐渐相互贯通，从而出现较大的肉眼可见的宏观裂缝。

(2)张拉槽口处抗剪钢筋失效

为便于千斤顶张拉，要在预应力张拉端设置槽口。由于施工中需将该处腹板箍筋切断，没有形成闭合箍筋，施工完成后又没有等强度焊接，致使箍筋没有发挥应有的抗剪作用，引发张拉槽口处腹板的开裂。

(3)纵向、竖向预应力损失过大

纵向及竖向预应力钢束因安装及张拉控制偏差引起预应力损失过大，或钢束锈蚀性能退化引起的预应力损失，会使截面内的压应力储备减小，从而引起腹板中的主拉应力增加。另外，对竖向预应力张拉不够重视，例如张拉吨位不足，甚至漏掉而未张拉，或者虽然张拉了竖向预应力，但拖延很久才进行管道压浆，导致竖向预应力钢筋锈蚀或减少了竖向有效预应力而出现斜裂缝。

(4)施工引起的其他误差太大

结构尺寸误差(如腹板减薄等)、桥面铺装层厚度误差等，尤其是桥面铺装层在施工时由于纵坡的调整，桥面铺装的实际厚度可能与设计预期值存在较大偏差，均可能导致主拉应力超限，进而使腹板出现斜裂缝。混凝土的强度达不到设计强度值时，也会导致主拉应力超限，使腹板出现斜向裂缝。由于普通钢筋的定位不够精确，导致部分位置混凝土保护层厚度不够，也会导致裂缝的出现。

(5)相邻节段接缝质量问题引起混凝土强度降低

节段悬臂施工时，交界面处理不规范，致使交界面上混凝土的抗拉强度明显降低，调查表明在 95% 的保证率下，湿接缝混凝土抗拉强度的降低系数为 0.4。若箱梁在某些情况下出现主拉应力超过 0.4 倍混凝土抗拉设计强度时，则腹板大就会开裂。另外，模板安设粗糙、浇筑时走动，使腹板减薄，也会导致斜裂缝。

3)使用条件下的偏差

(1)混凝土徐变的影响

持续荷载作用下，混凝土会产生徐变。许多混凝土桥梁在运营一段时间后跨中均有不同程度的下挠变形。徐变对短周期分段悬臂浇筑结构的影响较显著，计算也较为复杂。悬臂施工桥梁与支架浇筑施工桥梁不同，其相当一部分静力荷载与竣工后结构的承载态势并不相适应，结构转换为连续后，要承受结构内新出现的应力条件，致使预应力混凝土构件的计算应力和挠度与实际往往有较大的出入，这一点不能忽视。

(2)应力松弛的影响

随着运营服务时间的增长，箱梁内预应力钢束的松弛效应也愈加明显。现代施工中，一般使用低松弛钢纹线材料，规范张拉前、张拉中的操作工艺等，可以减少松弛引起的预应力损失。但在大跨度梁预应力施加中，一般规范规定往往与具体情况难以吻合，长时间持荷受力加上混凝土徐变收缩的影响，预应力损失仍是可观的。这样，会由于预应力施加不足而削弱腹板的抗剪能力，导致斜裂缝出现。

(3)车辆超限超载

车辆超限超载是公路交通中普遍存在的问题。当汽车荷载超载时，活载产生的应力也会相应增加，也加剧了裂缝的发生和发展。

4. 腹板斜裂缝的应对处理措施

首先在这里介绍一些处理腹板斜裂缝的具体措施。

1)防止钢绞线锈蚀措施

从已加固的一些连续刚构桥中发现，孔道的压浆不够饱满，存在着一些空洞。需要探明预留管道灌浆不密实形成的空洞对预应力混凝土梁开裂荷载的影响，以寻求防锈措施。实验结构表明：在预应力混凝土梁开裂前，忽略钢绞线与灌浆砂浆之间的黏结力会降低后张全预应力混凝土梁开裂荷载4.94%。根据实验结果，由于黏结力对开裂荷载影响不大，可以在钢绞线表面涂抹防锈的材料来防止锈蚀。

2)增强抗拉强度和抗疲劳特性

①选用混凝土标号时可以适当地比计算出的混凝土标号大一级；②在各跨箱梁 $L/4$ ~ $3L/4$ 之间腹板用钢纤维混凝土浇筑。混凝土中的钢纤维在应力作用下，能消耗掉部分能量，从而延缓了裂纹的发生和发展，提高了基体的韧性和抗冲力。耗能主要由2部分组成：第1部分为钢纤维受力后因伸长变形积蓄的变形能；第2部分为钢纤维拔出过程中与基体摩擦消耗的能量。由于钢纤维混凝土的静压抗折强度比素混凝土有大幅度提高，并具有一定的延性，钢纤维混凝土的疲劳性能明显好于素混凝土，体现在相同应力水平下寿命增大，在相同寿命下承受的荷载提高。

3)采用修正的温度梯度模式来计算温度应力

日温差和骤然降温使连续刚构桥腹板产生温度应力，非线性温度梯度模式选择是关键。设计人员不可盲目的套用规范，要根据当地气候条件对规范计算结果进行修正，必要时可以选用铁路桥规范及国外规范对温度梯度的规定作为参考。

4)设计方面的注意事项和工程建议

(1)全面考虑影响结构主应力的各种因素，不遗漏可能的工况控制；

(2)增加疲劳验算内容；

(3)优化抗剪预应力钢束；

(4)采用横向受力较好的结构断面形式，尽量减小“框架效应”；

(5)优化结构构造设计，重视细部设计，避免局部应力过于集中；

(6)适当优化、加大普通钢筋的配筋率，限制温度裂缝等非结构裂缝的宽度；

(7)在箱内选择合理位置预留一定数量的体外无黏结备用索；

(8)增加不利因素对结构安全影响的评价分析，为设计、施工、运营和养护提供指导性信息。

5)施工方面的注意事项和工程建议

(1)严格检测、控制结构尺寸及混凝土的容重，若发现结构实际自重与理论值有较大差异，应对结构重新验算；

(2)必须保证混凝土达到设计要求的强度和弹性模量，满足设计规定的加载龄期时再开

始张拉预应力钢束;

(3)控制用于预应力孔道压浆的水泥浆中的氯离子含量;

(4)完善施工监控措施,通过检验并调整施工过程中的结构反应(位移、应力),使之与设计值一致;

(5)重视预应力钢束的张拉力控制,改进预应力钢束的张拉工艺;

(6)加强对混凝土配合比的设计、添加剂的控制、混凝土的振捣和养护等,避免混凝土出现早期裂缝及其他非结构裂缝。

6)运营使用养护方面的注意事项和工程建议

(1)加强运营管理,尽量避免超载及其他有损桥梁安全的事件发生;

(2)建立长期检测机制,尤其是对200m以上的连续刚构桥(连续梁)要定期检查,若有异常应立即处理。

### 5.2.3 中跨横隔板的开裂问题

为了增加悬臂施工连续刚构桥跨中合拢段截面的横向刚度,限制畸变应力,往往设置跨中横隔板。然而,在实际工程当中,往往会因各种原因导致跨中合拢段横隔板出现开裂,裂缝往往有明显的规律性,如图5-28所示。下面以箱形截面连续刚构桥为例,分析跨中合拢段横隔板开裂的原因。

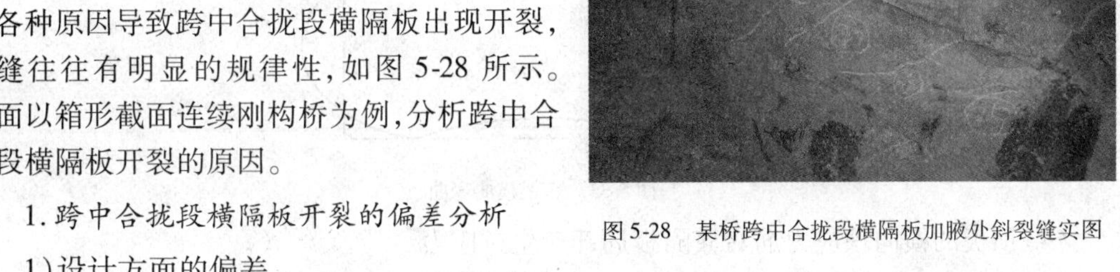

图5-28 某桥跨中合拢段横隔板加腋处斜裂缝实图

1.跨中合拢段横隔板开裂的偏差分析

1)设计方面的偏差

(1)横隔板刚度与顶底板刚度的协调问题

横隔板的刚度应和箱梁顶底板的刚度相协调。若横隔板的刚度过大,可能导致顶底板开裂。相反,横隔板刚度过小,可能会导致横隔板本身开裂。

一些桥梁设计为了减少主梁自重,截面尺寸拟定时主要考虑面内抗弯能力的需要,箱梁桥主梁的截面尺寸较小,使箱梁的剪切效应、扭转效应显著,从而降低了箱梁桥截面本身的抗剪、抗扭能力。从受力关系上分析,设置足够尺寸、足够刚度的横隔板,可以增强结构的抗扭刚度和整体性,限制畸变应力。然而,在设计中,往往忽略了这一点,导致横隔板尺寸偏小(包括横隔板挖空尺寸过大),抗扭刚度不足。如果箱梁受扭,可能导致箱梁畸变,引起横隔板开裂。如图5-29所示。

(2)局部应力集中

在箱梁横隔板倒角处容易出现应力集中,会导致局部拉应力过大,使横隔板开裂。通过分析有限元模型计算得到的底板加腋处局部主拉应力云图(图5-30),可以发现,加腋处截面突变位置的主拉应力达到9.65MPa,出现明显的应力集中现象。较大的主拉应力容易使混凝土开裂,裂缝削弱箱梁的抗扭性能,还会导致应力重分布,使箱梁处于不利的受力状态。

(3)未计入箱梁横向弯曲的影响

箱形截面顶板在车辆荷载作用下,除直接承受荷载部分产生横向弯曲外,由于整个截面形成超静定结构，引起其他部分产生横向弯曲(图5-31)，因此在各板的纵断面上将产生横向弯曲正应力。箱梁畸变也会引起横向弯曲。由于横向弯曲产生的应力很小，一般不予考虑，但对于单箱单室宽扁箱形截面连续刚构桥来说，截面左右腹板跨度过大，此时，荷载对截面的横向弯曲作用不可忽略。若顶板的尺寸偏小，容易引起横隔板顶部下沿出现过大的拉应力，导致横隔板开裂。

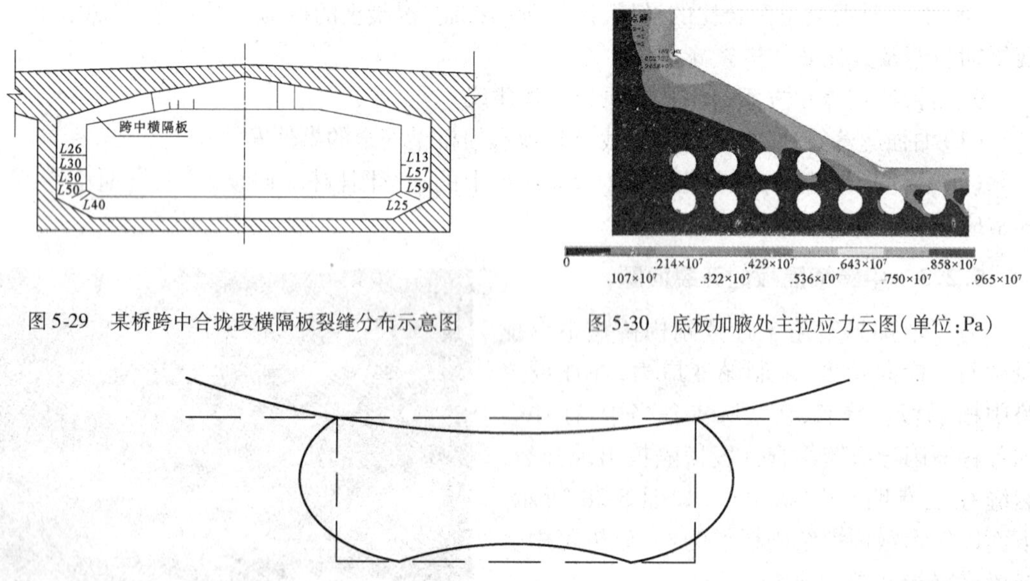


图5-29　某桥跨中合拢段横隔板裂缝分布示意图

图5-30　底板加腋处主拉应力云图(单位:Pa)

图5-31　箱梁横向弯曲

(4)顶板的横向预应力筋对横隔板局部产生拉应力

如图5-32所示，I-I截面实际为由箱梁顶板和横隔板上部构成的T形截面，当在顶板上施加横向预压应力时，I－I截面的下部(即横隔板上部)会出现拉应力，使得横隔板出现开裂的现象。这是由于设计人员在板内横向预应力设计时，未计入该横向预应力横隔板的不利影响，仅按构造配筋的理念设计横隔板。

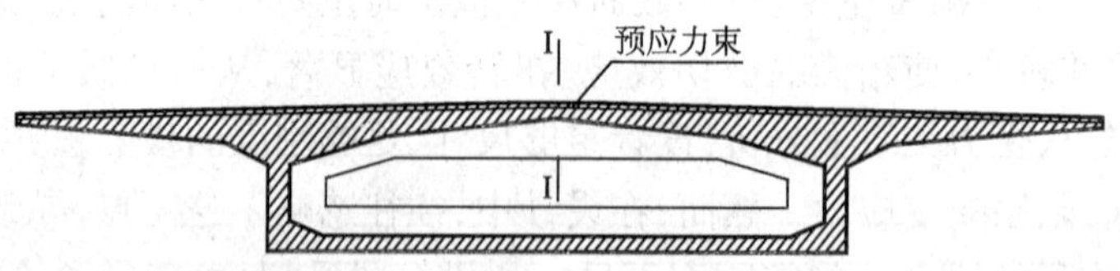


图5-32　箱梁顶板横向预应力筋布置示意图

2)施工偏差

箱梁跨中截面通常高度较低，跨中横隔板施工空间狭窄，加之施工人员往往对非主体结构的横隔板重视不足，容易导致横隔板的钢筋位置偏差，模板安装尺寸偏差以及混凝土浇筑质量偏差。这些偏差的存在，会降低横隔板的力学性质，使混凝土实际抗拉强度比设计的抗拉强度明显偏低，或产生设计预期以外的拉应力，从而引起横隔板开裂。

2. 工程建议

1)设计建议

(1)考虑横隔板和顶底板的刚度协调;

(2)避免跨中横隔板开人洞过大而使其刚度明显降低;

(3)横隔板适宜为椭圆形开孔,并按椭圆形配置构造钢筋;或采用多次折线倒角或采用弧形倒角构造,以缓解应力集中程度;

(4)采用单箱多室或多箱结构,避免过宽单箱结构;

(5)在跨中横隔板上部和下部设置横向预应力束,以增强跨中梁段的整体性,减小跨中底板纵向开裂的可能性,如所图 5-33 所示。

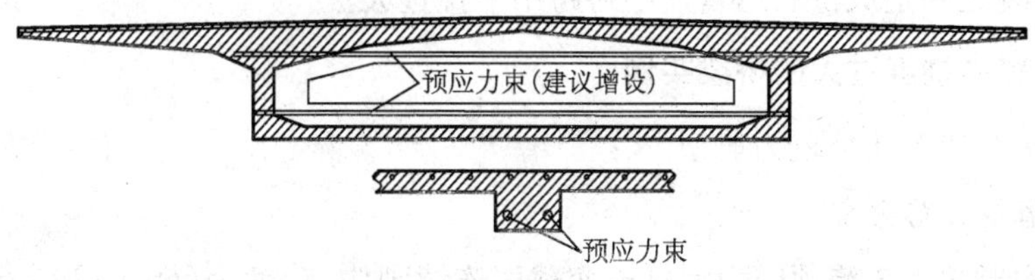


图 5-33　横隔板上部和下部设置横向预应力束示意图

2)施工建议

加强对横隔板施工质量的监督,避免钢筋位置、模板安装尺寸误差过大,确保混凝土浇筑质量,并做好后期混凝土养护工作。

3. 加固处理措施

对于横隔板已经出现了类似图 5-28 和图 5-29 所示的桥梁病害时,可以考虑对横隔板临近位置增设体外预应力,如图 5-34 所示。该措施可以起到封闭已有裂缝和防止新裂缝出现的作用,必要时可以再加设腹板附近的竖向体外预应力钢束。预应力的作用一方面可封闭裂缝,控制裂缝的开展;另一方面可以增加箱梁的整体性,提高工作性能。

对于原桥中没设横隔板,箱内的腹板与底板转角处又出现纵向裂缝的桥梁,可以加设如图 5-35 所示的横向加劲肋板。

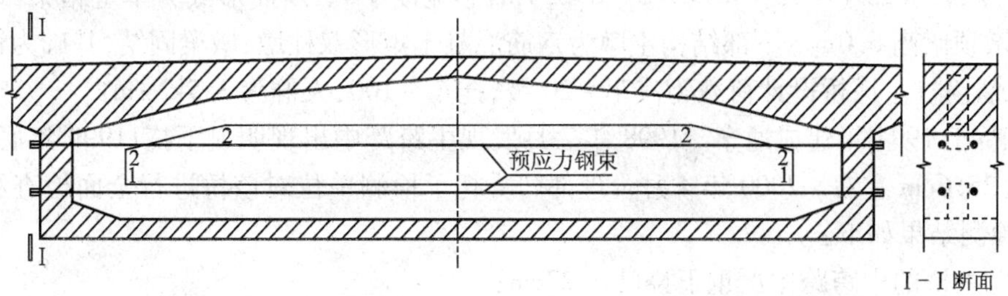


图 5-34　跨中合拢段横隔板加固示意图

图 5-35　跨中合拢段与相邻阶段交界节段处的横向加劲肋板

## 5.3 主跨跨中挠度过大的设计施工偏差

我国1988年建成第一座跨径为180m的大跨度预应力混凝土连续刚构桥——广东洛溪大桥,从此连续刚构桥在我国得到了广泛的应用和推广。1995年建成的黄石长江大桥(162.5+3×245+162.5)m,1997年建成的虎门大桥辅航道桥(150+270+150)m,1999年建成的重庆黄花园大桥(137+3×250+137)m,不断地把预应力混凝土连续刚构桥跨径及联长推向新的高度。然而随着连续刚构桥数量的增加及运营时间的增长,各种病害也随之而来,主要表现之一是成桥后运营期中跨跨中下挠过大。

### 5.3.1 跨中挠度过大的桥梁实例

工程实例有如下几个较为典型[12]:

1. 广东省某公路大桥

主桥结构形式为3跨预应力混凝土变截面连续刚构,跨度为(66+120+66)m。桥面宽度为(0.5+2.1+0.4+15.0+0.4+2.1+0.5)m,总宽度21m。断面形式为单室箱梁,跨中梁高2.5m,墩顶梁高6.0m。下部结构主墩为钢筋混凝土矩形双柱空心墩,墩梁固结,基础为钢筋混凝土钻孔灌注桩。该桥设计荷载为汽车-20级,挂车-100,人群为3.5kN/m$^2$,于1994年建成通车。该桥在1999年10月发现主跨跨中出现明显下挠;2000年底,跨中挠度已达22cm左右。2001年4月管理部门委托了检测单位对该桥进行全面检查和静动载试验,检测结果如下。

(1)主桥的中跨跨中严重下挠已达23.8cm;

(2)静载试验检测的应力及挠度的校验系数大于1.05,桥梁总体承载能力下降;

(3)动载试验结果显示主桥整体刚度降低,结构受力性能下降。

2. 湖南省某大桥

该桥上部结构形式为三跨预应力混凝土变截面连续刚构,跨度为(100+150+100)m。桥面宽度为(0.25+0.75+7+0.75+0.25)m,总宽度9m。断面形式为单室箱梁,跨中梁高2.4m,墩顶梁高6.0m。下部结构主墩为钢筋混凝土矩形双柱墩,墩梁固结,基础为钢筋混凝土钻孔灌注桩。该桥设计荷载为汽车-20级,挂车-100,人群为3.5kN/m$^2$。

该桥于1994年建成通车。1998年7月发现主跨跨中出现明显下挠;1999年底,跨中挠度已达25.6cm左右。2000年4月管理部门委托了检测单位对该桥进行全面检查和静动载试验,检测结果如下:

(1)主桥的中跨跨中严重下挠已达27cm;

(2)静载试验检测的应力及挠度的校验系数大于1.05,桥梁总体承载能力下降;

(3)动载试验结果显示主桥整体刚度降低,结构品质下降。

病害成因分析:从该桥的试验检测资料来看,该桥梁斜剪裂缝多,其抗弯和抗剪承载能力都存在不足。若按规范要求抗剪的最小截面公式验算,则截面尺寸偏小。桥跨已塑性变形下挠达25.6cm,显示桥梁整体刚度降低,总体承载能力下降。

连续刚构成桥后期,中跨跨中下挠过大,严重地影响到桥梁的正常使用,这在近年来修建的大跨度预应力混凝土连续刚构桥中已成为一个较普遍的问题。

### 5.3.2　预应力损失对主梁变形的影响

由于受到多种因素的影响,预应力筋的预加应力并不是常量,而是随时间增长而逐渐减小,这种现象称为预应力损失。预应力损失与施工工艺、材料性能及环境影响都有关系,一般应根据实验数据确定;如无可靠试验资料,则可按照相应的规范进行估算。预应力损失的大小直接影响钢束的有效预应力水平,从而影响主梁变形及其开裂形态,进而影响桥梁的刚度及后期变形。以下以工程实桥为例,通过试算不同的预应力损失影响下的主梁变形,来分析跨中变形的变化规律。

1. 有限元模型的建立

以三跨(46 + 80 + 46)m 的 A 类预应力混凝土连续刚构桥为背景,采用 Midas/Civil 软件建立梁单元分析模型,连续刚构桥主梁和桥墩都采用 C55 混凝土;预应力钢绞线类型采用公称直径 15.24mm;普通钢筋采用 HRB335。有限元模型如图 5-36 所示。

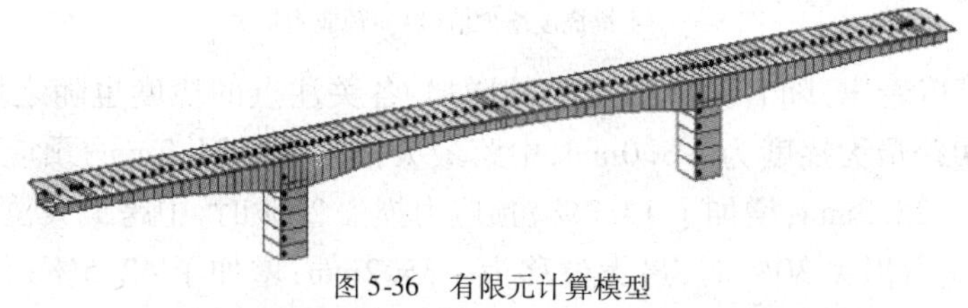

图 5-36　有限元计算模型

2. 纵向预应力损失分析

设计上,纵向预应力的管道摩阻损失和竖向预应力损失均按规范(JTJ 023—85)计算,但实际施工中,由于预应力束、管道轴线、锚垫板位置偏差及张拉控制不力等因素,常常出现纵向预应力束的锚下张拉力和相应张拉伸长量差值超过规范要求的 ±6%,有的甚至达到 15%或以上,尤其是长束和超长束张拉不到位的情况更为普遍。

为了研究纵向预应力损失对连续刚构桥挠度的影响,在正常使用阶段可以不考虑温度的影响,只考虑在自重、预应力、收缩徐变、二期恒载及 0.7 倍的活载的短期效应组合下的情况。按下列 5 种情况做比较分析:(1)预应力无损失;(2)预应力损失 10%;(3)预应力损失 20%;(4)预应力损失 30%;(5)预应力损失 50%。

挠度和挠度增加值分析结果如图 5-37 和图 5-38 所示。

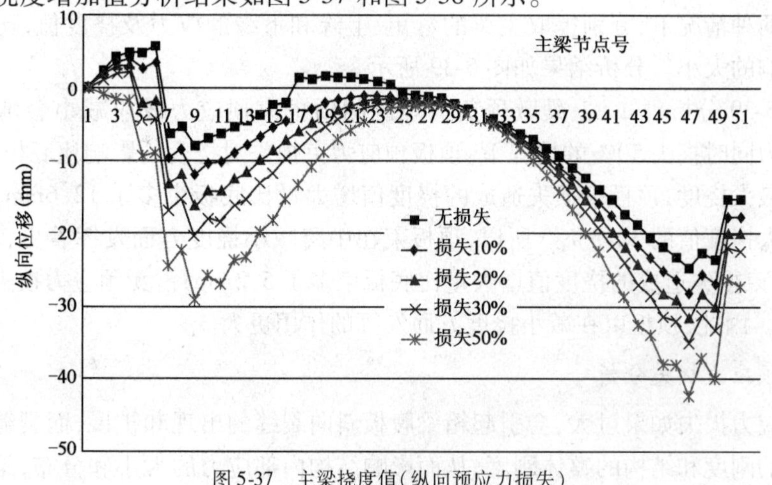


图 5-37　主梁挠度值(纵向预应力损失)

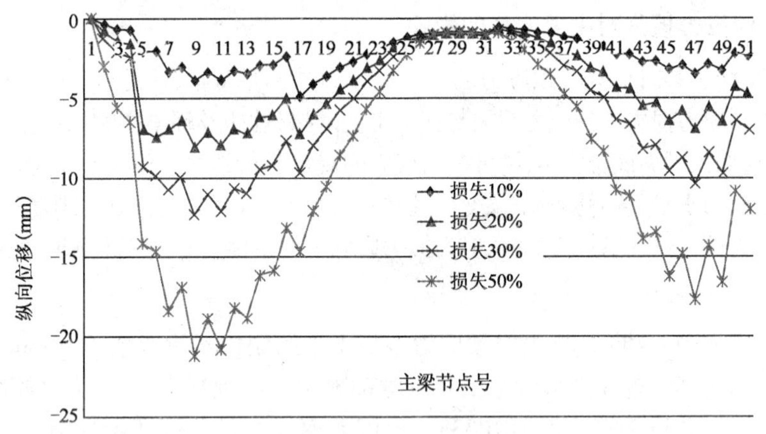


图 5-38　主梁挠度增加值(纵向预应力损失)

由图 5-37 可以看出,随着预应力损失的增加,各关注点的挠度也随之增加。在无预应力损失情况下,边跨最大挠度为 -8.0mm,中跨最大挠度为 -24.7mm;预应力损失 10% 时,中跨最大挠度为 -28.2mm,增加了 14.2%;预应力损失 20% 时,中跨最大位移 -31.6mm,增加了 27.9%;预应力损失 30% 时,最大位移为 -35.2mm,增加了 42.5%;预应力损失 50% 时,中跨最大位移 -42.4mm,增加了 71.6%。最后一种工况时,应力已经超限,桥梁边跨和中跨的位移也很大。

从图 5-38 可以看出,主梁挠度增加的百分比与预应力损失的百分比大概成正比关系。因此,随着预应力损失的增加,主梁的挠度值也随之增加,最终会导致连续刚构桥的挠度过大,出现裂缝等,不满足使用和安全性的要求。

3. 顶板束与底板束预应力损失影响比较分析

预应力钢束分为顶板束和底板束,顶板束和底板束预应力损失对挠度的影响不一定相同。下面分两种情况作分析比较:

(1)顶板束预应力损失 50%,底板束预应力不变;

(2)底板束预应力损失 50%,顶板束预应力不变。

在上面两种情况下,分别提取主梁的弯矩、上缘和下缘的应力及挠度值,比较预应力损失对挠度影响的大小。分析结果如图 5-39 所示。

通过图 5-39 分析可知,主梁墩顶负弯矩区的顶板束预应力效应减小会增大主梁的挠度。在预应力同时损失 50% 的情况下,顶板预应力束损失对挠度的影响比底板束损失要大。对于中跨的最大挠度,顶板束损失造成的挠度值增大量比底板束多了 12.6mm,占无预应力损失跨中最大挠度值的 32.5%。所以,顶板束在中跨减小挠度方面发挥着更大的作用。在边跨里,顶板束损失造成的挠度值增大量比底板束多了 5.2mm,占无预应力损失边跨最大挠度值的 65%。因此,顶板束在减小挠度方面发挥的作用更大。

4. 竖向预应力损失分析

竖向预应力损失如果过大,会引起箱梁腹板斜向裂缝的出现和扩展,而裂缝的增多将会影响横截面的刚度和结构的整体刚度,从而影响结构内部应力的大小和分布,梁的挠度也就

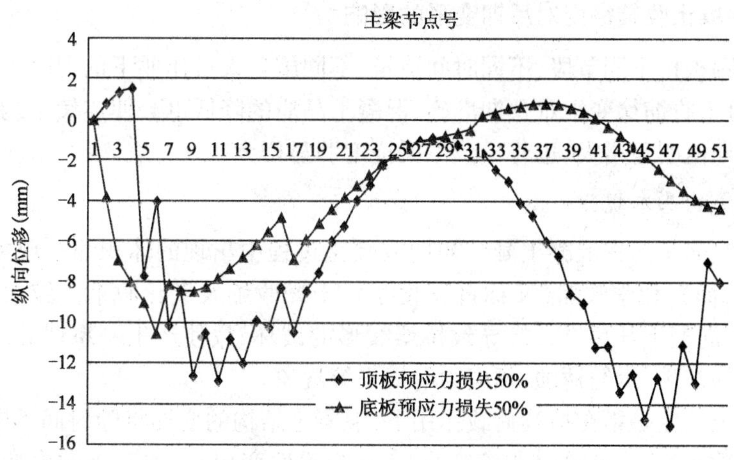


图 5-39　主梁挠度增加值(顶板束或底板束预应力损失)

会增加。由于竖向预应力损失导致结构挠度增加,故在做分析时可以减小相应部位的刚度来模拟,如折减边跨 1/4 处、跨中处、3/4 处、中跨 1/4 处、跨中处附近的单元。为了比较刚度折减大小对挠度的影响,分为下列 3 种情况:(1)单元刚度保持不变;(2)刚度折减 25%;(3)刚度折减50%。图 5-40 为刚度折减后主梁挠度值。

从图 5-40 可以看出,部分梁段刚度的减小对挠度的影响不是很大,如 9 号节点处,刚度不折减的挠度为 -4.5mm,刚度折减 25% 后挠度为 -4.6mm,刚度折减 50% 后挠度也仅为 -4.9mm。刚度折减影响较大的梁段集中在边跨跨中、中跨 1/4 处和跨中附近,这和折减单元位置吻合。由上面的分析可以知道,竖向预应力损失是引起连续刚构桥挠度增大的原因之一,但不是主要因素。

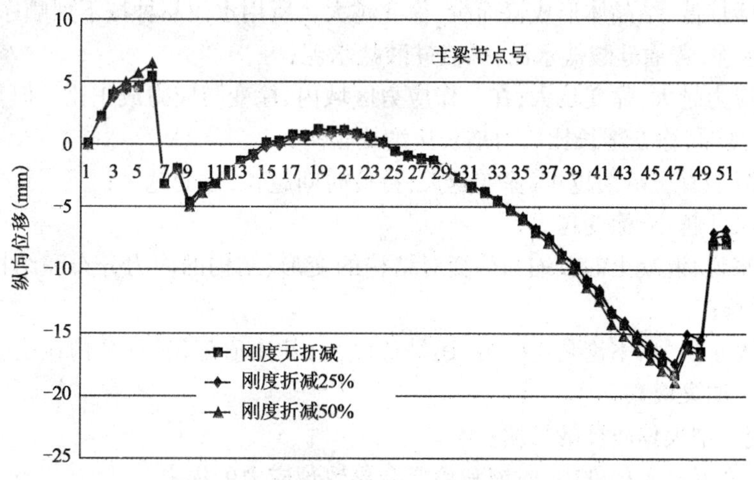


图 5-40　刚度折减主梁挠度值

大跨径连续刚构桥主梁跨中过度下挠问题原因复杂,从根本上克服其过度下挠问题要从诸多方面考虑。现今急需规范有关设计施工方法,制定相关规范、技术指南,指导连续刚构桥建设。

### 5.3.3 混凝土收缩徐变对后期变形的影响

由于连续刚构桥不同节段、不同时间浇筑、不同施工人员作业下的混凝土品质很难保持一致,使得混凝土收缩徐变很难预期准确,混凝土品质的降低也会使连续刚构桥的实际收缩徐变比设计预期值明显增大,也将导致主梁挠度明显增大。

1. 收缩徐变的基本规律

混凝土的收缩是指在混凝土凝结初期或硬化过程中出现的体积缩小现象,一般分为塑性收缩(又称沉缩),化学收缩(又称自身收缩),干燥收缩及碳化收缩。较大的收缩会引起混凝土开裂,而混凝土开裂将直接导致桥梁线形的破坏,致使产生一系列的问题,如连续刚构桥跨中挠度的产生、钢筋锈蚀、预应力的损失等现象。

所谓混凝土徐变是指在持续荷载作用下,混凝土结构的变形将随时间不断增加的现象,一般以徐变系数 $\varphi = f/\varepsilon$ 表示($f$ 为徐变变形,$\varepsilon$ 为弹性变形)。混凝土的徐变对混凝土及钢筋混凝土结构物的应力和形变状态有很大的影响。徐变变形可能超过弹性变形,甚至达到弹性变形的2~4倍,因而改变超静定结构的应力状态,特别是由于温度、干缩等强迫变形引起的应力。

一般认为混凝土产生徐变的机理是由水泥石的黏弹性和水泥石与骨料之间的塑性性质变化的综合结果。具体来说,主要由于持续荷载的作用使凝胶体中水分被缓慢地压出,导致水泥石的黏性流动,微细空隙的闭合,结晶内部的滑动,微细裂缝的发生等各种因素的累加。

综合国内外试验研究结果,证明混凝土徐变的规律如下:

(1)加荷期间大气湿度越低,气温越高,徐变越大;

(2)混凝土中水泥用量越多或者水灰比越大,徐变越大;

(3)使用结构不密实的骨料,由于级配不良、空隙较多的混凝土,徐变越大;

(4)水泥活性低,结晶体形成慢而少,徐变越大。所用水泥品种按下列顺序徐变增加:早强水泥,高强水泥,普通硅酸盐水泥,矿渣硅酸盐水泥;

(5)加荷应力越大,徐变越大;在工作应力区域内,徐变与应力成正比。但是当应力接近混凝土极限强度时,徐变增长比应力增长速度快很多;

(6)加荷时混凝土龄期越短,徐变越大;持荷时间越长,徐变越大;

(7)结构尺寸越小,徐变越大;

(8)一般来说,混凝土的收缩和徐变对结构的变形、结构的内力分布和结构内截面的应力分布产生影响;

(9)徐变无正负号,不论是正应力,还是负应力,其比值都相等;结构在受力区的收缩徐变会增大挠度(如梁板);

(10)徐变会增大偏压柱的弯曲;

(11)预应力混凝土构件中,收缩和徐变会导致预应力的损失;

(12)如果结构构件为组合截面,徐变将导致截面上的应力重分布;

(13)对于超静定结构,混凝土的徐变将导致结构的内力重分布,即引起结构的徐变次内力;

(14)混凝土的收缩会使较厚构件的表面开裂,这种开裂是因为收缩总是从构件的表面开始,当收缩受到内部阻碍时便会引起收缩应力,从而产生开裂。

2. 收缩徐变计算偏差对桥梁结构产生影响的分析

在桥梁施工过程中，由于混凝土自身质量的离散性、使用环境湿度及加载龄期的离散性，实际结构中的混凝土主梁收缩及徐变效应与设计预期的理想状态之间往往存在一定的差别，有时候差别还比较大。

江津长江大桥的模型计算，采用的是桥梁博士3.03。全桥主桥分为160个单元，桥墩单元为161-184，180个节点。如图5-41和图5-42所示。

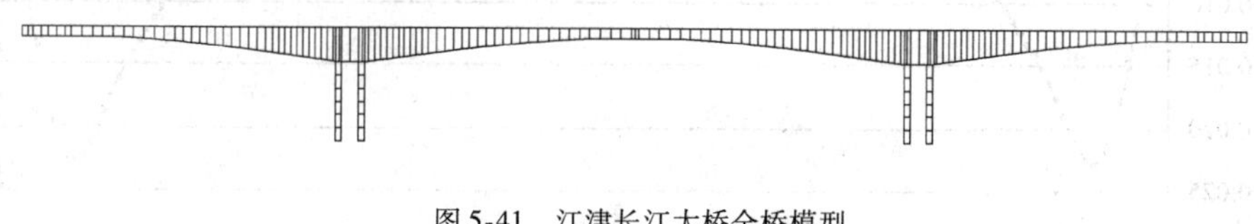

图5-41 江津长江大桥全桥模型

图5-42 江津长江大桥预应力钢筋布置

环境湿度的影响：该桥原计算模型：恒载+预应力+收缩徐变+活载，相对湿度为70%。考虑相对湿度55%、90%两种环境条件与原模型进行比较（收缩徐变天数定为3650天），分析混凝土收缩、徐变对桥梁下挠的影响。

1）相对湿度为55%时对收缩徐变的影响（图5-43和图5-44）

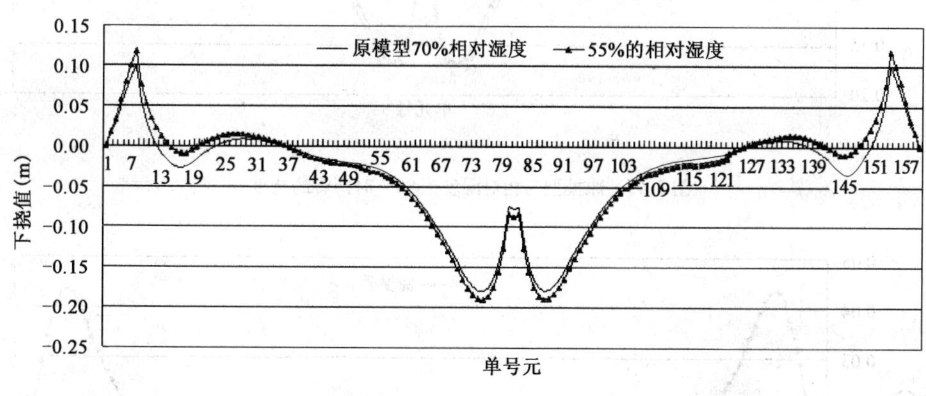


图5-43 原模型与相对湿度为55%时两者的挠度

2）相对湿度为90%时对收缩徐变的影响（图5-45和图5-46）

从相对湿度为55%挠度图中和挠度差值图可以看出，全桥的挠度在增大，跨中附近的最大值下降了1.1cm，可见相对湿度的减小会使得跨中挠度增加。

当相对湿度为90%时，从挠度图和挠度差值图中可知，全桥的挠度比原模型的挠度要小，在跨中减小的值为1.2cm，可见湿度的增加能使得跨中的挠度减小。

因此，收缩徐变是引起跨中挠度变化的因素之一。

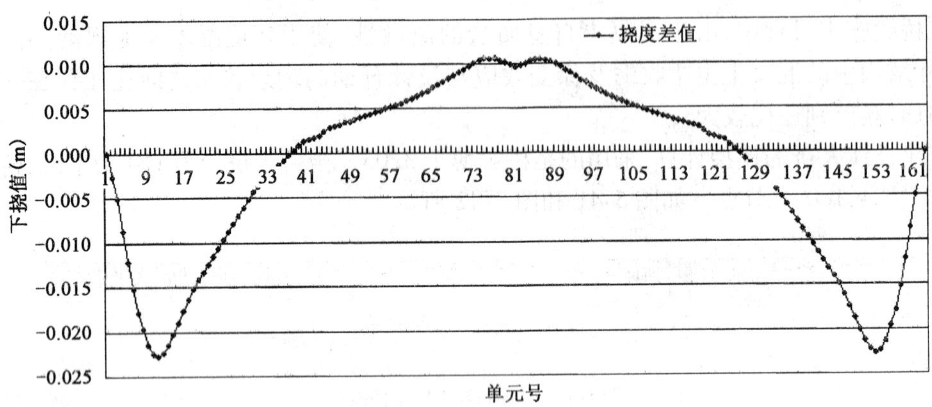


图 5-44　原模型与相对湿度为 55% 时两者的挠度差值

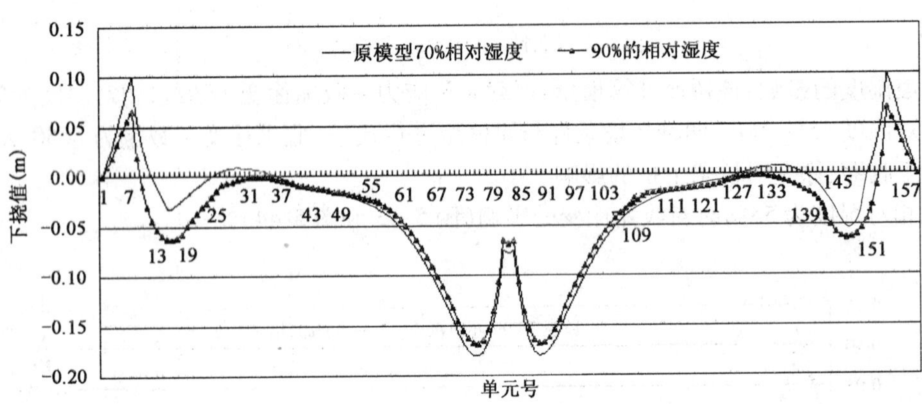


图 5-45　原模型与相对湿度为 90% 时两者的挠度

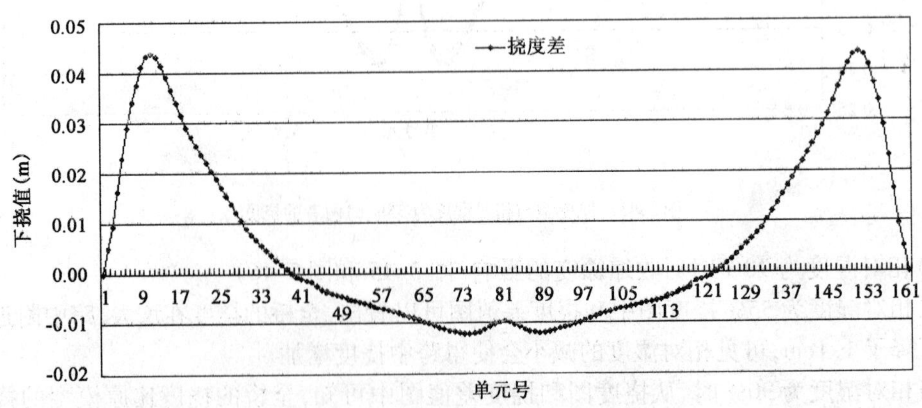


图 5-46　原模型与相对湿度为 90% 时两者的挠度差值图

### 5.3.4　竖向接缝的设计施工偏差及对变形的影响

大跨径预应力混凝土桥梁，无论是T构、连续梁、连续刚构还是斜拉桥，大多采用节段悬臂现浇法施工。节段与节段间的竖向接缝是关系桥梁结构整体性和后期使用性能的重要因素。竖向接缝理论上属于施工缝的范畴，即使在正常条件下竖向接缝的混凝土浇筑质量常常明显劣于正常区段的混凝土质量，而在设计分析时并没有考虑这些差异，均按照所有部位梁体混凝土性能均匀一致进行计算。竖向接缝实际性能与设计理想结构之间的偏差也会对结构实际受力产生影响，为此笔者对其进行一些理论上的探索并提出施工上的改进意见。

1. 竖向接缝质量偏差的不利影响

实际施工中相当数量的接缝存在质量问题，其力学性能明显弱于一次性整体浇筑的混凝土结构，这就造成了理论计算与实际情况的偏差，其表现之一为实际变形（包括施工阶段变形和竣工后长期变形）比理论计算值偏大。国内有几座连续刚构桥的后期挠度远大于设计预期值，如长江某桥（主跨240m），设计预期该桥在3年后因混凝土收缩徐变而引起的跨中下挠值约为6～10cm，而在成桥3年后梁体跨中实际下挠值达到18cm，并呈现出继续下挠的趋势。悬臂施工中，节段与节段间竖向接缝的质量问题可能并不危及桥梁的结构安全（因为有大量的预应力钢筋和普通钢筋穿过接缝截面），但对主梁的变形（尤其是竣工后的长期变形）影响较大，而这一因素尚未引起人们的高度重视，致使桥梁的实际变形可能明显大于预期变形。

2. 竖向接缝质量偏差的影响分析

1）有无竖向接缝对桥梁性能的影响

若在施工中不格外慎重，接缝是比较容易出现质量问题的。除了接缝处混凝土表面凿毛质量差、接缝附近混凝土漏浆、振捣不够密实外，有的接缝甚至不饱满，从表面用肉眼即能明显看出有一定深度的缝隙。由于大跨度节段悬臂施工桥梁的竖向接缝很多，上述现象还是经常可能会出现的。显然，如果接缝施工有质量问题，那么接缝及其附近混凝土的性能就与整体浇筑的混凝土有一定区别。

然而在理论模型上进行计算分析时，对于由施工不利（如凿毛、漏浆、接缝不密实等）而产生的影响，现有的结构计算程序还不能进行有效的模拟。也就是说，人们只能对这些影响进行定性分析，尚未进行可靠的定量计算。在实际模型中，设计者通常忽略了这些接缝施工质量的影响，即均假设接缝处混凝土质量及力学性能与节段内正常混凝土的质量及力学性能完全一样。

大跨径预应力混凝土桥梁多采用节段悬臂现浇法施工，由于挂篮的承载重量有限，因此每个现浇节段的长度是有限的。例如，龙溪河大桥为主跨240m的预应力混凝土连续刚构，该桥每个T构的单侧悬臂施工长度为111.5m，共分29个现浇节段（9×3.0m＋11×4.0m＋9×4.5m），其中最长节段4.5m，最短节段3.0m。总共计算下来，全桥共有竖向接缝100多条，实际施工中全部做成竖直形式。正常情况下，人们常常最担心的是竖向接缝能否正常承担剪力或拉力的作用。由于龙溪河大桥是全预应力结构，因此竖向接缝不存在承受拉力的问题，只存在承受剪力的问题。对大跨度桥梁来说，人们将关注重点放在抗弯性能上，当腹板具有足够厚度时，一般并不担心混凝土箱梁的抗剪强度。但不可忽视的是，当剪力较大时,存在明显质量劣化的竖向接缝会产生较大的剪切变形和剪切徐变。

在施工阶段,接缝的存在使接缝处剪应力和剪切变形增大,而剪切变形的增大对桥梁施工挠度的影响较小,这主要是因为:

(1)在悬臂较短的施工阶段,剪力较大的截面较少,因此接缝对挠度的影响并不十分显著。

(2)在悬臂较长的施工阶段,剪力较大的截面较多,接缝对挠度的影响比较大。但同时结构因荷载弯矩产生的挠度明显增大,即接缝剪切变形产生的挠度在总挠度中所占比重相对较小。

(3)由于接缝质量对施工期挠度的影响较小,因此也常会被人们考虑成其他因素(如混凝土弹模降低等)予以处理。

对于整体浇筑混凝土的结构,混凝土的剪切徐变引起的挠度增量通常可忽略不计;但对分节段悬臂现浇法施工的连续刚构桥梁,当接缝面剪力较大时,质量不良的接缝会产生较大的剪切变形并在长期荷载作用下产生过大的剪切徐变,由此引起的挠度增量通常不应忽略。

所谓混凝土的剪切徐变是指混凝土在长期剪力作用下所产生的剪切变形随时间而逐渐增大的现象。在大跨度连续刚构桥的使用阶段,当竖向接缝混凝土较差时,由竖向接缝混凝土引起的剪切徐变可能显得比较突出。这是因为:

(1)成桥后在恒载及活载的联合作用下,承受剪力比较大的接缝数量较多,而剪应力越大,剪切徐变越大,所以不良接缝的存在对长期挠度的影响较明显。

(2)由于接缝处混凝土相对较薄弱,因此其弹性模量 $E$ 降低。根据 $G_h=E_h/[2(1+\mu)]$ 的关系,可知 $G_h$ 必然也相应降低,这对混凝土的后期剪切徐变的影响较不利,而且由于接缝数量众多,只要每个接缝的剪切徐变略有增加,其累加起来对整体结构的后期挠度就可能较大。

2)竖向接缝对连续刚构桥跨中挠度的长期影响

结合对混凝土徐变已有的研究和对大跨径预应力混凝土连续刚构桥变形长期观测的资料,笔者对节段间竖向接缝处混凝土产生剪切徐变的原因有如下认识:

(1)接缝处混凝土的凝胶体在长期剪应力作用下产生单向的滞性流动(常规混凝土在压应力作用下,凝胶体的滞性流动是非定向的),又因接缝混凝土的密实性差,较常规混凝土具有更多的可供凝胶体滞性流动的空间,因此而引起的剪切徐变更大。

(2)接缝处混凝土因密实性差,局部区域空隙率较大,体内骨料间的相互约束力差,长期在较大剪应力作用下,接缝处的一些骨料可能发生微小的转动,由此将引起剪切徐变的增大。

(3)接缝处混凝土的质量较差,难免存在原始微裂缝甚至存在宏观缺陷,长期处于较大的剪应力作用下,其微裂缝和宏观缺陷将进一步发展,导致剪切徐变的增大。

综上所述,长期荷载下接缝处混凝土将产生明显的剪切徐变,由此引起连续刚构桥主梁挠度的增大是不容忽视的,应在设计中预先考虑。

由结构力学可知平面杆件结构在荷载作用下的位移计算公式为:

$$f=\sum\int\frac{\overline{M}M_{\mathrm{p}}}{EI}\mathrm{d}s+\sum\int\frac{\overline{N}N_{\mathrm{p}}}{EA}\mathrm{d}s+\sum\int\frac{k\overline{Q}Q_{\mathrm{p}}}{GA}\mathrm{d}s \tag{5-2}$$

但在目前设计所采用的计算公式中，通常忽略了剪力及轴力的影响，这对常规的混凝土结构并不会产生明显的误差，如此简化是可行的。但对采用分节段悬臂现浇法施工的连续刚构桥，由于接缝处混凝土剪切变形（含剪切徐变）的存在，必要时应考虑剪切效应的影响，以减小设计理想结构与实际桥梁结构之间的偏差过大。

为对接缝剪切徐变引起桥梁后期挠度有一个定量认识，笔者以龙溪河大桥为例，建立了主梁的空间有限元模型。龙溪河大桥中跨有 60 条竖向接缝，实际施工中全部做成竖直形式。显然，接缝混凝土剪切徐变的大小与接缝混凝土的施工质量直接相关，接缝混凝土的施工质量好则剪切徐变小，反之亦然。由于目前关于预应力混凝土剪切徐变尚无成熟的计算公式可用，故假定剪切徐变与混凝土常规徐变具有相同的随时间变化规律（依据弹性老化理论）。为模拟竖向接缝处混凝土剪切徐变的影响，在有限元模型中接缝处用 3cm 厚的薄弱夹层模拟（假定剪切模量降低 50%）。计算模型如图 5-47 和图 5-48 所示。计算出在主梁自重作用下，仅由竖向接缝处混凝土剪切变形而产生的跨中挠度增量，如图 5-49 和表 5-4所示。

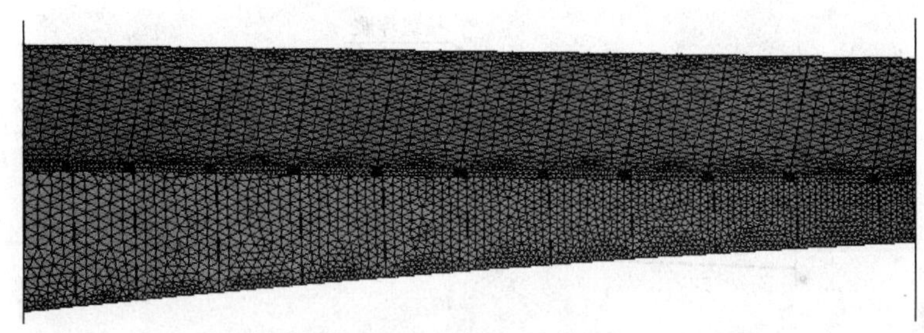

图 5-47　梁体单元划分

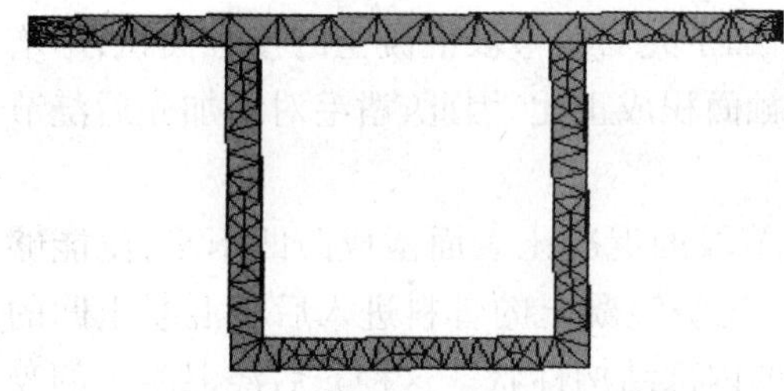

图 5-48　接缝处薄弱夹层单元划分

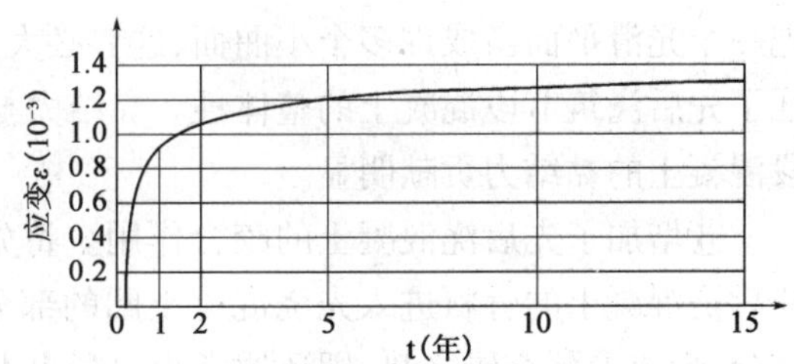


图 5-49　混凝土变形随时间的变化

**不同时间情况下，跨中挠度增量**　　表 5-4

| 时间（年） | 跨中挠度增量（cm） | 时间（年） | 跨中挠度增量（cm） |
|---|---|---|---|
| 1 | 1.11 | 10 | 8.78 |
| 2 | 2.47 | 15 | 10.0 |
| 5 | 6.53 | | |

可见，因接缝混凝土质量问题，使其力学性能指标下降（如剪切模量降低 50%，并计入徐变影响）；对 240m 跨径的主梁，仅计入由 60 条竖向接缝混凝土剪切变形，而产生的跨中挠度增量，在 15 年后可达 10cm，这显然是一个不可忽视的挠度增量值。

3)影响竖向接缝质量的原因

笔者认为,影响混凝土竖向接缝质量的原因主要有两个:接缝混凝土表面的凿毛质量和接缝附近混凝土的密实度,现分述如下:

(1)接缝界面混凝土的凿毛质量

凿毛对先后浇筑节段混凝土的结合有以下几个作用:

①凿除已完成节段接缝表面上的浮浆。在浇筑已成节段混凝土时,接缝表面是与端头模板相接触的。在其附近混凝土的振捣过程中,会有一部分水泥浆浸润在端模与混凝土之间,待端头模板拆除之后,这部分水泥浮浆就附着在节段表面上。这种水泥浮浆虽然很薄,但面光质弱,如果不将其凿掉,就会在先后节段之间形成一个竖向连接的薄弱隔离层,使相邻两节段混凝土不能成为主体。相对整体浇筑的混凝土结构来说,这种薄弱隔离层在竖向荷载作用下的剪切变形将显著增大,其力学行为可用一个具有一定摩阻系数的滑动面来模拟(如图5-50所示),即或每道接缝由此产生很小的剪切变形,但是经过多道接缝的剪切变形累积后也可能导致主梁挠度明显增大。

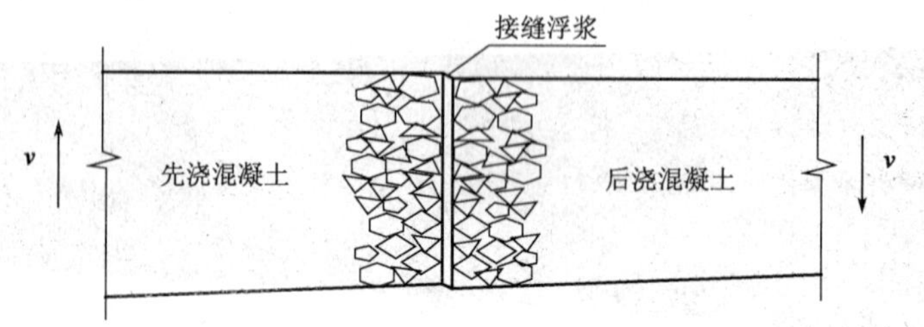


图5-50 先后浇混凝土竖向接缝构成及变形示意图

②增加先后浇混凝土表面的接触面积。将已成节段混凝土表面凿成凸凹不平,相当于把一个光滑平面凿成许多个小曲面,这势必大大增加了先后浇节段混凝土的接触面积,即增强了先后浇筑节段混凝土的整体性。黏结力与接触面积成正比,因此,凿毛对增加先后浇节段混凝土的黏结力贡献明显。

③增加了先后浇混凝土的咬合作用。将先浇节段的混凝土表面凿成凸凹不平,就能够使后浇混凝土的骨料进入先浇混凝土凹的部分,使先浇混凝土的骨料进入后浇混凝土凹的部分,形成犬牙交错之势,即还原常规混凝土本来的内部结构性状。这种先后浇混凝土的咬合作用对抵抗梁体沿接缝的竖向变形是非常有效的。因此,凿毛需要有一定的深度和密度。细部构造如图5-51所示。

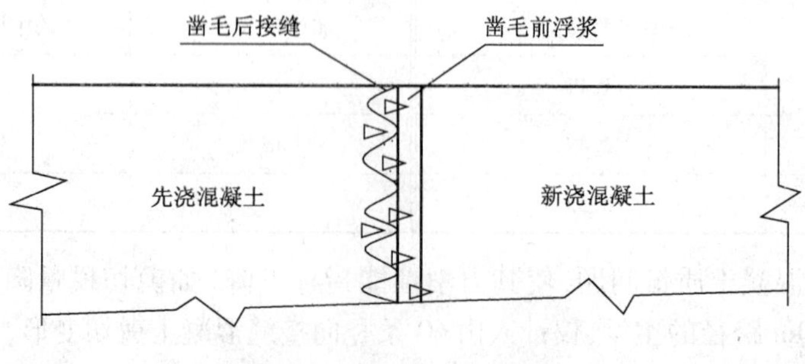


图5-51 凿毛后接缝示意图

④增加了先后浇混凝土的黏结性能。凿毛要求被凿混凝土表面露出新骨料,这样后浇筑的混凝土与先浇梁段凿出的新表面上具有更好的黏结性能。

(2)接缝处混凝土的密实度

接缝附近混凝土的密实程度也是影响接缝质量的重要因素。如果混凝土的密实程度差,那么它的弹性模量必然降低。在相同的应力状态下,混凝土的徐变变形量必然增加。在正常施工条件下,影响混凝土密实性的几种常见原因是:

①端头模板拆除过早。有些施工人员为了凿毛方便或赶工期,在混凝土未达到规定强度就拆掉端头模板,往往使先浇节段接缝附近的混凝土因拆模振动而致使局部开裂甚至松散。凿毛也应在混凝土达到一定强度后才能进行,对尚不具有一定强度的混凝土进行凿毛,其附近的混凝土会因受到局部冲击而产生裂缝,使接缝附近混凝土的强度明显降低。

②振捣不到位。先浇节段接缝附近有锚下螺旋箍筋和锚下钢筋网片,后浇节段接缝附近有锚板和必须留出的预应力束(作为预应力束锚固区),这给接缝附近的混凝土振捣带来不便,稍不注意,就有可能使接缝附近的混凝土振捣不密实。

③漏浆。在分节段悬臂浇筑施工中,后浇节段混凝土的浇筑是以先浇节段端面为端模。对于先浇节段端头模板有许多孔隙,如预留的预应力束孔道、普通钢筋孔道、预应力锚具等,如果端头模板的这些孔道密封不严,在混凝土浇筑及振捣时就会有部分水泥浆从这里泄漏出去。对于后浇节段,接缝附近的侧模和底模都有可能与先浇节段梁体结合不严密,这也会引起漏浆。水泥浆的泄漏必然要影响接缝附近混凝土的质量,从而影响竖向接缝的质量。

因此,综合考虑凿毛不力、拆模过早、振捣不足、漏浆等影响后,接缝处混凝土示意图大致如图5-52所示。

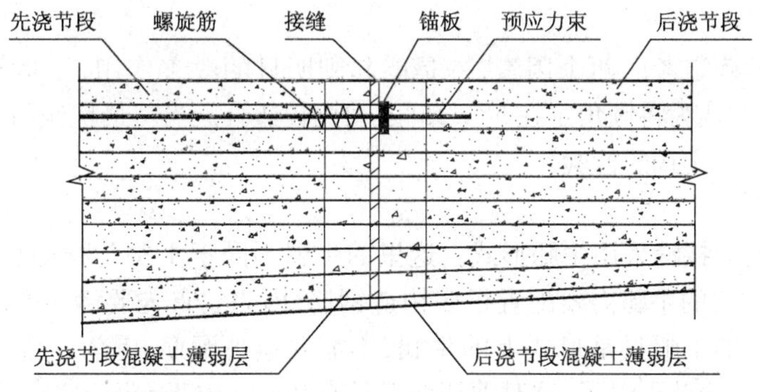


图5-52　接缝处混凝土示意图

④混凝土流体压力的影响。后浇节段与先浇节段接缝处混凝土的密实性,还依赖于后浇混凝土流体对先浇节段混凝土界面产生的流体压力。显然,这种压力越大,接缝处的混凝土就越密实。图5-53示出了5种不同方位的新旧混凝土接缝情况。显然第1种是最密实的,因为在后浇流态混凝土自重作用下使水平接缝自动压实;从第1种变化到第5种,随着后浇流态混凝土对接缝界面自重压实作用的削弱,接缝处混凝土的密实性逐渐变差。

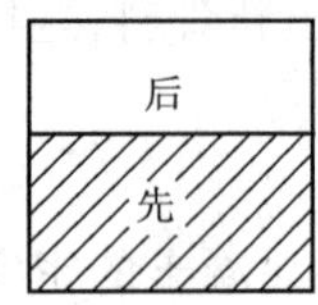

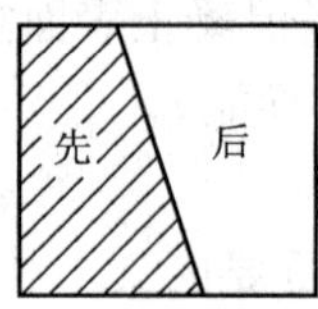

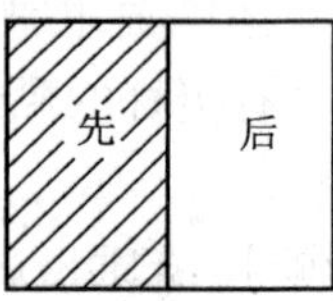

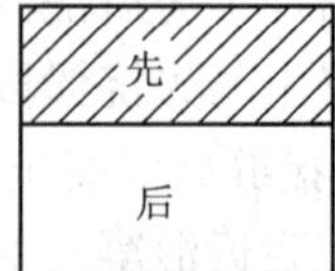


图 5-53　接缝处形式

由于凿毛不力、拆模过早、振捣不足、漏浆等因素的影响,在连续刚构桥的实际施工中,主梁接缝处的混凝土常出现局部蜂窝麻面、缝隙等现象。调查表明,相当一部分主梁接缝处存在明显的缝隙缺陷,有些缝隙深度可达到几厘米。虽然可对这些可见裂缝作压浆补救处理,但因数量太多,难免疏漏,由此导致主梁接缝的混凝土质量明显低于整体浇筑梁段的混凝土已成为不争的事实。

4)竖向接缝问题的处理建议

正常施工条件下接缝质量对挠度的影响,可以在设计计算中适当考虑并提前计入。作为设计者,事实上很难预期主梁接缝的施工质量,因此也很难取定合适的力学性能参数以准确计入其影响。故能够采取的有效措施是确保接缝施工质量:工程人员应对接缝处混凝土的振捣、漏浆、凿毛各环节给予高度重视;此外,采取适当的构造措施来保证接缝的力学性能也很有必要。为此,笔者提出了几种简便可行的构造处理方案供参考。

(1)斜向接缝型式

节段与节段之间采用斜向接缝的形式而非竖直形式。由于接缝是斜向的,而剪力是竖向的,因此接缝处的剪力是由相邻两个节段共同承担而非只由接缝承担。斜接缝不仅可以增大接触面积,而且由于新浇混凝土的重力作用会使接缝更加紧密,漏浆问题也会有所改善。斜接缝的倾角上端向悬臂根部倾斜(图 5-54),这是因为:从密实性看,接缝宜近水平;从方便施工立模看,接缝宜近竖直;当接缝与主压应力方向垂直时,受力性能最好。

斜接缝倾角的确定考虑两个因素,一是能起到明显的改善作用,二是不给施工带来麻烦。综合上述,笔者认为将倾角定在 5°~15°之间比较适合。当然最优倾斜角的确定还需进行理论分析并经工程实践的检验。

(2)牛腿型式

节段与节段间的接缝采用牛腿形式。这里的牛腿不同于 T 构与挂梁相连接的牛腿(如重庆长江大桥);挂梁的牛腿需要配置很多构造钢筋,因为它首先要满足受力要求。而连续刚构桥节段接缝处的牛腿只是形式上的牛腿,不需要单独配筋,因为它没有特殊的受力要求,只要将它作成台阶就可以了,这对剪切变形是有利的。由于新旧混凝土的接触面是转折面,任何形式的剪力都不可能仅由接缝面单独承担,同时也不可能在接缝处出现相对竖向错动。因此牛腿形式的接缝也可以较好地解决由于接缝质量问题而引起的过大变形。牛腿形式的接缝如图 5-55 所示。

(3)剪力键型式

通过在新旧节段接缝处加设剪力键来改善接缝的抗剪性能(抗剪强度和抗剪刚度),主要是增加抗剪刚度。剪力键的设置方法较多,图 5-56 所示为其中一种。

5)接缝构造处理方案的比较

图5-54～图5-56所示的三种处理方案的操作都具有可行性,也都有各自的优缺点。

剪力键形式并没有解决接缝的黏结问题,而是靠增加材料(一般为钢材)来帮助抵抗剪切变形。从抗剪角度来说,用钢材抗剪是不太经济的。如果剪力键过少则效果不明显;过多的剪力键会使端头模板的构造复杂,并增加了端头混凝土振捣的难度。

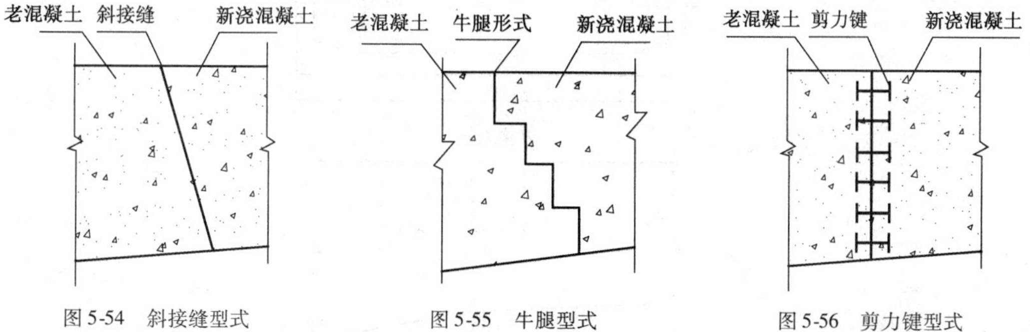


图5-54 斜接缝型式　　图5-55 牛腿型式　　图5-56 剪力键型式

牛腿形式需要对端头模板和侧模做一些修改。另外,牛腿混凝土的浇筑和振捣也使施工更加麻烦。同时,它只是部分地回避了竖直接缝的缺点,但仍保留两道竖向接缝,只是由于牛腿平台而使接缝适当错开而已,仍有两个竖直面受到接缝的明显削弱。

斜接缝形式不仅便于施工,而且对接缝的黏结和受力都很有好处,还不增加材料用量。斜接缝倾斜度关系到施工的难易和其抵抗剪切变形的能力,应慎重考虑。综合比较,笔者推荐斜接缝形式的构造处理方案。

## 5.4 预应力束开槽疏管施工偏差对顶板性能的影响

### 5.4.1 问题的提出

在连续刚构桥负弯矩区段多配置两层以上的纵向预应力束,施工中时有波纹管道定位不准,或在浇筑混凝土时波纹管被挤压,或管道破裂后水泥砂浆渗入,导致在穿束时出现波纹管道堵塞的现象发生。为了解决穿束不通问题,实际施工中常在顶板沿被堵塞的预应力管道开槽。开槽虽然解决了当时施工中预应力穿束不通的问题,但却使顶板已张拉的横向有效预应力发生变化,从而引起箱梁顶板受力性能偏差。这种预应力损失在后期难以弥补,由此可能引起在桥道板上出现设计预料外的纵向裂缝。

针对这一施工偏差现象,笔者希望通过有限元分析模型,得到不同开槽深度、长度情况下顶板横向预应力的损失情况,对今后的施工具有一定的指导意义。

### 5.4.2 模型的建立

本次有限元分析以某大桥为例,开槽长度2.5m、5m、10m,相对顶板顶面深度0.15m、0.25m,开槽宽度0.1m。在此情况下用有限元模拟分析顶板横向预压应力及横向预应力钢筋的预应力损失。断面尺寸如图5-57所示。

在不影响计算精度的情况下简化计算步骤,本次有限元仅分析半边顶板。边界约束条件为:约束腹板UY方向位移及顶板对称中心面UX方向位移,如图5-58所示。

1. 单元类型及参数

单元类型及参数如表5-5所示。

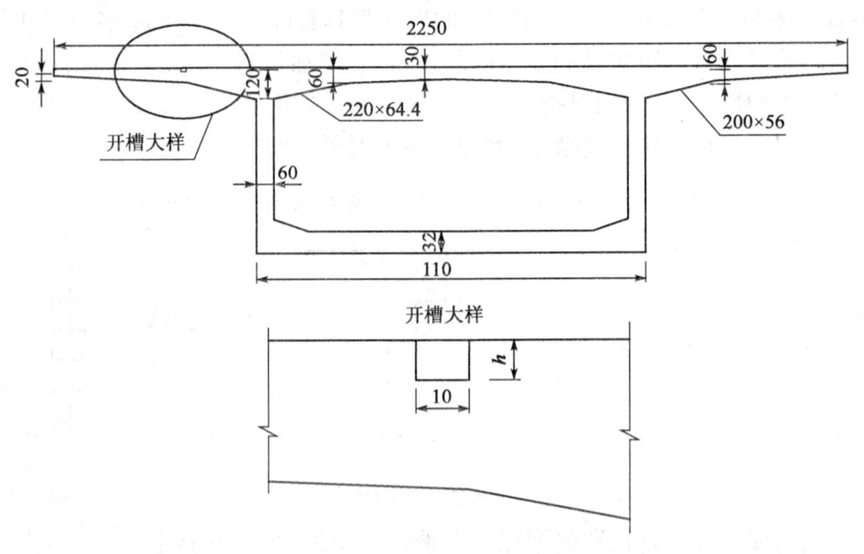


图 5-57　箱梁断面(尺寸单位:cm)

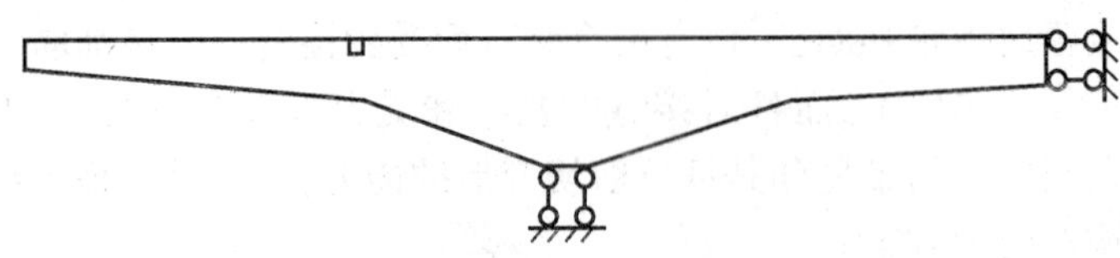

图 5-58　边界约束

**单元类型及材料参数**　　表 5-5

| 项　目 | 单元类型 | 弹性模量(MPa) | 泊松比 |
|---|---|---|---|
| 混凝土 | SOLID45 | 3.5E+04 | 1/6 |
| 预应力筋 | LINK8 | 2.0E+05 | 0.3 |

2. 单元划分及处理

为了得到较高精度的计算结果同时减少计算时间,对顶板横向进行了细化,纵向网格较大。具体网格划分情况如图 5-59 所示。开槽的处理:开槽位置的单元通过单元的生死来处理。

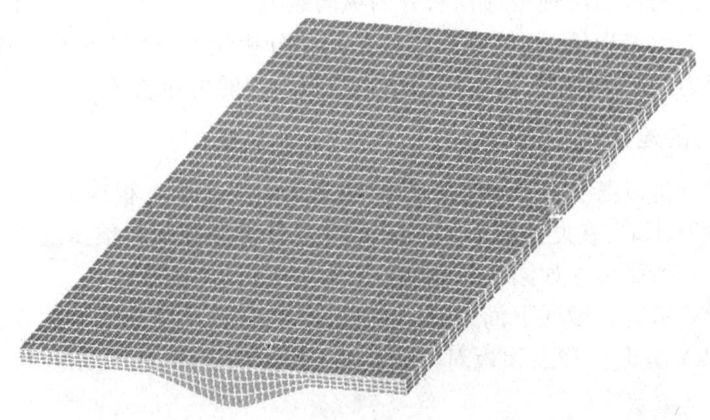

图 5-59　单元划分形式

### 5.4.3　计算结果分析

1. 预应力筋应力分析

通过有限元模拟分析得到不同相对顶板顶面开槽深度、长度时开槽处钢筋应力，如表5-6所示。

**开槽宽度0.1m开槽处预应力钢筋应力**　　表5-6

| 开槽长×深(m) | 预应力筋应力 | 应力减少百分比 |
|---|---|---|
| 0×0 | 1.09E+09 | — |
| 2.5×0.15 | 8.91E+08 | 17.92% |
| 5.0×0.15 | 8.91E+08 | 17.92% |
| 10×0.15 | 8.29E+08 | 23.62% |
| 2.5×0.25 | 7.45E+08 | 31.30% |
| 5.0×0.25 | 6.32E+08 | 41.75% |
| 10×0.25 | 5.05E+08 | 53.43% |

从上表可以看出顶板开槽长度对横向预应力筋的应力影响较小，而顶板开槽深度对横向预应力筋的应力影响较大。开槽深度为0.15m，改变开槽长度，开槽长度分别为2.5m和10m时，预应力筋的应力分别减少了17.92%和23.62%，可见开槽长度对预应力筋应力影响不大；开槽深度为0.25m，改变开槽长度，开槽长度分别为2.5m和10m时，预应力筋的应力分别减少了31.30%和53.43%，可见开槽深度对预应力筋应力影响较大。

顶板开槽使已张拉的横向预应力束预应力损失增大，这种预应力损失在后期难以弥补，由此可能引起在桥道板上出现未曾预料的纵向裂缝。

2. 顶板混凝土横向预压应力

不同开槽长度、深度时顶板顶面沿X方向应力云图，如图5-60～图5-66所示。

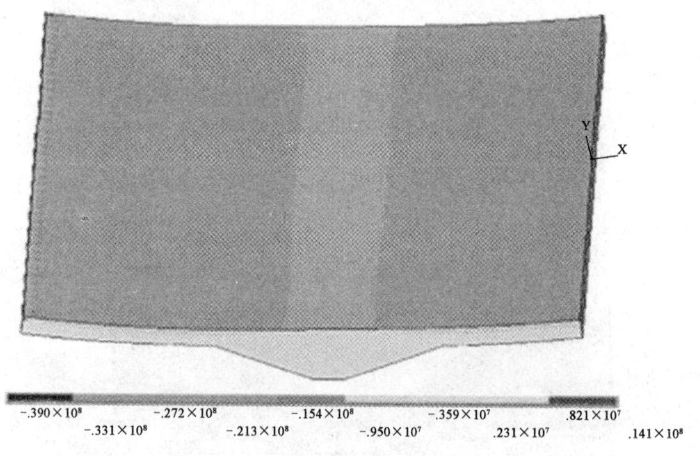


图5-60　没有开槽时顶板沿X方向应力云图

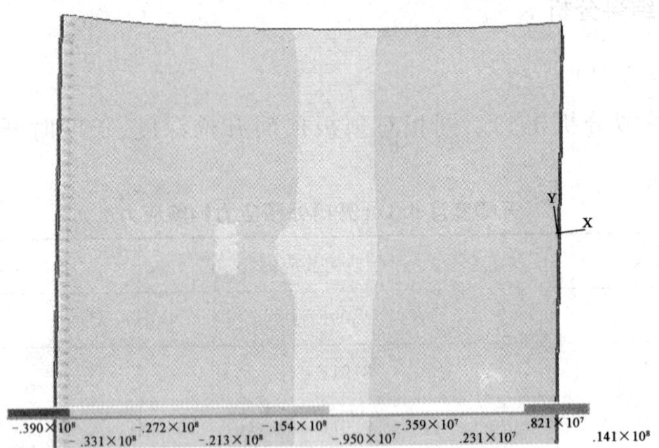


图 5-61　开槽 2.5 ×0.15 顶板沿 X 方向应力云图

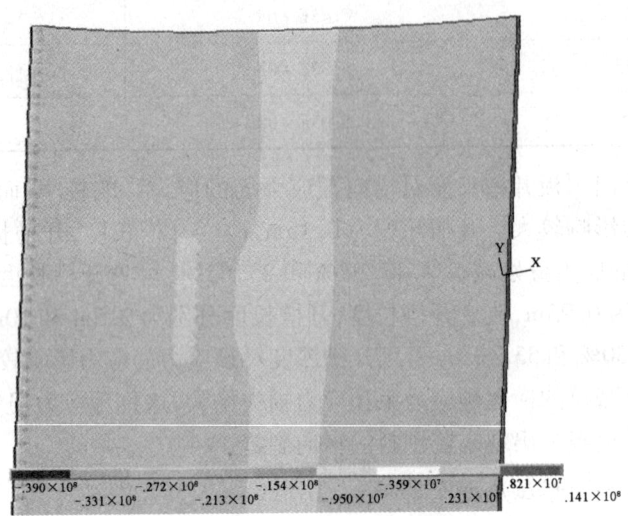


图 5-62　开槽 5 ×0.15 顶板沿 X 方向应力云图

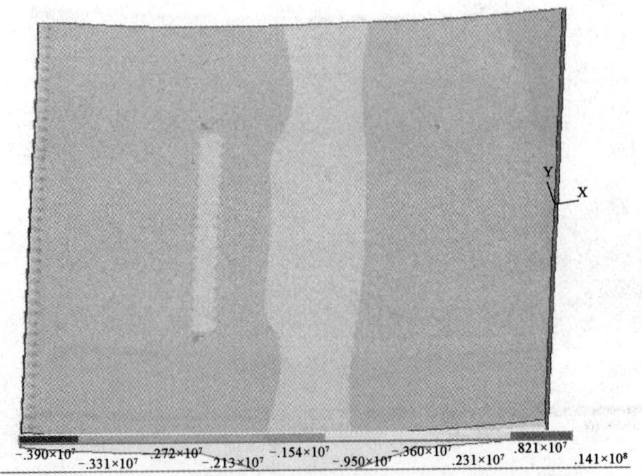


图 5-63　开槽 10 ×0.15 顶板沿 X 方向应力云图

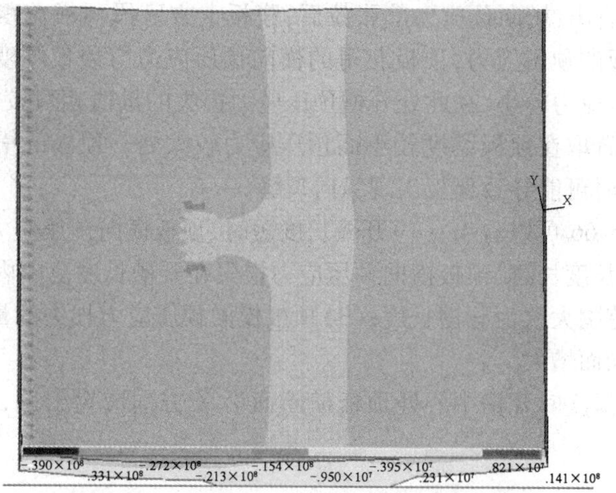


图 5-64　开槽 2.5 ×0.25 顶板沿 X 方向应力云图

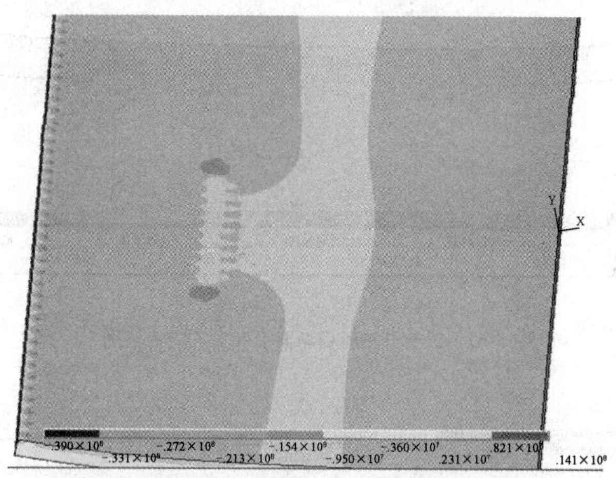


图 5-65　开槽 5 ×0.25 顶板沿 X 方向应力云图

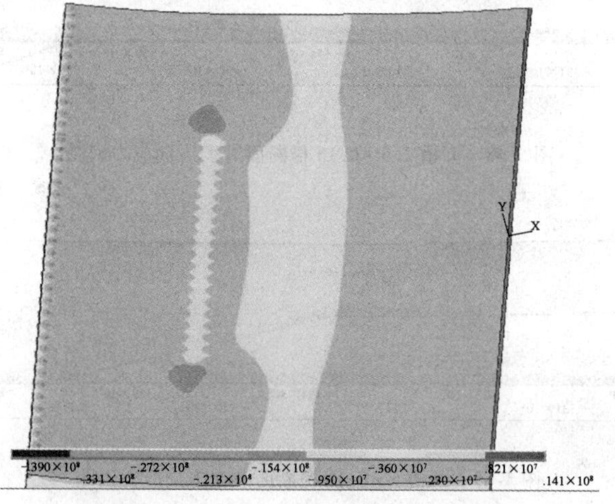


图 5-66　开槽 10 ×0.25 顶板 X 方向应力云图

从图 5-60 可以看出:横向预应力筋张拉后,腹板上方区段顶板获得的横向预压应力明显小于其他区段顶板的预压应力,顶板获得的横向预压应力与顶板厚度成反比。因为腹板上方区段顶板的预压应力较小,在此处开槽预压应力损失的量值相对较小,即对顶板性能影响较小,因此开槽位置取在顶板厚度较小而预压应力较大处。顶板的横向预压应力损失量值较大时,活载作用时可能导致顶板出现纵向裂缝。

从图 5-61 ~ 图 5-66 可以看出:(1)开槽长度短时,顶板横向预压应力损失在开槽中心处存在集中现象;开槽长度长时,顶板横向预压应力损失在开槽长度范围内趋于均匀;(2)顶板沿开槽纵向的影响范围大致为开槽长度;(3)顶板横向预压应力损失的量值及横向影响范围随着开槽深度的增加而增大。

不同开槽长度、深度时开槽中心处顶板横断面沿 X 方向应力云图,如图 5-66 ~ 图 5-73 所示。

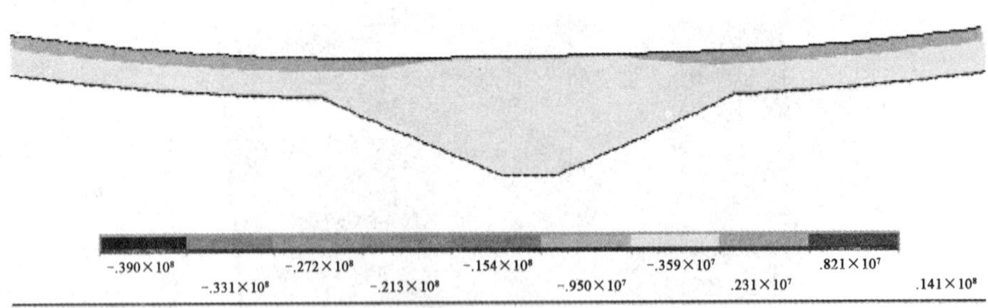


图 5-67 没有开槽时横断面沿 X 方向应力云图

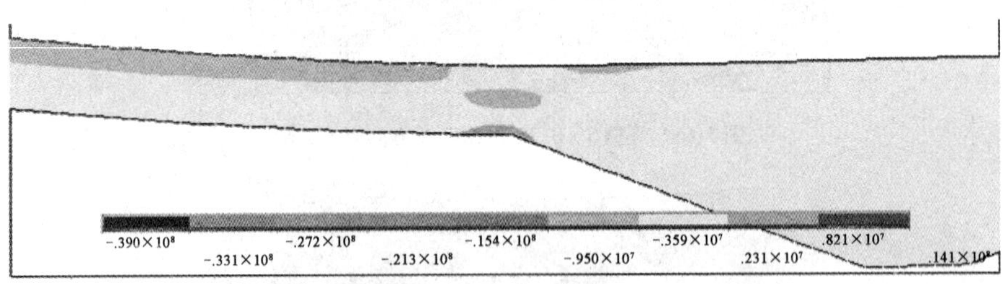


图 5-68 开槽 2.5 ×0.15 横断面沿 X 方向应力云图

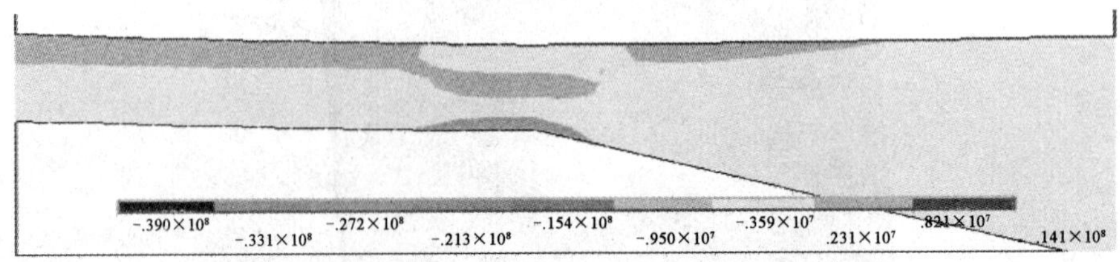


图 5-69 开槽 5 ×0.15 横断面沿 X 方向应力云图

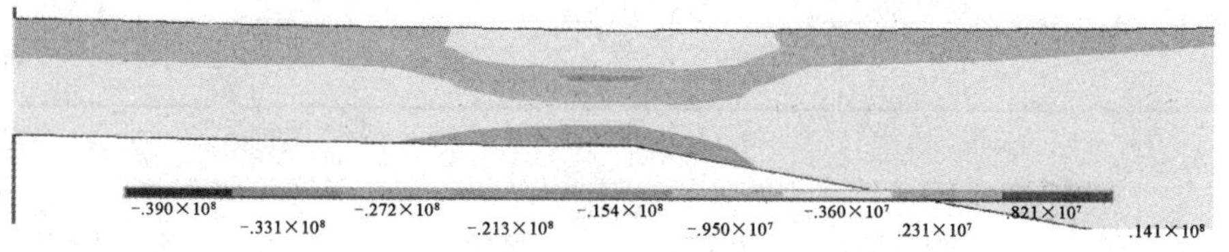


图5-70 开槽10×0.15横断面沿X方向应力云图

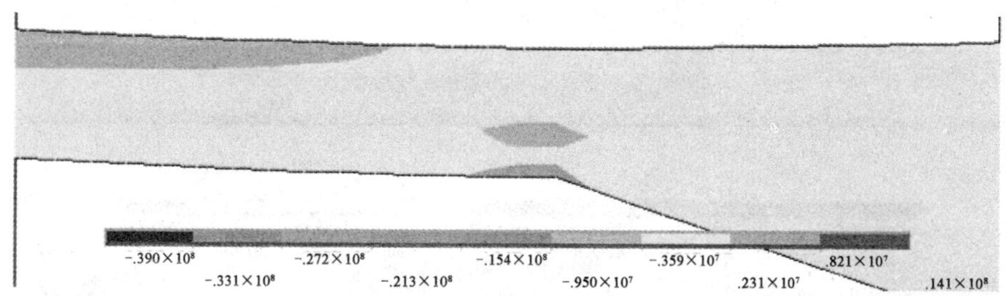


图5-71 开槽2.5×0.25横断面沿X方向应力云图

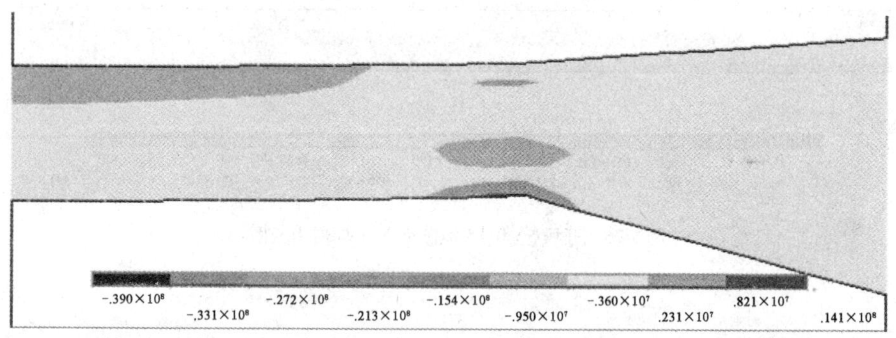


图5-72 开槽5×0.25横断面沿X方向应力云图

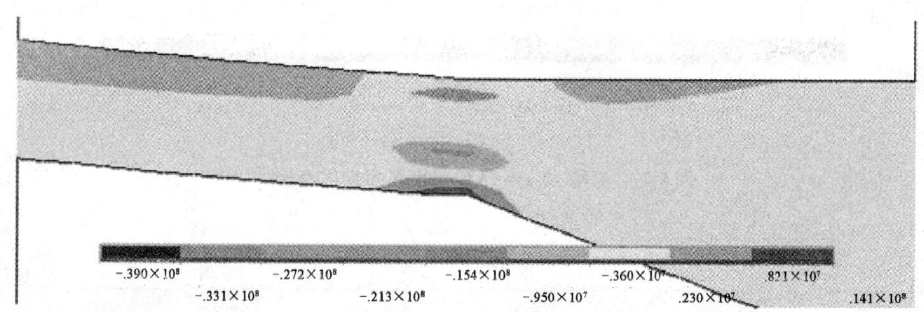


图5-73 开槽10×0.25横断面沿X方向应力云图

从图5-67可以看出:顶板横向预应力筋张拉后,顶板获得的横向预压应力与顶板厚度成反比。

不同开槽长度、深度时开槽中心处顶板顶面纤维沿X方向应力云图,如图5-74~图5-80所示。

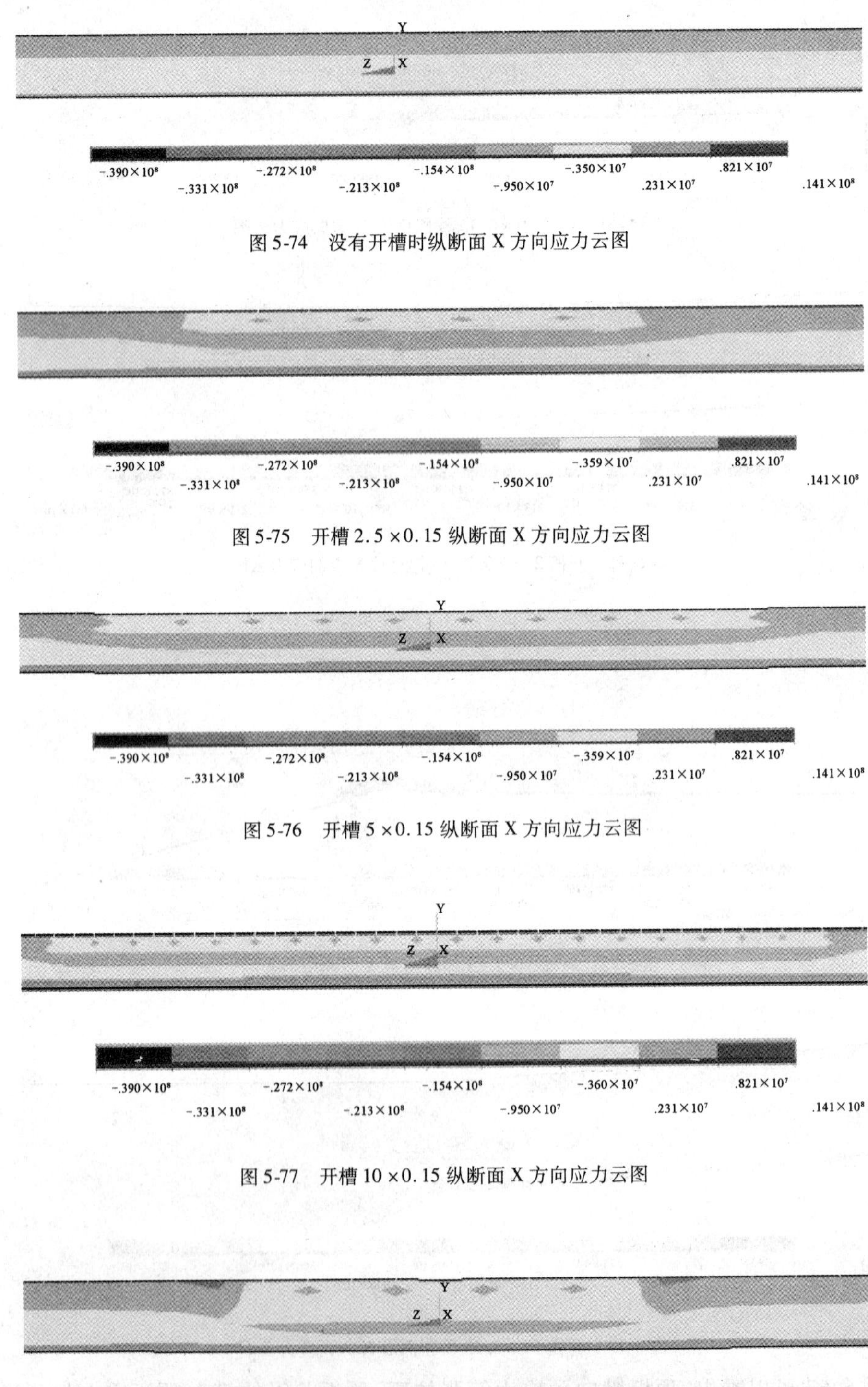


图 5-74　没有开槽时纵断面 X 方向应力云图



图 5-75　开槽 2.5 ×0.15 纵断面 X 方向应力云图



图 5-76　开槽 5 ×0.15 纵断面 X 方向应力云图



图 5-77　开槽 10 ×0.15 纵断面 X 方向应力云图



图 5-78　开槽 2.5 ×0.25 纵断面 X 方向应力云图

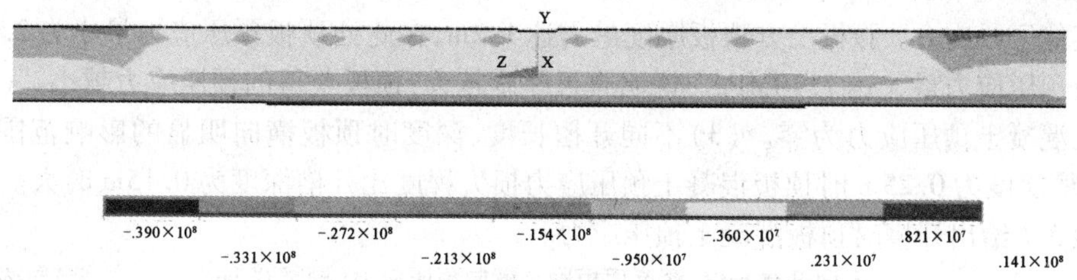


图 5-79　开槽 5×0.25 纵断面 X 方向应力云图

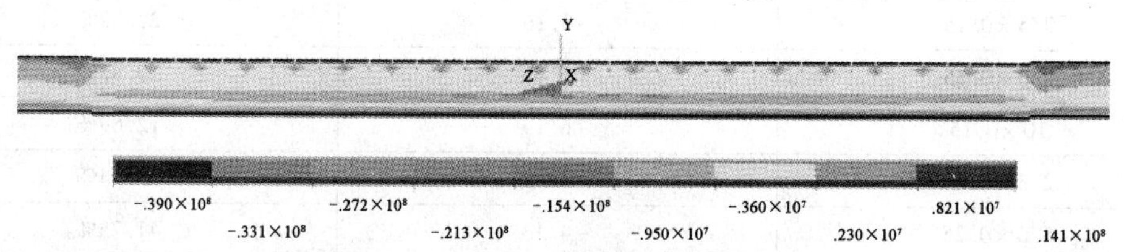


图 5-80　开槽 10×0.25 纵断面 X 方向应力云图

从图 5-74 ~ 图 5-80 可以看出：顶板开槽沿桥纵向的影响范围大致与开槽长度一致。图 5-81 和图 5-82 分别为槽深 0.15m 和 0.25m 时顶板纤维横向应力曲线。

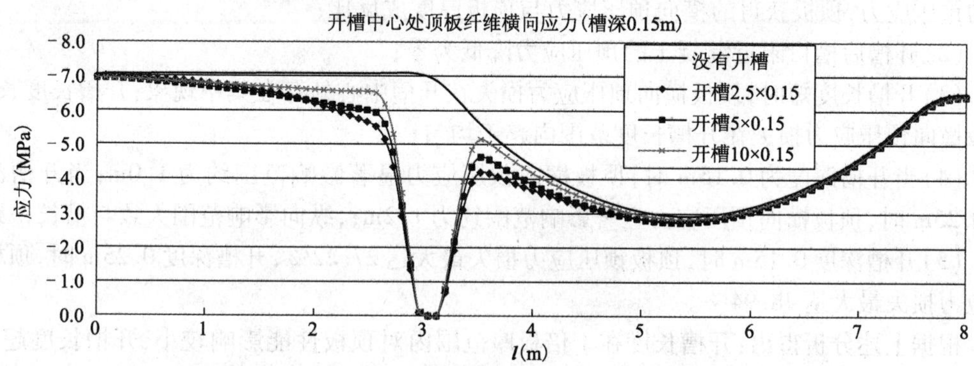


图 5-81　槽深 0.15m 时不同开槽长度时顶板纤维横向应力

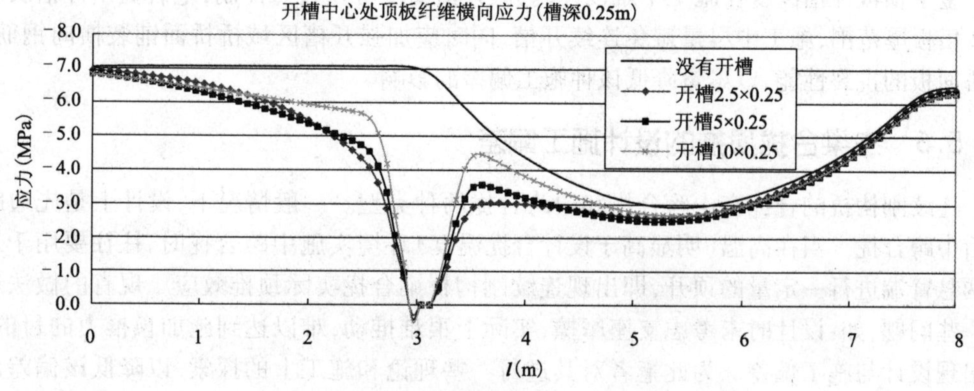


图 5-82　槽深 0.25m 时不同开槽长度时顶板纤维横向应力

从图5-81、图5-82可以得出:(1)正常没有开槽时应力曲线在承托范围内顶板应力明显小于其他区段应力。腹板上方顶板厚度最大达1.2m,在此处顶板预压应力最小为2.93MPa,而顶板预压应力最大达7.10MPa。说明腹板厚度越大,顶板获得的预压应力越小。(2)顶板开槽处混凝土预压应力为零。(3)不同开槽长度、深度时顶板横向明显的影响范围为1m。(4)开槽深度为0.25m时顶板混凝土预压应力损失程度比开槽深度为0.15m时大。

表5-7给出开槽时顶板混凝土预压应力。

**不同开槽长度、深度顶板凝土横向预压应力(槽宽0.1m)** 表5-7

| 开槽长×深(m) | 混凝土预压应力(MPa) | 应力减少百分比 |
|---|---|---|
| 0×0 | -7.09 | — |
| 2.5×0.15 | -5.16 | 27.22% |
| 5.0×0.15 | -5.61 | 20.87% |
| 10×0.15 | -6.19 | 12.69% |
| 2.5×0.25 | -3.62 | 48.94% |
| 5.0×0.25 | -4.13 | 41.75% |
| 10×0.25 | -5.10 | 28.07% |

综上所述,得出以下几点结论:

(1)横向预应力筋张拉后,腹板上方区段顶板获得的横向预压应力明显小于其他区段顶板的预压应力,顶板获得的横向预压应力与顶板厚度成反比;

(2)开槽后槽口附近混凝土的预压应力降低为零;

(3)开槽长度短时,顶板横向预压应力损失在开槽中心处存在集中现象;开槽长度长时,顶板横向预压应力损失在开槽长度范围内趋于均匀;

(4)当开槽深度为0.15m时,顶板横向预压应力显著影响范围约为1.0m;当开槽深度为0.25m时,顶板横向预压应力显著影响范围约为1.2m;,纵向影响范围大致与槽长一致;

(5)开槽深度0.15m时,顶板预压应力损失最大达27.22%,开槽深度0.25m时,顶板预压应力损失最大达48.94%。

根据上述分析得出:开槽长度在1倍板厚范围内对顶板性能影响较小,开槽长度超过2倍板厚范围,在活载作用下应力扩散必须从开槽处通过,可能会导致顶板开裂。

鉴于顶板开槽深度在施工中难以控制,但开槽长度可以人为控制,笔者提出开槽长度应在2倍板厚范围,施工中尽量避免连续开槽,同时应加强开槽区域桥桥面铺装横向钢筋,提高桥面板的抗裂性能,以尽量降低该种施工偏差的影响。

## 5.5 主梁合拢顶推的设计施工偏差

连续刚构桥的合拢有中跨合拢和边跨合拢两种类型。一般情况下,设计上是先边跨合拢后中跨合拢。当在高温(明显高于设计合拢温度)环境实施中跨合拢时,往往要用千斤顶对两悬臂端进行一定量的顶开,即出现连续刚构桥梁合拢实际顶推效应。现有的做法还存在一些问题,如:设计时未考虑支座摩擦,实际上很难推动,难以达到施加顶推力的目的,从而出现设计与施工偏差。为此笔者对其进行一些理论和施工上的探索,以降低该偏差所带来的不利影响。

### 5.5.1 顶推的作用

连续刚构桥仅在中跨合拢时需要适当进行顶开,其主要作用为:

1. 消除高温合拢影响

假设设计的合拢温度(连续刚构桥的合拢温度即为劲性骨架焊接锁定时的温度)为20℃,而合拢工期如果恰好赶在8~9月份气温明显大于20℃时,要使合拢温度满足设计要求,在时间上和经济上都很困难,但是采用顶开的方式就可以解决这个问题。

顶开的原则是在合拢温度下使结构成桥后温度次内力最小。

例如:已知在20℃时合拢段的长度为2.0m,现要在25℃下合拢,此时合拢段的长度会“缩短”。如果不采取措施而就此合拢,那么桥梁合拢后在20℃时必然要存在-5℃的温度内力,这是设计所不容许的。如果用千斤顶预先将两悬臂端顶开,然后焊接骨架,拆除千斤顶,浇筑混凝土,那么骨架将预先受到一个预压力,但是在20℃时因温度降低了5℃而在主梁中产生的拉力却可以恰好将此预压力抵消,即消除了温度内力。这就是千斤顶顶开的基本原理。

运用千斤顶来消除温度影响只对中跨适用。边跨合拢时因支架现浇段缺少纵向约束而无需顶开。另外边跨合拢时全桥还尚未形成最终体系,其合拢温度的影响可在中跨合拢时一起予以考虑。

2. 改善桥墩受力

目前,通常设计的连续刚构桥桥墩一般为双薄壁墩,它们的承载能力相同。由于对称施工,合拢后其受力也大致相同。但当二期恒载和活载作用时,由于中跨较大(边跨与中跨之比一般为0.6左右),故其受载较多,由于桥墩的柔性,墩顶将向中跨侧发生一定的位移(这在一些工程中已得到证实)。如果合拢前用千斤顶预先将墩顶向边跨侧适量顶开,就可以消除二期恒载及活载对桥墩的影响。顶开和二期恒载对桥墩的作用示意如图5-83所示。

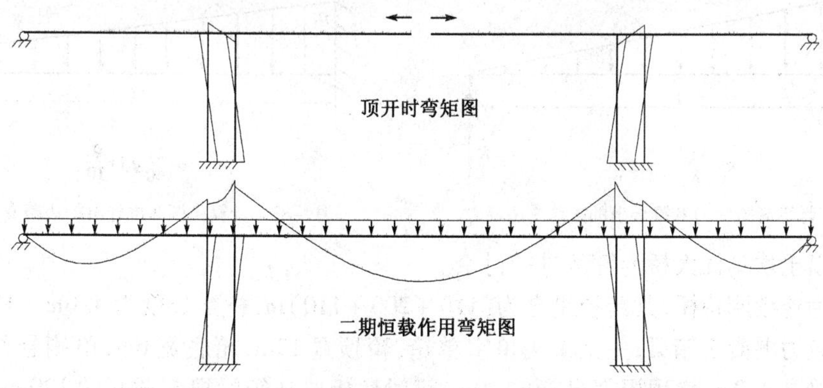


图5-83 顶开对弯矩的影响

3. 抵消混凝土部分收缩徐变

跨中区段施加顶推力后再合拢会增加主梁内的轴向预压力,这可以抵消部分混凝土的轴向收缩徐变,对减小成桥后由混凝土收缩徐变引起主梁跨中下挠有一定的贡献。

### 5.5.2 边跨支座摩阻对顶推的影响

现场顶推时常常出现顶推预期的效果与实测不一致的问题，其原因是先边跨合拢后，再在中跨顶推时，由于边跨支座摩阻力的原因难以推动。现在定性分析如下：

对于连续刚构桥的边跨结构可取如图 5-84、图 5-85 所示。

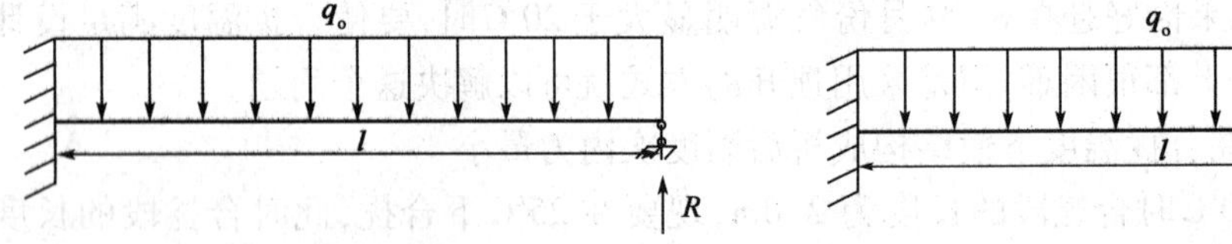


图 5-84 计算简图　　图 5-85 基本结构

记悬臂梁中各分段梁某梁端平均截面积为 $A$，梁的弹性模量为 $E$，梁的截面抗弯惯矩为 I，根据结构力学原理有：

力法的典型方程　$$\sigma_{11}X_1+\Delta_{1p}=0 \tag{5-3}$$

其中　$$\sigma_{11}=\Sigma\int\frac{\overline{M}_1^2}{EI}\mathrm{d}s=\frac{1}{EI}\times\frac{l^2}{2}\times\frac{2l}{3}=\frac{l^3}{3ei} \tag{5-4}$$

$$\Delta_{1p}=\Sigma\int\frac{\overline{M}_1M_p}{EI}\mathrm{d}s=-\frac{1}{EI}\left(\frac{1}{3}\times\frac{ql^2}{2}\times l\right)\times\frac{3l}{4}=-\frac{q_0l^4}{8EI} \tag{5-5}$$

所以　$$X_1=-\frac{\Delta_{1p}}{\sigma_{11}}=\frac{3q_0l}{8} \tag{5-6}$$

即　$$R=\frac{3q_0l}{8} \tag{5-7}$$

同理，可进一步进行一般性的边跨支座反力的推导（图 5-86，图 5-87）。

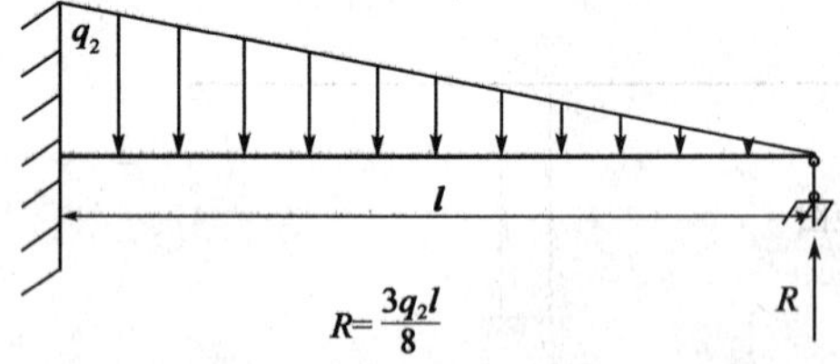


图 5-86 计算简图（一）和推导出的边跨支座反力

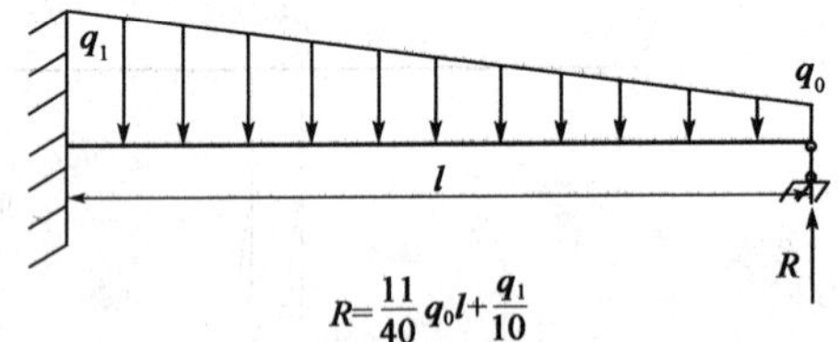


图 5-87 计算简图和推导出的边跨支座反力

下面以土坎乌江大桥为算例进行讨论。

该桥为连续刚构桥，其跨径组合为（110＋200＋110）m，桥梁长度为 420m。桥梁上部结构采用预应力混凝土箱梁，主梁采用单室单箱，箱顶宽 12m，箱底宽 6m，单侧悬臂宽度 3m。箱梁跨中梁高 4.0m，墩顶根部梁高 11.0m；箱梁底板厚从箱梁根部截面的 120cm 渐变至跨中及边跨墩顶截面的 32m 厚；箱梁腹板厚度采用 50cm 和 60cm 两个级别变化，边跨箱梁腹板厚度从合拢段到梁段由 50cm 增加到 90cm。

则其边跨 $l=110\mathrm{m}$　墩顶横截面面积 $\approx 37.98\mathrm{m}^2$　边跨横截面面积 $\approx 12.7\mathrm{m}^2$

∴ 边跨重　$$\frac{(37.98+12.7)}{2}\times110\times26\mathrm{kN/m^3}=72472.4\mathrm{kN}$$

结构计算图式参考图 5-84。

令：$q_0 = 12.7 \times 1 \times 26 = 330.2\text{kN/m}$　　　$q_1 = 37.98 \times 1 \times 26 = 982.8\text{kN/m}$

代入
$$R = \frac{11}{40} q_0 l + \frac{q_1 l}{10}$$

得：$R = \frac{11}{40} \times 330.2 \times 110 + \frac{1}{10} \times 982.8 \times 110 = 9988.55 + 10810.8 = 20800\text{kN}$

取 $\mu = 0.06$

$\therefore f = R \times \mu = 20800 \times 0.06 = 1248\text{kN}$

而根据没有考虑支座摩阻力的顶推公式为：

$$f = \frac{12 i_{墩}}{l_{墩}^2} \times 2 = \frac{12 E_{墩} I_{墩}}{l_{墩}^3} = 320\text{kN}$$

∴ 摩擦力远大于顶推力，难以使墩顶发生希望的移动量，要达到施加推力的效应也非常困难。

### 5.5.3　顶推力的计算

随着连续刚构桥逐渐向高墩、大跨方向的发展，为适应连续刚构墩梁固接体系受力的需要，主墩通常采用水平顶推刚度较小的双薄壁墩，以减小水平位移在墩中产生的弯矩。因此，在求解出位移量后，按超静定体系用力法推导顶推力和位移的关系。

以三跨连续刚构桥为基础，如果先合拢边跨后合拢中跨，那么当中跨合拢时边跨已经合拢并放松支座处临时约束，结构体系计算模型如图 5-88 所示。顶推时若力 $P$ 作用线和薄壁墩顶的箱梁截面形心不在一个水平线上时，那么还承受一个偏心弯矩 $Pe$，其中 $e$ 为作用点到墩顶箱梁形心的竖直距离。

在施加顶推力未焊接劲性骨架时，两墩为分别的结构体系，可以取一个"T 构"进行计算，计算简图如图 5-88，此为一次超静定结构，取其基本结构如图 5-89 所示，$f_1$ 为顶推时边跨支座产生的摩擦力。

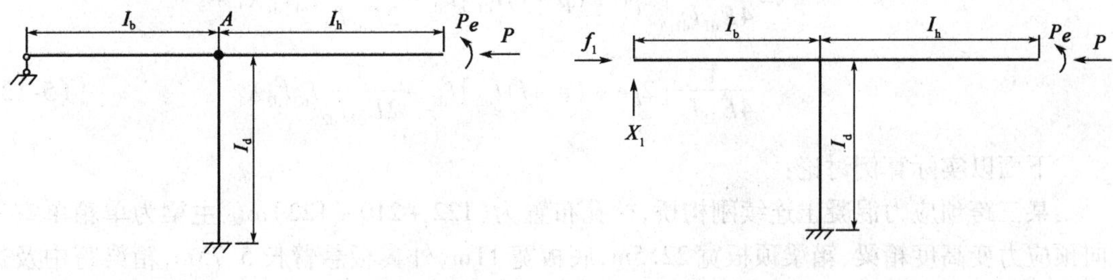


图 5-88　计算简图　　　　图 5-89　基本结构

记悬臂梁中各分段梁某梁端平均截面积为 $A_i$，其梁段长为 $l_i$，单侧悬臂梁长为 $l_h$ ($\sum_{i=1}^{n} l_i = l_h$)，合拢段劲性骨架长度 $l_s$，边跨合拢后边跨计算长度 $l_b$，墩高 $l_d$，$A_d$ 为双薄壁墩的截面面积，$E_c$、$E_s$ 分别为混凝土和劲性骨架的弹性模量，$I_d$、$I_s$ 分别为双薄壁墩和劲性骨架的截面抗弯惯矩，$I_b$ 为箱梁某 i 号截面抗弯惯矩，根据结构力学原理有：

力法的典型方程为：

$$\sigma_{11}X_1 + \Delta_{1p} = 0 \tag{5-8}$$

式中系数和自由项的表达式为：

$$\sigma_{11} = \Sigma\int\frac{\overline{M}_1^2}{EI}\mathrm{d}s + \Sigma\int\frac{\overline{N}_1^2}{EA}\mathrm{d}s = \frac{1}{E_c}\sum_{x=0}^{l_b}\int\frac{1}{I_b}\mathrm{d}s\frac{l_d{}^3}{4} + \frac{l_b{}^2l_d}{E_sI_d} + \frac{l_d}{E_cA_d}$$

$$\Delta_{1p} = \Sigma\int\frac{\overline{M}_1M_p}{EI}\mathrm{d}s = -\frac{l_dl_b}{2E_cI_d}[2P_e + (P-f)l_d]$$

解出式(5-8)中 $X_1$ 即为连续刚构桥边跨支座的反力。

$\therefore f=\mu\times X_1$　　　　即为所求的顶推力

按叠加法可由下式求得计算模型在力 $P$ 以及偏心矩 $Pe$ 作用下的弯矩：

$$M = \overline{M}_1X_1 + M_p \tag{5-9}$$

超静定结构在外力作用下的内力和位移与基本结构在荷载和多余未知力共同作用下的内力与位移是等效的。因此,$A$ 点水平位移可用求基本结构在力 $P$ 以及附加偏心矩 $P_e$ 与多余未知力共同作用下的位移来代替,墩顶 $A$ 点水平位移为：

$$\Delta_{AX} = \Sigma\int\frac{M\overline{M}}{EI}\mathrm{d}s = \frac{1}{4E_{d1}I_{d1}}[2Pe + (P-f)l_{d1}]l_{d1}^2 - \frac{1}{2E_{d1}I_{d1}}l_{b1}l_{d1}^2X_1 \tag{5-10}$$

同理可得在荷载 P 作用下,另一墩墩顶 B 点的水平位移

$$\Delta_{BX} = \Sigma\int\frac{M\overline{M}}{EI}\mathrm{d}s = \frac{1}{4E_{d2}I_{d2}}[2Pe + (P-f)l_{d2}]l_{d2}^2 - \frac{1}{2E_{d2}I_{d2}}l_{b2}l_{d2}^2X_1 \tag{5-11}$$

又因墩顶 $A$、$B$ 之间的相对位移为 $\Delta_{AB}=\Delta_{AX}+\Delta_{BX}$,由式(5-9)和式(5-10)可得连续刚构桥合拢顶推力与墩顶 $A$、$B$ 之间的相对位移关系式为：

$$\begin{aligned}\Delta_{AB} &= \Delta_{AX} + \Delta_{BX}\\ &= \frac{1}{4E_{d1}I_{d1}}[2pe + (p-f)l_{d1}]l_{d1}^2 - \frac{1}{2E_{d1}I_{d1}}l_{b1}l_{d1}^2X_1 +\\ &\quad \frac{1}{4E_{d2}I_{d2}}[2pe + (p-f)l_{d2}]l_{d2}^2 - \frac{1}{2E_{d2}I_{d2}}l_{b2}l_{d2}^2X_1\end{aligned} \tag{5-12}$$

下面以实际算例讨论：

某三跨预应力混凝土连续刚构桥,桥孔布置为(122＋210＋122)m。主梁为单箱单室三向预应力变高度箱梁,箱梁顶板宽 22.5m,底板宽 11m,外翼板悬臂长 5.75m,箱梁跨中及边跨托架现浇高 4m,墩与箱梁相接的根部断面和墩顶 0 号梁段高为 13m,梁高以抛物线变化,合拢前工况如图 5-90 所示。

由于是超静定结构,加之合拢温差和混凝土的收缩徐变引起结构次内力,手算很难准确,借助公路桥梁结构设计系统 GQJS9.3 建立有限元模型,计算出合拢时不施加顶推力的情况下墩顶位置在合拢温差、收缩徐变等因素影响下,1 号墩箱梁截面形心位移 $\Delta_{AX}$ 为 5.78cm,2 号墩箱梁截面形心位移 $\Delta_{BX}$ 为 －2.03cm(以重庆到贵州方向为正),欲施加的顶推力为 3205kN。

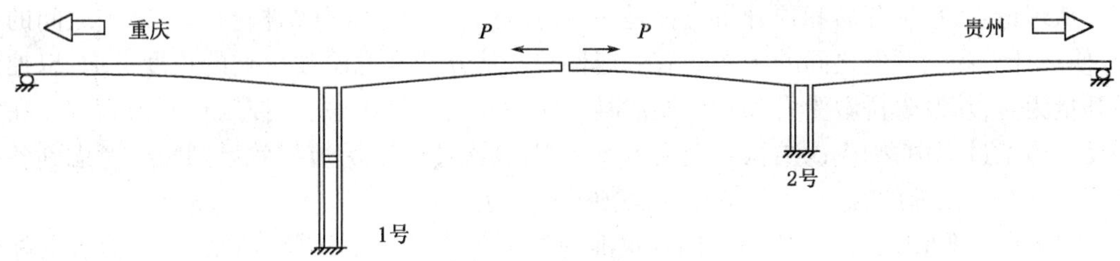


图 5-90　顶推示意图

分别利用顶推力解析式(5-12)和有限元模型计算在实际顶推力下两墩中心线的位移值,并将其和实际顶推比值比较,如表 5-8 所示。

**三种计算结果比较**　　表 5-8

| 顶推力(kN) | | 1000 | 2000 | 3000 |
|---|---|---|---|---|
| 解析法计算式(mm) | 1 号墩 | 24.6 | 49.3 | 73.9 |
| | 2 号墩 | 6 | 12 | 18.1 |
| 有限元计算值(mm) | 1 号墩 | 19.7 | 39.4 | 59.4 |
| | 2 号墩 | 6.3 | 12.5 | 18.7 |
| 实际顶推值(mm) | 1 号墩 | 23 | 42 | 68 |
| | 2 号墩 | 5 | 10 | 17 |

从反顶的合拢实践来看,反顶所产生的各点的计算值往往大于实测值,有多种原因。例如,支座摩阻力取值不准确、反顶施工时周围杂物未清除干净等都会影响反顶力,但最主要的原因是结构计算刚度与实际刚度之间有差异。此外,施工反顶结束后千斤顶还须持荷较长时间(2h 左右),待合拢段劲性骨架焊接完成后才能撤除,在这段时间中千斤顶会有少量回油,也会损失部分反顶力。

### 5.5.4　顶推施工中需注意的问题

在实际施工过程中,由于无法在截面形心施加顶推力,故传统上一般都在梗肋处施加,顶推的位置如图 5-91 所示。笔者认为,从改善桥墩受力、减小混凝土后期徐变、消除温度影响等角度考虑,这和将千斤顶放置在底板没有多大差别,但对悬臂梁体的内力影响是较大的,这一点类似于拱桥中运用改变千斤顶安放位置来调节主拱圈内力。因此,千斤顶的安放位置还应该根据悬臂的实际受力情况来确定。

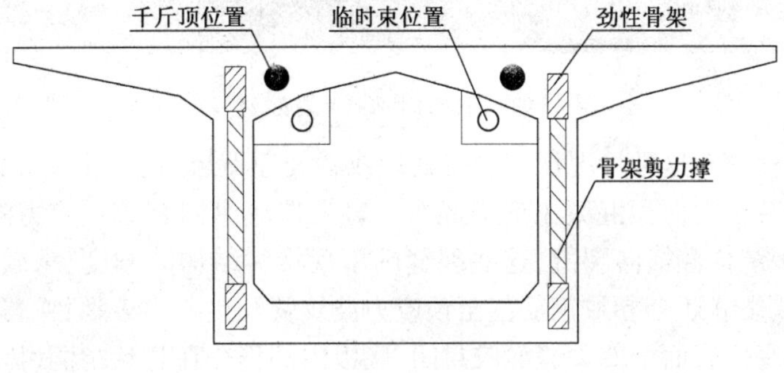


图 5-91　顶推位置示意图

从理论上讲,顶开力和顶开量应该是一一对应的,但由于实际结构与理想结构之间的差异,使顶开力和顶开量之间的关系会有一定偏差。从补偿合拢温度影响的角度考虑,以控制顶开量为宜;从改善桥墩受力和对后期混凝土收缩徐变角度考虑,以控制顶开力为宜。在实际反顶施工过程中,则应以结构安全为首要原则,其次才能以反顶的效果判断。考虑到各种观测数据存在误差的原因,顶推施工中必须遵循以下几点:

(1)千斤顶在反顶之前应送到国家批准的校定单位进行千斤顶、油泵车、压力表的配套校定,应多校定一台作为备用;

(2)由两台千斤顶对称完成反顶作业,且反顶时注意保持两个顶的反顶力增加速度一致;

(3)反顶之前将两桥台支座处的所有杂物全部清除干净,减少支座的摩阻损失;

(4)在两个现浇段的端头设置挡块,限制在反顶过程中出现位移过大的情况或者出现单边位移过大;

(5)采用三组数据控制反顶:一是墩身位移;二是反顶力大小;三是危险位置(墩身顶、墩身脚及系梁位置)的应力;

(6)实时监测以上三组数据,任何一组指标达到极限值都应立即停止反顶。

## 5.6 底板预应力束张拉崩裂的设计施工偏差

连续刚构桥中跨底板纵向预应力钢束布置密集、张拉吨位大。底板纵向预应力钢束一般平行于底板底面布置,竖直面内为凸形抛物线布设。当凸形抛物线预应力束受到纵向张拉后,在底板混凝土受到预压应力的同时,也将对其下的混凝土底板产生向下的作用力(俗称下崩力)。当这些预应力束产生的下崩力超过底板混凝土的抵抗能力时,会造成局部混凝土崩裂破坏,预应力索也随之向下偏移(即崩出)。底板混凝土的崩裂导致孔道变位,在原预应力束位置留下管状缺陷,原孔道两侧及底面沿纵桥向崩裂形成破裂面。图 5-92 为某连续刚构桥张拉导致底板崩裂问题,后锯开合拢段观察破坏情况,发现合拢段上下两层钢筋网脱离;图 5-93 为崩裂后的底板钢筋裸露。

图 5-92 预应力束张拉崩裂底板(一)

如果施工过程中对这种情况没有及时处理或者处理不当,就会使预应力束位置下移,底板出现纵向裂缝甚至大面积混凝土崩裂脱落。轻者造成纵向有效预应力降低,重者使预应力失效,形成底板结构性横向裂缝,这些裂缝的出现将对结构的刚度、承载能力都有很大的影响。此外,这些裂缝还会导致钢筋甚至预应力波纹管及预应力束锈蚀,影响桥梁结构的耐久性能。即使对底板表面全部裂缝灌胶封闭,底板内部仍存在管状空洞(因为很难将预应力

图 5-93　预应力束张拉崩裂底板(二)

管道上方的空隙填满),混凝土被裂纹面分割不能作为整体共同参与工作,该区域混凝土的受力性能受到很大削减。此外,预应力束是分批张拉的,先张拉的预应力束崩裂,其周围混凝土的缺陷使得相邻预应力束张拉时崩裂现象更容易发生。同时多束预应力束位置下移必然导致预应力损失增加,跨中合拢段混凝土的有效预应力降低,严重影响桥梁结构安全。

本节主要研究预应力张拉崩裂行为对结构所造成的损伤,依据对大量预应力连续刚构桥裂缝开展情况的调查,从设计偏差和施工偏差的角度进行了具体的分析。

### 5.6.1　病害原因分析

出现底板张拉崩裂病害的原因有很多方面,以下分别从设计施工方面进行分析。

1. 设计方面的偏差

1)保护层厚度考虑不足

保护层厚度的设置与耐久性设计具有非常重要的关系。在我国现行的混凝土结构设计规范中,混凝土保护层的最小厚度一般均对纵向受力钢筋而言。从耐久性的角度看,最外层的箍筋和构造钢筋将最早受到侵蚀,所以在保护层厚度的设置上,我国的规范与国际上的差距较大,一般可差一倍。

在连续刚构桥中,底板预应力束布置在跨中区段以抵抗正弯矩。在跨中区段箱梁底板的厚度都比较薄,最小厚度多数为 32cm。箱梁钢筋布置较为复杂(图 5-94),扣除波纹管和非预应力钢筋所占的空间后,底下剩余空间不足。因此,底板不仅保护层厚度不足,而且容易开裂(图 5-95)。

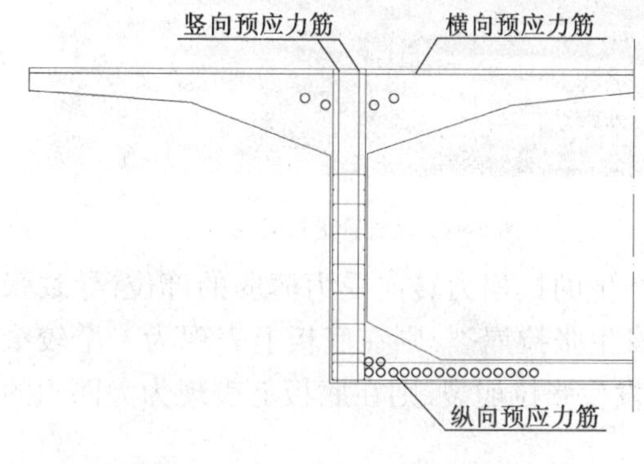


图 5-94　箱梁横断面钢筋布置图

图 5-95　箱梁底板开裂

2）未考虑预应力束附近混凝土的泊松效应产生的横向拉应变

混凝土在纵向受压缩短的同时将产生横向膨胀（即横向拉应变）。本书第2章进行的30m跨径预应力混凝土足尺薄壁箱梁的研究中发现：该薄壁箱梁在预应力钢筋张拉后梁底面获得的压应变为$-230.5\mu\varepsilon$，取混凝土泊松比$\mu=1/6$，计算得到混凝土的横向拉应变为$38.4\mu\varepsilon$。但跨中底板上表面横向拉应变实测值为$75.7\mu\varepsilon$、$76\mu\varepsilon$，底板下表面横向拉应变实测值达$133.5\mu\varepsilon$、$150.5\mu\varepsilon$。可见，按匀质截面计算得到横向拉应变远小于实测值，约为上表面横向拉应变实测值的50%。这说明在底板中设置后张预应力束后，预应力束附近混凝土横向拉应变的局部效应十分明显，其实测峰值高达理论计算值的2～4倍。这种现象在预应力连续梁式桥梁的底板中同样存在，而且在通常的设计中对这个问题没有清晰的认识。

3）底板普通钢筋构造欠合理

在箱梁底板的普通钢筋设计中，设计者出于简化施工的考虑，箱梁底板内采用通长单箍筋另加间距设置的对拉钢筋，这在普通箱梁区段不会产生明显不利影响。但对连续刚构桥跨中凸形底板内设置凸形曲线预应力钢束的区段，预应力钢束下方混凝土将承受由张拉凸形曲线预应力钢束产生较大的下崩力作用，故该区段的普通钢筋构造应着意加强，以确保底板内预应力钢束上、下方的混凝土成为整体。为此，仅在箱梁底板内采用通长单箍筋加间距设置的对拉钢筋是不够的，因为一般施工的对拉钢筋在受到拉力作用时容易被拉伸而失效。笔者建议在该区段采用多个箍筋拼箍的方式另加部分对拉钢筋，并保证有足够数量的竖向钢筋穿过底板内预应力钢束上、下方的混凝土，以确保钢束上、下方的混凝土联结为整体。

2. *施工方面的偏差*

1）预应力孔道位置的偏差

设计上为圆滑曲线的预应力束，由于施工质量的因素，实际结构中的预应力孔道常有定位不牢固、不准或偏向一侧或成波浪曲线的现象。预应力钢筋在张拉绷紧后将力图保持直线的状态，于是对阻止预应力钢筋保持直线状态的凸出混凝土部分将产生局部作用力，致使底板局部区域混凝土产生横向拉应变。实际构件中波纹管常有易位（图5-96）和挤压在一起的现象（图5-97）。

图5-96　波纹管道易位

图5-97　波纹管道挤压在一起

孔道位置的偏差将使预应力钢筋在张拉时产生的拉崩力转向受力薄弱的部位，导致张拉时发生崩裂。若底板中一束曲线预应力钢筋发生张拉崩裂，则在底板上表现为一个较窄的条形病害区；若是底板中多束曲线预应力钢筋发生张拉崩裂，则在底板上表现为大面积的混凝土崩落、开裂、凹陷等病害。

2）管道下方混凝土质量问题

由于管道下方钢筋密集，空间狭窄，稍不注意就难以保证该区域混凝土的密实性，对一些破坏后梁体沿预应力钢束的解剖表明，该区域内混凝土基本无粗骨料，混凝土实际抗拉强度低于理论值，混凝土的品质存在不同程度的降低，致使底板容易出现沿预应力钢束的裂缝（图 5-98）。

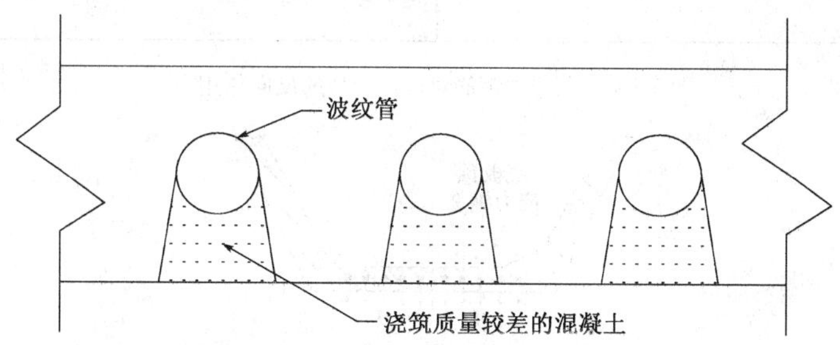


图 5-98　箱梁底板波纹管下混凝土

管道下方的混凝土品质的降低将对该部位的力学性能产生影响，会比设计的强度低许多，容易导致预应力钢筋的张拉崩裂。

3）局部应力过大导致出现底板裂缝

桥梁施工中，可能存在诸如在结构中凿槽、开洞、设置牛腿等，这些部位易产生较大的应力集中；在长跨预应力连续梁中，可能在跨内根据截面内力需要截断钢束，然后设置锚头。因此，在锚固断面附近经常可以看到裂缝。

### 5.6.2　预应力张拉崩裂行为分析

预应力的张拉崩裂主要是指底板预应力束在张拉时产生的下崩力使下部混凝土发生崩落（图 5-99）。

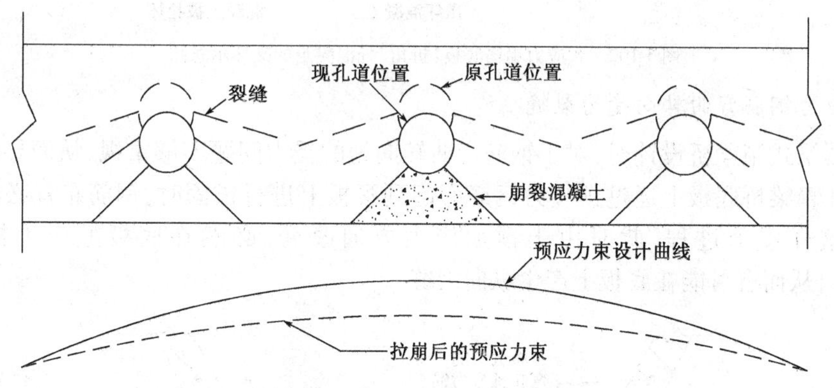


图 5-99　预应力张拉崩裂行为分析示意图

预应力的张拉崩裂行为易导致孔道变位后留下管状缺陷，产生崩裂裂缝面。预应力钢筋下方混凝土崩裂等各种缺陷严重妨碍了结构物的正常使用。

1. 预应力钢筋对构件的反向作用力

薄壁箱梁底板混凝土下表面因张紧的预应力钢筋对梁体的变形存在反向作用力（图 5-100）。薄壁箱梁在预应力的偏心压力作用下将发生上拱变形，预应力钢筋在张力作用下具有力图保持直线状态的趋势。于是预应力钢筋对其下方的混凝土将产生反向作用力（图 5-101）。

底板局部混凝土在此反向力 $q$ 的作用下将产生明显的横向拉应变，这种拉应变与纵向预应力因泊松效应产生的横向拉应变相互叠加，使薄壁箱梁底面承受很大的横向拉应力 $\gamma$。

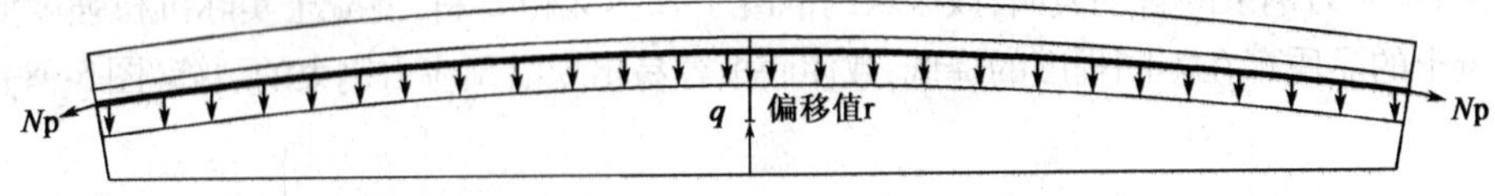


图 5-100　预应力钢筋对构件变形的反向作用力

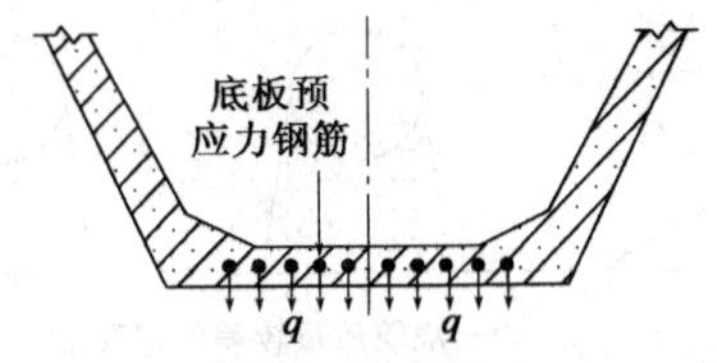


图 5-101　预应力钢筋对下方混凝土反向作用力

2. 连续钢束的柔性套管出现“折角”对底板混凝土的破坏

在设计中，一般要求连续钢束由底板进入齿板时呈一条圆滑曲线，使该曲线钢筋对混凝土产生均布压力，但在实际的施工操作中这一点很难做到，因为柔性套管在转向处常出现折角，使折角处产生一个集中力，并导致混凝土局部剥落或出现开裂，如图 5-102 所示。

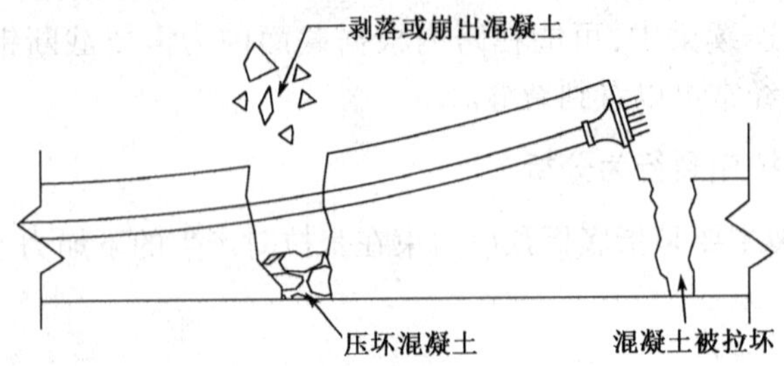


图 5-102　预应力钢筋底板“折角”处混凝土的破坏示意图

3. 预应力钢筋弯曲转向受力裂缝

在连续梁式箱梁桥设计时，对于钢筋弯曲转向处的受力问题不够重视，从而导致箱体开裂。例如在箱梁桥底板上通过预应力钢筋弯起到腹板上进行锚固时，钢筋布置必然经过平弯到竖弯这样一个过程，此时由于预加应力方向改变，必然在底板上产生横向拉力（图 5-103），从而有可能在底板上产生纵向裂缝。

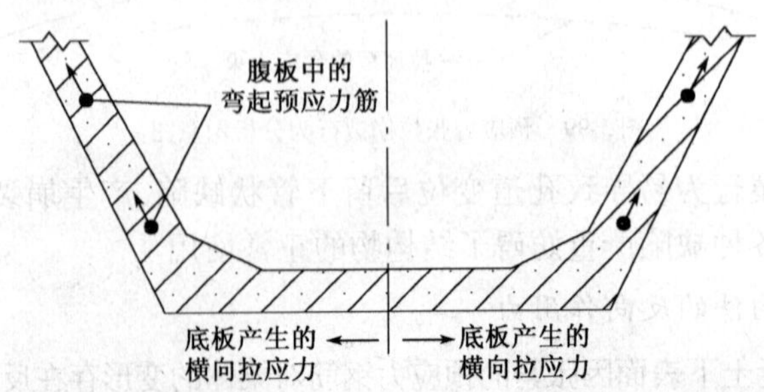


图 5-103　预应力钢筋弯曲转向时对底板产生的横向应力示意图

### 5.6.3　防底板崩裂竖向钢筋的估算方法

预应力筋张拉后向弧心的径向力 $q$ 是造成连续刚构桥底板混凝土向下崩出,底板预应力钢筋下移的根本原因,如图 5-104 所示。

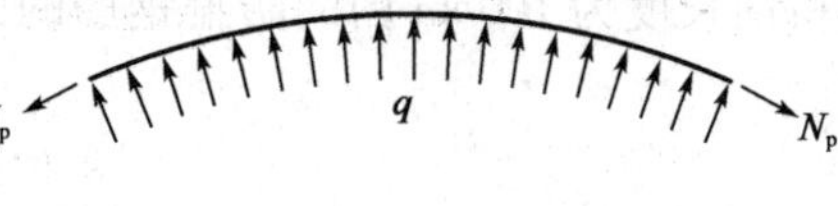


图 5-104　力筋张力引起的径向力示意图

1. 假定

(1)拉力由钢筋承担,混凝土不承担拉力;

(2)底板预应力束在竖直面内的曲线方程为 $y = ax^b$($a$,$b$ 为常数);

(3)预应力束的张拉力 $N_p$ 偏安全地认为沿预应力束全长为常数,不考虑预应力束的损失。

2. 估算

取位于如图 5-104 所示跨中的某一微段预应力束 d$L$ 为研究对象,则可以认为预应力束曲线为一段圆弧。为方便推导,取图 5-105 中原点 $O$ 为连续刚构桥中跨跨中箱梁底板中心点,$x$ 为水平方向,$y$ 为竖直方向,$N_p$为预应力束的张拉力,$q(x)$为预应力束产生的径向力。

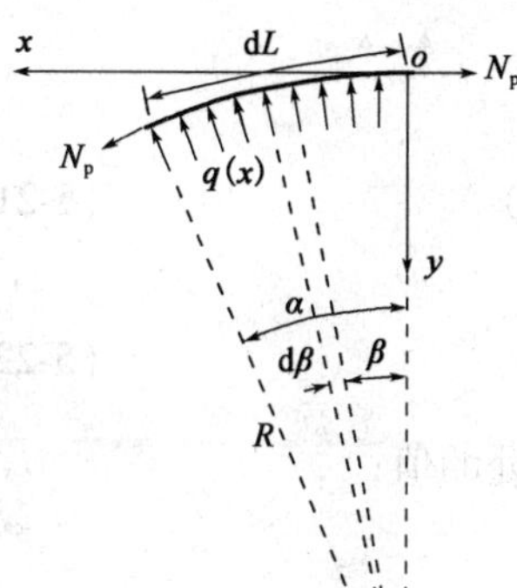


图 5-105　微段力筋径向力分析示意图

由 $y$ 方向的合力 $\sum F_y = 0$ 得:

$$N_p \cdot \sin\alpha = \int_0^\alpha q(x) \cdot R \cdot \cos\beta \cdot d\beta \tag{5-13}$$

上式积分得:

$$N_p \cdot \sin\alpha = q(x) \cdot R \cdot \sin\alpha \tag{5-14}$$

$$q(x) = \frac{N_p}{R} \tag{5-15}$$

设连续刚构桥底板正应力束筋竖向线形的方程为 $y = a \cdot x^b$,则

$$\dot{y} = ab \cdot x^{b-1} \tag{5-16}$$

$$\dot{y} = ab(b-1) \cdot x^{b-2} \tag{5-17}$$

由高等数学可知:

$$\frac{1}{R} = \frac{|\dot{y}|}{(1 + y^2)^{3/2}} \tag{5-18}$$

将式(5-16)和式(5-17)代入式(5-18)得:

$$\frac{1}{R} = \frac{ab(b-1)x^{b-2}}{[1 + a^2b^2x^{2(b-1)}]^{3/2}} \tag{5-19}$$

将式(5-19)代入式(5-15)得:

$$q(x) = \frac{N_p \cdot ab(b-1)x^{b-2}}{[1 + a^2b^2x^{2(b-1)}]^{3/2}} \tag{5-20}$$

式(5-20)代入相应水平方向的坐标 $x$,即可求出相应位置处的预应力束径向力 $q(x)$,单位为 kN/m。

为了分析在预应力束径向力 $q(x)$ 作用下,如果设置合理的钢筋构造,以避免出现崩裂问题,现取底板局部的配筋构造,如图5-106所示。设横向波纹管的间距为$S$,宽度也为$S$,则顺桥向长度为100cm内的防箍钢筋的面积$A_{sv}$为:

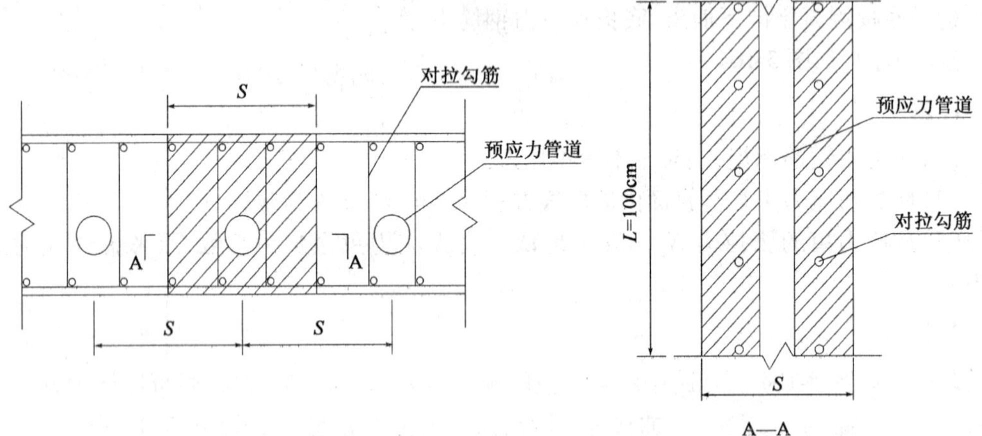


图5-106　对拉勾筋配置示意图

$$q(x)\cdot L = N_1 \leqslant k(A_c\cdot f_t + A_{sv}\cdot \sigma_{scr}) \tag{5-21}$$

$$A_{sv} \geqslant \frac{\dfrac{q(x)\cdot L}{k} - A_c\cdot f_t}{\sigma_{scr}} \tag{5-22}$$

式中:$q(x)$——预应力束径向力,一般可取预应力筋曲线最高点处的值;

$L$——计算长度,取100cm;

$k$——抗裂安全系数,可取$k=1.15$;

$A_c$——混凝土的截面积,$A_c=L\cdot S$;

$f_t$——混凝土的轴心抗拉强度设计值,根据混凝土强度等级确定;

$\sigma_{scr}$——混凝土开裂时对拉钢筋的拉应力。

又根据变形协调条件$\dfrac{\sigma_c}{E_c}=\varepsilon_c=\varepsilon_s=\dfrac{\sigma_s}{E_s}$得:

$$\sigma_{scr} = \varepsilon_{ctu}\cdot E_s \tag{5-23}$$

式中:$\varepsilon_{ctu}$——混凝土的极限拉应变,一般取值0.0001;

$E_s$——对拉钢筋的弹性模量。

将式(5-23)代入式(5-22)后得:

$$A_{sv} \geqslant \frac{\dfrac{q(x)\cdot L}{k} - A_c\cdot f_t}{\varepsilon_{ctu}\cdot E_s} \tag{5-24}$$

上式即防崩所需对拉勾筋最小用量的实用计算公式。

### 5.6.4　对设计及施工的建议

连续刚构桥中桥梁的底面一旦发生损伤,将会严重影响运营的安全和桥梁的使用寿命,并且不易维修。因此,针对预应力束张拉崩裂所造成的病害问题,重要的是如何在施工和设计上避免或减小此类病害对桥梁的影响。在前文分析的基础上提出如下预防措施和建议。

1. 设计建议

(1)适当增加钢筋保护层厚度,保证预应力钢筋张拉时下方混凝土有足够的抗力;

(2)箱梁骨架钢筋设计时,应考虑箱体的顶板和底板共同参与抗弯、抗压、抗扭、抗剪的作用,骨架钢筋不宜多而杂。通常情况,骨架每肋有 3 ~ 4 排为宜,主筋的重叠最好不超过 3 排;

(3)底层钢筋在进行布置足够横向钢筋抵抗 $W_{max}$ 的同时,应该注意加竖向联系钢筋,减小主拉应力,推荐使用封闭箍筋嵌套,施加对预应力的良好约束;

(4)注重截面设计抗弯抗剪能力的设计,必要时在箱内增加体外预应力束;

(5)箱梁底板配筋宜采用多个箍筋拼箍另加部分对拉钢筋的方式,并保证有足够数量的竖向钢筋穿过底板内预应力钢束上、下方的混凝土;

(6)底板配筋设计时,防崩所需竖向钢筋(箍筋的竖肢和对拉钢筋)最小用量可参考式(5-24)进行计算。

2. 施工建议

(1)确保预应力孔道安装定位准确,普通钢筋布置绑扎规范,箍筋超头及对拉钢筋设置严格规范,模板安装和几何尺寸控制到位。

(2)严格按照规范进行混凝土的浇筑,浇筑时采用电子计量设备,确保配合比计量准确,加强振捣,保证孔道下方混凝土的质量和浇筑后不出现蜂窝麻面。

(3)预应力钢束的张拉要尽量减小预应力损失,注意张拉设备完好性、张拉技巧性、张拉温度的合理性。预应力钢筋张拉时应有质检人员全过程旁站,确保张拉力达到设计要求,并重视孔道位置的偏离与预应力束张拉的关系。

# 第6章　混凝土梁桥其他常见偏差分析

除了以上各章节讨论的问题外，混凝土梁桥还存在其他设计或者施工偏差，这些偏差也会对桥梁结构受力性能或耐久性、使用性能等产生不同程度的影响。

## 6.1　尺寸偏差对结构性能的影响

混凝土桥梁施工中产生尺寸误差是难免的，《公路工程质量检验评定标准》（JTG F801—2012）、《公路桥涵施工技术规范》（JTG/T F50—2011）和《混凝土结构工程施工质量验收规范》（GB 50204—2002）中规定，混凝土主梁模板高程的允许偏差为±5mm，梁顶面高程允许偏差为±10mm，梁模板内部尺寸的允许负偏差为-5mm，现浇结构截面尺寸负偏差为-5mm。如果以此标准去验收我国已有的混凝土桥梁结构，为数不少的桥梁或构件可能被定为不合格，但实际桥梁因为尺寸误差超标而产生明显问题的却为数不多。实际上，尺寸偏差对结构产生的影响随结构的相对尺寸及构件类型的不同而不同，因此，尺寸偏差对结构的影响需要进行具体、科学的分析和讨论。

### 6.1.1　尺寸偏差对主梁承载力的影响

1. 尺寸偏差对不同高度矩形截面梁的影响

为简明起见，下面以单筋矩形截面梁为例，对不同梁高的矩形截面梁在达到最大允许截面高度负偏差时主梁承载力的变化情况进行分析。

单筋矩形截面梁的抵抗弯矩公式如下：

$$M_d = \frac{1}{\gamma_0} f_{sd} A_s \left( h_0 - \frac{x}{2} \right)$$

式中：$\gamma_0$——桥梁结构的重要性系数；

$M_d$——抵抗弯矩设计值；

$f_{sd}$——纵向普通钢筋抗拉强度设计值；

$A_s$——受拉区纵向普通钢筋截面面积；

$h_0$——截面的有效高度；

$x$——截面受压区高度。

当矩形截面梁的高度最大偏差为15mm时，产生偏差后的抵抗弯矩设计值$M_{dr}$为：

$$M_{dr} = \frac{1}{\gamma_0} f_{sd} A_s \left( h_0 - \frac{x_r}{2} \right)$$

而

$$M_{dp} = \frac{1}{\gamma_0} f_{sd} A_s \left( h_0 - \frac{x}{2} - 1.5 \right)$$

由 $M_{dp} = M_{dr}$ 可得：

$$x_r = x + 3.0 \tag{6-1}$$

由$(f_{cd} - \Delta f_{sd})bx_r = f_{sd}A_s$ 得：

$$x_r = \frac{f_{sd}A_s}{(f_{cd} - \Delta f_{cd})b} \tag{6-2}$$

由 $f_{cd}bx = f_{sd}A_s$ 得：

$$x = \frac{f_{sd}A_s}{f_{cd}b} \tag{6-3}$$

将 $x$ 和 $x_r$ 代入式(6-1)，可得：

$$\Delta f_{cd} = \frac{3.0f_{cd}}{3.0 + x} \tag{6-4}$$

$$x = \beta \frac{\alpha\varepsilon_c}{\varepsilon_c + \varepsilon_s}h_0 = \beta \frac{\alpha}{1 + \frac{f_{sd}}{\varepsilon_c E_s}}h_0$$

式中：$\beta$——最大允许配筋率的百分比；

$\alpha$——受压区混凝土的曲线应力图形高度换算系数，对 C50 及以下混凝土取 0.8；

$\varepsilon_c$——混凝土极限压应变，对 C50 及以下混凝土取 0.0033；

$\varepsilon_s$——受拉区纵向普通钢筋极限拉应变；

$E_s$——受拉区纵向普通钢筋弹性模量，HRB335 钢筋为 $2.05 \times 10^5$MPa。

对 C50 及以下混凝土和 HRB335 钢筋，$x = 0.5617\beta h_0$，故有：

$$\frac{\Delta f_{cd}}{f_{cd}} = \frac{3.0}{3.0 + 0.5617\beta h_0} \tag{6-5}$$

产生偏差后抵抗弯矩的折减系数 $n$ 的计算式如下：

$$n = 1 - \frac{\Delta f_{cd}}{f_{cd}} = 1 - \frac{0.5617\beta h_0}{3.0 + 0.5617\beta h_0} \tag{6-6}$$

根据一般混凝土构件常见配筋情况，采用最大允许配筋率的 80%，表 6-1 中列出了在单排主筋情况下梁高为 30～80cm 时，截面高度尺寸产生 －15mm 误差后正截面抗弯承载能力折减系数 $n$ 的计算结果。

**矩形截面梁梁高产生偏差后抗弯承载能力折减系数 $n$**　　表 6-1

| 梁高 $h$(cm) | 抗弯承载能力折减系数 $n$ | 梁高 $h$(cm) | 抗弯承载能力折减系数 $n$ |
|---|---|---|---|
| 30 | 0.871 | 60 | 0.959 |
| 35 | 0.898 | 65 | 0.966 |
| 40 | 0.915 | 70 | 0.972 |
| 45 | 0.929 | 75 | 0.977 |
| 50 | 0.941 | 80 | 0.981 |
| 55 | 0.951 | | |

表 6-1 中的数据经过线性拟合后的公式为 $n = 0.0021h + 0.8289$，具体如图 6-1 所示。

由表 6-1 及图 6-1 可见，在同样满足高度尺寸最大容许误差要求的情况下，不同高度的梁承载力下降是不同的。若以小于 5% 为承载力下降的可接受范围，则当梁高为 55cm 时，以 15mm 为高度尺寸最大容许误差是合适的；当梁高大于 55cm 时其高度尺寸最大容许误差可适当放宽；当梁高小于 55cm 时其高度尺寸最大容许误差还应严格些，或只允许正偏差。

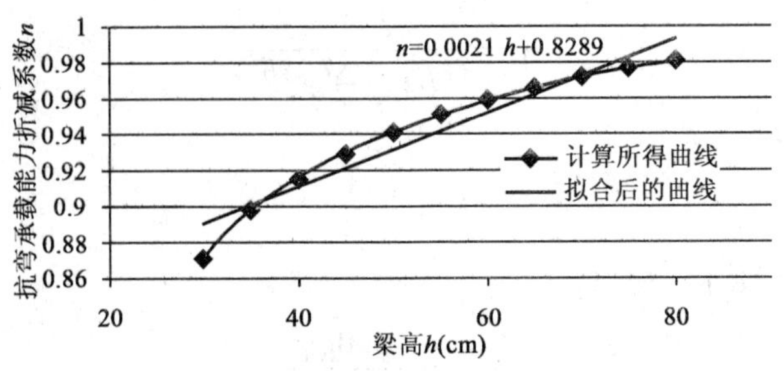


图 6-1　抗弯承载能力折减系数 $n$ 拟合公式

2. 尺寸偏差对不同跨径的 T 形截面梁的影响

不同跨径的 T 形截面梁在达到最大允许截面高度负偏差 15mm 及腹板宽度负偏差 10mm 的前提下，对其抗弯和抗剪承载力的变化情况分别进行分析。

通过对 20m 跨径钢筋混凝土通用 T 形梁、30m 跨径预应力钢筋混凝土通用 T 形梁、40m 跨径预应力钢筋混凝土通用 T 形梁、50m 跨径预应力钢筋混凝土通用 T 形梁分别进行抗弯和抗剪承载力计算，得出结果如下表 6-2 所示。

**不同跨径标准 T 形梁截面产生偏差后抗弯、抗剪承载力及其折减系数**　　表 6-2

| 跨径(m) | 无偏差截面抗弯承载力(kN·m) | 有偏差截面抗弯承载力(kN·m) | 无偏差截面抗剪承载力(kN·m) | 有偏差截面抗剪承载力(kN·m) | 抗弯承载力折减系数 | 抗剪承载力折减系数 |
|---|---|---|---|---|---|---|
| 20 | 2265.8 | 2158.5 | 675.1 | 654.2 | 0.952 | 0.969 |
| 30 | 2440.9 | 2388 | 2065.5 | 2047.16 | 0.978 | 0.9911 |
| 40 | 3578.9 | 3554.8 | 1566.8 | 1554.1 | 0.9933 | 0.9912 |
| 50 | 4129.1 | 4105 | 2127.2 | 2108.9 | 0.9942 | 0.9914 |

可见对梁高大于 100cm 的 T 形截面梁，当梁高产生 15mm 负偏差及腹板宽度产生 10mm 负偏差时，对其抗弯和抗剪承载力的影响都在 5% 以内，属可接受范围。

根据以上分析，尺寸偏差对不同梁高、不同跨径的主梁的影响不同，15mm 负偏差对于高度较大的梁影响不大，但梁高 <50cm 时，15mm 尺寸负偏差对主梁承载力会产生明显影响。

### 6.1.2　主筋位置偏差对结构承载力的影响

1. 钢筋位置偏差对单筋矩形截面梁的影响

对于以受弯为主的主梁，《公路工程质量检验评定标准》(JTG　F80/1—2004)和《混凝土结构工程施工质量验收规范》(GB　50204—2002)规定，受拉主筋重心安装位置允许偏差为：单层主筋 ±5mm，2 层以上主筋排距 ±5mm。多数情况下，矩形梁主筋一般不超过 2 层，所以钢筋重心位置上移最大偏差可按 7.5mm 考虑。钢筋位置上移，则钢筋的实际偏心距及构件的实际抵抗弯矩将小于设计计算的抵抗弯矩。设减少后的抵抗弯矩 $M_{dp}$ 等于混凝土的抗压

强度减少某一量值 $\Delta f_{cd}$ 后的抵抗弯矩 $M_{dr}$，即可求出混凝土 $\Delta f_{cd}$ 和截面强度折减系数 $n$。

单筋矩形截面梁的抵抗弯矩公式如下：

$$M_d = \frac{1}{\gamma_0} f_{sd} A_s \left( h_0 - \frac{x}{2} \right) \tag{6-7}$$

若纵向受拉钢筋上移 7.5mm（即 0.75cm），则产生偏差后的抵抗弯矩设计值 $M_{dr}$ 为下式：

$$M_{dr} = \frac{1}{\gamma_0} f_{sd} A_s \left( h_0 - \frac{x_r}{2} \right)$$

而

$$M_{dp} = \frac{1}{\gamma_0} f_{sd} A_s \left( h_0 - \frac{x}{2} - 0.75 \right)$$

由 $M_{dp} = M_{dr}$ 可得：

$$x_r = x + 1.5 \tag{6-8}$$

使混凝土中压力合力等于钢筋的拉力合力，可推导出材料强度和截面尺寸为参数的混凝土受压区高度 $x_r$：

由 $(f_{cd} - \Delta f_{cd}) b x_r = f_{sd} A_s$ 得：

$$x_r = \frac{f_{sd} A_s}{(f_{cd} - \Delta f_{cd}) b} \tag{6-9}$$

由 $f_{cd} b x = f_{sd} A_s$ 得：

$$x = \frac{f_{sd} A_s}{f_{cd} b}$$

将 $x$ 和 $x_r$ 代入式(6-1)，可得：

$$\Delta f_{cd} = \frac{1.5 f_{cd}}{1.5 + x} \tag{6-10}$$

又因

$$x = \beta \frac{\alpha \varepsilon_c}{\varepsilon_c + \varepsilon_s} h_0 = \beta \frac{\alpha}{1 + \dfrac{f_{sd}}{\varepsilon_c E_s}} h_0 \tag{6-11}$$

式中：$\beta$——最大允许配筋率的百分比；

$\alpha$——受压区混凝土的曲线应力图形高度换算系数，对 C50 及以下混凝土取 0.8；

$\varepsilon_c$——混凝土极限压应变，对 C50 及以下混凝土取 0.0033；

$\varepsilon_s$——受拉区纵向普通钢筋极限拉应变；

$E_s$——受拉区纵向普通钢筋弹性模量，HRB335 钢筋为 $2.5 \times 10^5$ MPa。

因此，对 C50 及以下混凝土和 HRB335 钢筋，$x = 0.5617 \beta h_0$，故有：

$$\frac{\Delta f_{cd}}{f_{cd}} = \frac{1.5}{1.5 + 0.5617 \beta h_0}$$

则产生偏差后抵抗弯矩的折减系数 $n$ 为下式：

$$n = 1 - \frac{\Delta f_{cd}}{f_{cd}} = 1 - \frac{1.5}{1.5 + 0.5617 \beta h_0}$$

根据常用配筋情况，采用最大允许配筋率的 70%。表 6-3 中列出了梁高为 25～80cm 情况下纵向主筋上移后抵抗弯矩折减系数 $n$ 的计算结果。

纵向主筋上移后抵抗弯矩折减系数 $n$　　表 6-3

| 梁高(cm) | 抗弯承载能力折减系数 $n$ | 梁高(cm) | 抗弯承载能力折减系数 $n$ |
|---|---|---|---|
| 25 | 0.825 | 55 | 0.926 |
| 30 | 0.858 | 60 | 0.930 |
| 35 | 0.880 | 65 | 0.938 |
| 40 | 0.896 | 70 | 0.943 |
| 45 | 0.909 | 75 | 0.947 |
| 50 | 0.919 | 80 | 0.950 |

2. 结论

对常用的钢筋混凝土梁而言，从表 6-3 中可以得到如下结论：

(1)对于梁高 70～80cm 的矩形截面梁，当纵向受拉钢筋上移至最大偏差 0.75cm 时，抵抗弯矩减少约 5%，对截面的抗弯承载力影响较小；

(2)对梁高为小于 70cm 的矩形截面梁，当纵向受拉钢筋上移至最大偏差 0.75cm 时，抵抗弯矩减少 5.7%；对梁高为 25cm 的矩形截面梁，最大减少达到约 17.5%，对截面的抗弯承载力影响较大，不可忽视；

(3)从承载能力来说，受拉钢筋的位置偏差比梁截面几何尺寸误差对其承载力的影响更为敏感，施工及监理人员应对此引起高度重视。

## 6.2　预应力钢束保护层厚度偏差分析

### 6.2.1　薄壁结构中扁形波纹管保护层厚度偏差分析

在预应力空心板梁中，由于受底板厚度限制，常使用扁形波纹管。在本节中将以预应力空心板梁为例进行预应力束保护层厚度偏差影响的分析。

在 2008 年新空心板通用图颁布前，多数空心板底板厚度一般为 10～12cm(除两端外)。在张拉预应力钢筋的过程中，底板混凝土纵向受压并产生横向膨胀(即横向拉应变)。由于底板厚度较薄，预应力束附近混凝土横向拉应变的局部效应十分明显，其实测峰值可高达理论计算值的 2～4 倍，这在通常设计中未得到足够的认识。

另外，如图 6-2 所示，空心板在预应力的偏心压力作用下将发生上拱变形，预应力钢筋在巨大张力作用下具有保持直线状态的趋势，将对其下方的混凝土产生相对于结构变形(向上)的反向作用力 $q$(向下)。底板局部混凝土在该作用力 $q$ 的作用下将产生明显的横向拉应力和拉应变，此拉应变与混凝土纵向受压因泊松效应而产生的横向拉应变进行叠加，在钢束下部普通钢筋配置不够或者配置不当的情况下，容易使空心板底面横向拉应变超过混凝土的极限拉应变，造成底板底面沿预应力束的纵向裂缝。

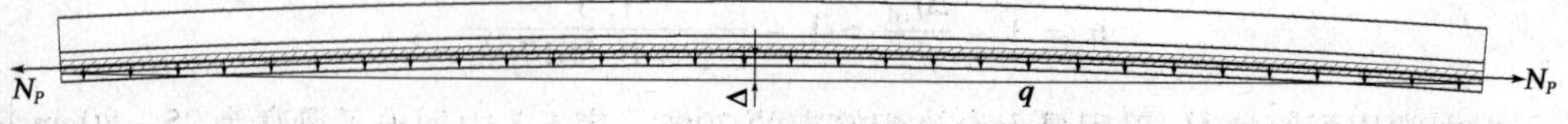


图 6-2　张拉预应力钢筋时预应力产生的相对于结构变形的反向作用力

在使用过程中，空心板梁在荷载作用下构件将发生下挠变形，预应力钢筋在张力作用下具有保持直线状态的趋势，于是力筋对下挠变形的空心板梁底板将产生向上的、相对于结构变形的反向作用力 $q$(图6-3)。当外荷载增大时，梁的变形也增大，预应力钢束对底板混凝土的相对于结构变形的反向作用力 $q$ 也随之增大。当反向作用力 $q$ 使混凝土的横向拉应变超过混凝土的最大拉应变时，就会在底板顶面产生沿预应力束的纵向裂缝。随着重复荷载次数的增加，该纵向裂缝长度快速增加，宽度增加缓慢，原因应是波纹管上、下方的构造钢筋起到了有效限制裂缝宽度的作用。底板预应力束上部的纵向裂缝逐渐开展，混凝土对钢束的约束作用相应退化，加之空心板构件全长一般未设置横隔板，底板混凝土在预应力钢束产生的强大的、向上的、相对于结构变形的反向作用力的作用下被崩裂。

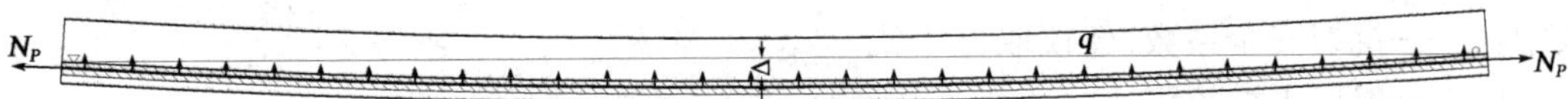


图6-3　预应力钢筋对底板产生的向上相对于结构变形的反向作用力

1. *扁形波纹管下方混凝土保护层厚度的要求*

预应力钢束对其下方混凝土产生的相对于结构变形的反向作用力 $q$ 可据荷载平衡法计算：

$$q=\frac{8N_{p}\Delta}{l^{2}} \tag{6-12}$$

式中：$q$——由构件上拱引起的预应力钢束对底板局部混凝土的相对于结构变形的反向作用力；

$N_p$——预应力钢束的张拉力，$N_p=\sigma_k A_p$，其中 $\sigma_k$ 为预应力钢束的张拉控制应力，$A_p$ 为预应力钢束的面积；

$\Delta$——梁的上拱度；

$l$——梁的计算跨径。

从便于工程设计的简化计算考虑，以单位长度底板为研究对象，假定承受此相对于结构变形的反向作用力 $q$ 的受力体为扁型波纹管下方按45°角扩散后简化的两端固结梁(图6-4)，依据弹性理论可计算出跨中最大正弯矩为：

$$M_{max}=\frac{q(b+t)}{8} \tag{6-13}$$

由此可计算出最大正弯矩截面处弯拉应力为：

$$\sigma_{ft}=\frac{3q(b+t)}{4t^{2}} \tag{6-14}$$

式中：$M_{max}$——跨中截面最大正弯矩；

$\sigma_{ft}$——底板底面、波纹管下方混凝土的拉应力；

$b$——波纹管宽度；

$t$——波纹管下方混凝土厚度。

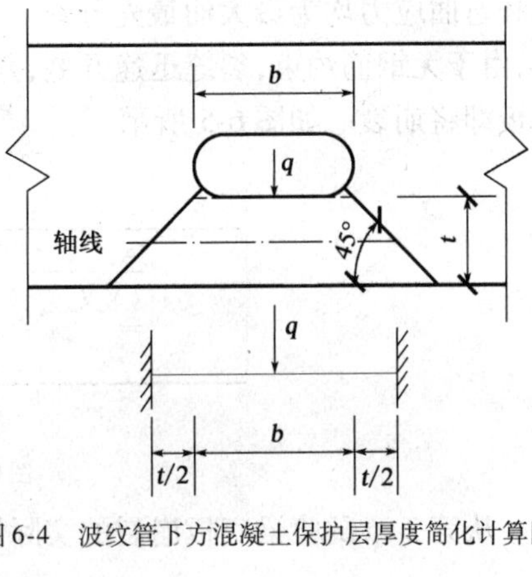

图6-4　波纹管下方混凝土保护层厚度简化计算图

波纹管下方总的混凝土拉应力包括因泊松效应

而产生的横向拉应力和预应力钢束对底板局部混凝土的反向作用力所产生的横向拉应力：

$$\sigma_{ct} = \beta(\mu\sigma_{cs} + \sigma_{ft}) \tag{6-15}$$

式中：$\mu$——混凝土的泊松比；

$\sigma_{cs}$——混凝土的有效预压应力。

将式(6-13)和式(6-14)代入式(6-15)得：

$$\sigma_{ct} = \beta\left[\mu\sigma_{cs} + \frac{6N_p\Delta(b+t)}{l^2t^2}\right] \tag{6-16}$$

为保证底板下表面不出现沿预应力钢束纵向开裂，应满足：

$$\beta\left[\mu\sigma_{cs} + \frac{6N_p\Delta(b+t)}{l^2t^2}\right] \leqslant kf_{tk} \tag{6-17}$$

式中：$k$——抗裂安全系数，建议取为1.2；

$f_{tk}$——混凝土抗拉强度标准值；

$\beta$——考虑到因泊松效应产生的横向拉应力的不均匀分布，计算图式与构件实际受力情况的差异，预应力波纹管的孔道偏差会使底板局部区域混凝土产生横向拉应变，扁形波纹管下混凝土厚度太薄，浇筑质量影响混凝土的抗拉强度等因素，引入综合修正系数$\beta$，可取$\beta = 2.4$。

由此可得到波纹管下方混凝土应满足的最小保护层厚度建议公式：

$$2.4\left[\mu\sigma_{cs} + \frac{4N_p\Delta(b+t)}{l^2t^2}\right] \leqslant kf_{tk} \tag{6-18}$$

式中：$\sigma_{cs}$以MPa为单位，$N_p$以kN为单位，$\Delta$以m为单位，$t$和$b$均以mm为单位，$l$以m为单位，$f_{tk}$以MPa为单位。

2. *扁形波纹管上方混凝土保护层厚度的要求*

根据前面的分析，预应力钢束产生的向上的相对于结构变形的反向作用力$q$：

$$q = \frac{8N_p\Delta}{l^2} \tag{6-19}$$

式中：$N_p$——预应力束对混凝土产生的压力。

当扁形波纹管上方的混凝土开裂时，在波纹管与其上方混凝土交界处的A点，因其剪应力和弯曲应力均为最大而最先开裂。开裂后的裂缝尖端会出现应力集中，对于素混凝土结构，由于无钢筋约束，裂缝迅速开展，并引起大片混凝土崩裂而破坏。所以，A点开裂即代表底板即将崩裂。如图6-5所示。

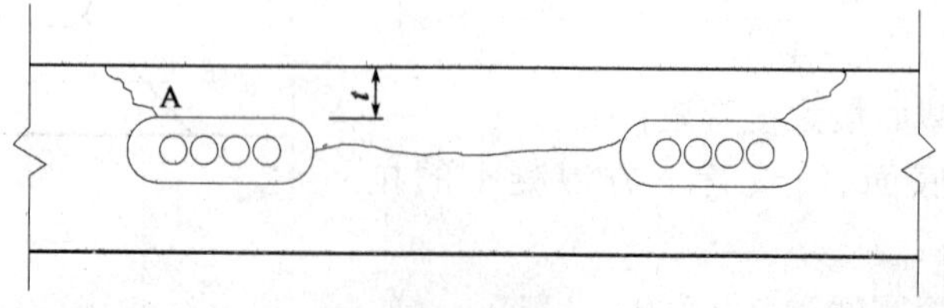


图6-5 底板崩裂面示意图

从第2章试验梁底板崩裂的实际情况出发，考虑实际应用的可操作性，可假定裂缝沿与水平成45°的方向开展，如图6-6所示。

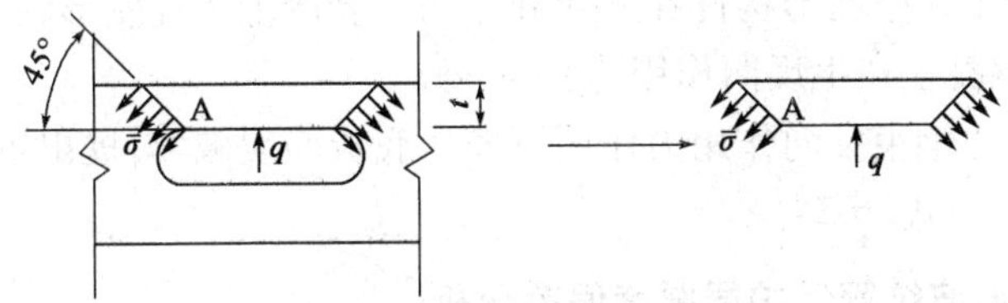


图6-6　波纹管上方混凝土保护层厚度简化计算图示

此时，A点主拉应力方向与裂缝方向垂直，也与水平线成45°。引入名义拉应力进行计算，按均质弹性材料计算出A点混凝土的名义拉应力，其大小为：

$$\sigma_{\mathrm{ml}}=\frac{\cos^2 45°q}{t}=\frac{q}{2t} \tag{6-20}$$

式中：$\sigma_{\mathrm{ml}}$——名义拉应力(MPa)；

$t$——波纹管上方混凝土厚度(m)。

A点主拉应力为：

$$\sigma_{\mathrm{zl}}=\beta\sigma_{\mathrm{ml}} \tag{6-21}$$

式中：$\sigma_{\mathrm{zl}}$——主拉应力(MPa)；

$\beta$——主拉应力修正系数。

将(6-19)式代入(6-21)式，得：

$$\sigma_{\mathrm{zl}}=\frac{4\beta N_{\mathrm{p}}\Delta}{l^2 t} \tag{6-22}$$

A点开裂时其主应力应大于等于混凝土的抗拉强度，故有：

$$\frac{4\beta N_{\mathrm{p}}\Delta}{l^2 t}\geqslant f_{\mathrm{tk}} \tag{6-23}$$

式中：$f_{\mathrm{tk}}$——混凝土抗拉强度标准值；

$\beta$——$\beta=0.056$。

在实际应用中，为了充分发挥预应力钢筋及混凝土的材料强度、避免箱梁出现钢束崩出的现象，就必须保证在预应力钢束达到极限强度($N_{\mathrm{p}}=f_{\mathrm{pk}}A_{\mathrm{p}}$)时，波纹管上部混凝土所受主拉应力小于混凝土抗拉强度，由此确定波纹管上部混凝土厚度的验算公式：

$$t\geqslant k\frac{0.224 f_{\mathrm{pk}}A_{\mathrm{p}}\Delta}{f_{\mathrm{tk}}l^2} \tag{6-24}$$

式中：$k$——安全系数，建议取为1.2；

$f_{\mathrm{pk}}$——预应力束抗拉强度(MPa)；

$A_{\mathrm{p}}$——预应力束面积($\mathrm{m}^2$)。

3. 结论

从上面的分析中，可得出如下结论：

(1)对薄壁预应力混凝土构件结构，在考虑纵向预压应力的同时，应考虑因泊松效应和预应力钢束在局部产生的横向拉应变的不利影响；

(2)为防止薄壁箱梁在张拉阶段出现沿预应力钢束纵向开裂，提出波纹管下方混凝土最

小保护层厚度建议——式(6-18);

(3)预应力混凝土薄壁箱形构件在外荷载作用下会产生下挠变形,绷紧的预应力钢束会对其上方底板局部混凝土产生反向作用力;

(4)为防止预应力钢束反向作用力作用下发生底板崩裂破坏,提出钢束上方混凝土保护层最小厚度的建议——式(6-24)。

### 6.2.2 T 梁圆形波纹管保护层厚度偏差分析

T 梁在施工过程中,有时会因保护层厚度不满足要求而造成开裂。下面利用有限元软件对常用的预应力混凝土 T 梁进行分析,得出在相对于结构变形的反向作用力 $q$ 作用下的混凝土的横向拉应力和拉应变,并通过数值拟合的方法得出在横向拉应力的简化表达式。计算模型如图 6-7 所示。

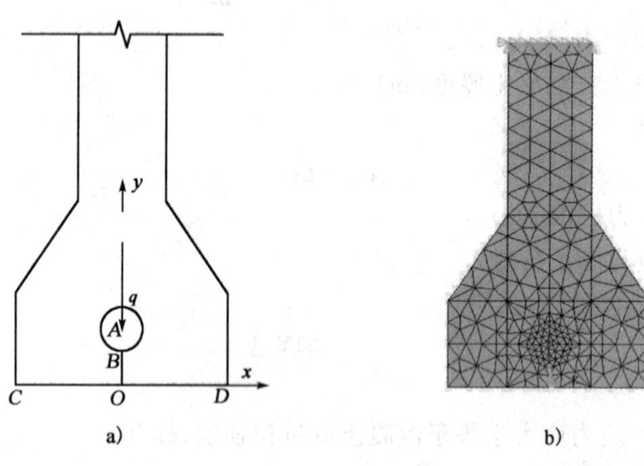


图 6-7 T 梁保护层厚度计算模型

分析模型的建立方式:在相对于结构变形的反向作用力 $q$ 作用下的混凝土受力可简化为平面应变计算模型。由于混凝土的抗拉强度较小,可不考虑混凝土的塑性,故按弹性材料考虑。同时,由于 T 梁底面预应力钢束尺寸较小,普通钢筋相对较密,下马蹄内混凝土的浇筑质量难于保证,为安全起见,在计算模型中,不计普通钢筋的对防止混凝土开裂的有利作用。材料弹性模量按《公路钢筋混凝土及预应力钢筋混凝土桥涵设计规范》(JTG D62—2004)取值,使用单元类型:PLANE2;相对于结构变形的反向作用力 $q$ 的作用位置为波纹管的圆心。有限元模型见图 6-7b)。

1. 分析 T 梁在 $q$ 的作用下可能出现裂缝的位置

在设定荷载值后得到沿 BO 和沿 CD 的拉应力 $\sigma_x$,分别见图 6-8 和图 6-9。从图 6-8 和图 6-9可知,在 $q$ 的作用下,O 点处的拉应力 $\sigma_x$ 最大。由于混凝土在纵向受压时产生的横向拉应力在预应力束周围相等,因此,在 $q$ 和横向拉应力的作用下,T 梁会首先在 O 点出现裂缝。

2. 分析 T 梁的马蹄宽度对 O 点正应力 $\sigma_x$ 的影响

在相同的 $q$ 的作用下,分别计算出常用的马蹄宽度为 48cm、50cm、52cm、54cm、56cm、58cm 和 60cm 时的正应力 $\sigma_x$ 的值,结果如表 6-4 所示。

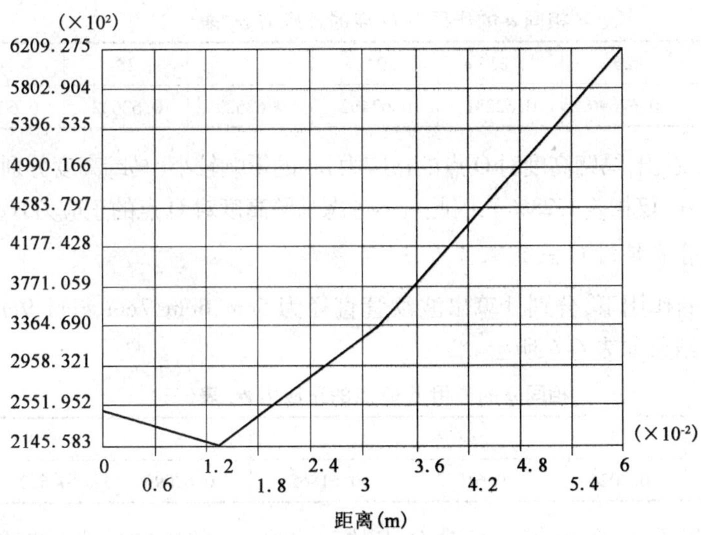


图6-8　沿 BO 的 $\sigma_x$

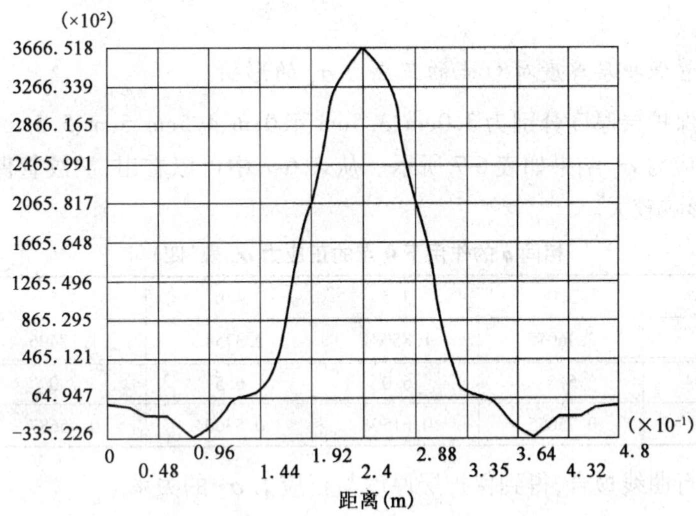


图6-9　沿 CD 的 $\sigma_x$

**相同 $q$ 的作用下 O 点的正应力 $\sigma_x$ 表(一)**　　表6-4

| 马蹄宽度(cm) | 48 | 50 | 52 | 54 | 56 | 58 | 60 |
|---|---|---|---|---|---|---|---|
| 正应力 $\sigma_x$(MPa) | 0.62096 | 0.61954 | 0.61818 | 0.61692 | 0.61578 | 0.61472 | 0.61377 |

从表6-4可以看出,马蹄宽度对O点正应力 $\sigma_x$ 的影响较小(马蹄宽度分别为60cm和48cm时,O点的正应力 $\sigma_x$ 仅相差1.16%),因此可不考虑马蹄宽度对O点的正应力 $\sigma_x$ 的影响。

3. 分析T梁的马蹄高度对O点的正应力 $\sigma_x$ 的影响

在相同的 $q$ 的作用下,分别计算出马蹄高度为20cm、22cm、24cm、26cm、28cm、30cm和32cm时的正应力 $\sigma_x$ 的值,结果如表6-5所示。

**相同 $q$ 的作用下 O 点的正应力 $\sigma_x$ 表(二)** 表 6-5

| 马蹄高度(cm) | 20 | 22 | 24 | 26 | 28 | 30 | 32 |
|---|---|---|---|---|---|---|---|
| 正应力 $\sigma_x$(MPa) | 0.62096 | 0.62281 | 0.62402 | 0.62529 | 0.62632 | 0.62784 | 0.62890 |

从表6-5 可以看出,马蹄高度对 O 点的正应力 $\sigma_x$ 的影响较小(马蹄高度分别为20cm 和32cm 时,O 点的正应力 $\sigma_x$ 仅相差 1.28%),因此可不考虑马蹄高度对 O 点的正应力 $\sigma_x$ 的影响。

4. 分析波纹管直径对 O 点的正应力 $\sigma_x$ 的影响

在相同的 $q$ 的作用下,分别计算出波纹管直径为 5cm、6cm、7cm、8cm、9cm 和 10cm 时的正应力 $\sigma_x$ 的值,结果如表 6-6 所示。

**相同 $q$ 的作用下 O 点的正应力 $\sigma_x$ 表(三)** 表 6-6

| 波纹管直径(cm) | 5 | 6 | 7 | 8 | 9 | 10 |
|---|---|---|---|---|---|---|
| 正应力 $\sigma_x$(MPa) | 0.60246 | 0.61052 | 0.61862 | 0.62096 | 0.62376 | 0.62491 |

从表 6-6 可以看出,波纹管直径对 O 点的正应力 $\sigma_x$ 的影响较小(波纹管直径分别为 5cm 和 10cm 时,O 点的正应力 $\sigma_x$ 仅相差 3.59%),因此可不考虑波纹管直径对 O 点的正应力 $\sigma_x$ 的影响。

5. 分析波纹管保护层厚度对 O 点的正应力 $\sigma_x$ 的影响

计算波纹管保护层厚度分别为 3.0cm、3.5cm、4.0cm、4.5cm、5cm、5.5cm、6cm、6.5cm 和 7cm 时 O 点的正应力 $\sigma_x$ 结果如表 6-7 所示。从表 6-7 中可以看出,波纹管保护层厚度对 O 点的正应力 $\sigma_x$ 影响较大。

**相同 $q$ 的作用下 0 点的正应力 $\sigma_x$ 表(四)** 表 6-7

| 保护层厚度(cm) | 3.0 | 3.5 | 4.0 | 4.5 | 5.0 |
|---|---|---|---|---|---|
| 正应力 $\sigma_x$(MPa) | 2.46075 | 1.85081 | 1.37582 | 1.12496 | 0.87765 |
| 保护层厚度(cm) | 5.5 | 6.0 | 6.5 | 7.0 | |
| 正应力 $\sigma_x$(MPa) | 0.75055 | 0.61596 | 0.53604 | 0.45687 | |

按下式来进行曲线拟合,得到保护层厚度与正应力 $\sigma_x$ 的关系。

$$\sigma_x = A\frac{q}{d^2} + B \tag{6-25}$$

式中:$A$、$B$——待定常数。

以下确定常数 $A$ 和 $B$ 的值。按数值分析得到:$A = 2.235 \times 10^{-2}$,$B = 0$。

因此,O 点的正应力 $\sigma_x$ 为下式:

$$\sigma_x = 2.235 \times 10^{-2}\frac{q}{d^2} \tag{6-26}$$

式中:$\sigma_x$——O 点的正应力(MPa);

$d$——保护层厚度(mm);

$q$——相对于结构变形的反向作用力(N),按(6-12)计算。

在 O 点将由相对于结构变形的反向作用力 $q$ 产生的应力 $\sigma_x$ 拟合曲线和有限元计算值进行比较,如图 6-10 所示。从图中可以看出,式(6-26)的拟合精度较高。

因此，波纹管下方混凝土拉应力 $\sigma_{ct}$ 由两部分组成，一是因泊松效应产生的横向拉应力，二是预应力钢束对底板局部混凝土的反向作用力产生的横向拉应力。即：

$$\sigma_{ct}=\beta\mu\sigma_{cs}+\sigma_x \tag{6-27}$$

式中：$\mu$——混凝土的泊松比；

$\sigma_{cs}$——混凝土的有效预压应力；

$\beta$——修正系数。考虑到因泊松效应产生的横向拉应力的不均匀分布、预应力波纹管的孔道偏差、波纹管下混凝土厚度太薄等因素，引入修正系数 $\beta$，取 $\beta=2.4$。

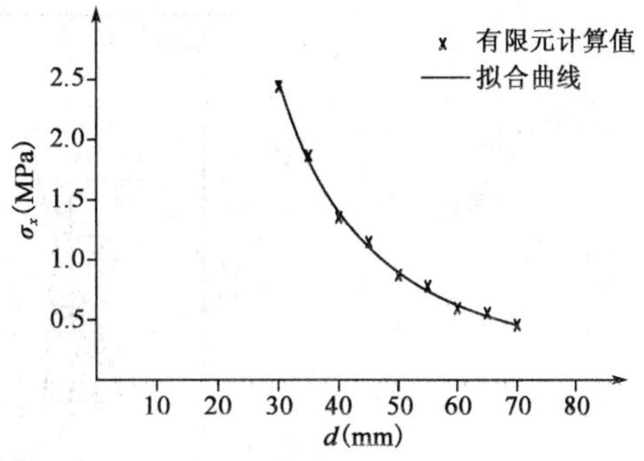


图6-10 有限元计算值和拟合曲线的比较

将式(6-26)代入式(6-27)，得：

$$\sigma_{ct}=\beta\mu\sigma_{cs}+2.235\times10^{-2}\frac{q}{d^2} \tag{6-28}$$

为保证底板下表面不出现沿预应力钢束的纵向开裂，应满足：

$$\sigma_{ct}=\beta\mu\sigma_{cs}+2.235\times10^{-2}\frac{q}{d^2}\leqslant kf_{kt} \tag{6-29}$$

式中：$k$——安全系数，建议取为1.2；

$f_{kt}$——混凝土的抗拉强度标准值。

6. 分析结论

从上面的分析中，可得出如下结论：

(1) 预应力混凝土T梁的设计中，在考虑获得所需的纵向预压应力的同时应考虑因泊松效应而产生横向拉应变对结构的不利影响；

(2) 预应力混凝土T梁的设计中，应计入预应力钢束因梁体变形对波纹管下方局部混凝土产生的反向作用力的不利影响；

(3) 为防止T梁底面在张拉阶段出现沿预应力钢束的纵向开裂，提出波纹管下方混凝土最小保护层厚度建议式(6-29)，供设计参考。

## 6.3 预应力钢束附近混凝土局部缺陷的影响分析

在浇筑预应力混凝土结构的某些钢筋束较密集的部位时，有时会由于骨料粒径过大、混凝土的坍落度过小、浇筑速度过快以及未充分振捣等原因，造成预应力钢筋附近的局部混凝土不密实甚至有孔洞、露筋、波纹管外露等缺陷。另外，波纹管的布设常常使得波纹管以下混凝土的振捣困难。对于低坍落度的高标号混凝土结构，波纹管以下的混凝土振捣尤为困难，这同样会造成上述缺陷。图6-11和图6-12为某座桥梁预应力钢束附近的缺陷图。在缺陷的周围，由于混凝土浇筑质量较差，混凝土经敲打即剥落，形成较大的空洞。

由于施工及构造问题导致的钢束附近空洞问题会对结构安全性及耐久性产生明显影响，现分析如下：

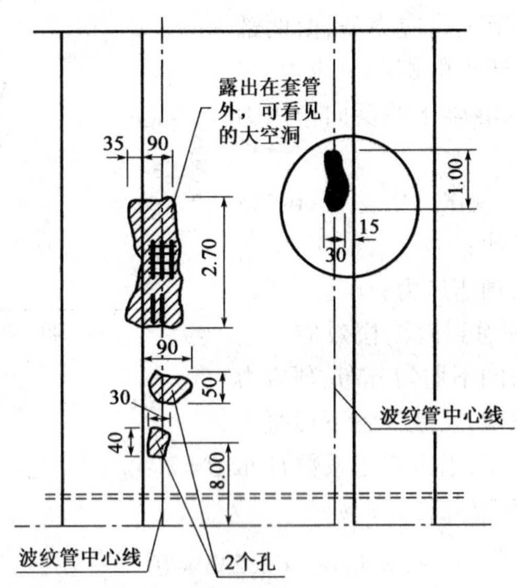


图6-11　某桥预应力钢束附近的缺陷图(一)(尺寸单位:mm)

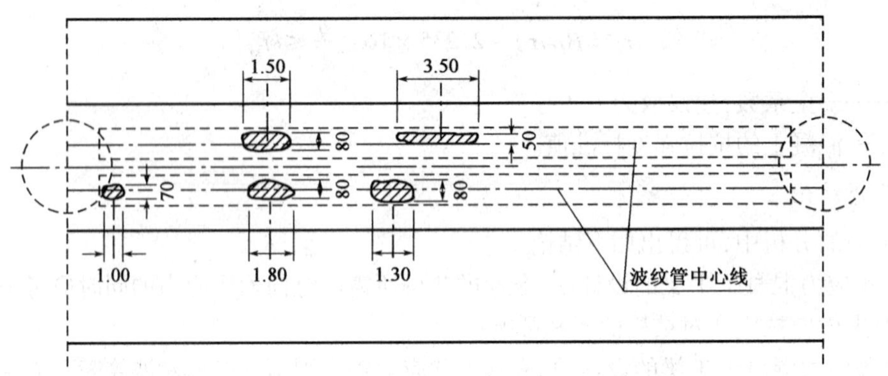


图6-12　某桥预应力钢束附近的缺陷图(二)(尺寸单位:mm)

### 6.3.1　对结构耐久性的影响

对于施工质量良好、没有空洞或裂缝的预应力混凝土结构,即使在海洋环境中,也不容易发生锈蚀。但若存在空洞缺陷,会使预应力钢筋表面的钝化膜受到破坏。当钝化膜成为活化态时,预应力钢筋就会锈蚀。呈活化态的预应力钢筋表面所进行的锈蚀反应,其电化学机理是:当预应力钢筋表面存在水分时,就发生铁电离的阳极反应和溶解态氧还原的阴极反应,相互以等速度进行,其反应式如下:

阳极反应:

$$2Fe - 4e \longrightarrow 2Fe_2{}^{+} \tag{6-30}$$

阴极反应

$$O_2 + 2H_2O + 4e \longrightarrow 4OH^- \tag{6-31}$$

锈蚀过程的电化学反应是阳极反应和阴极反应的组合,在钢筋表面析出氢氧化亚铁,其反应式为:

$$2Fe + O_2 + 2H_2O \rightarrow 2Fe(OH)_2 \quad (6\text{-}32)$$

该化合物被溶解后氧化，生成氢氧化铁 $2Fe(OH)_3$，并进一步生成 $nFe_2O_3 \cdot mH_2O$（红锈），部分氧化不完全的变成黑锈 $Fe_3O_4$，在钢筋表面形成锈层。红锈体积可大到原体积的 4 倍，黑锈体积可大到原来的 2 倍。铁锈体积膨胀，对周围混凝土产生压力，将使周围混凝土沿钢筋方向开裂，进而使保护层成片脱落，而裂缝和保护层的剥落又进一步导致更剧烈的锈蚀。

在预应力混凝土结构中，预应力高强钢筋（钢丝、钢绞线等）因其工作应力高，且单根钢丝截面小，对锈蚀的敏感性比普通钢筋高得多，所以预应力钢筋遭受锈蚀后的影响比普通混凝土严重得多。国外文献中已报道了不少因预应力钢筋锈蚀而造成预应力混凝土结构损坏的例子。预应力钢筋的锈蚀主要有以下两种情况：

（1）锈坑锈蚀。导致锈坑锈蚀的原因和普通混凝土中的电化学作用相同。但就预应力钢筋而言，锈坑锈蚀比均匀锈蚀更为危险，因为锈坑产生的槽口效应引起应力集中，严重降低预应力钢筋的延性和疲劳强度，将严重影响结构的安全。

（2）应力腐蚀。这是一种在腐蚀介质和拉应力共同作用下钢筋产生晶间或穿晶间断裂的现象。这种断裂造成的损失从表面不容易清楚看出。预应力钢束周围存在应力腐蚀的结构中，在预应力钢筋截面曲率突变处，预应力钢筋可能同时承受高拉应力和弯曲应力的共同作用。并且当缺陷的周围存在氢氧离子等有轻微氧化效应的腐蚀剂后，都会加速预应力钢筋的应力腐蚀。

### 6.3.2　对结构短期性能的影响

由于预应力束附近混凝土的浇筑质量较差甚至有空洞，混凝土与波纹管的黏结不能满足要求，使混凝土与预应力钢束在受力过程中，预应力钢束受力较大的部位就会产生相对滑移，以致使这部分本身设计为有黏结的预应力混凝土变为无黏结的预应力混凝土，这样将会使实际的结构与设计结构的受力性能存在一定的差异。

1. 实例 T 梁

下面以 30m 跨径简支 T 梁为例讨论该缺陷对结构短期性能的影响。预应力混凝土简支 T 梁的计算跨度为 29.20m，按《公路钢筋混凝土及预应力混凝土桥涵设计规范》（JTJ 023—85）设计，活载按汽车—超 20 级和挂车—120 设计，横断面尺寸如图 6-13 所示。预制预应力混凝土梁采用 C50 混凝土，预应力钢筋符合标准 ASTMA 的 416—90a.270 级，15.24mm 高强低松弛钢绞线，单根公称面积 $A_p = 140mm^2$，标准强度为 1860MPa，共 20 根。在混凝土强度达到设计强度后，张拉钢绞线（两端张拉）。每根张拉应力 $0.75R_b^y$（$R_b^y = 1860MPa$）。预应力钢绞线分别与 OVM 扁锚 15—8 和 OVM 扁锚 15—12 配套使用。

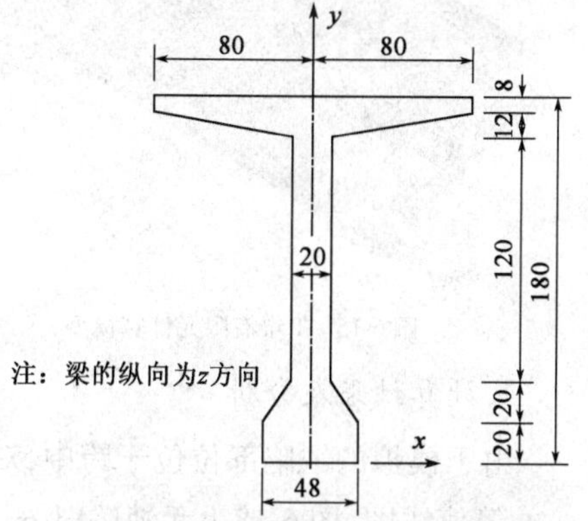

图 6-13　30mT 梁标准横断面图（尺寸单位：cm）

2. 有限元模型

由于预应力混凝土梁的工作阶段通常不开裂、处于弹性阶段，因此在本例的分析中，将预应力混凝土梁视为弹性体，将混凝土和预应力钢筋均视为弹性材料，混凝土和预应力钢筋的材料性质按文献[18]取值。混凝土采用SOLID45单元,同时不考虑普通钢筋对结构受力的有利作用。该单元由8个结点组成,每个节点拥有x、y和z三个方向的平移自由度。预应力钢筋建模时采用三维线单元LINK8模拟,该单元是一个两节点单轴拉压单元,不考虑抗弯、抗剪,每个节点有三个自由度,对应x、y和z三个方向的平动自由度。

为减小计算的时间和空间,在建立计算模型时,先计算出整个结构的受力情况,再取其中的一部分作为子结构将得到的力和位移施加到实体单元模型上,分析结构的受力和位移情况,得到该缺陷对结构性能的影响。在本次分析中,取跨中的6m长度为子结构,如图6-14所示,子结构两端承受弯矩。SOLID45单元不能直接施加弯矩,可在两端采用刚性板(使用SHELL63单元),在刚性板上施加弯矩。由于六面体的SOLID45单元一般比四面体的单元计算要稳定且收敛性好,因此,在计算模型中,使用六面体单元,有限元计算模型如图6-15所示。预应力钢筋和混凝土材料的取值按相关文献取值。

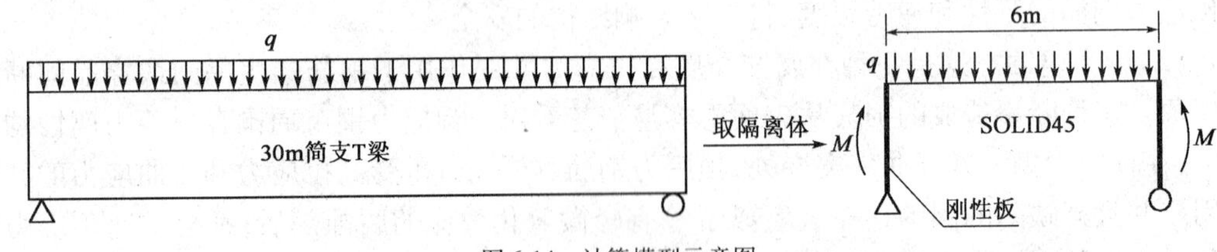


图6-14 计算模型示意图

3. 缺陷的模拟

在本计算示例中,考虑预应力束附近混凝土的浇筑质量较差甚至有空洞,预应力束孔道压浆质量未得到应有保证,假设缺陷出现在靠跨中的部位,缺陷部位横截面形状见图6-16,缺陷沿梁长的尺寸为10cm。

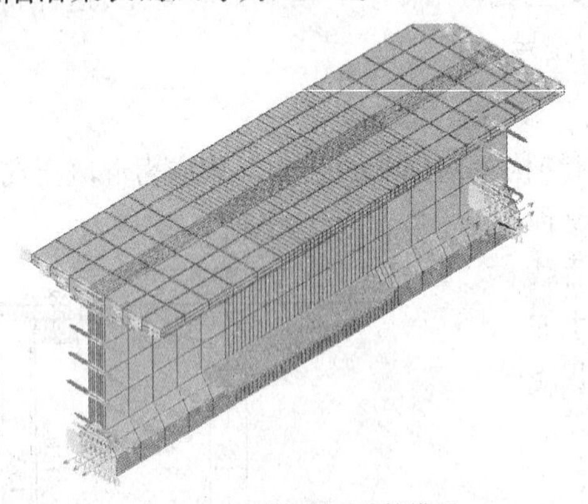

图6-15 T梁有限元计算模型

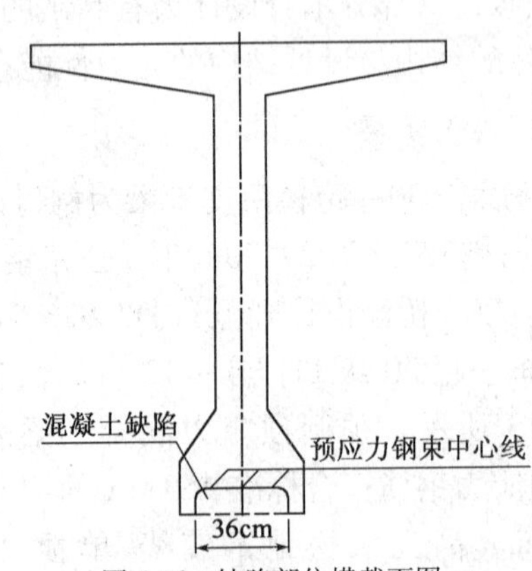


图6-16 缺陷部位横截面图

4. 计算结果及分析

由于模拟的缺陷部位位于跨中,对结构性能的影响通过$\sigma_z$来分析。图6-17为有缺陷时$\sigma_z$的等值线图,图6-18为无缺陷时$\sigma_z$的等值线图。对比以上两图,可以看出,在缺陷周围,$\sigma_z$明显增大,而对于没有缺陷的梁,$\sigma_z$的分布明显较均匀得多;并且在缺陷周围的正应力$\sigma_z$明显大于在同样位置处无缺陷时的正应力。可见,若梁存在该缺陷,即使面积很小,不仅对结构的长期性能影响较大,而且对结构的短期性能影响也很大。该缺陷的存在,对于不允许出现裂缝的预应力混凝土梁,会导致结构开裂;对于允许出现裂缝的预应力混凝土梁,会使裂缝提前开展。

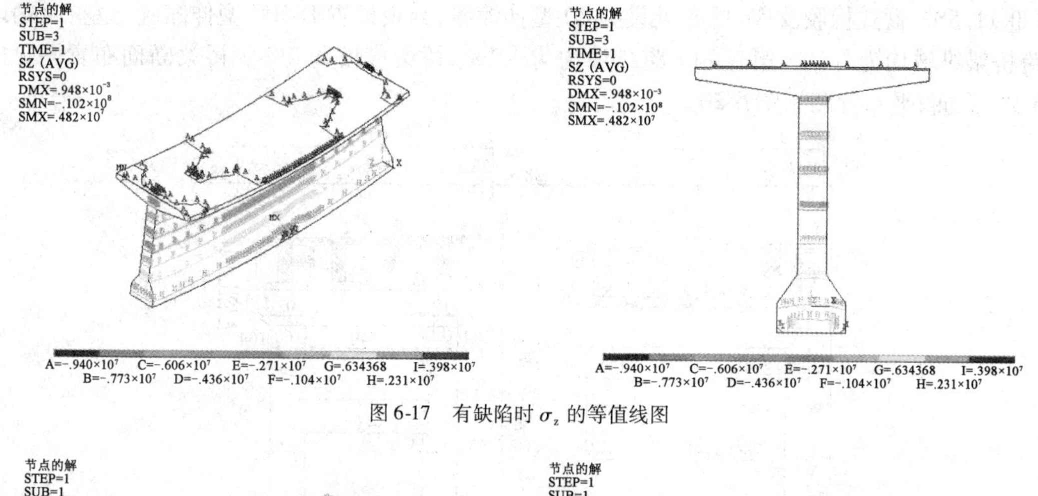


图6-17 有缺陷时 $\sigma_z$ 的等值线图

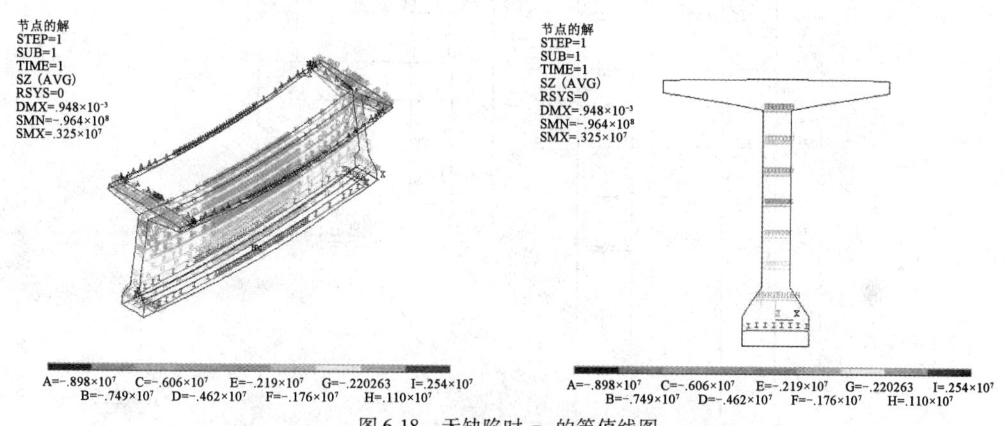


图6-18 无缺陷时 $\sigma_z$ 的等值线图

## 6.4 先简支后连续梁桥桥墩偏位成因分析

查阅大量的桥梁检测报告发现,在一些山区桥梁中,高桥墩运营期间出现倾斜现象比较普遍;在有纵坡的先简支后连续梁桥中,其伸缩缝位置对应桥墩出现墩顶偏位现象尤其较多。有关检查分析发现:(1)在这些桥梁中,有的铰缝处未设置楔形块(调平块),有的由于设计或者施工偏差导致楔形块设置不准确,这些问题都可能导致支座局部脱空、受力不均匀,产生附加水平力;(2)汽车在桥面行驶的制动与冲击,桥梁在使用过程中的温度变化,都可能对梁体与桥面铺装产生水平方向推力,导致墩柱偏移现象的出现。下面以某高速公路先简支后连续桥梁的桥墩偏移情况为例,进行桥墩倾斜成因分析,从中分析有关设计施工偏差的影响。

### 6.4.1 桥墩偏位病害实例

某桥左右幅桥上部结构均采用17×30m预应力混凝土简支转连续T梁,单个T梁长30m,高2m,马蹄宽0.45m,腹板宽0.2m,单幅桥横向布置5片梁,主梁间设横隔梁。左幅桥跨径组合为4联[2×(4×30m)+1×(6×30m)+1×(3×30m)],右幅桥跨径组合为4联[2×(4×30m)+1×(6×30m)+1×(3×30m)]。单幅桥桥面宽11.75m,单幅桥横向布置为:0.5m(防撞护栏)+10.75m(车行道)+0.5m(防撞护栏)。下部结构桥墩采用圆柱墩和空心薄壁墩,桥台采用重力式U型桥台,刚性扩大基础。全桥设置GPZ(Ⅱ)2.5GD、GPZ(Ⅱ)1.5SX盆式橡胶支座;桥台处设D-80型伸缩缝,其余设置D-160型伸缩缝。左右幅第1跨桥梁纵坡均为-4%,第2~17跨纵坡均为-2%;桥梁横坡为2%。桥梁断面布置图见图6-19,立面、平布置图见图6-20。

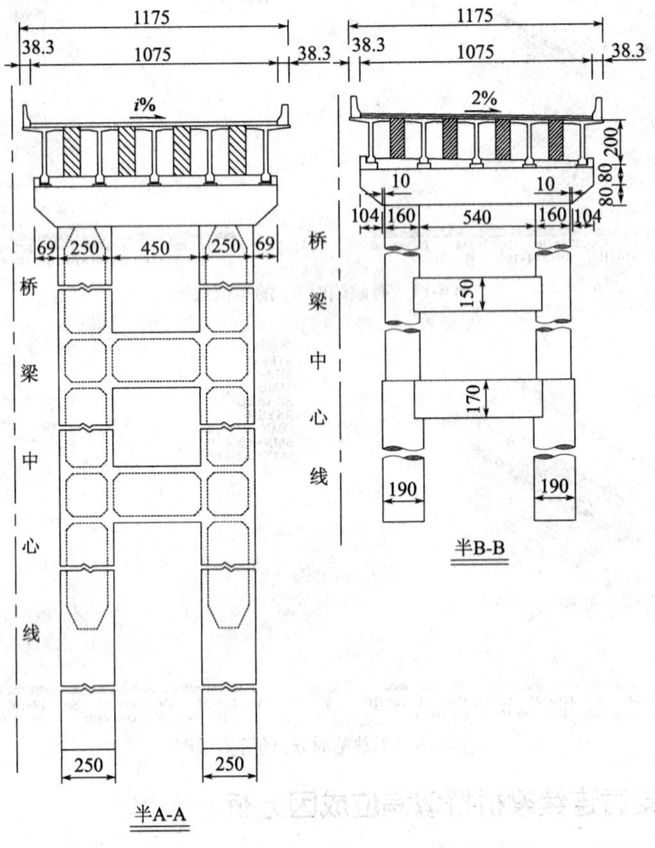


图6-19 大桥横断面布置图(尺寸单位:cm)

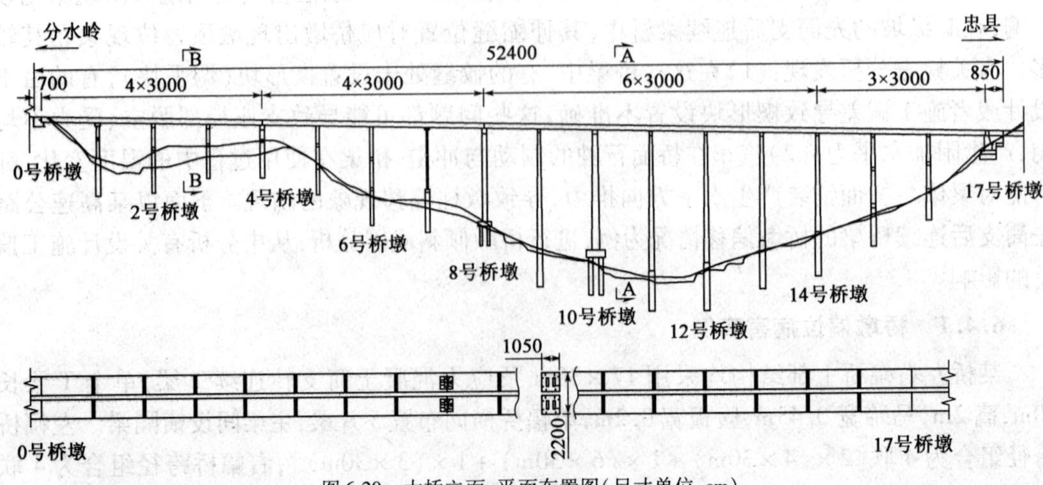


图6-20 大桥立面、平面布置图(尺寸单位:cm)

### 6.4.2　桥墩偏位检测结果

(1)墩柱垂直度测量结果(图6-21～图6-24)显示,本次共检测65处,其中有27处倾斜度大于3‰或偏移量大于2cm,占检测总数的41.5%。其中左幅6-1号墩柱向左侧偏移69.5mm,6-2号墩柱向左侧偏移40.0mm;右幅16-1号向右侧偏移63.8mm和右幅16-2号墩柱向右侧偏移了83.8mm。

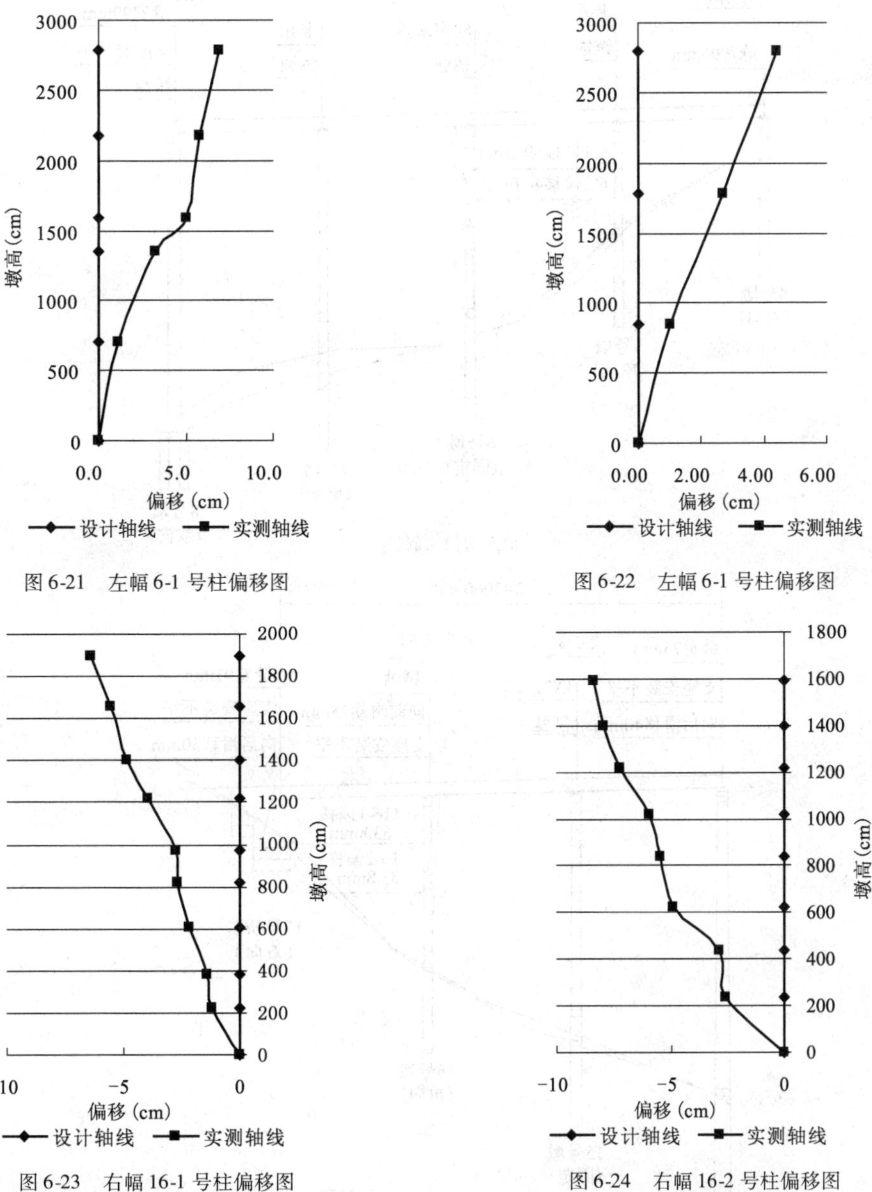


图6-21　左幅6-1号柱偏移图

图6-22　左幅6-1号柱偏移图

图6-23　右幅16-1号柱偏移图

图6-24　右幅16-2号柱偏移图

(2)全桥支座共存在63处滑移,范围1～8cm;61处偏压;2处四氟板挤出;15处卡死;7处被杂物包裹;16处限位钢条未拆;6处临时支撑未拆;3处杂物堆积;31处锈蚀。

(3)伸缩缝宽度检查情况为:左幅1号缝宽66mm,2号缝宽96mm,3号缝宽99mm,4号缝宽91mm,5号缝宽66mm;右幅1号缝宽58mm,2号缝宽79mm,3号缝宽99mm,4号缝宽

75mm,5 号缝宽 91mm。

本次针对左幅 6 号墩和右幅 16 号墩的倾斜进行分析,左幅第 2 联和右幅第 4 联上下部主要计算参数及病害情况如图 6-25 所示。

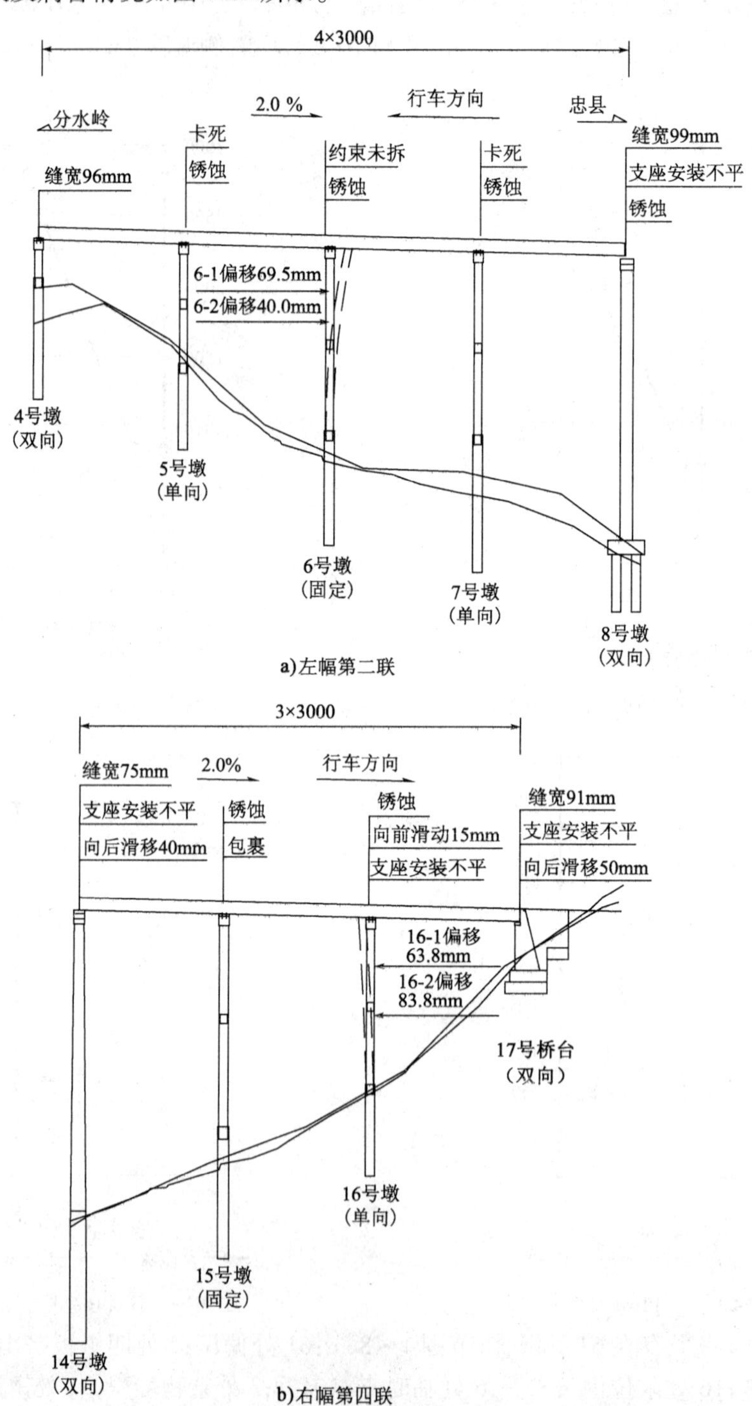


a)左幅第二联

b)右幅第四联

图 6-25 大桥左幅第 2 联、右幅第 4 联病害图(尺寸单位:cm)

### 6.4.3　受力引起的墩顶偏移计算

以下对可能引起桥墩偏移的因素逐个进行定性和定量分析。

1. 纵坡引起的自重分力

由墩顶受力分析(图 6-26、图 6-27)可知,在交接墩墩顶处,纵坡下受到的由自重引起的向上坡方向的分力为 $F_1 = \sin\alpha \times V = G \times \sin\alpha \times \cos\alpha$,固定墩顶处,受到的由自重引起的向下坡方向的分力为 $F = G \times \sin\alpha$。

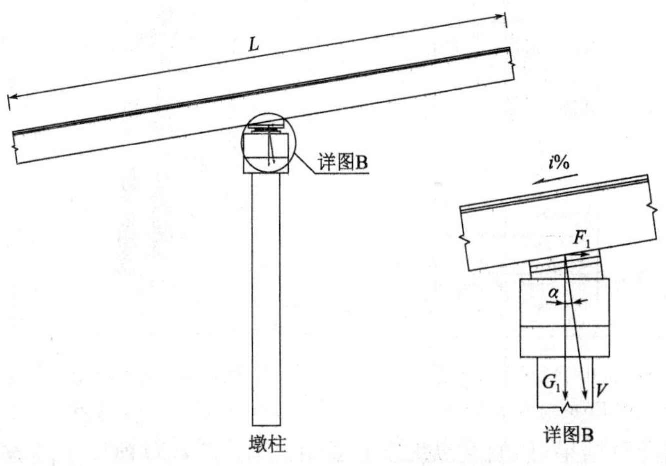


图 6-26　交接墩顶水平力计算原理图

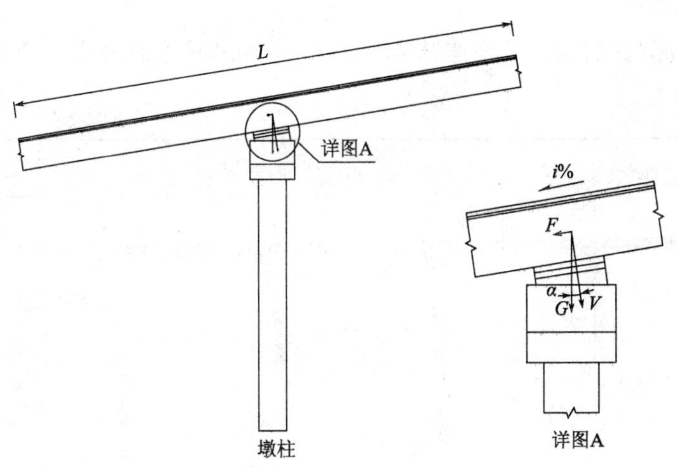


图 6-27　固定墩顶水平力计算原理图

1)左幅 6 号墩分析(图 6-28)

单跨上部结构加二期恒载的自重 $G = 7020\text{kN}$,则固定墩顶受到的向下坡水平力 $F = \sin\alpha \times G = 7020 \times 0.01996 = 140.4\text{kN}$。

从图 6-28 的计算结果可知,在纵坡自重分力作用下固定墩顶向下坡方向可以产生 104.5mm的偏移。

2）右幅16号墩分析（图6-29）

单跨上部结构加二期恒载的自重 $G=7020\text{kN}$，则16号墩顶受到的向上坡水平力 $F_1=\sin\alpha\times V=G\times\sin\alpha\times\cos\alpha=7020\times0.019996\times0.9998=140.2\text{kN}$。

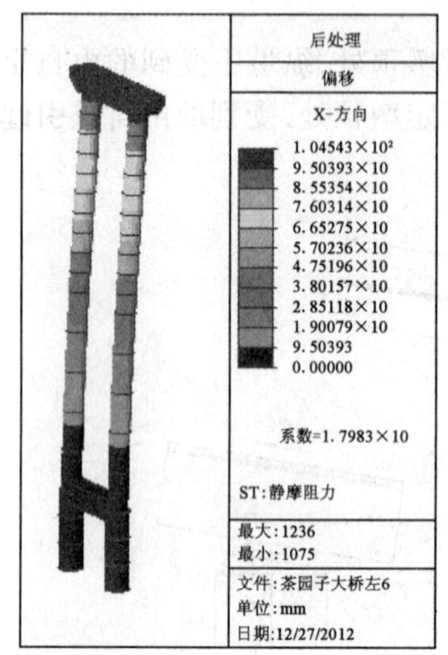


图6-28　大桥左幅6号墩在自重水平分力作用下的偏移计算结果

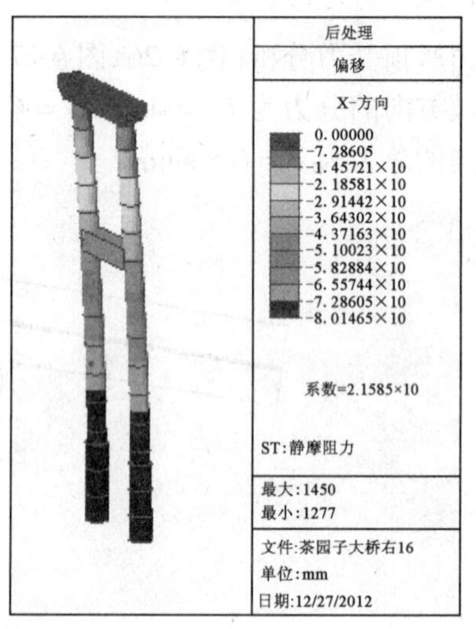


图6-29　大桥右幅16号交接墩在自重水平分力作用下的偏移计算结果

从图6-29的计算结果可知，在纵坡下自重分力在16号墩顶往上坡方向产生了80.1mm的偏移。

2. 温度影响分析

根据现场实际情况，给大桥整体升降温23℃，分析桥梁墩柱在温度变化过程中的水平偏移情况（图6-30）。

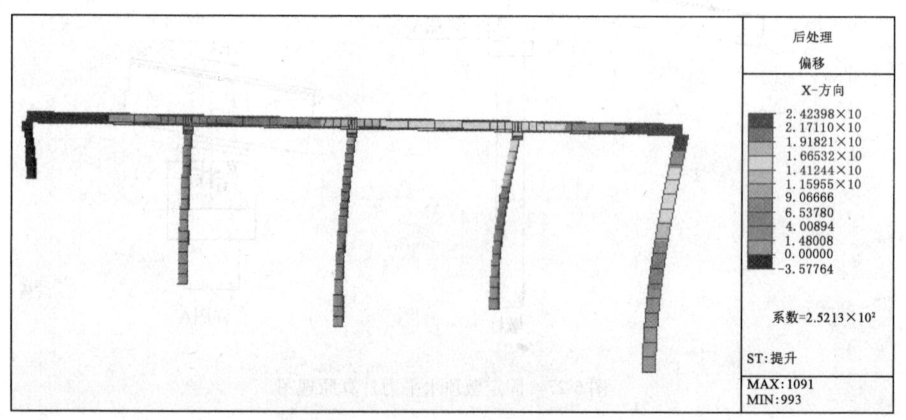


图6-30　升温23℃作用下墩偏移结果图

通过对以上比较分析，在升温23℃时，6号桥墩向右侧偏移10.4mm。

3. 活载影响分析

1）车辆荷载对桥墩水平偏移的影响计算

本次选取大桥左幅，结合现场实际检测情况（主要是支座失效情况）进行建模分析，按公路—Ⅰ级进行加载，计算活载作用下，桥墩水平位移情况，计算结果如图 6-31 所示：

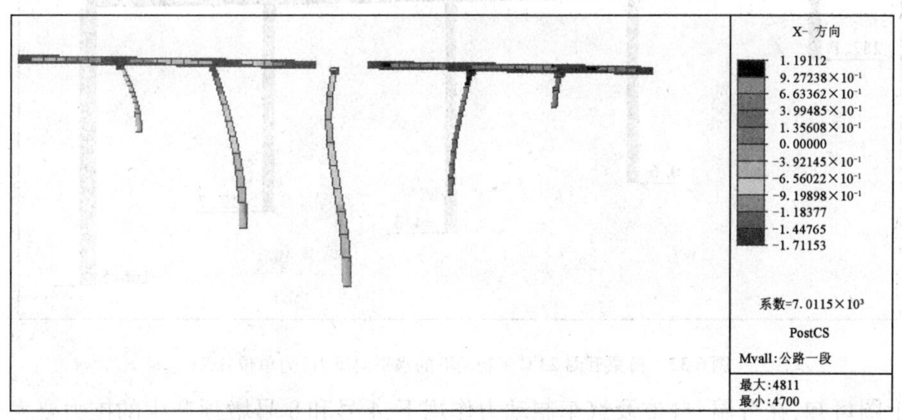


图 6-31　车辆竖向荷载作用墩柱纵向偏移

通过对以上比较分析，大桥在活载下 3 号墩柱理论纵向位移量为 -0. 74mm，与该桥 3 号桥墩实测最大纵向偏移 203mm 相差极大。

2）实际通行车辆与墩柱偏移相关性

为掌握桥墩倾斜和支座位移是否和车辆荷载有关，特调取了冷水收费站 2012 年 10 月份上下行方向通过的车辆信息，将相关数据列于表 6-8 进行分析。

**上下行车流量与桥墩倾斜及支座滑移数量的统计表**　　表 6-8

| 序号 | 行车方向 | 交通量（辆/日） | 偏移量超过 60mm 的墩柱数量（个） |
|---|---|---|---|
| 1 | 上行 | 13411 | 18 |
| 2 | 下行 | 9956 | 19 |

从上表可知，桥墩倾斜的桥梁所在路段，上行方向车流量大于下行；而下行方向桥墩倾斜的数量却略多于上行方向。因此，桥墩倾斜和车流量大小之间无明显关联。

通过上述计算分析可得出以下结论：

（1）在理想状态下，活载作用下墩柱的水平位移 -0. 74mm，数值较小。

（2）从左右幅车流量和倾斜的墩柱数量的关系来分析，两者之间没有明显相关性。

综上，桥面竖向车辆活载不是导致桥墩纵向倾斜的主要原因。

3）制动力分析

大桥设计荷载为公路—Ⅰ级，为单幅 2 车道。左幅第 2 联跨径布置 $4\times30$m，在 2 联计算长度上的制动力 $(4\times30\times10.5+260)\times2\times0.1$（2 个设计车道）$=372$kN $>330$kN，按 372kN 考虑；参考《公路桥梁盆式支座》JT/T 391—2009，常温型活动支座摩擦系数按 0. 03 考虑；先计算分析在恒载和温度作用下支座的静摩阻力。可以知道，在各种主要荷载作用下，支座静摩阻力均小于支座容许最大静摩阻力，满足要求。

假定在各主要荷载作用下，沿桥向水平力均小于支座的静摩阻力。先验证假定是否成立，各荷载作用下的沿桥向反力如图 6-32 所示。

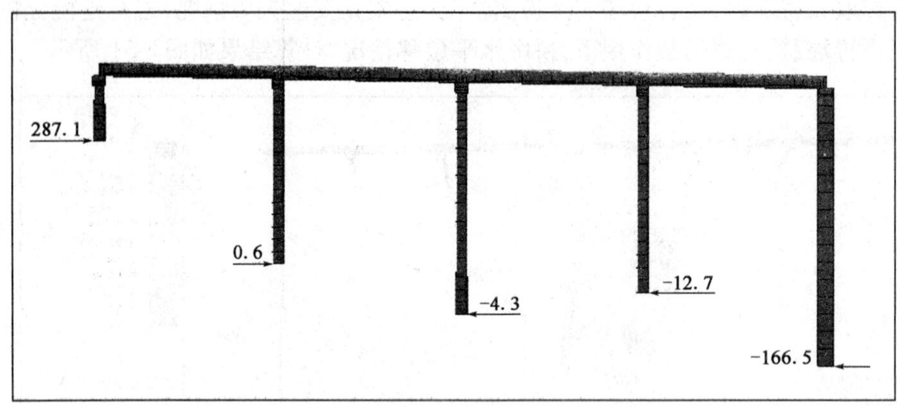


图 6-32 桥梁升温 23℃ + 制动下的水平向反力(力单位:kN)

由上图可知,在升温、自重及汽车制动力作用下,4 号和 8 号墩顶产生的推力要大于静摩阻力。此时该支座将产生滑移,修改模型,完全解除该墩与梁体之间顺桥向的约束,并将该支座产生的摩阻力作为节点荷载分别加在梁和墩顶,其中在墩顶的节点荷载作用方向与制动力方向相同,梁体上的相反。墩柱偏移计算结果如图 6-33 所示。

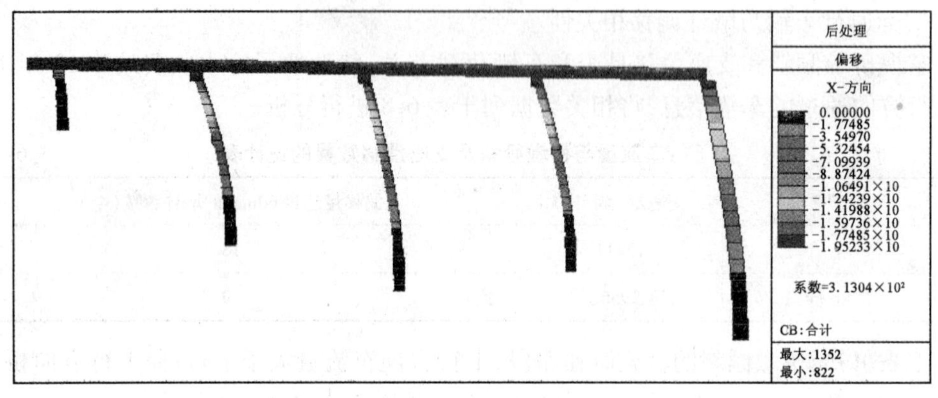


图 6-33 制动作用下的水平偏移图(位移单位:mm)

大桥在制动力作用下,6 号固定墩偏移 19.5mm。

由于温度荷载和汽车动力均是可变荷载,在温度反向变化和制动力消失后,由这两者产生的位移 $H$ 要恢复的,但受到墩顶梁体自重的抑制,这些位移又不可能完全恢复,均有残余偏移 $H_1$,现定义 $\delta = H_1/H$ 为位移残余系数。那么温度和制动力的一个循环过程,6 号墩顶产生的偏移 $W = 104.5 + \delta(\pm 10.4 - 19.5)$。

经过反复循环,最终导致了目前 6 号墩顶的偏移现状,计算值 $W = 104.5 + (\pm 10.4 - 19.5)N\delta$,实测值 $(69.5 + 40)/2 = 54.75$mm,方向均向下坡方向。考虑反向摩擦力后,计算值会有所减小,但受力趋势和方向不变。

4. 混凝土材质因素分析

1)混凝土强度及碳化深度检查

本次混凝土强度及碳化深度检查共选取 11 个构件,实测混凝土强度均大于原设计强度值。

2)混凝土收缩徐变

通过计算分析,混凝土收缩徐变 3 年对 3 号墩柱偏移为 0.17mm,该数值极小,远小于实测值,故混凝土收缩徐变不是引桥墩柱倾斜的原因。

5. 地质(滑坡)因素分析

调查的 13 根墩柱中有 6 根理论滑坡方向和实际墩柱偏移方向相反,7 根墩柱理论滑坡方向和实际墩柱偏移方向相同。可以发现桥墩偏移的位置及方向与地质滑坡无明显相关性,所以地质因素不是造成大量墩柱倾斜的主要原因。

### 6.4.4 综合原因分析

通过对纵坡(自重)、活载、混凝土收缩徐变、温度、施工、制动力和地质因素的依次分析排查,从各因素对墩柱偏移的影响大小,以及和现场检测情况的吻合程度等多方面分析,可以发现:

(1)由于支座施工质量及施工偏差原因(包含上钢板安装不平、支座失效等),在上部结构恒载及活载作用下,墩顶受力情况与支座安装情况及其所处位置有关(图 6-34)。在图 6-34a)所示的理想支撑情况中,如果梁底楔形块设置良好、安装平整,交接墩支座处将主要传递竖向力,不会产生墩顶偏移;图 6-34b)所示的交接墩支座顶面存在脱空、局部受力不

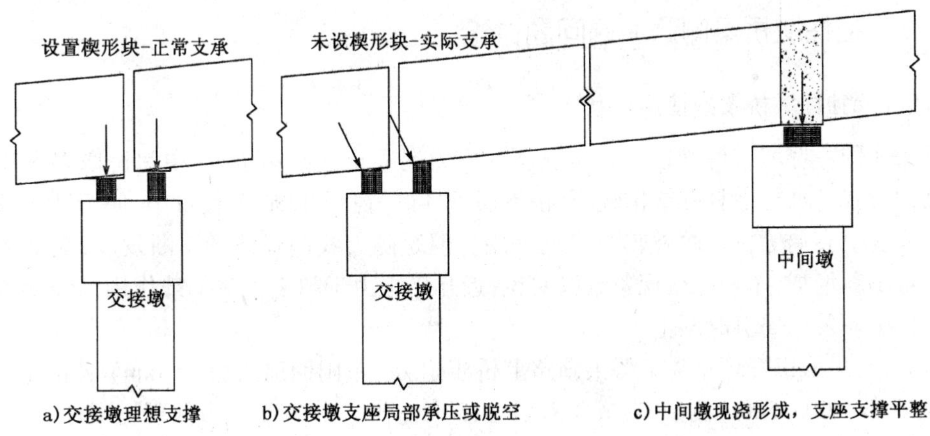


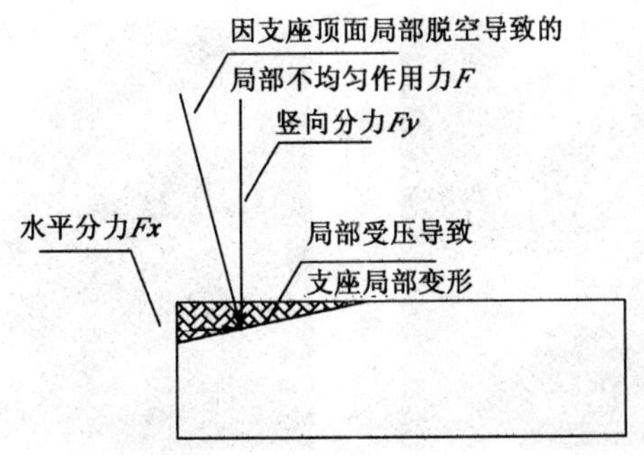


d)支座局部脱空或不平整导致的局部受力分解图

图 6-34　不同位置桥墩上的支座受力图

均或者偏压情况,在恒活载纵坡分力、水平制动力及温度变形的共同影响下,支座将达不到理想情况下的水平均匀受力,而会较明显地斜向或者水平向受力,从而易导致墩顶产生水平偏移;图 6-34c)所示的中间墩支座,由于墩顶接缝是现浇形成的,浇筑前支座顶面处于基本平整的状况,浇筑过程梁底与支座顶面密贴,因此支座将处于水平受力状况,且不存在脱空问题,因此先简支后连续桥梁的中间墩顶很少出现明显的墩顶倾斜问题;图 6-34d)所示支座顶面局部脱空,导致主梁局部压缩支座,使支座承受局部非竖直压力 $F$,形成竖向 $F_x$ 及水平向的分力 $F_y$,$F_y$ 就是导致主墩出现墩顶偏移的主要诱因。

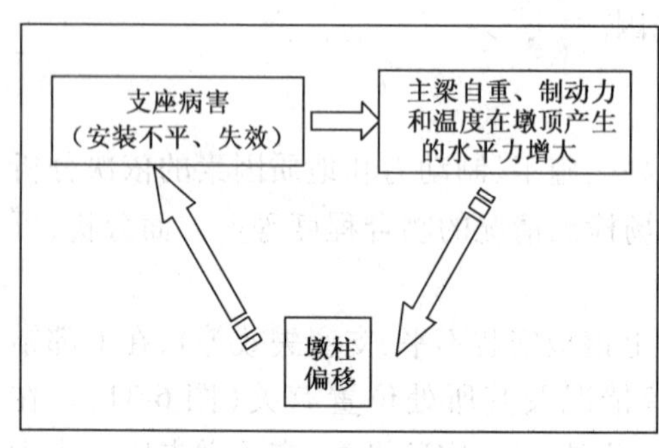

图 6-35　墩柱偏位恶性循环示意图

(2)在温度及制动力作用下,也会使墩顶承受一定的水平力,当该力与恒载下的水平力一致时,会加剧墩柱的倾斜。当温度及制动力反向或消失时,墩柱却由于受到梁体自重的抑制得不到完全恢复而留有一定的残余位移,周而复始,逐渐累积。

综上所述,在支座缺陷与病害(主要是安装不平和失效)的影响下,较大纵坡使主梁自重产生的水平分力导致墩柱出现倾斜,温度力和制动力的逐渐积加剧了倾斜发展,如图 6-35 所示。

## 6.5　独柱墩桥梁侧倾坍塌问题讨论

### 6.5.1　独柱墩桥梁的使用现状

近来我国一些城市桥梁较多采用现浇预应力混凝土连续箱梁桥,中间桥墩多采用独柱墩的结构形式。独柱墩具有结构轻巧、桥下通透性好、视野开阔、工程量小、便于适应桥下城市道路或建筑布局等特点而被较为广泛采用。但是随着我国经济的不断发展,交通流量和车辆载重不断增加,车辆超载现象难以避免,近几年来由于超重车辆偏载作用已经导致多起独柱墩桥梁倾覆倒塌事故发生。

例如,哈尔滨市三环路高架桥洪湖路上桥匝道处(距阳明滩大桥 3.5km)钢混叠合梁侧滑,4 辆货车(400 ~ 500t)侧翻,造成 3 人死亡、5 人受伤。图 6-36 为事故现场图片。

图 6-36　独柱墩桥梁侧倾坍塌事故现场

这座高架桥自 2011 年 11 月 6 日通车至今,使用时间还不足 2 年。类似的独柱墩桥梁侧倾坍塌事故在国内已多次出现,其结构安全问题日益突出。侧向倾覆事故一般为极端荷载下突发事故,日常养护排查不到。

侧倾坍塌现象也常发生在桥梁宽度较窄的匝道桥上。匝道桥一般混合有弯坡斜结构,国内常规设计一般采用3到5跨一联的混凝土箱梁,中间桥墩一般采用独柱结构。天津7.15事故(图6-37)即是位于匝道桥的连续箱梁侧向倾覆事故。2009年7月15日1时33分,津晋高速公路港塘收费站800米外的匝道桥突然坍塌。发生事故时,有5辆货车都在桥上行驶,其中3辆车载重超过了140t,有一辆达到了146t。事故通常发生在极端偏载情况下,尤其是超载货车由于某种原因偏载行驶或偏载停留在桥上时。

图6-37　津晋高速公路港塘收费站匝道桥坍塌

据不完全统计,160t左右的6轴重车在公路中行驶非常普遍,一辆多轴重车极限运输能力接近300t;超载车辆引起的侧向倾覆力矩是标准车辆的5.22倍。这在设计过程中是很难考虑到的。

### 6.5.2　独柱墩桥梁侧倾坍塌原因分析

笔者认同该类桥梁发生独柱墩桥梁上部结构倾覆倒塌事故的直接原因是桥上车辆严重超重和偏载。若严格按照桥梁设计荷载标准运营管理,即超过55t的车辆为超载车,超载车过桥须事先向桥梁管理部门提出申请,桥梁管理部门安排专门时间让该超载车"单车—居中—缓慢"过桥,便可望杜绝该类事故的发生。

鉴于类似的主梁侧翻倾覆垮塌事故已发生数起,作为桥梁设计者不应简单地归因于"超载"了事,因为实际上,要求我国的桥梁严格按照设计荷载标准进行运营管理,几乎是不现实的,故而应该从桥梁结构设计方面进行反省,以期尽量减少或避免类似事故的发生。

1. 独柱墩的合理性

随着我国桥梁建设中对桥梁美观的重视程度不断提高,原来的"粗梁肥柱"越来越少,取而代之的是"身材优美"的桥梁造型。城市上跨桥梁的设计,上部结构习惯采用整体现浇的预应力混凝土连续箱形梁结构,横向抗扭刚度较大,建筑高度低,外观整洁轻型;连续梁桥的中间墩多采用独柱墩结构,可赋予"花瓶墩"、"酒杯墩"等造型,既美化了环境,又节省了占地及空间,有利于适应桥下城市道路或建筑布局。许多过境的国省干道桥梁,也多采用了独柱墩结构,不仅具有过境道路的使用功能,又达到造型美观要求。故在一定条件下,连续梁桥的中间墩多采用独柱墩有其必要性和合理性。

但无帽梁的独柱墩,对主梁支承的抗侧向倾覆能力较弱,对宽度较大的桥梁(直线或半径较大的曲线桥梁),在超载和偏载作用下容易发生侧向倾覆坍塌事故。对于中间设置独柱墩钢结构桥梁,由于上部结构自重较小,桥下横向支撑宽度也较小,相对于混凝土桥梁来说更易发生侧向倾覆。

2. 连续箱形梁桥不同支承方式的力学特性

图6-38给出了目前整体现浇的预应力混凝土连续箱形梁桥的主梁与独柱式桥墩的三

种支承方式。设桥梁上部结构自重为 $G$(作用于主梁重心),距 B 支座中心点水平距离为 $a$;桥梁上出现的最不利车辆荷载总重为 $P$,作用于距 B 支座中心点水平距离为 $b$。现将主梁绕支座 B 发生倾覆的可能性分析如下:

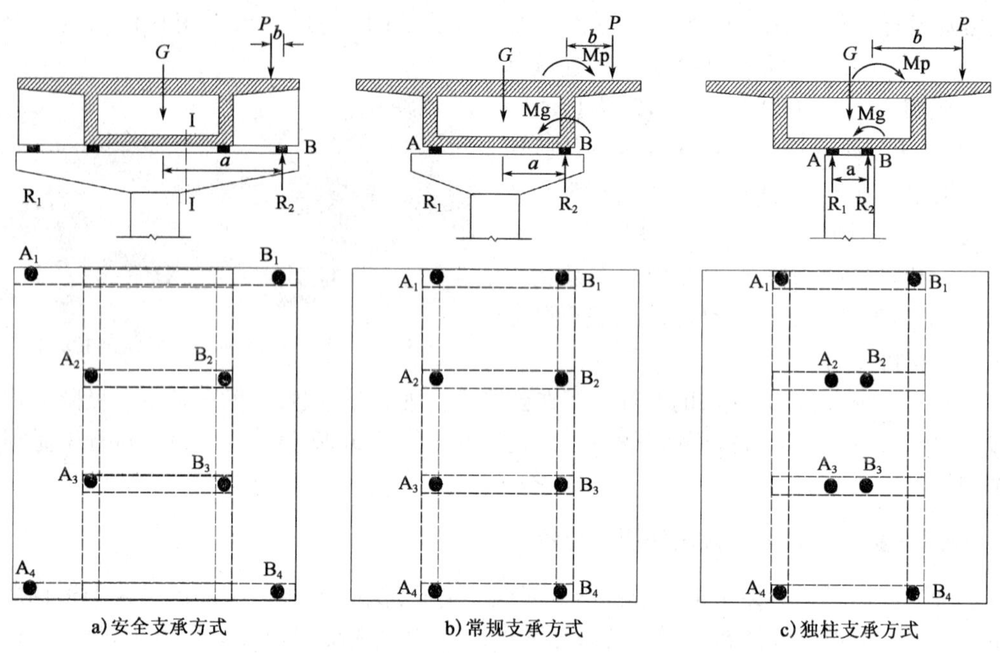


图 6-38　墩梁连接方式与受力状况

图 6-38a)为安全支承方式,因为上部结构自重和车辆荷载合力作用点均位于 A、B 两个边支座以内,其主梁不可能发生绕某个边支座侧向倾覆坍塌事故。当然桥梁在支座处的结构构造会相对复杂一些:一是盖梁的横桥向长度不小于桥梁宽度;二是要求支座处箱梁内的横梁应向外延伸至主梁全宽。同时在景观方面也可能稍有不利影响。但作为桥梁设计,结构安全应是我们考虑的第一要素。

图 6-38b)为常规支承方式,多数预应力混凝土连续箱形梁桥采用了这种墩梁连接方式,比图 6-38a)所示的墩梁连接方式外观更为简洁,施工也相对方便些。但这种墩梁连接方式存在主梁绕 B 支座发生侧向倾覆坍塌的可能性,故应验算其抗倾覆稳定性,其抗倾覆安全系数可表示为:

$$K = \frac{Ga}{Pb} \tag{6-33}$$

通常情况下,该支承方式具有足够大的抗倾覆能力。但当设计者刻意追求桥下主梁的感官效果,将箱梁底宽 $2a$ 取值偏小,而将箱梁外伸翼缘悬臂宽度取值 $b$ 偏大时,其抗倾覆安全系数 $K$ 将明显降低,就可能存在发生侧向倾覆坍塌的隐患。

图 6-38c)系中间墩为独柱支承方式,中间墩顶虽然也采用了两点支承,但两支承点间距很小,对主梁的抗倾覆稳定性的贡献不大。针对该结构体系,如果设计按主梁绕 $B_1B_4$连线发生转动验算其抗倾覆稳定性,验算结果通常是足够安全的。但国内已发生侧倾垮塌事故的桥梁多属该类支承方式,原因何在?如果按绕 $B_1B_4$连线发生转动验算主梁的抗倾覆稳定性,有两个前提条件需确定:一是 $B_1B_4$连线是否可近似为刚性转轴?二是支座 $B_1$和 $B_4$所对应的

盖梁是否具有足够的承载力？事实上，当按主梁绕 $B_1B_4$ 连线发生转动时，$B_1B_4$ 两支点的跨度显著大于该连续梁的单孔跨径，主梁的 $B_1B_4$ 两点连线可能发生比按多孔连续梁的计算大得多的竖向变形，$B_1B_4$ 连线过大的竖向变形可能致使可能致使主梁在端支座 $B_1$ 和 $B_4$ 处产生部分滑脱，与设计验算假定的刚性转轴明显不符；当主梁发生绕 $B_1B_4$ 连线转动时，上部结构恒载及其车辆、人群恒载均由支座 $B_1$ 和 $B_4$ 支承，而通常的盖梁设计只是按该连续梁计算的支座反力进行结构设计，端盖梁的承载力就显著低于此时结构的实际受载情况，于是端盖梁可能首先发生局部或结构破坏，最终导致主梁整体侧倾垮塌。

### 6.5.3　预防主梁侧倾坍塌的建议

1. 关于桥梁抗倾覆安全系数的取值

抗倾覆安全系数 $K$ 究竟取多大为宜？这是一个很值得考究和商榷的问题。据悉新版公路混凝土桥梁设计规范（征求意见稿）已将采用整体式断面的中小跨径桥梁应进行上部结构抗倾覆验算写入规范，并要求上部结构在车辆荷载（含冲击作用）标准值效应下的倾覆稳定系数不小于2.5。对抗倾覆验算的最不利荷载布置为一列车靠边布置，若按现行《公路桥涵设计通用规范》中公路—I级荷载标准取值，对一个桥梁跨径布置为 $3\times30$m 的连续梁桥来说，一列车P的总重为 $3\times30\times10.5+180+(360-180)\times(30-5)/(50-5)=1225$kN，即使按 $K=2.5$ 的安全系数算尽，其总重仅为3060kN。但在国内桥梁的实际运营中，据不完全统计，160t左右的6轴重车在公路中行驶非常普遍，一辆多轴重车极限运输能力接近3000kN，而一行多辆连续跟进的超载车发生在实际道路运输中的情况也并非罕见，如哈尔滨阳明滩大桥是在3辆大挂车（每辆总重估计为1200～1500kN）靠边运行在一连主梁时发生的侧倾垮塌事故，此时的车货总重可达4000～5000kN，可见抗倾覆安全系数 $K=2.5$ 并非足够安全。

若按单孔30m跨径箱形梁桥计算，一列车P的总和为 $30\times10.5+180+(360-180)\times(30-5)/(50-5)=595$kN（按60t计），即使按 $K=2.5$ 的安全系数算尽，其总重仅为1500kN，当箱梁底宽较小时，面临发生的侧倾垮塌事故的可能性就更大，因为实际运营中30m长度内同时有2辆超100t载重车的可能性是存在的。若按可能的最不利情况计算，30m长度内同时有2辆150t的载重车，其总重为3000kN，相当于按现行《公路桥涵设计通用规范》中公路—I级荷载标准计算一列车总重600kN的5倍。有文献表明，据国内道路运输中并非罕见的不利情况统计分析表明，超载车辆引起的侧向倾覆力矩约为标准车辆的5倍。据此，笔者建议抗倾覆安全系数取值 $K=5$。

2. 强化延性设计理念，避免无预兆破坏结构体系

图6-38a）所示的支承方式也并非绝对安全，如过量的超载仍可能使盖梁发生沿I－I截面的受弯破坏。但正常设计下钢筋混凝土盖梁的受弯破坏为明显的延性破坏；如图6-39所示，延性破坏的结构在达到其极限承载能力状态时，在保持其承载能力不明显降低的条件下具有较长变形平台，在此平台内的任一点卸载都不致造成结构的彻底破坏。换言之，受弯钢筋混凝土盖梁在破坏前一定会有明显的裂缝发生、发展和挠度明显增大的过程（如第2章中30m跨径预应力混凝土空心板梁的破坏试验表明，该受弯构件在彻底破坏前的挠度达到30cm，裂缝宽度超过1.0mm），破坏过程缓慢，破坏预兆非常明显，由此是人们有时间和能力

去避免这种破坏的最终发生,最大限度地减小破坏所造成的生命和财产损失。尤其要指出,这种破坏发生前一分钟对桥梁的安全检查都会得到“无异常发现”的结论。

但如果发生图6-38b)或图6-38c)中主梁绕 $B_1B_4$ 连线发生转动的倾覆失稳,这种破坏则是非常突然的,瞬间即发生的,一旦发生就不可停止或逆转。尤其要指出,这种破坏发生前一分钟对桥梁的安全检查都会得到“无异常发现”的结论。

为便于理解这两种破坏的性质和后果,我们不妨以法律上的两个名词作比喻,设主梁倾覆失稳和盖梁受弯破坏所对应的极限荷载相同,则主梁倾覆失稳相当于“判处死刑,立即执行”;而盖梁受弯破坏相当于“判处死刑,缓期执行”。

充分发挥结构延性的好处有:可采用偏小的安全系数;出现非预计荷载,例如偶然超载、荷载反向、温度升高或基础沉降引起附加内力等情况,有较强的承受和抵抗能力;延性结构的后期变形较大,可以作为各种意外情况的安全储备。

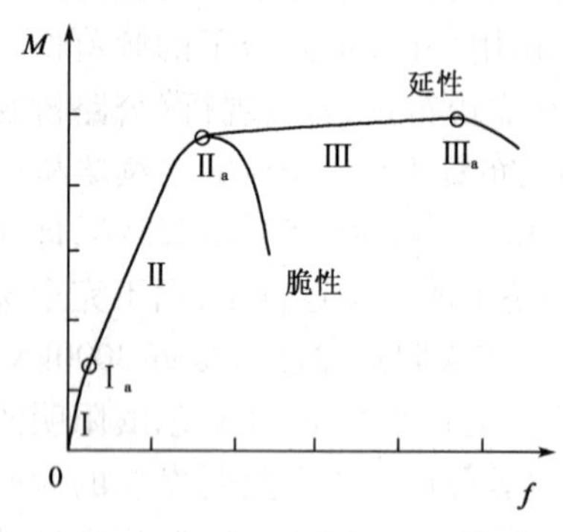

图6-39　两类典型的弯矩-挠度曲线

如图6-39所示;就盖梁而言,盖梁悬臂段受力从第 $\mathrm{II}_a$ 到 $\mathrm{III}_a$ 工作阶段的特征是在保持承载能力不降低的条件下具有很长的变形过程。在此情况下的盖梁悬臂端的变形及盖梁根部的裂缝开展会十分明显,这就给相关人员一个警示——该构件已临近承载力极限状态,须采取措施迅速撤离并停止使用,以避免了人员伤亡,减少了财产损失。而图6-38c)所示的主梁倾覆破坏是脆性破坏,突然发生,根本不给人们应对破坏措施的反映时间。因此,独柱墩桥在设置与墩顶固结的盖梁(图6-39)后,可以明显改变结构的破坏形态,避免或者减轻主梁倾覆破坏导致的社会危害。

3. 采用墩梁固结的形式

当上部结构因景观要求不宜采用盖梁时,宜采用墩梁固结的形式。这种形式可以充分利用桥墩的柔性来适应上部结构的变形要求,又可明显减小主梁倾覆破坏的可能性。

4. 加强通过桥梁超重车辆的交通管制

加强对货车驾驶员的教育,强化超载车过桥须遵循“单车—居中—缓慢”行驶原则,让其知晓违背该条例的危险性和重罚措施,杜绝在桥梁上出现多辆超载车列的不利组合。

# 参 考 文 献

[1] 陈玮. 预应力混凝土空心板设计施工偏差对结构性能的影响[D]. 重庆交通大学,2004.

[2] 周志祥,吴海军,等. 30 米跨径预应力混凝土空心板设计施工偏差及其对结构性能的影响[R]. 重庆交通大学,2005.

[3] 周胜怡. 宽大薄壁混凝土连续箱梁桥的加固拓宽方法探讨[D]. 重庆交通大学,2010.

[4] 徐咏梅. 大跨径预应力混凝土连续刚构桥病害研究[D]. 重庆交通大学,2005.

[5] 罗永忠,黎明. 施工过程中预应力混凝土箱梁顶面裂缝问题的浅析[J]. 广东公路交通,2002,2.

[6] 张丽璞,王昌武. 某连续刚构桥桥面裂缝的原因分析[J]. 公路与汽运,2004,6.

[7] 朱益民,尹晓明. 某 V 型墩连续刚构箱梁桥底板裂缝分析[J]. 云南交通科技,2003,8.

[8] 陈梅. 大跨径预应力混凝土箱梁桥腹板斜裂缝研究[D]. 长安大学,2002.

[9] 王新敏,王秀伟. 某连续刚构桥施工阶段开裂原因的空间分析[J]. 铁道标准设计,2001,4.

[10] 李新平. 预应力混凝土连续刚 J 构桥的加固设计[J]. 华东公路,2002,8.

[11] 徐勇. 常规混凝土梁桥部分设计和施工问题的研究[D]. 重庆交通大学,2005.

[12] 谢峻,王国亮,郑晓华. 大跨径预应力混凝土箱梁桥长期下挠问题的研究现状[J]. 公路交通科技,2007,24(1):47-50.

[13] 王文华,赵文丁,王立坡. 季冻区高速公路板梁支座脱空现象分析及防治措施[J]. 长春工程学院学报(自然科学版),2013,01:1-3+7.

[14] 叶见曙. 公路旧桥病害与检查[M]. 北京:人民交通出版社,2012.

[15] 撒陈宁,吴维导,韦立林. 三支座空心板受力性能的研究及其在桥梁工程中的应用[J]. 广西交通科技,2001,97(26):238-242.

[16] 武彦龙. 桥梁支座脱空问题的分析及预防[J]. 交通世界(建养,机械),2010,Z1:218-219.

[17] 黄民水,朱宏平. 空心板梁桥"单板受力"病害机理及其加固处治研究[J]. 华中科技大学学报(自然科学版),2008,36(2):118-121.

[18] 周志祥,任超,彭兴国,等. 预应力混凝土空心板桥纵向裂缝分析[J]. 重庆交通学院学报,2005,24(2):8-11.

[19] Martina Schnellenbach-Held, Karsten Pfeffer. Punching behavior of biaxial hollow slabs[J]. Cement &concrete composites,2002,24(6):551-556.

[20] 中华人民共和国行业标准. JTG D62—2004 公路钢筋混凝土及预应力混凝土桥涵设计规范[S]. 北京:人民交通出版社,2004.

[21] 孙剑川. 大跨连续刚构桥预应力损失对后期下挠影响分析[J]. 四川建筑,2011,02:

126-128.

[22] 德意志联邦共和国交通部公路建设局. 桥梁维修加固实例[M].《国外公路》杂志社,1987.

[23] 中华人民共和国交通部标准. 公路钢筋混凝土及预应力混凝土桥涵设计规范 JTJ 023—85(含条文说明)[S]. 北京:人民交通出版社,1985.

[24] 周志祥. 高等钢筋混凝土结构[M]. 北京:人民交通出版社,2002.

[25] 陈杰. 桥墩盖梁悬臂端受力分析[D]. 长安大学,2011.

[26] 刘洪,杨昌民. 连续箱梁独柱支墩曲线桥的病害分析[J]. 公路与汽运,2010,5.

[27] 周志祥,徐勇,吴海军. 用体外横张预应力技术适时调控预应力混凝土连续刚构桥后期挠度的构想[A]. 交通部公路科学研究院、东南大学. 全国既有桥梁加固、改造与评价学术会议论文集[C]. 交通部公路科学研究院、东南大学,2008,5.

[28] 徐咏梅. 大跨径预应力混凝土连续刚构桥病害研究[D]. 重庆交通大学,2005.

[29] 罗永忠,黎明. 施工过程中预应力混凝土箱梁顶面裂缝问题的浅析[J]. 广东公路交通,2002,2.

[30] 张丽璞,王昌武. 某连续刚构桥桥面裂缝的原因分析[J]. 公路与汽运,2004,6.

[31] 朱益民,尹晓明. 某V型墩连续刚构箱梁桥底板裂缝分析[J]. 云南交通科技,2003,8.

[32] 陈梅. 大跨径预应力混凝土箱梁桥腹板斜裂缝研究[D]. 长安大学,2002.

[33] 王新敏,王秀伟. 某连续刚构桥施工阶段开裂原因的空间分析[J]. 铁道标准设计,2001,4.

[34] 郑文忠,王英. 预应力混凝土结构裂缝控制及验算建议[J]. 工业建筑,1999,29(3):9-14.

[35] 冯文彬. 预应力混凝土梁混凝土裂缝分析[J]. 建筑结构,2000,4:22-24.

[36] 斯世华,马文彬,占江华. 预应力混凝土连续箱梁裂缝成因及其预防措施[J]. 交通科技,2000,182(5):13-14.

[37] 刘振江,姜广臣,李祥. 简述预应力混凝土空心板表面裂缝的防治与控制[J]. 东北公路,1999,30(5):82-84.

[38] 袁太平,朱忠民. 箱型截面预应力混凝土梁桥裂缝的处治与加固[J],中南公路工程,2000,26(3):49-50.

[39] 楼庄鸿. 论预应力混凝土梁桥的裂缝[J]. 公路交通科技,2000,17(6):49-52.

[40] 吕志涛,杨建明. 部分预应力混凝土框架结构的预应力度及配筋选择[J]. 建筑结构,1993,9:33-36.

[41] 中交公路规划设计院. 预应力混凝土梁桥裂缝成因分析[R]. 1998.

[42] 张德锋,茅振伟. 预应力混凝土结构裂缝控制及其可靠性分析[J]. 工业建筑,2003,33(4):28-31.

[43] 张德锋,吕志涛. 裂缝对预应力混凝土结构耐久性的影响[J]. 工业建筑,2000,30(11):12-14.

[44] 吕志涛,孟少平. 现代预应力设计[M]. 北京:中国建筑工业出版社,1998.

[45] 曹曼红,刘光明. 预应力混凝土桥梁裂缝的成因分析及维修加固[J]. 国外公路,1999,2(1):31-33.

[46] 张文渊. 预应力混凝土构件裂缝的原因及预防措施[J]. 水电站设计,2000,6(2):32-34.

[47] 范亮,等. 钢筋混凝土连续梁裂缝分析[J]. 重庆交通学院学报,2004,5.

[48] 邵容光,夏淦. 混凝土弯梁桥[M]. 北京:人民交通出版社,1994.

[49] 中华人民共和国行业标准. JTG D60—2004 公路桥涵设计通用规范[S]. 北京:人民交通出版社,2004.

[50] 中华人民共和国行业标准. JTG D62—2004 公路钢筋混凝土及预应力混凝土桥涵设计规范[S]. 北京:人民交通出版社,2004.

[51] 王磊,吴海军,周志祥. 日照非线性温差下桥面铺装层厚度对结构受力影响分析[J]. 重庆交通大学学报(自然科学版),2008,05:679-684.

[52] 许华东,周志祥,徐勇,等. 预制空心板桥纵向裂缝分析[J]. 四川建筑,2008,06:135-137.

[53] 王磊,周志祥,吴海军. 连续刚构桥箱梁底板预应力张拉崩裂行为分析[J]. 四川建筑,2008,06:98-100.

[54] 姚国文,宋文锋,周志祥. 多跨连续刚构桥水平顶推力与合龙顺序优化[J]. 公路与汽运,2008,01:91-93.

[55] 吴选涛,周志祥,曾凡江. 曲线梁桥盖梁挡块裂缝分析[J]. 重庆交通大学学报(自然科学版),2008,01:1-4.

[56] 王磊,周志祥,霍苗苗,等. 箱梁底板张拉崩裂行为研究及预应力损失分析[J]. 施工技术,2008,07:57-59,71.

[57] 吴海军,张雷,陆萍,等. 沥青铺装层厚度对连续刚构桥主梁温度梯度应力的影响[J]. 重庆交通大学学报(自然科学版),2011,01:4-8.

[58] 唐中波,周志祥,徐勇,等. 减水剂对混凝土桥梁的影响[J]. 四川建筑,2009,03:115-117.

[59] 马明,周志祥,李胜华. 开槽疏管对预应力砼连续刚构桥梁性能的影响[J]. 重庆交通学院学报,2007,01:1-5.

[60] 陈波,周志祥,刘基正. 预应力砼平面曲线箱梁腹板裂缝问题的探讨[J]. 重庆交通学院学报,2007,02:1-4+13.

[61] 李胜华,周志祥,张鑫. 墩顶横隔板对连续刚构箱梁顶板力学性能的影响[J]. 重庆交通大学学报(自然科学版),2007,04:3-5+28.

[62] 李庆桐,周志祥,刘小渝. 连续刚构桥后期挠度过大影响因素的偏差分析[J]. 重庆交通大学学报(自然科学版),2013,S1:818-822.

[63] Zhao Wenxiu, Lu Ping, Wu Haijun, Zhou Zhixiang. Vertical crack moment test research on prestressed concrete hollow slab due to repeated load[J]. Applied Mechanics and Materials, P2521-2525.

[64] Zhao Wen Xiu, Lu Ping, Wu Hai Jun, ZhouZhi Xiang. Research on longitudinal cracking behavior of prestressed concrete hollow slab due to cyclic loading experiment[J]. Advanced Materials Research, P865-868.